LES PIRES BLAGUES D'INTERNET

Les pires blagues d'Internet

présentées par Jean Roucas

MARABOUT

Préface

On n'arrête pas le progrès !

Après les brèves de comptoir, les blagues de collégien et de fin de banquet, les plaisanteries de garçon de bain… Voici l'humour sur Internet !

C'est quoi Internet ?

Imaginez… Tout autour de la planète, par-delà les océans, les guerres et les révolutions, des milliers, des millions de terriens (qu'on appelle cybernautes) qui se racontent des histoires drôles par ordinateur interposé.

Une franche rigolade garantie pour toutes ces blagues recueillies pour vous depuis un an, les meilleures et les pires blagues lues sur le réseau Internet.

Ce qui donne un ensemble pas « politiquement correct » mais complètement rassurant : les cybernautes ne sont pas tristes, loin de là, ils savent blaguer. Résultat : on se marre bien !

C'est des coups à se faire… interner. t…

Jean ROUCAS

Combien de… ça prend
pour changer une ampoule électrique…

Combien de psychanalystes ça prend pour changer une ampoule ?
- Un, mais tout d'abord il faut que l'ampoule ait VRAIMENT envie d'être changée…

Ou
- Aucun : l'ampoule se changera elle-même quand elle sera prête.

Combien de blondes sont nécessaires pour changer une ampoule ?
- Qu'est-ce que c'est une ampoule électrique ?

Ou
- Une. Elle tient l'ampoule fixement et le monde tourne autour.

Ou
- Deux. Une pour prendre le verre de Diet Pepsi (TM) et l'autre pour appeler « Papa ! »

Ou
- Il ne faut pas leur laisser faire ce travail : elles les cassent toutes avec le marteau.

Combien faut-il de programmeurs pour changer une ampoule ?
- Six. Un pour la changer et cinq autres six mois plus tard pour comprendre comment il a fait.

Combien d'hommes ça prend pour changer une ampoule électrique ?
- Quatre. Un pour la changer et trois pour faire les vantards sur la façon avec laquelle il l'a fait.

Ou
- Cinq. Un pour mettre la nouvelle en force avec un marteau, et quatre pour l'emmener aux urgences de l'hôpital.

Combien de maris ça prend pour changer une ampoule électrique ?
- On le saura dès que l'un d'entre eux voudra bien se lever du divan pour le faire.

Combien de phallocrates ça prend pour changer une ampoule ?
- Aucun. Ils laissent leur « chienne » le faire dès qu'elle a fini la vaisselle.

Combien de femmes ça prend pour changer une ampoule électrique ?
- Aucune. Elles s'assoient dans le noir et attendent qu'un homme le fasse.

Combien faut-il de Français pour dévisser une ampoule ?
- Un, pour tenir l'ampoule : il croit que le monde tourne autour de lui !

Combien de loubards ça prend pour changer une ampoule ?
- Trois. Un pour la casser, et deux pour attraper la fille et la violer.

Combien de vétérans du Viêt-nam ça prend pour changer une ampoule électrique ?
- Tu ne le sauras jamais parce que tu n'y étais pas !

Combien d'amibes est-ce que ça prend pour changer une ampoule électrique ?

- Une. Non, deux. Non, quatre. Non, huit. Non, seize. Non, trente-deux...

Combien de lecteurs de « fr. rec. humour » est-ce que ça prend pour changer une ampoule électrique ???

- Cent. Un pour annoncer que l'ampoule a brûlé,

dix pour être d'accord avec ça,

vingt pour arriver en courant avec une nouvelle ampoule,

neuf pour dévisser la vieille ampoule,

neuf pour visser la nouvelle ampoule,

dix pour demander une cassette vidéo du vissage,

un autre pour venir dire quelques minutes plus tard que l'ampoule est encore grillée et pour faire recommencer toute l'opération au début, et un (moi) pour se rendre compte que tout ce monde-là ne fait pas cent.

Ou

- Mille. Et ils changeront la même ampoule, encore et encore et encore... Et comme personne n'aura remarqué que l'ampoule aura été changée, ils continueront à la changer encore et encore..., puis ils lanceront une discussion débile sur la fréquence de changement des ampoules, puis certains commenceront à flamer ceux qui discutent parce qu'ils ne le font pas dans un groupe plus approprié comme « alt. renouvellement. ampoules_électriques »...

Ou

- Cinq cent soixante-cinq. Un pour mettre une autre ampoule que celle prévue à cet effet (un gyrophare par exemple),

six pour flamer le premier, en lui disant que son ampoule est différente de l'ancienne,

vingt-neuf pour contrer les flameurs, en disant que la nouvelle ampoule était « sciemment » différente afin de parodier l'ancienne ampoule,

sept pour quitter la pièce en regrettant l'extrême densité de flameurs,

douze pour demander que les commentaires sur le changement d'ampoule soient redirigés dans une autre pièce, quatorze pour demander à ce qu'on rechange l'ampoule car ils n'étaient pas là quand le remplacement a été effectué,

un pour signaler que l'ancienne ampoule était plus ressemblante à la nouvelle que différente de la nouvelle,

et quatre cent quatre-vingt-quinze pour se grimper les uns sur les autres et essayer de remettre l'ancienne ampoule en place.

Ou

- Un nombre tendant vers l'infini.

Un pour annoncer que l'ampoule est grillée,

dix pour être d'accord avec ça.

Un pour la changer,

un pour poster en disant : « Je la connaissais celle-là »,

un pour poster en disant : « Oui, mais je connaissais une autre version »,

un pour poster en disant : « Mon lecteur de news (ou serveur de news) ne fonctionnait pas et j'ai raté la blague de l'ampoule électrique. Quelqu'un pourrait-il la poster à nouveau ou me l'envoyer par mail ? »,

un pour poster en citant (quotant) tout ce qui s'est déjà dit au message précédent *in-extenso* et en rajoutant les mots « moi aussi »,

dix autres pour commencer une cascade qui se transformera rapidement en monstre mangeur d'espace disque,

un pour poster en disant : « Je n'ai pas compris. Cette blague sur l'ampoule électrique ne me fait pas rire du tout. Je pensais pourtant que cette conférence était réservée aux histoires drôles ? ! »,

un pour poster deux mois plus tard en disant : « Quelle est cette blague sur l'ampoule électrique à changer dont tout le monde parle ? »,

un pour reposter la blague un mois après en pensant que c'est une nouvelle blague que personne ne connaît,

un pour poster : « Je ne comprends pas. Quelle est la chute ? »,

un pour poster : « Quelqu'un connaît d'autres blagues d'ampoules électriques ? »,

un pour cross-poster la blague sur alt. fan. ampoules_électriques, six plus tard,

trois pour demander, un mois plus tard : « Sur quel site Web, ou sur quel FTP sont archivées toutes les vieilles blagues d'ampoules électriques ? »,

et un nombre indéfinissable pour faire revivre toute l'opération à des intervalles définis stochastiquement entre deux et six mois…

Combien d'ingénieurs de chez Intel ça prend pour changer une ampoule électrique ?
- 1.99904274017.

C'est deux Corses qui décident de changer une ampoule électrique :
- Hé, il faudrait changer l'ampoule, petit !!!
- Oui !!
- Alors, comment on fait ?
… Dix minutes après…
- J'ai une idée, petit !!
- Je t'écoute.
- Tu vas chercher l'escabeau, tu montes et tu changes l'ampoule.
- Non, c'est pas une bonne idée !!!
… Dix minutes après…
- Bon, alors tu vas monter sur mes épaules, comme ça tu pourras attraper l'ampoule et la changer.
- D'accord.
Voilà les Corses qui commencent la manipulation.
- Vas-y, baisse-toi !!!
Le petit monte donc sur les épaules de l'autre. - Alors, tu l'as ?
- Oui, tout va bien.
… Dix minutes après…
- Alors c'est bon ?
- Non, pas encore.
… Dix minutes après…
- Alors c'est bon ?
- Non, pas encore.
… Dix minutes après…
- Alors c'est bon ?
- Non, pas encore.
- Mais qu'est-ce que tu fais ?
- Ben, j'attends que tu tournes !!!!!!!!!

Combien de techniciens de chez Microsoft ça prend pour changer une ampoule électrique ?

- Trois. Deux pour tenir l'échelle et un pour visser l'ampoule dans le robinet.

Combien de vice-présidents de chez Microsoft ça prend pour changer une ampoule électrique ?

- Huit. Un pour changer l'ampoule, et sept pour être sûr que Microsoft empoche bien $2.00 pour toute ampoule changée à travers le monde.

Combien d'ingénieurs de chez Microsoft ça prend pour changer une ampoule électrique ?

- Aucun. Bill Gates définit l'Obscurité (TM) comme nouveau standard industriel.

Combien de joueurs de jeux de rôle pour changer une ampoule ?

- Un D6 + deux.

Combien de docteurs ça prend pour changer une ampoule électrique ?

- Trois. Un pour trouver un spécialiste en douille, un pour trouver un spécialiste en vissage, et un pour rédiger l'ordonnance.

Ou

- Aucun. Ils lui disent de prendre deux aspirines.

Ou

- Aucun. Ils signent le certificat de décès et appellent la morgue.

Ou

- Aucun. Ils diagnostiquent une dépression et prescrivent des benzo-diazépines.

Combien de croque-morts ça prend pour changer une ampoule électrique ?

- Aucun. Ils peignent l'ampoule en noir et continuent à les utiliser.

Combien de Siciliens pour changer une ampoule ?
- Trois. Un pour changer l'ampoule, un pour faire le guet, et un pour descendre les témoins.

Combien de « grands garçons » pour changer une ampoule ?
- Aucun. Les grands garçons n'ont pas peur du noir.

Combien de joueurs de foot pour changer une ampoule ?
- Onze. Un pour changer l'ampoule et dix autres pour lui sauter dessus de bonheur.

Combien de vrais mâles machos ça prend pour changer une ampoule électrique ?
- On s'en fout... la femme n'a qu'à faire la cuisine dans le noir !!!

Combien d'Italiens ça prend pour changer une ampoule ?
- Alors, mon cousin Vinny connaît un gars qui a un frère dont le père de la petite amie a fait son service militaire avec un certain Ricardo dont le beau-frère avait été à l'école avec un gars dont la mère possédait une usine de chaussures. Dans cette usine, un des ouvriers sortait avec une fille dont le père allait tous les dimanches à la messe avec un certain Guido qui connaissait un gars dont la sœur était mariée à un électricien qui a dit qu'il le ferait pour rien.

Combien de mécaniciens ça prend pour changer une ampoule ?
- Un seulement. Mais il ne pourra pas le faire avant jeudi prochain.

Combien d'Irlandais faut-il pour changer une ampoule ?
- Seize. Un pour tenir l'ampoule, et les autres boivent du whisky jusqu'à ce que la pièce se mette à tourner...

Blagues sur les animaux
(sauf les éléphants)

- J'espère qu'il ne va pas pleuvoir aujourd'hui, dit une maman kangourou à une autre. Je déteste que les enfants soient obligés de jouer à l'intérieur.

Un fermier américain vient de perdre son valeureux coq. Il se rend alors au marché mais arrive un peu tard, malheureusement. Il commence à regarder les coqs qui restent mais il n'y en a plus qu'un, maigrichon, à demi affalé sur le bord de sa cage. Il s'avance vers le propriétaire :

- Combien vous demandez pour le coq ?
- 500 $
- 500 $!!!! Êtes-vous malade ??
- Oh là, attention l'ami. Ce coq est l'un des plus grands spécimens de son espèce. Ce qu'il est capable de faire à vos poules, aucun coq n'est capable de le faire.

Se disant qu'il n'a rien à perdre, notre fermier paie et emporte son coq. Rendu chez lui, il le lâche dans sa basse-cour puis va nourrir les animaux de l'étable. Soudain, il entend un vacarme épouvantable : v'la ti'pa que le coq est train de baiser les poules à un rythme infernal ! Après sa baise incroyable, le coq tombe par terre, yeux clos.

Le fermier, en grogne, se dit :

- Bon, je me suis encore fait avoir ! Ce coq ne vaut déjà plus rien !

Le lendemain, au réveil, le fermier entend encore un vacarme épouvantable venir de la ferme. Il regarde à la fenêtre et voit son coq en train de mettre les lapins et les dindons ! Encore une fois, après sa baise incroyable, le coq tombe par terre, yeux clos.

Le fermier, en grogne, se dit :

- Bon, cette fois, je me suis encore fait avoir ! Ce coq ne vaut rien !

Le surlendemain matin, même scénario. Le coq saute tout ce qui bouge dans la ferme : vache, cochon, poulet... puis s'effondre. Les vautours commencent alors à tourner autour de la ferme dans le ciel. Le fermier arrive au pas de course et se met à hurler :

- Mon pauvre coq ! Mon Dieu...

Puis le coq ouvre un œil, pointe une aile vers le ciel puis dit tout bas au fermier :

- TSSSS ! Ta gueule ! Tu vas les effrayer !

Comment savoir si une vache est folle ?

- Elle se maquille !

Variante :

Qu'est-ce qu'un taureau avec un string ?

- Une vache folle.

Un sanglier rencontre un cochon, le regarde et lui dit :

- Ben toi, tu dois en chier avec ta chimio...

C'est pendant la guerre en Bosnie. Les gens n'ont plus rien à manger. Certains en arrivent même à manger leur chien et c'est ce que fait une famille. Le soir à table, tout le monde a mangé sa petite part de chien qui était déjà bien maigre. Et le père, la larme à l'œil, dit en voyant tous les os restant dans le plat :

- Ah, si ce brave Médor était là, il se régalerait !

Le petit asticot demande à sa maman :

- Maman, où est Papa ?

- Il est allé pêcher, mon petit...

Un homme entre dans un bistrot et commande un double whisky.

- Ça me remontera le moral : je viens de trouver ma femme au lit avec mon meilleur ami.

- Oh, le salaud ! Mais il fallait lui casser la gueule !
- C'est fait. Je lui ai mis un coup de laisse et je l'ai privé de Canigou pendant trois jours...

Savez-vous comment faire faire miaou à un chien ?
- Le mettre une journée au congélateur puis le passer sur une scie circulaire et MMMIIIIAAAAAAOOOOOOUUUUUWWWW le chien !

Et comment faire faire OUAF à un chat ?
- L'asperger d'essence et approcher une allumette.

Ou
- On attend qu'il soit bien affamé, on lui apporte une soucoupe de lait et il la boit (il aboie).

Comment fais-tu aboyer une vache ?????
- Tu rentres chez toi à quatre heures du matin.

Comment un parachutiste aveugle sait-il qu'il va toucher le sol ?
- Quand il y a du mou dans la laisse du chien.

Pourquoi est-il recommandé de mettre du sparadrap autour des hamsters ?
- Pour pas qu'ils explosent quand on les encule.

Quelle est la différence entre un hamster et une tortue ?
- Avec une tortue il n'y a pas besoin de sparadrap...

Un homme très riche et très gai, qui possède un cheval super champion de course, vainqueur de nombreuses coupes, médailles et tout et tout, décide de faire rire son cheval, qui est malheureux et tristounet.

Alors au lieu de l'envoyer lire les posts de « fr. rec. humour », il passe une petite annonce, cherchant quelqu'un qui fasse rire son cheval.

Plusieurs personnes se pointent, des clowns, des Belges, Bill Gates, Clinton, etc., et personne n'arrive à faire rire ce sacré de cheval. Mais un jour un petit bonhomme, boiteux et difforme entre autres, arrive vers l'homme très riche et très gai et lui propose le marché : 20 000 F s'il fait rire son cheval.

L'homme très riche et très gai accepte, et le petit bonhomme, boiteux et difforme entre autres, demande à rester seul avec le cheval. Quand il revient, le cheval s'éclate de rire par terre, il se marre comme un petit fou, du jamais vu. L'homme très riche et très gai, tout content, paye et le petit bonhomme, boiteux et difforme entre autres, part.

Mais, le problème, c'est que le cheval n'a plus gagné une seule course depuis le jour où il a connu le bonheur de pouvoir rire. Dès qu'il entame une course, le cheval se rappelle du petit bonhomme, boiteux et difforme entre autres, il éclate de rire par terre, il se marre comme un petit fou et n'arrive même pas à achever la course. Bien entendu, la fortune de l'homme très riche et très gai commence à diminuer et, se faisant des soucis, l'homme très riche et très gai appelle le petit bonhomme, boiteux et difforme entre autres, et lui propose la même somme, pour faire redevenir son cheval sérieux, comme avant.

Le petit bonhomme, boiteux et difforme entre autres, accepte et, encore une fois, il demande à rester seul avec le cheval. Quand il revient de l'écurie, le cheval est tout sérieux, tristounet et bien malheureux. Du jamais vu. L'homme très riche et très gai, très reconnaissant, lui paye les 20 000 F, mais mordu par la curiosité de la façon d'agir du petit bonhomme, boiteux et difforme entre autres, il lui demande comment il a réussi son pari les deux fois.

Le petit bonhomme, boiteux et difforme entre autres, explique :

- La première fois, j'ai chuchoté au cheval que j'avais un pénis plus grand que le sien…

- Oui, c'est pas mal, dit l'homme très riche et très gai, et la deuxième ?

- La deuxième fois, je lui ai montré…

Un lapin se cogne à une tortue en marchant à l'aventure.
- Excuse-moi, je ne t'avais pas vu, je suis aveugle de naissance, dit le lapin.
- De rien, moi aussi, répond la tortue. D'ailleurs je ne sais même pas qui je suis, je ne me suis jamais vue.
- Ah bon ? Moi non plus, je ne sais pas ce que je suis, tu peux me le dire ? demande le lapin.
La tortue le palpe :
- Tu as une fourrure douce, de grandes oreilles, une petite queue ronde, de grandes pattes arrière, tu es... un lapin !
- Ah bon, je suis donc un lapin. Merveilleux ! Viens vers moi, je vais te dire qui tu es. Voyons... sur le dessus, c'est rond et dur, tu n'as pas d'oreilles, tu as la peau rugueuse, plissée, tu es... tu es... Nicky Lauda !

Variante :
C'est un serpent qui croise un lapin dans un tunnel tout noir...
Le serpent commence par tâter le lapin :
- Heu, tu as des poils, tu as des grosses oreilles, tu as une petite queue ronde... tu dois être un lapin !
- Heu, tu es tout froid, t'as pas de cheveux, t'as pas de couilles... tu dois être un énarque !

Et encore une variante :
C'est l'histoire d'un lapin qui, à chaque fois qu'il passe devant le serpent, lui dit : « Salut chef ! ». Et cela dure des jours.
Un matin le serpent dit au lapin :
- Mais je ne suis pas chef !
- Ah bon, dit le lapin, pourtant t'as une petite tête, t'as pas de couilles, et tu rampes devant tout le monde.

Deux types se promènent dans la rue. Ils passent devant un chien en train de se lécher les roubignoles.
- Oh, dis donc, qu'est-ce que j'aimerais pouvoir faire pareil, remarque l'un.
- Mais attention caresse-le avant, il est peut-être méchant, répond l'autre...

Le maître d'un superbe berger allemand sirote tranquillement son whisky au comptoir d'un café, son chien allongé à ses pieds. Visiblement il est très fier de sa bête. Soudain paraît un autre client qui traîne après lui un grand chien jaune efflanqué. Sitôt entré dans le bar, le chien jaune échappe à son maître et se précipite sur le berger allemand. Le combat est bref mais sanglant. Après 15 secondes, le berger allemand se retrouve les quatre pattes en l'air, le ventre ouvert. Quel carnage !!!!

Dépité, le maître du berger allemand se dit qu'il n'est pas question de laisser ce crime impuni et donne rendez-vous à l'homme au chien jaune pour un nouveau duel à mort. C'est ainsi que nous le retrouvons le lendemain matin, flanqué de deux énormes pitt-bulls, l'écume aux lèvres et sevrés de viande depuis huit jours (les chiens, pas l'homme !!!). L'homme au chien jaune paraît de nouveau, il lâche son chien et… c'est de nouveau l'affrontement. Trente secondes après, les deux pitt-bulls gisent la gorge ouverte, aussi morts que si un rouleau compresseur leur était passé dessus. Quelle boucherie !!!!

Le pauvre type est fou de rage et exige un autre combat. Il veut la mort de ce misérable chien jaune ! Il l'obtiendra par tous les moyens ! C'est juré, promis, craché…

Le lendemain donc, il se ramène avec une meute de dobermans enragés. Lorsque le chien jaune arrive, c'est « Massacre à la tronçonneuse »… et au bout de 45 secondes… tous les dobermans sont crevés, éventrés, égorgés. Quelle horreur !

- Mais merde, c'est pas vrai, il est exceptionnel votre clébard ! J'en ai jamais vu de pareil, finit par s'exclamer le type

- Ouais, pas mal, dit l'homme au chien jaune. Et là encore c'est rien : si vous l'aviez vu avant… quand il avait encore sa crinière !!!!

C'est un singe obsédé sexuel et, en plus, inconscient qu'il est dans un arbre, et qu'il y a un lion qui dort au pied de celui-ci.

Le singe, il aimerait bien se faire le lion, alors il descend de l'arbre discrètement…, le lion ne se réveille pas… Puis il soulève la queue du lion pour commettre son méfait. À ce moment-là, le lion se réveille en sursaut !!! Alors le singe fuit de toutes ses jambes, le lion lui court après… Arrivé à un croisement (oui, oui, dans la jungle), le singe cherche un endroit pour se cacher car le lion le suit de trop près… C'est alors qu'il aperçoit un journal posé par terre. Il décide de se cacher derrière…

Le lion, très en colère, arrive alors au niveau du croisement :

- Dis donc, toi, derrière le journal, t'aurais pas vu un singe ??

- Celui qui s'est fait le lion ???

- Merde, c'est déjà dans le journal…

Un type achète un perroquet. Le vendeur lui dit :

- Il est bilingue (français/anglais).

- Ah oui ? Et comment on choisit la langue ?

- Simple : il a un fil à chaque patte. Vous tirez sur le fil de droite, il parle en français. Vous tirez sur le fil de gauche, il parle en anglais.

- Et si je tire sur les deux fils à la fois ?

Et le perroquet lui répond :

- Je me casse la gueule, eh, con !

Chez un commissaire-priseur : on vend un perroquet aux enchères.

- 100 francs !

- 200 !

- 500 !

- 1000 !

(etc…)

Au bout d'un moment, un type gagne les enchères pour un prix exorbitant. Il s'adresse au commissaire-priseur :

- Dites, votre perroquet, j'espère qu'il parle, pour ce prix ?

Et le perroquet répond :

- Eh, Ducon, qui a fait monter les enchères d'après toi ?

Une histoire de lapin :

Invités chez des amis, on ne savait plus quoi faire de notre berger allemand. Pouvait-on l'amener ?

Copains : - Ben, ça nous embête un peu, vu que notre voisin est un fana de lapins Il en a plein son jardin, même des trucs de compétition, un angora, tout ça… Et puis la barrière, elle est pas berger allemand proof !

Nous : - Bon, allez ! Il est vieux et calme le chien…

Copains : - Bon, O.K. C'est vrai et puis le voisin, il les enferme ses bestiaux dès le soir tombé, alors…

Youpi, le chien vient avec et la soirée se passe impec'… Le chien fait des allers-retours dans le jardin sans problème…

De plus en plus gais, de plus en plus imbibés, on dort sur place. Vers une heure du mat, le chien rentre de balade mais cette fois-ci avec dans la gueule, ensanglanté, un lapin angora...!!

- Horreur! Malheur! Qu'est-ce qu'on va faire ? !

Copains : - Il a dû défoncer le clapier ! L'enfer !

Nous : - On prévient le voisin ? Merde !!

Copains (largement entamés) : - Bon, pas de panique ! On va le nettoyer puis on va le remettre dans sa cage !!

Nous : - Bon, O.K. !

Fallait quand même être dans un drôle d'état, mais bon. Donc, lavage, sèche-cheveux et tout ça. Et puis, ramper dans le jardin d'à côté, opération commando jusqu'aux clapiers.

Une porte est bizarrement ouverte et pendouille, ils y recollent le lapinou tout propret et re-rampent vers la maison… Bref, on va se coucher, un peu dessaoulés mais ricanant nerveusement quand même.

Le lendemain matin… sur fond de gueule de bois.

À la porte : Drelin !

Copains ouvrant porte : - Glurps.

Voisin blanc : - Vous ne savez pas ce qui a pu se passer cette nuit, non ??!!

Copains : - N-n-nnn-non ?

Voisin : - J'ai retrouvé mon lapin angora mort dans sa cage !!

Copains (à deux doigts d'avouer) : - Ah ? M-m-mmais que s'est-il passé ? De quoi est-il mort ?

Voisin (de plus en plus blanc) : - Mais c'est plutôt ce qu'il faisait dans la cage que je comprends pas !! Il est mort hier matin et je l'avais enterré à midi !!!

C'est un fermier qui découvre un beau jour que l'une de ses poules ne pond plus que des œufs carrés. Décidant d'exploiter cette anomalie spectaculaire, il prévient un inspecteur de l'INRA de son cas, lequel vivement intéressé, prend la poule en pension contre une bonne compensation financière.

Le problème, c'est qu'une fois installée à l'INRA, la poule recommence à pondre des œufs ovales.

Convoqué pour constater le fait, le fermier va voir sa poule et lui demande ce qui ne va pas.

Elle lui répond alors :

- Eh alors…, tu crois que j'vais continuer à me casser le cul, maintenant que je suis fonctionnaire ?

Ce sont deux camionneurs qui vont à Anvers et qui se rencontrent dans une aire de repos sur l'autoroute. Un des camionneurs a des problèmes de moteur à son camion. Voyant qu'ils vont au même endroit (au zoo en fait), ils décident de mettre leur chargement dans le même camion et de faire la route ensemble…

L'un a un gorille et l'autre des grenouilles…

Quelques kilomètres plus loin, ils voient une jolie minette qui fait du stop, ils s'arrêtent et lui demandent :

- Tu montes, mais il faut être très gentille avec nous !

Mais celle-ci ne parle pas un mot de français, alors ils lui disent :

- *Fuck* or *walk* ?

Et la minette répond : - *Fuck*.

Alors ils la prennent (dans tous les sens du terme) puis la déposent quelques kilomètres plus loin une fois qu'ils en ont bien profité…

Après quelques nouveaux autres kilomètres, une voiture de police les poursuit, les arrête, puis un flic arrive avec un seau plein de grenouilles en leur demandant :

- C'est quoi ce bordel, vous laissez plein de grenouilles sur la route !

Alors ils descendent et ouvre la porte arrière du camion, et là ils voient le gorille assis en tailleur avec une grenouille dans la main lui faisant : « *Fuck* or *Walk* ».

Et la grenouille répond : - WHOΛCK !

Et le gorille balance la grenouille sur la route !!!!

C'est un mâle luciole qui rentre chez lui au matin en se tenant les « parties » à deux mains en gueulant :

- Ils font chier avec leurs mégots.

Le lion est un animal bien vaniteux. Un jour qu'il se promène dans la savane, il hèle l'antilope :

- Eh, toi, l'antilope, qui c'est le roi de la savane ?

- Oh, c'est toi, le lion, ça, pour sûr, répond le frêle animal terrorisé.

Le lion se rengorge et, bouffi d'orgueil, poursuit sa route. Il tombe sur la girafe et lui lance :

- Ohé, là-haut, qui c'est le roi de la savane ?

- Toi, bien évidemment, répond la girafe qui en bégaye presque de peur.

Alors là, le lion ne se sent plus. À tel point que passant devant l'éléphant, il lui prend l'envie de tester son prestige :

- Et toi, le gros patapouf, tu sais qui c'est, le roi de la savane ?

L'éléphant, pas très content qu'un minus s'adresse à lui sur ce ton, attrape le lion par la queue, le fait tournoyer au-dessus de sa tête et le projette à 30 m de là, dans une flaque de boue.

Groggy, le lion se redresse et lance à l'adresse du pachyderme :

- Eh ben quoi ? On peut même plus se renseigner ?

Quelle est la différence entre un pitt-bull qui te pisse dessus et un caniche ?

- Le pitt-bull, tu le laisses finir !!!

(A aussi été postée avec le pitt-bull qui se branle sur ta jambe)

Un type se perd dans la forêt. Heureusement il se fait héberger par un paysan qui lui offre le gîte et le couvert.

Le lendemain, le type qui voudrait remercier le paysan, constate qu'il n'a pas un rond en poche, mais comme il est ventriloque, il décide de lui faire un petit tour en guise de remerciements.

Le type va vers une poule et lui dit :

- Salut, Madame la poule ! Comment ça va ?

La poule : - Bonjour Monsieur, ça va bien, il y a juste le paysan qui me pique mes œufs, mais autrement ça va...

Le paysan, estomaqué : - De Dieu !!! Vous faites parler les poules ?

Le type : - Oh, pas rien que les poules, regardez.

Il va vers la vache.

- Salut la vache, comment ça va ?

La vache : - Bonjour Monsieur, ça va, il y a juste le paysan qui me tire mon lait tout les matins, mais sinon ça va...

Le paysan : - Cré vain Dieu !!! Les vaches aussi ?

Le type : - Oh tous les animaux, regardez celle-ci.

Il va vers la chèvre et fait : - Bonjour Madame la chèvre !

Alors le paysan tout affolé dit au type :

- L'écoutez pas ! C'est une menteuse !!!

Qu'est-ce qu'un taureau avec un sac à main ?

- Une vache folle !

C'est Gérard le boucher qui un jour voit un chien arriver dans sa boucherie avec un porte-monnaie dans la gueule.

- Hé mon beau chien, qu'est-ce que tu veux ? Tu veux de la viande ?

- WOUF !

- Oh, mais ça c'est un chien qu'il est doué ! Qu'est-ce que tu veux ? une entrecôte ?... un steack ?... du mouton ?

- WOUF !

- Ben dis donc ! C'est un putain de chien, ça.

Il met le mouton (un morceau) dans un sac, prend le porte-monnaie, se paye, et rend le porte-monnaie au chien. Le chien prend tout et s'en va. Gérard très intrigué décide de suivre le chien pour féliciter le propriétaire car c'est un chien vraiment bien dressé !

Le chien rentre dans un immeuble, monte au deuxième étage et arrive devant une porte, frappe deux fois avec sa patte. Quelques secondes après, un type ouvre et commence à traiter le chien de tous les noms en le frappant.

- Mais enfin, Monsieur, arrêtez ! C'est le chien le plus intelligent que j'ai jamais vu, vous êtes fou de le frapper comme ça !

- Lui ! Intelligent ? Vous rigolez ! Ça fait trois fois cette semaine qu'il oublie ses clefs !

C'est Lulu et son chien qui se retrouvent au cinéma, assis dans la grande salle. Gégé, installé juste derrière eux est émerveillé : le chien réagit exactement comme s'il comprenait le film. Il pleure quand le film est triste, rit quand il est drôle, sursaute quand il fait peur.

Arrive la fin du film.

Gégé n'écoutant que sa curiosité tapote sur l'épaule de Lulu :

- Dites-moi, il est extraordinaire ce chien il a l'air d'avoir vraiment apprécié.

- Moais, mais je pense qu'il a préféré le livre.

C'est deux copains qui discutent.

- Tu vois mon chien, si tu veux, il peut te faire une petite gâterie !

- Non ! C'est vrai ! J'aimerais bien voir ça !

- Allez Médor, vas-y, fais-lui une petite gâterie au monsieur !!... Allez Médor, fais pas ta mauvaise tête.

Un moment passe et le chien n'est visiblement pas d'accord, et là, le maître :

- Bon, d'accord Médor, mais c'est la dernière fois que je te montre !

Au cirque Sexus à Pigalle, un dompteur fait son boniment.

- Et maintenant, Mesdames et Messieurs, je vais vous montrer un numéro unique au monde : je vais introduire mon sexe dans la gueule du crocodile, et le ressortir intact !

Roulements de tambour, le type s'exécute, et ressort son zizi intact sous les applaudissements du public médusé.

- Et maintenant, Mesdames et Messieurs, encore plus fort : je vais refaire le numéro, mais cette fois mon assistant va donner un coup de marteau sur la mâchoire du crocodile, pour bien montrer que ce n'est pas truqué !

Roulements de tambour, le dompteur introduit sa zigounette dans la gueule du reptile, l'autre gars assène un coup de marteau sur la tête du croco, et hop ! le type ressort son sexe indemne...

Applaudissements dans la salle (clap - clap - clap !!!)

- Et maintenant, si quelqu'un dans l'assistance veut tenter l'expérience...

Silence de mort dans les gradins... jusqu'à ce qu'une femme se lève et dise :

- Moi, je veux bien essayer, mais à condition de ne pas recevoir de coup de marteau sur la tête !

Variante :

Un petit précieux se fait prendre en stop par un camionneur. À bord se trouve déjà un p'tit singe assis.

Après plusieurs dizaines de kilomètres, le camionneur tapote sur le crâne du p'tit singe qui, instantanément mû par un réflexe pavlovien, s'agenouille devant le camionneur et commence à lui faire une petite gâterie buccale.

Le petit précieux, intrigué, fait néanmoins celui qui n'a rien vu pour ne pas créer une sale ambiance.

Après d'autres plusieurs dizaines de kilomètres, même scénario : petit coup sur la tête du p'tit singe et hop, nouvelle gâterie... Le petit précieux ne bronche toujours pas (toujours pour ne pas foutre une sale ambiance...)

Enfin, au terme du voyage, le camionneur, décidément insatiable, sollicite de nouveau les services du p'tit singe. Au moment où il s'exécute, le regard embarrassé du petit précieux croise le regard gourmand du camionneur zoophile. Celui-ci lui dit alors :

- Ça vous intéresse ?

- Oui, d'accord, mais à condition que vous ne me tapiez pas trop fort sur la tête...

Pourquoi les majorettes ont un neurone de plus que les chevaux ?

- Pour ne pas chier pendant qu'elles défilent...

Le petit matou suit son grand frère qui lui dit qu'il va lui montrer comment faire l'amour. Les deux chats arrivent près de la ferme où se trouvent la chatte désirée et commencent à miauler.

Manque de pot, c'est le chien de garde qui arrive et qui commence à leur courir après.

Les trois animaux courent autour de la ferme avec le matou en tête suivi du petit chat et du chien féroce qui aboie.

Ils font ainsi un, deux puis trois tours de la ferme en courant à fond. Au quatrième tour le petit chat, au prix d'un effort paroxystique, arrive à rattraper son grand frère et lui crie :

- Bon, moi je baise encore un tour et puis j'arrête, car c'est vraiment très fatiguant...

Deux canards sont au bord d'un étang.

L'un dit : - Coin coin…

L'autre lui répond : - C'est dingue, c'est exactement ce que j'allais dire !

Comment on appelle un chien qui n'a pas de pattes ?

- On ne l'appelle pas, on va le chercher !

C'est une journaliste qui va chez un gars connu et elle lui dit :

- Est-ce que je peux voir votre cuisine ?
- Oui, c'est ici !
- Vous avez une jolie vaisselle !
- C'est mon ex-femme qui me l'a donnée.
- Est-ce que je peux voir votre salon ?
- Avec plaisir ! Suivez-moi.
- Votre divan est magnifique !
- C'est mon ex-ex-femme qui me l'a donné.
- Est-ce que je peux voir votre salle de bain ?
- Oui, c'est en haut.
- Vos serviettes sont d'une très belle couleur !
- C'est mon ex-ex-ex-femme qui me les a données.
- Est-ce que je peux voir votre chambre ?
- Oui, c'est à côté.
- Votre lit est très confortable !
- C'est mon ex-ex-ex-ex-femme qui me l'a donné.
- Maudit castor !!!!!!

Puis la journaliste s'en va. Intrigué, le gars appelle son copain pour lui demander qu'est-ce que ça veut dire lorsqu'une femme te traite de castor. L'ignorant, il lui conseille d'aller vérifier dans le dictionnaire. Il cherche et trouve : « Castor : animal qui bâtit sa maison avec sa queue ».

C'est un kangourou qui rentre dans un bar et commande un gin fizz.

Le barman le sert et lui demande 100 F.

Le kangourou cherche dans sa poche (c'est pas là que c'est drôle) et tend le billet de 100 F au barman.

Pendant qu'il boit, le barman le regarde, intrigué il lui demande :
- On ne voit pas souvent de kangourous dans ce bar d'habitude…
Et le kangourou lui répond :
- À 100 F le gin fizz, ça ne m'étonne pas.

Quel animal prend 500 kg dans la nuit :
- La femme car le soir après l'amour tu lui dis: « Bonne nuit ma puce »… et le matin au réveil, c'est: « Lève-toi grosse vache ».

Un gars est en voyage d'affaires dans une ville qu'il ne connaît pas.
Il demande à des autochtones où il pourrait s'amuser un peu le soir?
On lui répond :
- Allez donc chez Raoul, c'est sur la grand route. Il y a toujours un chouette spectacle, et en plus, si vous ne l'aimez pas, on vous rembourse votre argent !

Le soir venu, le gars se rend chez Raoul. En vedette ce soir-là, il y a « un canard qui fait des pipes » (eh oui !). Le gars donne alors le montant de l'entrée, soit 100 F au patron, et il se retrouve dans une pièce avec le canard.
Il enlève son pantalon et s'avance vers le canard, mais celui-ci ne l'entend pas de cette oreille… et voilà notre gars qui se met à courir après son canard sans jamais l'attraper…
Déçu, le gars renfile son pantalon et ressort de la pièce pour se retrouver devant le patron. Naturellement, il lui demande le remboursement.
Le patron insiste pour qu'il fasse un nouvel essai.
Bon prince, notre gars se remet en chasse du canard, mais sans plus de succès.
Alors le patron lui rend son argent, en s'excusant pour tous les efforts restés vains. Il lui fait promettre de revenir le lendemain pour voir cette fois-ci un spectacle avec une fille et un berger Allemand.

Le soir suivant, le gars revient chez Raoul comme convenu.
Il rentre dans une pièce sombre qui donne sur une grande vitre sans tain, et s'assied sur une des chaises pliantes disposées devant. La vitre sans tain donne sur une pièce illuminée dans laquelle on distingue une

belle jeune fille et un grand chien. Le show commence, et, lorsque le couple est en pleine fornication, notre gars se tourne vers son voisin immédiat pour lui dire :

- Wow, quel spectacle !

Et le voisin lui répond :

- Vous auriez dû être là hier soir : il y avait un gars qui cherchait à enculer un canard.

C'est l'histoire d'un monsieur qui avait un gros matou qui engrossait toutes les chattes du voisinage de façon régulière.

Un jour, les voisins se sont réunis et ont demandé au monsieur de faire castrer son chat car ils en avaient assez d'avoir des petits minous. Le monsieur prend rendez-vous avec le vétérinaire et tout s'arrange.

Un soir, certain voisins remarquent que tous les matous du quartier sont rassemblés autour du vieux matou. On s'informe chez le monsieur en s'étonnant de la popularité de son chat qui a été, somme toute, neutralisé.

Le monsieur leur répond :

- Quand t'es plus bon à rien, tu deviens consultant !

Quel est la plus grosse hantise d'une chauve-souris ?

- Avoir la chiasse pendant qu'elle dort…

C'est un pâtissier qui, tous les matins, a la visite d'un petit lapin.

Tous les matins, il lui demande la même chose :

- Vous avez de la tarte à la carotte ?

Et tous les matins le pâtissier fait la même réponse :

- Non, désolé, je n'en ai toujours pas…

Mais un matin ce n'est pas, un, mais deux lapins qui viennent chez le pâtissier… Et chaque jour il y en a un de plus.

Au bout du vingt-cinquième petit lapin, le pâtissier est quand même excédé, et il se dit :

- Quand même, s'ils m'en demandent tous, c'est que cela représente un bon créneau à exploiter, je vais en fabriquer, disons vingt-cinq plus une, puisque demain, c'est sûr, il y aura un petit lapin en plus…

Alors le pâtissier travaille toute la nuit pour fabriquer ses vingt-six tartes aux carottes, avec les dix kilos de carottes qu'il est allé piquer dans le champ du voisin.

Et le lendemain matin, les vingt-six petits lapins arrivent devant sa boutique, et lui pose la question fatidique :

- Vous avez de la tarte aux carottes ?

Et le pâtissier répond :

- Oui, aujourd'hui j'en ai plein, j'en ai fabriqué exprès pour vous.

Alors les petits lapins rigolent et disent tous en cœur :

- C'est pas bon, hein !!!!!!!!

C'est l'histoire d'un mec, depuis qu'il est marié, sa femme ne lui fait que des carottes à manger.

Tout le temps des carottes, et encore des carottes, à toutes les sauces, crues ou cuites, grosses ou petites, râpées ou en rondelles, bref, toujours des carottes.

Alors, bon, au début, il ose trop rien dire, pour pas la vexer, mais au bout de quelques mois, quand même, il finit par lui demander :

- Mais pourquoi tu me fais toujours des carottes à manger ?

Et la femme de répondre :

- Tant que tu baiseras comme un lapin, tu mangeras comme un lapin…

Et alors le mec lui dit :

- Comment ça, baiser comme un lapin ! Viens-là, je vais te montrer si je baise comme un lapin…

Et trente secondes plus tard, il lui demande :

- Alors, heureuse ?

Encore une histoire de petit lapin :

C'est un petit lapin qui veut traverser la route. De l'autre côté, il y a un énorme taureau qui le regarde.

Donc le petit lapin regarde à gauche, regarde à droite, puis voyant qu'il n'y a rien, traverse tranquillement.

Vient, roulant à tombeau ouvert, une corvette que le petit lapin n'avait ni vu, ni entendu arriver.

Alors celui-ci se met à courir et évite la voiture qui tout de même lui roule sur sa petite queue…

Le taureau qui n'a rien loupé de la scène, se gondole de rire… Le lapin vexé lui demande ce qui le fait autant rire…

Il lui répond :

- C'est parce que tu as de grandes oreilles pour bien entendre les voitures, et de grandes pattes pour courir très vite… c'est bien la peine puisque tu t'es fait rouler dessus…

Et le lapin décidément de plus en plus vexé lui rétorque :

- Et toi, c'est bien la peine d'avoir de si grosses couilles et d'avoir de si grandes cornes…

C'est un ver de terre (un ascaris, ça fait plus vrai) qui voit passer un plat de nouilles :

- Tiens une partouze !!!

Un chat, après une longue et épuisante marche dans le désert, est surpris par une envie phénoménale de déféquer. Il se met en position, mais comme il est un peu dérangé, il y en a partout. Il cherche à s'essuyer, mais pas de papier dans le désert ! Alors que faire ?

Le savez-vous ?… Non ?

Eh bien, donnez votre langue au chat…

Qu'est-ce qu'on obtient quand on croise un chihuahua et un rottweiler ?

- Un chihuahua mort.

Quelle est la différence entre une belle-mère et un gorille ?

- À peu près vingt-cinq kilos.

Quelle est la différence entre une assistante sociale et un pitt-bull ?

- Le pitt-bull, on peut toujours lui faire lâcher le gosse.

Que dit un escargot lorsqu'il est sur le dos d'une tortue ?

- YYYYAAAAAOOOUUUUUHHHHH !!!!!!!

Un coq rentre au poulailler avec un œuf d'autruche.
Il convoque ses poules.
- Mesdames, je ne voudrais pas vous vexer, mais vous voyez ce que produit la concurrence ?

L'expérimentation animale est une très mauvaise idée : les animaux deviennent trop nerveux et du coup ils donnent des mauvaises réponses.

Pourquoi les baleines font-elles l'amour dans l'eau ?
- Vous croyez que c'est facile de faire mouiller un clitoris de dix kilos !

Il vient de se produire un terrible accident de bus. Personne n'a survécu à l'accident, sauf un chimpanzé qui était à bord.
Comme il n'y a eu aucun témoin de cet accident, la police est obligée d'essayer d'interroger le singe afin d'en savoir un peu plus.
Le chimpanzé semble d'ailleurs assez doué et répond à leurs questions par gestes. En voyant ça, l'inspecteur de police commence l'interrogatoire :
- Que faisaient les gens dans le bus au moment de l'accident ?
Le singe secoue la tête et commence à danser et à tourner sur lui-même ; signifiant ainsi que les occupants du bus rigolaient bien.
L'inspecteur insiste :
- Oui, et qu'est-ce qu'ils faisaient d'autre encore ?
Le singe montre sa main avec le pouce levé, puis porte sa main à sa gueule, signifiant ainsi que les gens du bus buvaient aussi.
L'inspecteur :
- Oh ! Ils buvaient en plus ??! Et que faisaient-ils encore d'autre ??.
Le singe fait un rond avec son pouce et son index gauches, rond dans lequel il introduit son index droit, signifiant ainsi que ceux du bus étaient en pleine partie de jambes en l'air.
Enfin l'inspecteur, perdant un peu patience, demande :
- Et toi, qu'est-ce que tu faisais alors ??
Alors le singe tend ses deux bras devant lui et serre ses mains puis il fait comme s'il tournait un volant…

C'est un gamin d'une douzaine d'années. Tous les week-ends son père va à la chasse et tous les week-ends le gamin lui demande de l'accompagner.

Le père ne veut jamais prétextant que le gamin va courir partout dans le bois et qu'il va se choper du plomb dans les fesses.

Un beau jour, le père accepte enfin que son fils l'accompagne à la chasse en lui recommandant bien d'être très prudent et de pas courir partout.

Bien entendu, à peine arrivé dans le bois, le gamin va courir dans les buissons… et son père lui tire dessus en croyant qu'il s'agissait d'un lapin (un peu con quand même le père…).

Le gars conduit son fils chez le médecin. Il retire une bonne cinquantaine de plombs des fesses du gamin et assure au père que les plombs restants, qui sont trop profondément incrustés, s'élimineront par les voies naturelles.

Le lendemain matin, le gamin va trouver sa mère :
- Maman, Maman, j'ai pissé du plomb !!
- Ce n'est rien, mon fils, Monsieur le docteur a dit que c'était normal.
Le surlendemain matin, le gamin va encore trouver sa mère :
- Maman, Maman, j'ai chié du plomb !!
- Ce n'est rien, mon fils, Monsieur le docteur a dit que c'était normal
Le sur surlendemain matin, le gamin va encore trouver sa mère :
- Maman, Maman… !!
- Écoute, tu commences à m'énerver. Si tu as encore pissé ou chié du plomb, je te retourne une baffe !
- Non, non, je me suis branlé et j'ai tué le chien…

- Mon père m'a toujours dit de me méfier des ours.
- Ah, il était trappeur ?
- Non, zoophile.

Devant partir en voyage pour une dizaine de jours, un mec va voir son pote et lui confie son perroquet.

- Fais gaffe hein ? Tu lui donnes bien à manger et tu le soignes !
- Pas de problème.

Mais le volatile est un sacré parleur, jour et nuit le pote a droit à la sérénade : « Coco, coco, salut… »

Au bout de quelques jours il va chez le véto et lui demande un moyen pour empêcher le perroquet d'ouvrir sa gueule. Il rentre donc chez lui avec un traitement : chaque fois que la bestiole l'ouvre, lui mettre un suppositoire dans le derrière.

Voilà t'y pas que le perroquet pousse un magnifique « coco ». Hop, le gars lui met un suppo. Et encore, et encore, et encore.

Au bout de deux jours silence ! Fini, plus de « coco » ou de « salut ».

Finalement le propriétaire rentre et va chez son pote pour récupérer sa bestiole.

- Salut, alors ça c'est bien passé ?
- Ouais, ouais, sans problème. Tu veux un café ?
- S'il te plaît, merci.

Pendant que son pote va à la cuisine, il s'approche de son perroquet et lui dit :

- Alors, ça boume ? C'était cool ?

Et le perroquet de répondre dans un murmure :

- Chut !!! Pas si fort, ici quand tu parles on t'encu… !

Trois petites chattes assoiffées marchent au bord d'une route. Au détour d'un virage elles voient une grande flaque d'eau en plein milieu de la route.

La première chatte s'approche tout doucement, trempe à peine les babines lorsqu'un semi-remorque débarque et PAF la chatte.

La deuxième s'approche, trempe les deux pattes avant et commence à boire lorsqu'un semi-remorque débarque, et PIF la chatte.

La troisième arrive, se jette toute entière dans la flaque, boit à pleines gorgées et POF la chatte.

Les trois petites chattes se retrouvent donc devant saint Pierre :

- Toi, la première, que t'est-il arrivé ?
- J'étais en train de boire sur la route quand un camion est arrivé et PAF.
- O.K., tu iras au paradis. Et toi que t'est-il arrivé ? dit saint Pierre s'adressant à la deuxième.

- Pareil, je me suis approchée, j'ai trempé les deux pattes et PAF.
- Ah ! C'est pas très bien ça, tu retourneras sur terre comme fantôme. Toi la dernière, que t'est-il arrivé ?
- Pareil que les deux autres, j'ai plongé dans la flaque pour boire et PAF.
- Quoi, mais c'est honteux tu iras en enfer.

Moralité :
Plus la chatte est mouillée,
plus les saints sont durs.

Au fait, comment fait-on pour savoir si un perroquet est mâle ou femelle (perroquette) ?

- Mais c'est très simple : on place l'oiseau au congélateur, puis on ouvre la porte au bout d'un certain temps. S'il s'écrie: « On se les gèle ici ! », eh bien, c'est un mâle…

- Dis Papa, qu'est-ce qui a dix pattes, qui est vert et bleu et qui mesure dix centimètres ?
- Je ne sais pas.
- Moi non plus, mais tu l'as dans le cou.

Un fermier vient d'acheter un taureau monstrueux pour faire les saillies sur ses vaches.

Dans le troupeau, il y a déjà trois taureaux : un gros, un moyen, et un petit. Le gros taureau a effectué les saillies sur la moitié du troupeau durant l'année ; le moyen a sailli un tiers du troupeau, et le petit taureau a sailli le reste.

Lorsque les trois taureaux rencontrent le nouvel arrivant qui se trouve être plus gros que chacun des trois, le gros taureau dit :

- Tu peux choisir parmi toutes mes vaches, prends celles que tu veux : je suis trop vieux pour te faire de la concurrence.

Le moyen taureau dit la même chose que le gros taureau.

Mais le petit taureau commence à baisser la tête, à souffler dans ses naseaux et à gratter le sol de ses pattes avant.

Les deux autres taureaux le regardent et lui disent :

- T'es pas fou ? Il va te tuer !

Alors le petit taureau répond :

- Ouais, moi je m'en fous des vaches. Je veux juste être sûr qu'il sait que je suis un taureau.

L'histoire se passe dans la jungle. Le lion, le roi des animaux qui en a marre de se taper ses lionnes, décide un jour de changer les règles.

Il convoque donc tous les animaux de la jungle et leur annonce :

- Je décrète cette semaine que tous les animaux pourront changer de partenaires. Chacun pourra aller forniquer avec une autre espèce. La seule chose que je demande, c'est qu'on se réunisse la semaine prochaine pour donner nos impressions.

La semaine se passe et tous les animaux reviennent.

Apparemment le système a bien fonctionné car tout le monde approuve ces changements : le lion s'est tapé une gazelle et en est encore tout émoustillé, le crocodile s'est envoyé une panthère, etc.

Enfin bref, tout le monde est satisfait... sauf le ouistiti qui fait la gueule dans un coin.

- Ça va pas ? dit le lion. T'as trouvé personne pour baiser ?

- Si, répond le ouistiti

- Ben alors, qu'est-ce qui ne va pas ?

- Ben, la girafe m'a proposé de faire l'amour avec elle car elle me trouvait vachement mignon.

- Et ça t'a pas plu ?

- Non, car elle était tout le temps en train de me dire : « Baise-moi, embrasse-moi, baise-moi, embrasse-moi, baise-moi, embrasse-moi, baise-moi, embrasse-moi... »

C'est un homme d'affaires qui traverse en voiture une région des Alpes et qui a un peu de temps devant lui. Il avise un paysan qui surveille son troupeau.

- Alors, mon brave, c'est quoi ces bêtes-là, mmmh ?

- Des vaches. C'est des vaches. (lire avec l'accent paysan !)

- Ah, ha oui, mmmh, mmmh. Et ça fait beaucoup de lait, ces vaches ?

- Ouh là, oui. Les blanches, e'm donnent bien dix lit'de lait par jour. (un temps)... Les noires aussi, d'ailleurs.

- Ah, mmmh, mmmh, oui, bien sûr ; et ces bêtes-là, c'est quoi, hein ?
- Des moutons.
- Holà, très bien. Et ça fait beaucoup de laine, ces… moutons ?
- J'pense ben. Les blancs, m'en font vingt kilos par an. (un temps ; il semble réfléchir)… Les noirs aussi, d'ailleurs.
- Oui, oui, oui. Et ces petites bêtes-là, c'est quoi, alors ?
- Des poules. Voyez ben.
- Ah, ah oui, bien sûr. Et ça vous fait beaucoup d'œufs, ces poules ?
- Ben, les blanches z'en font bien un par jour, bon poids. (encore un temps)… Les noires aussi, d'ailleurs.
- Mmmh, oui. Mais, dites donc, mon brave, pouvez-vous m'expliquer pourquoi vous distinguez systématiquement les bêtes noires et les bêtes blanches puisque de toutes façons elles produisent la même chose ? Mais enfin quoi ?
- AAAAAAAHH Maaiiis, Monsieur, ben hé, ho, c'est qu'les blanches, ben, elles sont à !!!! Hé !!! (un temps…)… Les noires aussi, d'ailleurs…

Un papa et son jeune garçon vont au zoo.

Ils sont devant la cage du gorille, et le petit garçon lui jette alors une cacahuète.

Le gorille l'attrape, se la met dans le trou du cul, puis la retire, et enfin, il la mange.

Voyant ce spectacle, le petit garçon et le père laissent échapper un « pouah » de dégoût.

Malgré tout, et pour être sûr de ne pas avoir rêvé, ils relancent une cacahuète au gorille… et celui-ci refait la même chose que précédemment.

À ce moment-là passe le gardien du zoo. Le père lui raconte la scène :

- Ce gorille est vraiment débile : on lui balance une cacahuète, et il ne trouve rien de mieux que de se la fourrer dans le cul avant de la manger !

Le gardien de zoo lui répond :

- Détrompez-vous, il est très intelligent : la semaine dernière, on lui a balancé une pêche, et il n'a pas pu chier le noyau… alors maintenant, il vérifie à chaque fois…

C'est jour de deuil dans la ferme : la mule du fermier vient de tuer la belle-mère dudit fermier en lui balançant une bonne ruade au moment où elle passait. Tous les fermiers des environs font le déplacement jusqu'à l'église.

Le curé voyant la foule au dehors s'adresse à quelqu'un de la famille de la défunte :

- Elle devait être très appréciée ! Quand on voit le nombre de fermiers qui a quitté les champs pour assister aux funérailles…

Et le gars de la famille répond :

- Ils ne sont pas ici pour les funérailles... Ils sont tous venus pour acheter la mule.

C'est une petite vieille qui habite dans un petit appartement, seule avec un perroquet dans une cage. C'est un perroquet très intelligent, qui joue du piano, fait de la peinture, connaît tout Molière…

Soudain, la vieille s'écroule par terre, crise cardiaque !

N'écoutant que son courage, l'oiseau pince la poignée de sa cage avec son gros bec, tire sur celle-ci et parvient à ouvrir sa cage ! Il vole vers la pauvre femme, et essaye en vain le bec-à-bouche. Impossible ! Il se pose sur la poitrine de celle-ci et tente le massage cardiaque en sautillant sur son sein gauche, rien à faire !

Sur ce, se rappelant un cours de secourisme vu à la télé, il se précipite vers l'armoire à pharmacie, tourne la clef avec son bec, et cherche vainement de la digitaline, ou un quelconque excitant cardiaque. RIEN.

Il décide alors de voler vers le téléphone, décroche le combiné et appelle les pompiers :

Le standard : - Allô ???

Le perroquet : - Il est beau coco !

Un fermier texan possède un ranch très grand, mais proche d'un gouffre. Il possède énormément de chevaux mais à chaque fois, ils tombent dans le fossé. Alors il se décide à installer des barrières, mais rien à faire, les chevaux vont trop vite, et sautent les barrières, et se jettent dans le vide.

Alors, il emploie plusieurs compagnies pour l'aider à conserver ses chevaux mais aucune n'y parvient.

Un jour, un petit homme lui propose son aide :

- Si vous voulez, je vous loue mon âne, il s'appelle Pedro. Avec lui, vos chevaux resteront en vie.

Alors le type, désespéré, accepte. Et il regarde ses chevaux avec l'âne, et tous se précipitent dans le fossé. Pourtant, tous atterrissent en douceur en bas, dans le ravin. Le type est impressionné. Alors le vieux lui dit :
- C'est normal, Pedro l'âne ralentit la chute des chevaux…

Cette blague est - ou peut être - drôle si vous connaissez la pub, en France elle est connue, sinon ailleurs désolé amis canadiens et autres francophones qui nous lisent…

Pourquoi les chiens se lèchent-ils les couilles ?
- Parce qu'ils le peuvent.

Pourquoi le poulet traverse-t-il la route ?
- Pour aller de l'autre côté.

Ou
- Parce que c'est trop long de faire le tour.

Ou
- Pour montrer au hérisson (ou à la grenouille) que c'est possible.

Pourquoi la poule traverse-t-elle la route ?

Platon : « Pour son plus grand bien ».

Karl Marx : « C'est une obligation historique que la mentalité étriquée des petits-bourgeois esclaves de leurs préjugés ne saurait remettre en question ».

Doug Hofstadter : « Pour chercher une explication à la correspondance existant entre la représentation externe de l'objet-route et la conceptualisation interne du concept-route ».

Machiavel : « De cette manière, ses sujets la considéreront avec admiration, comme une poule qui a le courage d'oser traverser la route ; mais également avec peur, car lequel parmi eux est capable de rivaliser avec un tel parangon de la vertu avienne. De cette façon, la domination de la poule princière sera-t-elle maintenue ».

Hippocrate : « À cause d'un excès d'une humeur bilieuse, de couleur vert clair au niveau de la poche principale de son estomac ».

H.P. Lovecraft : « Pour tenter dans un ultime effort de s'échapper aux forces ténébreuses qui la poursuivaient sans relâche, avides de s'emparer de chaque parcelle de son âme ».

Sapho : « Pour le goût de tes lèvres, la douceur de ta peau… »

J.R.R. Tolkien : « La poule, illuminée par un rayon de soleil qui se reflétait sur sa radieuse livrée de plumes jaune orangé, s'approchât de la route sombre et recouverte d'une asphalte à l'aspect menaçant. Elle la scruta longuement de ses yeux aux teintes d'obsidienne. Elle s'imprégna de chaque détail, de la texture un peu rugueuse de la surface, soumise aux passages d'innombrables voitures, des vagues qu'exsudait l'asphalte sous l'effet de la chaleur.
Puis elle traversa ».

Carl Jung : « La confluence des événements dans le *gelstat* culturel nécessitait que les poules traversent la route durant cette conjonction historique, entraînant synchroniquement une telle occurrence de l'état de non-existence à celui de réalité ».

Gary Gygax : « Parce que j'ai fait un 64 sur la table des comportements aléatoires de poules de la page 297 du manuel du maître de jeu ».

Albert Einstein : « Que la poule ait traversé la route ou que la route ait traversé la poule dépend du référentiel dans lequel on se place ».

Bouddha : « Si tu poses cette question, tu renies l'individu-poule qui est en toi ».

Darwin : « C'était l'étape logique après être descendue de l'arbre ».

Épicure : « Pour rigoler ».

Sigmund Freud : « La poule était bien évidemment de sexe femelle et interprétait par conséquence le poteau de signalisation comme un symbole phallique dont elle a voulu se rapprocher ».

Werner Heisenberg : « Nous ne sommes pas sûrs du côté où était la poule, mais elle bougeait très vite ».

Adolf Hitler : « Pour étendre son *lebensraum* ».

Martin Luther King : « Parce qu'elle avait un rêve ».

The Sphinx : « Dites-moi ».

Zénon d'Élée : « Pour prouver qu'elle ne pourrait jamais atteindre l'autre côté ».

Mais bien évidemment, les habitués de f.r.h auront retrouvé la bonne réponse : c'était trop long de faire le tour.

Pourquoi le pervers traverse-t-il la route ?
- Parce qu'il a la bite coincée dans le cul du poulet !

Pourquoi le punk traverse-t-il la route ?
- Parce qu'il a une crête de poulet au-dessus de la tête !

Pourquoi le dinosaure traverse-t-il la route ?
- Parce que les poulets ne sont pas encore là à leur époque.

Pourquoi l'avocat traverse-t-il la route ?
- Pour rejoindre l'accident de l'autre côté.

Quelle est la différence entre une poule et un chapon ?
- Une poule cha pond mais… un chapon cha pond pas…

Savez-vous pourquoi les grenouilles ont toujours les fesses dans l'eau ?

- Pour avoir la raie nette !

Dans une ferme, un éleveur de vaches qui vient tout juste de se marier donne les instructions à sa jeune épouse avant de partir en ville pour la matinée :

- Alors, l'inséminateur va passer ce matin pour une des vaches. J'ai accroché un clou en face de la stalle de la vache à inséminer.

La femme, qui est de la ville, et qui manque un peu de bon sens, trouve cela étrange, mais lui dit qu'elle a bien compris, et le mari quitte la ferme pour la ville.

L'inséminateur arrive plus tard, et la femme le conduit à l'étable, et dans l'étable, à la stalle avec le clou planté par le mari.

- C'est cette vache-là, lui dit la femme.
- Et à quoi sert le clou ? demande l'inséminateur.
- Je ne sais pas. Je suppose que c'est pour accrocher votre pantalon.

Dans un zoo, le gardien a repéré que, depuis quelque temps, le chameau prend une posture bizarre pour marcher, un peu comme s'il était gêné.

Il appelle le vétérinaire du zoo qui, après examen, diagnostique une contracture du muscle crémaster (le chameau a les couilles qui remontent).

Le véto ajoute que la solution au problème est la castration et il donne aussi le prix : 3 000 F.

Le directeur du zoo décide d'obtenir un deuxième avis. Il trouve un autre véto qui propose de faire l'opération pour seulement 300 F et de plus, le véto garantit que l'opération se fera sans douleur.

Naturellement, le directeur du zoo choisit le véto le moins cher. Le lendemain, ce véto revient au zoo, va s'installer derrière le chameau, prend deux briques et écrase les deux testicules du chameau entre elles.

- Mon Dieu ! dit le directeur du zoo, et vous m'aviez dit que ça ne faisait pas mal ? ! ?

Le véto répond :

- Pas si vous êtes prudent et que vous faites attention à vos doigts.

Un milliardaire collectionne les crocodiles vivants. Il les garde dans la piscine de sa propriété. Ce millionnaire possède aussi une fille, encore célibataire.

Un jour, lors d'une grande réception dans sa villa, il annonce :

- Mes chers amis, j'ai une proposition à faire à tous les hommes valides ici présents : je donnerai ma fille en mariage à l'homme qui sera capable de traverser ma piscine remplie de crocodiles à la nage, et de ressortir sain et sauf !

On entend alors un grand « SPLASH », et tout le monde regarde un gars nager comme Tarzan traversant la rivière pour sauver Jane. Naturellement, la foule encourage le gars, et, finalement, le nageur parvient à l'autre extrémité de la piscine sans être blessé.

Le milliardaire s'écrie :

- Fantastique ! Je n'aurais jamais cru ça possible ! Je dois m'incliner et respecter mes engagements : vous connaissez ma fille ?

Le gars répond :

- Laissez tomber. Je suis déjà marié ! Mais par contre, je voudrais bien connaître le Nom de D… de fils de P… qui m'a poussé dans la piscine !!

Un éleveur de vaches va chez son banquier pour obtenir un prêt afin d'acheter un taureau. Quelques jours plus tard, le banquier rencontre l'éleveur dans la rue et lui demande :

- Alors, comment va notre taureau ?

- Ben, pas terrible ! Je l'ai mis dans le pré avec toutes les génisses à saillir, et il n'a rien voulu leur faire.

- Vous feriez mieux d'appeler le vétérinaire.

Encore quelques jours plus tard, le banquier rencontre l'éleveur à nouveau :

- Et comment va notre taureau maintenant ?

- Impeccable. Il a sailli toutes mes génisses, ensuite il est passé au-dessus de la barrière, et maintenant il s'occupe des vaches du voisin.

- Hé hé ! Et qu'est-ce que le véto lui a donné ?

- Il lui a donné des comprimés.

- Quelle sorte de comprimés ?
- Je ne sais pas, mais ils ont le goût de la fraise.

Ce sont deux petits garçons qui sont assis sur le trottoir, derrière un chariot en bois attaché à leur chien.

Un gardien de la paix qui passe par là vient vers eux et leur dit :

- Dites donc, jeunes gens, vous savez que vous ne pouvez pas attacher votre chien à ce chariot, c'est de la cruauté.

Puis le policier regarde le chien d'un peu plus près et remarque qu'un morceau de ficelle a été attaché autour des testicules du chien, et que l'autre bout de la ficelle est tenu par un des deux jeunes garçons.

- Mais ce n'est pas vrai ! Vous ne pouvez pas attacher les testicules de votre chien à de la ficelle, ce n'est pas humain !

Alors un des deux garçons dit à son copain :

- Qu'est-ce que c'est des testicules ??

Et l'autre répond :

- Je ne sais pas. Je pense qu'il parle du levier de vitesse !

C'est une femme qui va jouer au bridge tous les jeudis après-midi avec ses copines.

Un certain jeudi, elle se retrouve avec un tellement bon jeu qu'elle ne voit plus le temps passer et continue à jouer bien plus longtemps que d'habitude. Lorsqu'elle s'aperçoit de l'heure avancée, elle s'écrie :

- Oh, non ! Je dois vite rentrer faire à manger à mon mari ! Il sera très en colère s'il rentre et que son repas n'est pas prêt.

Elle quitte le cercle de jeu et rentre chez elle ; elle réalise très vite qu'elle n'aura pas le temps de faire des courses, et comme il ne lui reste plus que de la laitue, un œuf et une boîte d'aliment pour chat, elle tente le tout pour le tout : elle ouvre la boîte à chat, mélange ça à l'œuf qui lui restait, et garnit le tout dans une assiette avec des feuilles de salade. C'est à ce moment que son mari rentre à la maison…

Il s'installe à table, goûte et, ô surprise, il dit :

- Mmmh, chérie, c'est le meilleur plat que tu m'as préparé en trente ans de mariage. Tu peux recommencer tous les jours, mmmh !

Et pour fêter ça dignement, le soir, ils firent l'amour alors que ça ne leur était pas arrivé depuis plusieurs mois !

Évidemment, à partir de ce moment, tous les jeudis elle refaisait le même dîner à son mari, et puis ensuite, elle ne tarda pas à lui faire le même tous les jours.

Lorsqu'elle raconta cela à ses copines du club de bridge, elle lui dirent horrifiées :

- Tu vas le tuer; il ne pourra pas manger de la bouffe pour chat tout le reste de sa vie !

Deux mois plus tard, le mari meurt. Aux funérailles, les copines du club de bridge attaquent la nouvelle veuve :

- Tu l'as tué. On t'avait pourtant prévenue ! Comment peux-tu rester aussi calme et sans montrer l'ombre d'un remords ?

La veuve répond alors :

- Ah, ce n'est pas moi qui l'ai tué ! Il est tombé du haut de l'armoire alors qu'il était en train de se lécher le trou du cul.

Un gars rentre dans un bar en disant bien fort pour que tout le monde l'entende :

- Est-ce que le rottweiler qui est dehors appartient à quelqu'un ici ?

- Oui c'est le mien ! répond un mec complètement tibulaire. Qu'est-ce qu'il y a ?

- Eh bien, je pense que mon chihuahua vient de tuer votre chien…

- Ah Ah Ah, ton chihuahua ? ! Comment ta petite merde de chien pourrait faire du mal à mon molosse ?

- Ben, en fait, je crois que votre rottweiler s'est étouffé en le mangeant !

Un escargot s'est fait rançonné par deux tortues. Il va déposer plainte à la police. Là, on lui demande comment ça s'est passé.

Il répond : - Je ne sais pas, tout s'est passé trop vite !

- Non ! Mille fois non, dit Madame mille-pattes, en croisant ses pattes, à son prétendant.

Quel animal a six pattes et marche sur la tête ?

- Un pou.

C'est un gars d'la ville qui décide d'arrêter de vivre comme un citadin. Il va donc s'acheter une ferme et comme cette ferme est vendue avec quelques truies, il se dit tout naturellement qu'il va faire de l'élevage de cochons.

Malheureusement, il n'avait aucune idée de la façon dont on fait l'élevage de cochons, et surtout, il n'avait pas de verrat pour commencer ! Son voisin de ferme, très aimable proposa son verrat pour la chose, et il dit au gars d'la ville d'amener ses truies dès le lendemain grâce à son 4x4 pick-up.

En venant reprendre ses truies dans l'après-midi, le gars d'la ville demande à son voisin comment il pourra savoir si ses truies ont été fécondées. Le voisin lui dit alors de regarder le matin en se levant où se trouvent ses truies : si elles sont dehors dans le pré, c'est qu'elles sont pleines, et si elles sont dans l'étable, c'est que ça n'a pas marché.

Le lendemain en se réveillant, le gars d'la ville va voir ses truies.

Malheureusement, toutes les truies sont dans l'étable. En maugréant, il les charge dans le pick-up et s'en retourne chez son voisin pour une deuxième séance de ça-va ça-vient (ça y est, je l'ai placé).

Et le manège se reproduit les jours suivants, les truies n'étant toujours pas gestantes.

Le cinquième matin de ce petit manège, le gars d'la ville va voir où sont les truies.

Il regarde dans le pré, elles n'y sont pas.

Il regarde dans l'étable, elles n'y sont pas.

Alors il appelle sa femme et lui demande :

- Mais où sont passées les truies ?

Et prise d'un fou rire elle lui répond :

- Elles sont dans le 4x4 et la plus grosse est en train de klaxonner !

C'est un p'tit zèbre qui part à la découverte du monde.

Il arrive dans un pré, et voit une vache. Il lui demande :

- Dis… À quoi tu sers, toi ?

- Je sers à faire du lait, lui dit la vache.

Un peu plus loin, il voit un mouton, et lui demande :

- Dis… À quoi tu sers, toi ? (Couper/Coller lamentable !)

- Je fais de la laine, lui répond le mouton.

Un peu plus loin, il voit un grand cheval, et lui demande :
- Dis… À quoi tu sers, toi ?
Et le cheval dit :
- Enlève ton pyjama, j'vais te montrer !

C'est un bouledogue qui est en train de jouer dans l'herbe au bas d'un immeuble.
Il dit au caniche qui est sur un balcon au premier étage :
- Allez viens jouer, on va bien s'amuser.
- Je ne peux pas, je suis enfermé, répond le caniche
- Ben t'as qu'à sauter par-dessus le balcon.
- Ah ben non alors, pour avoir une gueule comme toi !

Un locataire à son propriétaire.
- Il y a des souris dans mon appartement.
- C'est impossible, dit le propriétaire, cet appartement est impeccable.
- Je vous dis qu'il y a des souris. Venez je vais vous les montrer.
Le locataire met un petit morceau de fromage par terre et une souris traverse la pièce si vite qu'ils ont du mal à la voir passer.
- Ce n'est pas concluant, dit le propriétaire, je ne l'ai pas vue passer.
- Je vais jeter un poignée de morceaux de fromage, vous verrez bien.
Le locataire jette sa poignée de fromage. Arrivent alors, une, deux, trois souris, un poisson rouge et une quatrième souris.
- Avez-vous vu maintenant ?
- Oui, j'ai vu. Mais j'ai aussi vu un poisson rouge. Qu'est-ce que ça signifie ?
- Réglons d'abord le problème des souris, ensuite nous parlerons du problème d'humidité.

Comment un canard aveugle fait-il pour faire l'amour ?
- Il prend une canne blanche.

Pourquoi les poules n'ont pas de seins ?
- Parce que les coqs n'ont pas de mains.

Comment se reproduisent les hérissons ?
- Avec beaucoup de précaution.

À quel moment la poule a-t-elle le plus de plumes sur le dos ?
- Lorsque le coq la monte.

C'est un morpion qui va au syndicat des morpions se plaindre parce que il s'emmerde…

Alors on lui dit :

- Écoute, on va te mettre dans la moustache à Charles Bronson, O.K. ?
- O.K.

Alors il y va, et il revient deux jours après :

- Non ça me plaît pas, il est trop propre, il s'essuie la moustache tout le temps, il met rien dedans, ça m'intéresse pas.
- O.K., alors on t'envoie dans la chatte à Liz Taylor, O.K. ?
- O.K.

Alors il y va mais il revient encore deux jours après.

- Alors, c'était pas bien ?
- Si, mais au bout de deux jours, je me suis retrouvé dans la moustache à Charles Bronson…

Où obtient-on de la laine vierge ?
- Sur le dos des moutons les plus laids.

C'est une grenouille à grande bouche qui part à l'aventure en Afrique.

Elle croise une girafe :

- [lire en ouvrant grand la bouche] Bonjour ! Comment tu t'appelles ?
- Moi, je suis une girafe.
- Ah ! Et qu'est-ce que tu manges ?
- Je mange des feuilles hautes des arbres (les plus tendres).
- Merci. Au revoir.

Et la grenouille à grande bouche continue son chemin. Elle croise un lion.
- Bonjour ! Comment tu t'appelles ?
- Je suis un lion.
- Ah ! Et qu'est-ce que tu manges ?
- Je mange des gazelles.
- Merci. Au revoir.

Et la grenouille à grande bouche continue son chemin. Elle croise une hyène.
- Bonjour ! Comment tu t'appelles ?
- Je suis une hyène.
- Ah ! Et qu'est-ce que tu manges ?
- Je mange des charognes.
- Merci. Au revoir.

Et la grenouille à grande bouche continue son chemin. Elle croise un héron.
- Bonjour ! Comment tu t'appelles ?
- Je suis un héron [petit, pas tapon].
- Ah ! Et qu'est-ce que tu manges ?
- Je mange des grenouilles à grande bouche.
- [lire en faisant une toute petite bouche genre « cul de poule »] Ah ? et il y en a beaucoup par ici ?

C'est un paysan qui va voir son voisin, paysan aussi de son état.
- Tiens, salut !
- Salut ! Tu vas bien ?
- Bah, ouais !!! Tiens, mais j't'ai pas dit ! J'ai un cochon qui sait compter.
- Quoi ? ! ? ! Un cochon qui sait compter ??!? Arrête tes conneries, tu sais très bien que ça sait pas compter un cochon !!
- Si, si, j't'assure ! Tiens, viens voir chez moi !... Viens, que j'te dit !
Alors les deux paysans vont voir le cochon en question.
Ils arrivent, et le paysan dit :
- Tiens, écoute ! 4 et 5 ?
Et là, il file un petit coup de pied au cochon :
- Neufneufneuf... neuf ! (imitez le cochon).

- 2 et 7 ? (un petit coup de pied !).
- Neufneufneuf…, fait le cochon.
- C'est dingue, ça ! dit l'autre !!
- 3 et 6 ? (le petit coup de pied).
- Neufneufneufneufneuf…
- Ouais, mais attends ! Il n'sait dire que neuf ton cochon. C'est du pipeau ton truc !
- Nan, attends ! Écoute : 4 et 4 ??

Et là, il décolle un « magistral » coup de pied dans le cochon qui fait :
- Huuuiiittt, huuuuuuuiiiiiiiiit… huuuuuuuuuuuiiiiiiiiiiiiiittttttt !!

Ce sont deux escargots qui grimpent sur un mur, il est très haut et c'est très dur. Arrivés en haut un des deux dit :
- Eh bien, on en a bavé !!

C'est un ver de terre qui, sortant de son trou, voit un autre ver à côté de lui et engage la conversation :
- Beau temps hein ?

(Pas de réponse).

Un peu surpris, il poursuit néanmoins :
- Espérons que ça va pas se gâter ce week-end !

(Toujours pas de réponse).
- Remarquez on n'a pas trop à se plaindre cette année…

(Pas de réponse).

Alors le ver de terre rentre dans son trou en grommelant :
- Ça y est ! J'ai encore parlé à ma queue !

C'est la fin de la journée de travail au ranch. Un cow-boy dit à un autre cow-boy :
- Oh dis donc ! Ce nouveau taureau a bien failli m'avoir aujourd'hui.
- Ah ouais ?! Qu'est-ce qui est arrivé ?
- J'étais en train de donner du foin pour le troupeau dans la prairie, quand ce branleur de taureau me charge aussi vite qu'une locomotive à pleine vitesse.

Il m'a presque eu à ce moment-là !
- Comment tu t'en es sorti ?

- Le taureau s'est mis à déraper. Ça m'a permis d'atteindre la clôture et de sauter par-dessus en catastrophe.

- Putain, ça fait peur ! Si j'avais été à ta place, j'aurais probablement fait sous moi tellement j'aurais été terrifié !

- Et sur quoi penses-tu que le taureau a dérapé ?

Un cow-boy arrive en ville, il arrête son cheval devant l'abreuvoir et entre dans le saloon.

Il va jusqu'au bar, commande une bière, boit lentement, puis quand il a terminé, il ressort du saloon.

Quelques secondes plus tard, il rentre en courant, furax dans le saloon, en criant :

- O.K. Maintenant vous allez me dire quel est le trou du cul qui a peint mon cheval en jaune ? !!!

À ce moment-là, une montagne haute de 2 mètres 10 et de plus de 120 kg se lève, toise le cow-boy de toute son altitude et dit :

- C'est moi.

Alors le cow-boy prend une toute petite voix et lui dit :

- Vous pouvez passer la deuxième couche. La première est sèche.

C'est deux gars en train de chasser dans les bois. Tout en marchant, ils se retrouvent face à un grand trou.

Pour connaître la profondeur de ce trou, l'un des deux balance un caillou dans le fond et tend l'oreille pour entendre le bruit du caillou percutant le fond…

Rien du tout, pas de bruit.

Du coup, l'autre cherche ce qu'il pourrait balancer dans le trou qui ferait plus de bruit, et tombe sur une traverse de chemin de fer. Ils la ramassent tous les deux et la balancent dans le trou : toujours aucun bruit. Tout à coup, une chèvre fonce vers eux et saute dans le trou…

Lorsqu'un peu plus tard ils croisent un paysan qui leur demande s'ils n'auraient pas vu une chèvre, ils racontent ce qu'ils ont vu : une chèvre qui avait foncé directement dans le trou.

Alors le paysan répond :

- Ça peut pas être ma chèvre. La mienne était attachée à une traverse de chemin de fer !

Un pêcheur serein patiente en regardant son bouchon dans l'eau. Un chien vient se placer derrière lui et flatule.

L'odeur est si insupportable que le pêcheur, perdant toute raison en voulant s'enfuir, tombe à l'eau pour mourir noyé.

Une question se pose : quel peut donc être la race de cet ignoble chien ?

... Il s'agit d'un pékinois (un pet qui noie).

Pourquoi les vaches font-elles une drôle de gueule ?

- Je voudrais bien vous y voir, vous !! Et si on vous tirait sur les seins quatre fois par jour et on vous baisait une fois par an !!

Un papa kangourou est en train d'engueuler sa fille :

- Qu'est-ce que t'as encore fait toute la nuit, hein ? T'es rentrée à cinq heures du mat' !!! Et ne me raconte pas d'salades : t'as des poches sous les yeux !

- Et ton flirt d'hier ? demande un kangourou à un autre kangourou.
- Ben, ça va, c'est dans la poche !

- Pourvu qu'il fasse beau aujourd'hui, dit une mère kangourou. Il y en a marre d'être obligée de laisser les enfants jouer à l'intérieur !

Deux mouches mâles discutent :

- Alors, t'as passé une bonne fête des pères ?
- Mouais, 123 015 de mes gosses me l'ont souhaitée, les 200 125 autres trouvent que je suis un mauvais père...

Madame escargot est bien embêtée, elle est en train de faire cuire un rôti et elle s'aperçoit qu'elle a oublié d'acheter du pain. Elle envoie donc son mari en urgence à la boulangerie. Deux heures passent, et le mari n'est toujours pas revenu. Le rôti a brûlé depuis belle lurette et il faut donc ouvrir une boîte de pâté.

Elle décide alors d'aller à la boulangerie elle-même « puisqu'il a encore dû se saouler au bistrot ».

Elle ouvre la porte et voit son mari juste derrière.

- Ah, quand même ! Ça fait deux heures que t'es parti !

Et le mari : - Ah, si tu cries, j'y vais pas !

C'est un gars qui rentre d'un safari en Afrique et qui discute avec un ami.

- Alors raconte, comment ça s'est passé [prénom du gars à qui vous en voulez] ? ça n'a pas dû te plaire, tu as l'air déprimé !

- Ne m'en parle pas, tu sais, un jour alors qu'on allait installer le campement, un gorille s'est rué sur nous. Tout le monde a réussi à remonter dans les voitures et à s'enfuir sauf moi… Je me suis retrouvé tout seul avec le gorille ! Et puis, forcément, il a voulu me prendre de force car il était vraiment excité. Et je n'ai rien pu faire : il m'a enculé.

- Je comprends [prénom du gars à qui vous en voulez], ça doit être assez difficile à vivre.

- Oh oui, vraiment, j'ai plus le moral… Lui tout là-bas et moi ici…

C'est l'histoire d'un lapin qui fait une thèse. Le premier jour, il rencontre un loup qui lui demande :

- Eh, qu'est-ce que tu fais dans la vie, mon bon lapin ?

- Je fais une thèse !

- Une thèse ?? Hi hi, et c'est quoi ton sujet ?

- « De la supériorité du lapin sur le loup ».

Mort de rire, le loup n'en croit mot. Et le lapin insiste :

- Si tu ne me crois pas, tu n'as qu'à venir chez moi, je te montrerai !

Le loup, se disant qu'après tout il n'était pas pressé, et que de toute façon il pouvait manger ce lapin quand il le voulait sans aucun problème, accepte le rendez-vous.

On ne revit jamais plus le loup…

Un mois plus tard, le lapin rencontre un tigre qui lui demande :

- Eh, qu'est-ce que tu fais dans la vie mon bon lapin ?

- Je fais une thèse !

- Une thèse ?? Et c'est quoi ton sujet ?
- « De la supériorité du lapin sur le tigre ».

Le tigre n'en pouvant plus de rire, accepte un rendez-vous chez le lapin.

On ne revit plus jamais le tigre…

Un mois plus tard, un renard rencontre le lapin, et là encore, même scénario : le lapin lui explique qu'il fait une thèse sur la supériorité du lapin sur le renard. Le renard va alors chez le lapin. Là il découvre un tas d'os de loup, un tas d'os de tigre, un tas d'os de renard, et au milieu de la pièce un lion, c'est le directeur de thèse du lapin.

…

La morale de l'histoire, c'est que peu importe ton sujet de thèse, ce qui compte c'est le pouvoir de ton responsable.

C'est un mec qui se promène à la campagne, lorsqu'il croise une toute petite fille de six ans qui conduit une vache au bout d'une corde. Le mec lui dit :

- Ben, où tu vas comme ça avec ta vache ?
- Je l'emmène au taureau, M'sieur.
- Ben, ton père ne pourrait pas le faire ??
- Oh non !! Il faut un taureau pour ça !

Que fait une baleine lorsqu'on la chatouille ?

- Elle dit : « C'est assez ! J'ai le dos fin ! »

Et elle se cache à l'eau…

Deux poissons discutent :

- Comment ça va ?
- Pas bien du tout, je suis déprimé.
- Allez, prends donc un ver, ça va te remonter.

Maître Lapin et maître Renard se croisent au pied d'un grand chêne.

- Salut, Lapin.

- Salut, Renard, comment ça va ? Les gosses, le boulot ?
- Bien, bien, mais viens, je t'offre un verre…

Verre après verre, Lapin finit beurré comme un petit Lu, malade comme un chien, vomissant partout : une vraie cuite d'élève ingénieur…

Maître Renard, bien entamé lui aussi, mais encore capable de marcher, lui fait :

- Allez, je te ramène chez toi : monte sur mon dos.

Ils tentent, mais Lapin est tellement beurré qu'il se vautre à chaque fois.

Alors, plutôt que d'essayer de monter, il s'accroche à la grosse queue touffue de Renard qui le reconduit ainsi à son doux foyer où l'attend Madame Lapin et son rouleau à pâtisserie.

Quelques jours passent et, au pied d'un grand chêne, maître Lapin et maître Renard se croisent de nouveau.

- Oh putain, tu m'as mis minable la dernière fois, mais, foi de maître Lapin, je t'invite dans un bar où ils font un alcool de carottes : Renard, tu finis sous la table…

Et ce qui fut dit fut fait. Maître Renard est déchiré comme pas deux…

Maître Lapin, avec les idées un peu plus claires, propose à Renard de lui rendre la pareille (rapport à la dernière cuite) et de le ramener.

Mais tous deux s'aperçoivent bien vite qu'il sera difficile à Renard de s'accrocher à la courte queue de Lapin.

Alors Lapin va chercher sa Renault Espace familiale, ouvre l'arrière en grand, y met Renard, et profite de la grève des bergers allemands pour prendre le volant malgré ses 0,5 g/l…

Moralité :
En soirée, si t'as une petite queue, viens avec une grosse voiture…

Un mec récupère sur un sentier boueux une grenouille qui est franchement dans un piteux état. Il la ramène chez lui, la soigne et la met au chaud. Puis d'un seul coup, la bestiole se transforme en une magnifique fée (du logis), genre Pamela Anderson mais en mieux encore.

La fée, avec sa voix à faire tomber les mecs, dit à son sauveur :

- Vous m'avez sauvée ! Je suis donc chargée de réaliser votre vœu le plus cher. Que désirez-vous ?

- Euh… ben, je euh… Mince, alors ! Allez, je souhaiterais me marier avec vous !

- Ah non ! Désolée, je ne peux pas accepter celui-là. Je suis une immortelle, et vous êtes mortel. Choisissez autre chose.

- Non, tant pis, je reste sur celui-là. Quand vous aurez changé d'avis, faites-moi signe.

- Pas de problème…

Et le mec se retrouve avec un superbe plumage blanc sur le lac Léman.

Deux camionneurs transportent un gorille vers un zoo. En chemin, ils s'arrêtent dans un petit village.

Ils assistent à une scène étonnante : un homme rentre dans une maison et ressort trente minutes après épuisé…

La fenêtre s'ouvre, et une femme sort la tête et crie :

- Des hommes… Je veux des hommes.

Un autre homme rentre et une demi-heure après, même scène…

Un des camionneurs dit à l'autre :

- j'y vais…

Mais une demi-heure après…

- Des hommes…, crie la femme de la fenêtre.

Le camionneur revient, à quatre pattes…

- C'est une horreur, on a fait l'amour quatre fois, et à chaque fois, elle prend une craie et fait une croix sur le mur. Puis elle remet ça…

L'autre camionneur y va… Et revient la mine décomposée quarante minutes après…

- T'avais raison, six fois ! Six fois on a fait l'amour, à chaque fois elle faisait une croix sur le mur avec de la craie, puis elle recommençait…

D'un seul coup, ils ont une idée…

Ils envoient le gorille chez la femme… Une demi-heure passe… Une heure passe… Trois heures passent…

D'un seul coup la fenêtre s'ouvre… et le gorille passe la tête en criant :

- De la craie, je veux de la craie…

Blagues sur les éléphants
en particulier

C'est un mec, tout nu dans la savane. Il marche.

Ledit mec vient à rencontrer un éléphant. Un mâle.

L'éléphant regarde le mec sous toutes les coutures. ça dure un bon moment et enfin… l'éléphant dit :

- T'arrives à manger avec ça ?

Deux éléphantes se promènent au bord d'un marigot.

- Viens, on va se baigner ! dit la première.
- Ben, je peux pas…
- Pourquoi ça ?
- Je suis indisposée en ce moment, si tu vois ce que je veux dire…
- Ben, t'as qu'à prendre un mouton !…

Et encore:

Pourquoi les éléphants ont-ils une longue trompe ?

- Parce que les moutons n'ont pas de ficelle.

Et aussi…

Qu'est-ce que les éléphants utilisent comme préservatif ?

- Des sacs poubelles.

C'est l'histoire archiconnue d'un éléphant qui prend son bain et d'une petite souris. Celle-ci s'approche de lui, furieuse, et lui dit :

- Sort de ce bain i-mmé-dia-te-ment !!

L'éléphant obéit (il est pas fou, il sait que ça serait de l'inconscience de ne pas obéir à une souris).

La souris se calme et ajoute :

- Ça va pour cette fois, j'ai cru que c'était toi qui m'avait piqué mon maillot.

Une souris et un éléphant courent dans la savane…

La souris se retourne et dit :

- T'as vu la poussière qu'on fait !!

Comment met-on un éléphant dans un frigo en trois temps ?

1 - On ouvre le frigo.

2 - On met l'éléphant dans le frigo.

3 - On referme la porte.

En combien de mouvements met-on une girafe dans un frigo ?

- En quatre : on ouvre la porte, on enlève l'éléphant, on met la girafe, et on referme la porte.

Puis, tu racontes cette blague :

Tarzan, dans la jungle, se balance de liane en liane comme d'habitude. Il passe au-dessus d'un lac mais houps, il rate sa liane et tombe à pic dans l'eau, où les crocodiles l'attendent pour le manger…

Il hurle alors : OOOOOOOYOYOYOYOYOYOOOOOOOOOYO YOYOYOYOYYOOYOYYOYYOYOYO… pour appeler tous ses amis les animaux à la rescousse. Tous arrivent sauf un, lequel (sauf le crocodile, bien sûr) ?

- La girafe, parce qu'elle est coincée dans le frigo…

Au zoo, un éléphant se fait opérer. Le chirurgien :

- Nous n'avons pas oublié un instrument, comme l'année dernière ?

- Non, tous les instruments sont là… mais plus l'infirmière !

Comment fait un éléphant pour se cacher dans un champ de fraises ?

- Il se peint les ongles en rouge !

Avez-vous déjà vu des éléphants dans un champ de fraises ?
- Non, parce qu'ils sont bien cachés !

Quelle différence y a-t-il entre un éléphant d'Inde et un éléphant d'Afrique ?
- 3 000 kilomètres.

Comment fait-on rentrer quatre éléphants dans une Fiat 500 ?
- Deux devant et deux derrière.
Et six éléphants dans une Fiat 500 ?
- Deux devant, deux derrière et deux sur le toit !
Et qui conduit ?
- L'éléphant qui a son permis.

Comment fait un éléphant pour traverser un étang ?
- Il retire ses chaussures et saute de nénuphar en nénuphar !

Comment fait-on dire le mot éléphant (en italien) à un éléphant ?
- On l'amène dans le désert ; là, des oranges lui apparaissent en mirage ; puis on ouvre un frigo plein de Coca-Cola et il s'exclame : « Et les Fanta ? »

Comment fait-on pour savoir s'il y a des éléphants à l'église ?
- La Fiat 500 est garée devant !

Comment sait-on qu'un éléphant est entré dans un frigo ?
- On regarde s'il a laissé des traces dans le beurre !

Que dit un éléphant quand il voit un homme nu ?
- Mais comment fait-il pour boire ?

Que font les éléphants à cinq heures de l'après-midi dans la forêt ?
- Du parachutisme.
Et pourquoi les crocodiles sont-ils plats ?
- Parce qu'à cinq heures, il font un tour dans la forêt.

Quelle est la différence entre une fraise et un éléphant ?
- Ils donnent des maladies différentes : la fraise donne l'urticaire et l'éléphant, les oreillons.

Pourquoi les éléphants sont gris ?
- Pour qu'on ne les confonde pas avec des fraises des bois.

Quels sont les éléphants qui ont quand même peur d'être pris pour des fraises des bois ?
- Ceux avec des yeux rouges.

Comment font les éléphants aux yeux rouges pour se cacher des cueilleurs de fraises ?
- Ils montent dans des cerisiers.

Pourquoi les éléphants amènent-ils leur raquettes sur la plage ?
- Pour pas s'enfoncer dans le sable.

Pourquoi les autruches mettent-elles la tête dans le sable ?
- Pour discuter avec les éléphants aux raquettes de mauvaise qualité.

Quel est le cri le plus strident de la jungle ?
- Une girafe qui mange des cerises.

Les animaux embarquent sur l'arche de Noé.
L'éléphant dit à la puce :
- Ne pousse pas !
La puce lui répond :
- Excuse-moi, je ne t'avais pas vu.

Pourquoi les éléphants ont-ils la peau rugueuse ?
- Parce qu'il n'est pas facile de les repasser.

Pourquoi les éléphants se promènent en Fiat 500 et non pas en vélo ?
- Parce qu'ils n'ont pas de petit doigt pour utiliser la sonnette !

Pourquoi l'éléphant a-t-il la trompe devant ?
- S'il l'avait derrière, il s'enfilerait les cacahuètes dans le cul !

Je suis tellement fort que je peux soulever un éléphant avec une seule main. Le plus dur est de trouver un éléphant qui n'a qu'une seule main.

Pourquoi un éléphant ne peut-il pas voir le bout de sa trompe ?
- Parce qu'il est « nez avec défenses d'ivoire… »

Les souris disputent un match de rugby avec les éléphants. Les éléphants gagnent le match.
Pendant la troisième mi-temps, le capitaine éléphant dit :
- Désolé d'avoir écrasé pas mal de vos joueurs…
Le capitaine des souris répond :
- C'est pas grave, nous aussi on a joué à la dure.

Un tigre dans la forêt aperçoit tout un groupe d'animaux allant tous dans la même direction.

Il arrête une souris et lui demande :

- Où est-ce qu'ils vont tous ?

La souris répond :

- La femelle de l'éléphant est coincée entre deux arbres, alors ils y vont tous pour la baiser.

- Et toi, où vas-tu ? demande encore le tigre.

La souris répond : - Où, où ?! Je suis un mâle moi aussi !!!

Un homme consulte un chirurgien parce qu'il aimerait avoir un pénis plus grand. Le chirurgien lui explique que c'est possible, mais que ça implique de greffer un bout de trompe d'éléphanteau sur le pénis humain.

Le gars s'en fout. Ce qui l'intéresse, c'est d'avoir la bite monstrueuse, à la Siffredi. Du coup, l'opération a lieu (évidemment, on a attendu qu'un bébé éléphant meurt accidentellement - on est pas pour la vivisection sur frh !).

Quelques semaines plus tard, le gars sort de la clinique et invite sa petite amie au restaurant. Après l'apéritif, le nouveau pénis de notre héros « s'évade » de son pantalon, s'élève au-dessus de la table, attrape un bout de pain, et très vite disparaît sous la table.

La fille qui a vu la scène n'en revient pas. Elle s'exclame :

- Qu'est-ce que c'était que ça ?

Et le gars fait l'innocent et dit qu'il n'a rien vu…

Mais tout à coup, le pénis refait surface, reprend un autre bout de pain et disparaît tout aussi vite que la première fois.

La femme se tait quelques secondes puis dit :

- Je n'arrive pas à croire que j'ai vu ce que j'ai vu… tu pourrais refaire ça ?

Le gars sourit d'un air gêné et lui répond :

- Chérie, j'aimerais bien, mais tu vois, je crois bien que je ne supporterais plus de prendre un autre morceau de pain dans le cul !

Dans la jungle.

Une souris mâle regarde une femelle éléphant avec des yeux de braises…

Deux singes passent par là et observent la scène.

L'un deux s'adresse à la souris : - Elle t'excite ?
La souris : - Oh ben ouais alors…
L'autre singe : - Si tu veux on t'arrange le coup…
- C'est vrai ?! Waow ! Le rêve !
- Accroche-toi à moi : je t'envoie sur son dos, tu n'auras qu'à descendre le long de sa queue, et tu pourras la pénétrer en faisant du rappel.
- Génial, les mecs, sympa !

L'opération se déroule comme prévu. La souris mâle est face à cette foufoune qui fait trois fois sa taille.

Il sort son sexe minuscule et se met à faire « l'amour » au pachyderme, impassible.

Les singes montent en haut d'un cocotier et balancent sur la tête de la femelle éléphant d'énormes noix…

Alors l'éléphante lève la tête et se met à gueuler sur les singes, qui continuent.

Et la souris mâle au bord de la délivrance crie :
- Alors tu jouis, salope !!!

Comment s'aperçoit-on qu'on a un éléphant dans son lit ?
- Il a un « E » brodé sur son pyjama.

Blagues de bar

Un Belge entre dans un grand café à Bruxelles. Il se pointe au bar et passe sa commande.

- Patron, sers donc une gueuze pour toi, une gueuze pour moi et une gueuze pour tous ceux qui sont derrière.

Le patron écarquille les yeux. Il y a au moins cinquante personnes dans la salle ! Néanmoins il fait servir la tournée.

Le Belge prend sa gueuze et fait cul-sec.

- Patron, ressers donc une gueuze pour toi, une gueuze pour moi et une gueuze pour tous ceux qui sont derrière. Re-cul-sec.

Le gazier refait le coup de la tournée générale cinq ou six fois.

Au moment de payer, il n'a pas un rond sur lui !

Le patron furibard (furibard = colère de bistrot) fait le tour du bar, lui colle une raclée à un point que l'autre se retrouve à l'hosto dans un bain de plâtre pendant six mois.

En sortant de l'hôpital la première chose qu'il fait est de retourner dans le café.

Le patron n'en croit pas ses yeux.

- Patron, sers donc une gueuze pour moi et une gueuze pour tous ceux qui sont derrière.

Le patron le regarde droit dans les yeux et lui demande d'un air féroce :

- Et moi donc, je ne bois pas ?

- Oh non ! Toi, t'es beaucoup trop méchant quand tu as bu.

M. Perkins (c'est en U.K. que ça se passe) entre dans un bar et s'assoit sur un des tabourets.

- Puis-je vous servir un verre ? demande le barman.

- Non, je vous remercie, dit M. Perkins. J'ai essayé de boire de l'alcool une fois et ça ne m'a pas plu.

Quelques minutes plus tard, le barman s'allume un cigare.
- Cela vous intéresse, demande-t-il à M. Perkins.
- Non, je vous remercie, dit M. Perkins. J'ai essayé de fumer une fois et je n'ai pas apprécié.

Les autres personnes dans le bar sont prêtes à passer dans une salle du fond pour jouer au poker et ils demandent à M. Perkins s'il désire jouer avec eux.
- Non, je vous remercie, dit M. Perkins. J'ai essayé le jeu une fois et vraiment, ce n'était pas pour moi…
Perkins reste sur le tabouret de bar sans rien faire, alors le barman lui demande :
- Vous ne buvez pas, vous ne fumez pas, vous ne jouez pas… alors que faites-vous ici ?
- J'attends mon fils, nous avons rendez-vous.
Le barman répond : - Il doit être votre unique enfant…

Un gars va dans un bar et commande une bière.
Il la boit d'un coup, regarde dans sa poche et commande une autre.
Il la boit et regarde dans sa poche : après avoir fait ça plusieurs fois le serveur lui demande :
- Pourquoi après chaque bière vous regardez dans votre poche ?
Le mec lui répond : - Dans ma poche il y a une photo de ma femme, quand je la trouverai belle je rentrerai à la maison.

Dans un bar, un mec complètement bourré demande les toilettes au barman qui les lui indique par des « au fond, à gauche puis à droite ». Le gars s'y rend, ouvre la porte et là, stupéfaction, il voit des chiottes en OR !
Le plaisir est à son comble et le gars décide d'y mettre le paquet…
Le lendemain, l'ivrogne rencontre un de ses potes et lui raconte qu'il a chié dans des chiottes en or en lui précisant où se trouve le café. Le copain n'y croit pas trop mais décide de se rendre dans ce bar pour vérifier. Arrivé devant le barman, il demande :
- Où sont vos chiottes en or ?
Le barman tournant son regard de l'autre côté du bar :
- Eh Raymond, j'ai trouvé celui qui a chié dans ton sax.

Un type est au bar quand soudain un petit singe déboule sur le comptoir, court vers lui, s'assoit sur son verre et commence à faire sa toilette intime. Le type commande un autre whisky, mais au moment où il va le boire, le singe revient et recommence à se laver dans le verre.

Agacé, il demande au barman d'où vient ce singe. Le barman n'en sait rien et lui conseille de se renseigner auprès du pianiste.

Il va voir le pianiste et lui demande :

- Connaissez-vous le petit singe qui vient se laver les couilles dans mon whisky ?

- Non, mais si vous me sifflez les premières mesures, je retrouverai peut-être l'air.

Un type rentre dans un bar et commande deux scotchs au barman.

Le barman : - Un double ?

- Non, non, deux whiskies dans deux verres différents.

Le barman surpris sert les deux verres…

Le client boit les deux verres paie et s'en va.

Le lendemain, même scénario, ainsi que les jours suivants…

Intrigué le barman demande à son client pourquoi il boit toujours deux verres alors qu'un double serait plus économique.

- Eh bien, je vais vous dire… j'avais l'habitude de prendre l'apéro tous les jours avec un copain qui est parti aux US, nous nous sommes promis de continuer à boire tous les jours ensemble.

Le barman semble très heureux de cette histoire, jusqu'au jour ou le client revient et demande :

- Un scotch !

Le barman très ennuyé :

- Il est arrivé malheur à votre ami ?

- Non pourquoi ? répond le client

- Eh bien, je ne sais pas, mais aujourd'hui, vous ne prenez qu'un verre !

- Ah, ce n'est rien, mais mon médecin m'a dit d'arrêter de boire…

C'était un gars assis à un bar. Il dit au barman :

- As-tu vu la femme là-bas ? Je lui paie un verre.

Le barman dit : - Oublie ça, ça ne sert à rien. Cette femme-là est une lesbienne !

Le gars répond : - Voyons donc ! Ce n'est pas grave ! Ça ne me dérange pas, qu'est-ce que ça peut faire ?

Le barman va porter un verre à la demoiselle de la part du gentil monsieur. La dame remercie gentiment le monsieur de la main.

Puis le gars lui paie un deuxième verre, puis trois. Il décide alors d'aller la voir. Il s'assied à côté d'elle. Ils se présentent, discutent un peu et finalement, le gars embêté demande à la fille.

- Dis donc : y a-t-il encore la guerre, en Lesbie ?

C'est un gars qui va au bistrot :

Le gars : - Patron, servez-moi sept pastis.

Le patron : - O.K., je vous les sers tous ensemble ?

Le gars : - Ouais, vous les alignez là, sur le comptoir…

Le gars en enfile un, deux, trois…

Le patron : - Oh là, faut aller plus doucement. C'est en quel honneur tous ces pastagas ?

Le gars : - Aujourd'hui c'était ma première fellation !

Le patron : - Oh ça se fête ça ! Bon, si vous finissez le 7e je vous offre le 8e…

Le gars : - Oh, c'est pas la peine, si au bout de sept pastis j'ai encore le goût dans la bouche, ça servira à rien que j'en boive un autre…

C'est l'histoire d'un chauffeur de poids lourd qui arrive à un relais routier, se met au bar et commence à raconter :

- Il m'en est arrivé une bonne… Ah ! putain de 2 CV !

Et il crache par terre.

- Mon camion est sorti de la route à dix bornes d'ici… Ah ! putain de 2 CV !

Et il crache par terre.

- J'étais complètement planté dans le champ… Ah ! putain de 2 CV !

Et il crache par terre.

- Tout à coup arrive une 2 CV… Ah ! putain de 2 CV !

Et il crache par terre.

- Elle était conduite par un pédé qui me dit : « Je vais vous sortir de là avec ma voiture »… Ah ! putain de 2 CV !

Et il crache par terre.

- Alors je lui réponds : « Si tu arrives à sortir mon camion avec ta deuche, j'te taille une pipe… » AAAAH ! Putain de 2 CV !!!

Et il crache par terre.

P.S. : Cette blague ne contient aucun sous-entendu concernant les tendances sexuelles des conducteurs de 2 CV.

C'est dans un bistro tenu par des femmes. Un homme entre un matin et s'assied à une table. Il commande un café et remarque des marques tracées au marqueur sur la table. La première se trouve à trois centimètres du bord. La seconde à cinq et la dernière à six.

Il demande aux femmes qui s'est permis de faire ces marques.

- Ce sont des Noirs un peu éméchés qui ont voulu s'amuser à se la mesurer hier soir.

- Ah, Ah, Ah, Ah !! Elles étaient vraiment minuscules alors. Je peux essayer.

- Pas de problème ! répond la patronne.

L'homme sort la sienne et la pose sur la table et elle arrive plus loin que les autres.

- Pas mal hein ?? demande-t-il à la patronne.

- Bof, hier soir ils étaient de l'autre côté de la table pour se la mesurer.

Ce sont deux copains qui discutent dans un bar.

Ils sont en train de se vanter sur leur propre anatomie. Ainsi l'un des deux dit :

- Je ne l'ai jamais mesurée, mais je sais que ma bite est plus longue que la queue d'un chat.

L'autre évidemment ne le croit pas, et comme il demande à voir, un pari est fait. Le barman, qui sert d'arbitre, va chercher une règle, et commence par mesurer la queue du chat du bar.

Ensuite, le barman, s'acquitte de la deuxième obligation en allant mesurer l'autre queue.

Et là le vantard dit :

- Hop hop hop ! À partir d'où est-ce que tu as mesuré la queue de ton chat ?

Le barman répond : - À partir de son trou du cul.

- Bien, répond le vantard. Alors fais-moi la même faveur, s'il te plaît.

C'est un gars qui est manchot. Il rentre dans un bar et va s'asseoir sur un tabouret, juste en face du barman qui est en train de nettoyer ses verres.

Le manchot dit : - Je n'ai pas de bras, comme vous pouvez le voir ; seriez-vous assez aimable pour m'aider à boire un verre de bière ?

Le barman répond : - Bien sûr !

Et il porte le verre de bière aux lèvres du manchot.

Le manchot relance : - Je me demande si vous serez assez gentil pour prendre mon mouchoir dans ma poche, et m'essuyer la mousse que j'ai aux lèvres…

Et le barman s'exécute sans sourciller.

Le manchot continue :

- Si vous allez dans la poche de droite de mon pantalon (non c'est pas là qu'on rigole), vous trouverez l'argent pour la bière.

Alors le barman va se servir.

Enfin, le manchot ajoute :

- Vous avez été très gentil. Une dernière petite chose : où se trouvent les toilettes ?

Alors le barman réfléchit deux secondes et dit :

- Dans la station-service de l'autre côté de la rue.

Trois copines à la sortie d'une boîte de nuit font du stop et ça ne marche pas. Elles sont pas mal éméchées, l'une d'entre elles va derrière un buisson pour vomir sa haine envers Bacchus…

Une demi-heure après elle ne revient pas, ses copines décident alors de voir ce qui se passe. Derrière le buisson il y a une grange éclairée.

Elles y rentrent et voient leur amie à genoux sous une vache en train de sucer un pis.

- Mais que fais-tu ?

- Ben sur les quatre, il y en aura bien un qu'aura une voiture…

Un mec complètement bourré affalé sur le bar, ressent une impression d'humidité sur son pantalon :

Il demande au gars à sa gauche :

- Tu ne m'aurais pas renversé de la bière dessus ?

- Non, répond le gars.
Il se tourne vers le gars à sa droite :
- Tu ne m'aurais pas renversé de la bière dessus ?
- Non, répond l'autre gars...
- Oh, oh,... fait le gars.

Un mec est tellement bourré dans un bar, qu'il est incapable de se déplacer jusqu'aux toilettes pour aller pisser. Et pourtant, ça urge.

Il demande à son compagnon de beuverie (un peu moins bourré que lui) de l'aider à aller jusqu'à l'urinoir.

Le copain supporte donc le mec bourré, et en profite pour faire une blague : arrivés en face de l'urinoir, il baisse (et remonte aussitôt) la braguette du gars et place une banane dans sa main.

Naturellement, le mec bourré sentant quelque chose dans sa main commence à pisser... et il sent alors la douce moiteur de son pipi lui couler le long de la jambe.

Il est tellement surpris qu'il lève les mains, et aperçoit alors la banane dans sa main (gauche ou droite, peu importe).

Alors, il panique et rentre dans le bar en criant (il est complètement dessaoulé) :

- Aidez-moi, appelez une ambulance !! Je me suis arraché la bite et je saigne à mourir !!

C'est un mec bourré qui rentre dans une église. Il se dirige vers le confessionnal et là, sans se rendre compte du crime qu'il commet, il commence à faire caca !

Le prêtre qui est dans la loge adjacente ouvre alors la fenêtre de communication entre les deux loges...

Et le mec bourré dit :

- Qu'est-ce qu'il y a ? T'as pas de PQ non plus de ton côté ?

C'est un homme qui va dans un bar et qui demande :

- Deux grands whisky secs, s'il vous plaît.

Le barman les lui sert et le gars se les enfile l'un derrière l'autre. Il paye, sort du bar et va dans un autre bar en marchant moins droit.

Là, il demande :

- Un grand whisky sec, s'il vous plaît.

Le barman le lui sert et le gars se l'enfile. Il paye, sort du bar et va dans un autre bar, en marchant encore moins droit. Là, il demande :

- Un whisky sec, hips !

Le barman le lui sert et le gars le boit. Il paye et sort comme il peu du bar, en titubant.

Il rentre chez lui et en bas de l'immeuble, il sort de sa poche une petite flasque de whisky et s'en boit une grande lampée.

Après ça, il rampe dans l'escalier jusqu'à sa porte, l'ouvre comme il peu en tremblant et en mettant un bon moment à trouver le trou de la serrure. Il entre, va dans son salon, ouvre son bar, prend un verre à digestif et le remplit de whisky qu'il écluse en une gorgée.

De là, il se traîne jusque dans sa chambre, monte péniblement sur son lit, prend un dé à coudre sur la table de nuit qu'il remplit de whisky avec la flasque qu'il n'avait pas vidée (faut suivre, hein ?). Et il boit cul sec tout le contenu du dé à coudre.

À ce moment-là, il dit à sa femme :

- C'est t-t-tout de même cur-hips-ieux. Moins jjje bois, plus j'suis saoul.

C'est deux bagnoles qui viennent de se rentrer dedans. Les conducteurs sortent en hurlant de leur caisse complètement défoncée. Mais là, ils s'aperçoivent qu'ils sont deux amis de très longue date !

- Ben, ça alors ! René !!!

- Par exemple, Jacquot !!! Comme le monde est petit !

- Ouais… Dis, t'as rien de cassé ?

- Bah, nan, et toi ?

- Ça va, j'ai rien… juste un peu secoué.

- Bah, normal ! J'te comprends ! Tiens, prends donc un verre de cognac ! Ça ira mieux après ! Pendant ce temps, j'vais essayer de trouver un flic.

- Merci. Ouaaouhh ! Il est vachement bon, ton cognac dis donc ! Mais, t'en prends pas toi ? !

- Ah, non, pas maintenant, si ça ne te fait rien ! Finis la bouteille, moi j'en prendrai plus tard… après l'alcootest !

---

28 façons de voir si vous êtes trop bourré :

1 - Vous n'avez pas le dessus en vous disputant avec des objets inanimés.

2 - Vous vous accrochez à l'herbe pour ne pas tomber sur le sol.

3 - Travailler vous empêche de boire autant que vous le voulez.

4 - Une analyse sanguine a montré que votre alcool contenait des traces de sang.

5 - Si vous êtes breton, votre carrière politique n'ira pas plus loin que sénateur.

6 - La lunette des W.-C. tombe régulièrement sur l'arrière de votre tête.

7 - Vous pensez sincèrement que l'alcool représente un type d'aliment comme les glucides, les lipides, les protides…

8 - Comme c'est bizarre : il y a 24 heures dans une journée, et tous les jours il vous faut un pack de 24 canettes.

9 - Votre regret c'est : deux mains… et seulement une bouche.

10 - Le barman vous connaît tellement bien qu'il vous permet de le remplacer derrière le bar.

11 - Vous vous concentrez mieux en fermant un œil.

12 - Le parking n'était pas au même endroit lorsque vous êtes arrivés.

13 - Chaque femme que vous rencontrez se balade avec sa sœur jumelle.

14 - En vous réveillant, vous trouvez Windows 95 installé sur votre ordinateur.

15 - Vous demandez à votre femme : « Où sont les enfants ? ». Mais vous n'avez pas d'enfants, et encore moins de femme. Vous êtes en train de parler à votre oreiller.

16 - Votre lit vous fait penser à un bateau sur une mer démontée.

17 - Dans votre tête, lorsque vous fermez les yeux, vous rejouez la scène de la charge des hélicoptères dans *Apocalypse Now.*

18 - Vous appelez vos enfants Heineken et Kanterbrau.

19 - Votre armoire de santé, c'est 50 % Alka Seltzer, 50 % Citrate de bétaïne.

20 - L'alcool un problème ? Je bois, je suis bourré, je tombe. Où est le problème ?

21 - Vous avez votre nom gravé sur un tabouret du bar.

22 - Le verre s'obstine à rater votre bouche.

23 - Vous commencez à comprendre ce que dit Michel Rocard.
24 - Ils ne veulent plus de vous au « Don du Sang ».
25 - Les moustiques meurent d'overdose quand ils vous piquent.
26 - Aux Alcooliques Anonymes, vous prenez la parole et ça donne « Bonjour, je m'appelle… heu… ».
27 - Ah, vomir un bon coup, et la journée peut commencer…
28 - Un troupeau d'éléphants rose a fait son nid dans un arbre de votre jardin.

Un type bourré arrive à un barrage de police.

Le gendarme demande ses papiers.

Le mec :

- Je peux pas, je suis complètement bourré. Je reviens d'un mariage, on a bu comme des trous, j'ai bu au moins cinq bouteilles de vins, et pour terminer, j'ai flûté une bouteille de Cognac.

- Très bien, Monsieur, répond le gendarme. Veuillez souffler dans le ballon.

- Pourquoi, vous me croyez pas ?

Blagues sur « Maman, Maman… »

- Maman, Maman, j'aime pas Grand-père !

Ça ne fait rien : pousse-le sur le bord de l'assiette et mange tes haricots.

Variante :

- Dis, mon p'tit, tu l'aimes ta grand-mère ?
- Oh oui !
- Alors, reprends-en…

- Guillaume enlève tes doigts du nez de grand-père !
- Guillaume, laisse Grand-père tranquille !!
- Guillaume, c'est le dernier avertissement, arrête ou je referme le cercueil.

- Maman, Maman, je peux avoir du chocolat ?
- Mais oui, mon petit, sers-toi, il est dans le buffet…

Le gosse prend un air triste.

- Mais Maman, tu sais bien que je n'ai pas de bras…
- Ah, pas de bras, pas de chocolat !

- Papa, je veux jouer avec Grand-mère !
- Non !!!
- S'il te plaît, mon Papa chéri !
- D'accord, mais c'est la dernière fois que je la déterre.

Maman, Maman, Grand-mère m'a mordue.
- C'est bien fait. Je t'avais bien dit de pas t'approcher de la cage.

- Dis, Papa, pourquoi Mémé, elle est toute froide ?
- Tais-toi et creuse !

- Papa, pourquoi Maman elle courre en zigzag ?
- T'as gueule, p'tit con, et passe-moi les cartouches !

- Maman ! Maman ! Papa s'est pendu au grenier !
Ils montent rapidement au grenier et le trouvent vide.
- Poisson d'avril ! Papa s'est pendu dans la cave.

- Papa, Papa, je viens de faire l'amour ! dit le petit garçon tout fier à son papa.
Le père, cachant son air railleur :
- Oh ! Très bien ! Et quand recommences-tu ?
Et là, le petit, hésitant :
- Ben, je sais pas… ça fait quand même très mal au cul.

Un petit garçon interpelle sa maman :
- Maman, Maman ! Hein qu'j'suis pas p'tit comme les copains d'l'école y disent ?
- Mais NON ! Je sais bien que tu n'es pas petit !
Quelques minutes plus tard… La maman appelle son fils :
- Pierrot !!! Prends l'escabeau, et va me chercher des fraises dans le jardin !

- Papa, Papa, à l'école ils disent tous que j'ai de grandes dents, c'est pas vrai, hein ??

- Mais non, mais non, ne pleure pas et relève la tête, tu rayes le parquet !!

- Maman, c'est vrai que la maison a brûlé ?
- Oui, mon chéri.
- Maman, c'est vrai que Grand-mère a brûlé avec la maison.
- Oui, mon chéri.
- Maman, pourquoi ça sent le caramel ?
- Mon chéri, tu sais bien que Grand-mère avait du diabète.

- Maman, c'est quoi un vampire ?
- Tais-toi et bois vite avant que ça coagule.

Papa, Papa, c'est encore loin l'Amérique ?
- Tais-toi et nage !

- Maman, Maman ! Les copains m'disent tous que j'ai une grosse tête, hein que c'est pas vrai ?
- Mais non voyons ! Et puis au lieu de discuter, va donc me chercher 5 kg de patates à la cave avec ton béret !

- Toto, arrête de tourner en rond !...
- Toto, Je t'ai dit d'arrêter de tourner en rond !
- Toto, tu arrêtes, ou je te cloues l'autre pied !!!!

- Maman, Maman, je ne veux plus dormir avec mon petit frère.
- Tais-toi ! Je t'ai déjà dit qu'on avait pas assez d'argent pour l'enterrer.

- Maman, Maman, je peux jouer avec le petit chiot ?
- D'accord, mais quand tu as fini, tu remets tous les os en place dans la poubelle.

Blagues sur les bébés morts
(et apparentés)

Qu'est-ce qui est tout rouge et qui tape à la vitre en hurlant ??
-... Un bébé dans un micro-onde.

Qu'est-ce qui est blanc, qui pisse le sang et qui est attendrissant ?
- Un bébé qui suce une lame de rasoir.

Qu'est-ce qui est jaune, qui tourne, puis qui devient rouge ?
- Un poussin dans un mixeur.

Qu'est-ce qui crie et ne peut pas passer à la porte ?
- Un gamin avec un javelot planté dans la tête.

Variante :
Qu'est-ce qui crie et qui a du mal à tourner dans les couloirs ?
- Un bébé avec un javelot planté dans la tête.

Qu'est-ce qui est pire qu'un bébé dans une poubelle ?
- Deux bébés dans une poubelle ?
- Non. Un bébé dans Deux poubelles.

Qu'est-ce qui est tout rouge dans un coin ?
- Un bébé qui joue avec un scalpel.

Qu'est-ce qui est tout vert dans un coin ?
- Le même bébé trois mois plus tard.

Qu'est-ce qui est à l'endroit et qui tape au carreau, puis à l'envers et qui tape au carreau, puis à l'endroit et qui tape au carreau, puis à l'envers…
- Un bébé dans un sèche-linge.

Quelle est la différence entre un bébé blanc et un bébé noir ?
- Deux minutes dans le micro-onde.

Qu'est-ce qui a deux antennes, qui se cogne contre les murs et qui est très attendrissant ?
- Un bébé avec une fourchette plantée dans chaque œil.

Qu'est-ce qui est tout rouge, qui hurle, qui gigote et qui fait des bulles ?
- Un bébé plongé dans l'acide.

Qu'est-ce qui est pire qu'un bébé pendu à un arbre ?
- Le même éventré.

Qu'est-ce qui est plus fun que de faire tourner un bébé à 120 km/h ?
- Annuler sa vitesse avec un coup de batte de base-ball !!

Qu'est-ce qui est bleu froid et qui ne bouge plus ?
- C'est un bébé qui sort du congélateur.

Blagues belges

Remarque préliminaire : les blagues anti-Belges des Français sont très souvent les blagues anti-Newfies des Québécois... Mais qu'est-ce qu'un Newfie alors ?

- C'est un habitant du NewFoundLand (Terre Neuve).

Un Flamand et un Wallon discutent...

Je ne m'étends pas sur sa motivation pour la justifier, mais tout à coup, le Flamand pousse l'exclamation suivante :

- Ho, UN mouche !

Vous remarquerez que le Flamand effectue cet effort louable de s'exprimer en français.

Le Wallon le reprend, et lui dit : - Non ! UNE mouche.

Le Flamand très étonné lui répond : - Gotferdom! t'as de bons yeux !

C'est un Belge qui pousse sa Mercedes toute neuve sur l'autoroute.

Un gendarme s'arrête et lui demande quelle est la panne.

- Non, elle n'est pas en panne, répond le Belge, elle est neuve, mais le garagiste m'a dit, pendant le rodage, vous roulez à 50 km/h en ville et vous la poussez un peu sur l'autoroute. Alors c'est ce que je fais !!!

Un Belge (ou un Suisse, ou un Newfie) rentre du travail plus tôt que d'habitude. Il trouve sa femme au lit avec un autre homme.

Il fonce chercher un revolver dans un tiroir de son bureau, retourne à la chambre, fait face aux deux amants restés dans le lit et leur lance en pointant l'arme sur sa tempe :

- Je vais arrêter votre petit jeu une fois pour toutes.

Le couple dans le lit se met à rire alors de façon incontrôlée (c'est certainement les nerfs). Alors le mari trompé, furieux leur hurle :

- Je ne sais pas ce que vous trouvez de drôle à ça : après, c'est votre tour !

Ce sont deux Belges à la chasse, ils voient passer un deltaplane.

Le premier Belge épaule et tire :

- Bah, tu l'as raté !!
- Oui, mais il a lâché sa proie.

Comment reconnaît-on un Belge dans un aéroport ?

- C'est le seul qui donne à manger des graines aux avions.

Pourquoi les sous-marins belges doivent remonter toutes les trois minutes ?

- Pour faire respirer les rameurs…

C'est un Belge qui part en vacances au Club Méd.

Là, il se dit :

- Super, je vais pouvoir me faire des femmes, plein de femmes.

Un jour, deux jours…, Rien.

Mais lors de ces journées d'attente, il a remarqué un G.O. (Gentil Organisateur) qui n'arrête pas : à chaque fois qu'il se déplace, un troupeau de belles créatures le suit.

Il décide donc d'aller le voir pour lui demander son secret.

- Mais comment fais-tu pour avoir toujours autant de femmes autour de toi ?

- C'est très simple (p'tit gars !), le matin je me lève et je place une patate dans mon maillot.

- Ah ouais, j'ai compris, dit le Belge…

Le lendemain soir, le G.O. revoit le G.M. (Gentil Membre) et lui demande comment s'est passée sa journée :

- Alors, ça a marché, p'tit gars ?
- Ben non, j'comprends pas !
- Eh mec, y faut mettre la patate devant !!!!

Pour nos amis les Belges :
Ça se passe au temps de Mitterrand.
Le roi des Belges, excédé par les blagues françaises sur ses sujets, va voir le président français pour lui demander une faveur :
Baudouin : - Salut Mitterrand; dites, vous pourriez pas, une fois, faire une grosse connerie qu'on puisse se moquer de vous, fieu ???
Mitterrand : - Bon, d'accord.
Et il décide de construire un superbe pont dans le désert.

Sur ce, les Belges se marrent comme des fous de la connerie française.
Au bout d'un an, le roi revient voit Mitterrand et lui dit :
Baudouin : - Bon allez, fieu, on a assez ri, tu peux le détruire ton pont.
Mitterand : - C'est pas possible.
Baudouin : - Ah bon, pourquoi, fieu ???
Mitterand : - Faut attendre que les pêcheurs belges en descendent !!

Deux Belges discutent et l'un dit :
- Dis donc, j'aimerais bien essayer l'échangisme avec ta femme et la mienne.
- Oh ben, oui, une fois, on peut essayer.
Un samedi, ils organisent une soirée.
Au bout de deux heures d'échangisme, un des deux Belges dit :
- Tu crois qu'elles se font autant chier que nous à côté nos femmes ??!!!

À une conférence sur les missions spatiales la délégation belge annonce le projet d'envoyer une sonde sur le soleil.
Hilarité générale, ce à quoi ils répondent :
- On est pas idiots tout de même on va l'envoyer de nuit.

Un Français rend visite à un de ses amis belges qui vient juste d'être papa. Le Français, voyant le nourrisson dans son landau tombe en admiration.
- Comme il est beau! Et ça lui fait quel âge ?

- Quinze jours, répond le Belge.
- Et comment s'appelle-t-il ?
- Ben ça, on ne sait pas, sais-tu, il ne parle pas encore !!!!

Bruxelles est envahie par les rats. Il y en a partout. C'est l'horreur ! Ils ont tout essayé, la mort-aux-rats, les chats, les rapaces… Rien ne marche. Mais un jour, ils apprennent l'existence, dans le fin fond du Sud de la France, d'un vieil ermite qui aurait des solutions miracles pour tout.

« Pourquoi pas », se disent-ils… Alors voilà les sages de Bruxelles qui partent pour Marseille et sa garrigue. Ils trouvent le vieil ermite et lui expliquent leur problème. Le vieil homme rigole et leur dit :

- J'ai la solution à vos problèmes. Prenez cette boîte. Ouvrez-la dans votre ville. Un rat en sortira. Il fera partir tous les autres. Remettez-le ensuite dedans et ramenez-le moi.

Les sages repartent dans leur ville et ouvrent la boîte. Dedans, il y a un rat. Tout rose. Les yeux roses, les pattes roses, la queue rose, le poil rose… Bref, un rat rose. Le rat sort, court à travers la ville, et bientôt tous les rats de la ville le suivent. Il finit sa tournée en sautant dans le fleuve, et en nageant de l'autre côté. Et les rats de la ville qui le suivent se noient. Le rat rose revient dans sa boîte. Les sages se disent que ça pourrait être bien de lui faire faire un dernier tour. Et ils recommencent… Quelques derniers rats finissent aussi noyés. La ville est libérée de ses rats ! Les sages repartent pour la France, rapporter le rat rose à son propriétaire.

Une fois sur place, ils donnent le rat, et se regardent les uns les autres.

Une idée surgit. L'un d'entre eux s'adresse au vieil ermite :

- Et, heu… vous n'auriez pas un, heu… flamand, de la même couleur ?

La Belgique a interdit la conception *in vitro*…

… On a déjà arrêté six couples à la cathédrale.

C'est un chauffeur de camion belge qui se pointe à l'entrée d'un tunnel avec son gros camion. Il doit freiner vu que devant lui il y a un autre camion belge (avec chauffeur belge) arrêté devant l'entrée du tunnel. Le deuxième chauffeur descend et demande au premier pourquoi il est arrêté.

Celui-ci lui montre le panneau : hauteur maximale 4,00 m et lui explique que son camion fait 4 m 20, alors ça va coincer.

Le deuxième chauffeur dit alors au premier :

- Tu t'en fous, il n'y a pas de flics !

Savez-vous quel est le meilleur moyen contraceptif chez les Belges ?

Le lance-pierres…

… Pour tirer sur les cigognes !

À la frontière entre la Wallonie et le pays flamand (deux régions de Belgique, l'une parle français, l'autre parle flamand) se trouvent deux usines :

À l'entrée de la première en Wallonie, on lit : « Ici, on ne parle pas flamand »

À l'entrée de la seconde en pays flamand, on lit : « Ici on ne parle pas, on travaille » !

Un Belge doit prendre un suppositoire « par le rectum ». Il ne sait pas ce que c'est, alors il va voir son voisin.

- Eh, voisin, tu as pas un rectum par hasard ?

- Non, répond l'autre.

Il se renseigne auprès d'autre gens…

Après plusieurs réponses négatives, il en vient à diluer le médicament dans un verre d'eau et il le boit. La guérison n'est pas terrible…

Deux semaines plus tard, il croise le toubib dans la rue. Le toubib lui dit : - Alors, il était bien mon médicament ?

Et l'autre répond :

- Tu parles, si je me l'étais mis dans le cul ça m'aurait fait autant d'effet !

Deux Belges errent dans le désert depuis plusieurs jours (quelle belle plage…). Ils meurent de soif.

- J'ai un truc infaillible pour lutter contre la soif, déclare le premier.
- Ah ouais, c'est quoi, interroge le second.
- Il faut sucer des cailloux…
- Alors c'est foutu, ici il n'y a que du sable à perte de vue.

Long silence.

Les deux naufragés du désert reprennent leur pénible progression sur les dunes brûlantes.

- On serait sauvés si on trouvait une rivière, s'exclame soudain le second Belge.
- Tu as raison, réfléchit le premier, au fond des rivières il y a toujours des cailloux…

Terrible accident d'hélicoptère dans un cimetière belge…

… Les sauveteurs ont déjà dégagé plus de 500 corps.

En Belgique, un escalator tombe en panne en pleine heure de pointe, 40 personnes sont restées bloquées pendant cinq heures.

Une dernière invention de chez nos amis belges, qui mérite notre attention car elle va sauver des vies :

Il s'agit d'une commande manuelle d'airbag, au cas où la commande automatique ne marcherait pas. Il suffit d'appuyer sur un petit bouton rouge situé sous le volant pour que l'airbag se gonfle.

À Bruxelles, une jeune femme et son bébé sont prisonniers au 6e étage d'un immeuble en flamme. En bas, les pompiers avec une bâche :

- Vous pouvez laisser tomber le petit, Madame. On le rattrape.
- Non, non, non, dit la femme. Vous pourriez le manquer.
- Si, allez-y, sinon vous ne vous en tirerez jamais !
- Noooon ! Je veux le gardien de l'équipe de foot de Belgique pour rattraper le bébé.
- Mais on ne peut pas…
- Si, je veux le gardien de l'équipe de foot de Belgique.

Un passant signale aux pompiers qu'il l'a vu dans le coin et court le chercher. Cinq minutes plus tard, le gardien de l'équipe de foot de Belgique est là.

- Madame, je suis là.
- Vous êtes le gardien de l'équipe de foot de Belgique ?
- Oui, c'est moi. Vous pouvez laisser tomber le bébé.
- O.K. !

Elle s'exécute. Le gardien fait un saut horizontal époustouflant, attrape le bébé d'une main et rabat sa deuxième main de le protéger dans sa chute.

Le gardien se relève ensuite, court cinq mètres et dégage…

Un jeune gars dit à un autre dans le train :
- Oh tiens, je vais te raconter un super histoire belge…

L'autre :
- Ah mais ça ne va pas, dis, je suis Belge !
- C'est pas grave, répond le premier, je te la raconterai deux fois.

Savez-vous pourquoi les Belges vont aux toilettes avec du pain ?
- Pour nourrir le canard W.-C.

Deux équipes belges jouent au basket. Durant tout le match, aucun but n'a été marqué, pourquoi ?

- Le diamètre du ballon était plus grand que le diamètre du panier de basket.

C'est l'histoire d'un couple belge qui part pour un voyage aux States. La femme dit à son mari :

- Gilbert, tu crois qu'à la douane, ils vont laisser passer la chauve-souris et le putois que l'on va offrir à nos amis, une fois ?
- Pas de problème ! Pour la chauve-souris, je la plaque sur mon Teeshirt. Les Amerloques, ils y verront que du feu, ils croiront que c'est un tee-shirt de Batman.
- Bon, mais pour le putois ?
- Eh bien, on va le mettre dans ta culotte.

- Dans ma culotte, Hans ! Mais l'odeur ?
- Tant pis. S'il meurt, il meurt !

C'est un Belge qui, au temps de Jules César, a été condamné au cirque. Il se retrouve dans l'arène et on lâche un lion.

Apeuré, le Belge se met à courir en faisant le tour de l'arène.

Intrigué, le lion le regarde d'abord, puis se met à courir derrière lui.

Le lion va très vite, et rattrape le Belge.

Les spectateurs crient : - Attention !

Et le Belge regarde derrière lui, puis crie au public :

- Vous en faites pas, j'ai un tour d'avance !

Assis à côté d'un pilote expérimenté de la SABENA, ce jeune pilote belge arrive au bout de son premier vol commercial. Il termine son approche sur la piste d'un aéroport qu'il ne connaît pas, et le vieux « loup des airs » lui dit :

- Fiston, cet aéroport, je le connais bien, j'y ai perdu plusieurs copains. À croire qu'ils ont voulu économiser le bitume, mais leur foutue piste est pas franchement longue, alors pose-toi assez tôt…

Ruisselant de sueur, le jeune se cramponne à ses commandes. Les roues touchent le sol à la limite de l'herbe au début de la piste, le pilote inverse les réacteurs, écrase les freins, pose les pieds par terre… Les pneus fument… et l'avion s'arrête à moins d'un centimètre de la fin de la piste !

Le pilote se détend brusquement :

- J'y suis arrivé !!! Nom d'un chien, j'y suis arrivé !!! Ah ah ah ! Ah bordel, j'en reviens pas… C'est vrai qu'elle est courte cette p… de piste ! Mais alors, qu'est-ce qu'elle est large !…

Un Belge dans un bar regarde la TV et dit à son voisin :

- Regarde la fille sur le pont (c'était le bulletin d'informations). Je te parie 10 $ qu'elle ne sautera pas.

- D'accord, pari tenu, répond l'autre

Après un moment de suspense, la fille se jette dans le vide.

- Zut, j'ai perdu. Tiens voilà tes 10$.

- C'est quand même surprenant de voir quelqu'un sauter en bas d'un pont comme ça, dit le gagnant.

- Moi, ce qui me surprend le plus, c'est que j'ai vu cette fille sauter en bas du pont au bulletin d'informations de midi, mais j'étais sûr qu'elle n'aurait pas le courage de le refaire deux fois.

C'est un Belge qui doit prendre le train pour partir en vacances. Dans la librairie, comme il ne sait pas quoi choisir, il demande :
- Je voudrais acheter un livre, s'il vous plaît.
- Oui, bien sûr, de quel auteur ?
- N'importe, pourvu qu'il rentre dans le wagon.

Pourquoi les Belges ne pratiquent pas le ski nautique ?
- Parce que chez eux, il n'y a pas de lac en pente.

Comment occuper un Belge pendant des heures ?
- Pour la réponse voir ci-dessous.

....

..............;

....

Comment occuper un Belge pendant des heures ?
- Pour la réponse voir ci-dessus.

Pourquoi les Belges nagent toujours au milieu de la piscine ?
- Parce qu'ils sont un peu cons sur les bords.

Variante :
Pourquoi les Belges nagent souvent au fond de la piscine ?
- Parce qu'au fond, ils ne sont pas si cons.

Pourquoi y a-t-il toujours un verre d'eau vide et un verre plein sur les tables de chevet belges ?
- Car parfois ils ont soif et parfois pas.

Pourquoi les Belges vont à l'église avec des boules Quiès ?
- Parce que Jésus Christ (crie).

Et :
Pourquoi les Belges vont à la messe avec un seau d'eau ?
- Pour l'Ave Maria.

À quoi reconnaît-on un Belge dans un groupe de charmeurs de serpents ?
- C'est le seul qui souffle dans le serpent.

Pourquoi est-ce que les Belges s'endorment avec un bouchon de liège dans le derrière ?
- Ils ont peur que ça cicatrise.

Sais-tu pourquoi les Belges ne jouent plus au water-polo ?
- Parce qu'ils ont noyé tous les chevaux.

Un Belge (riche propriétaire terrien) ayant besoin d'une tronçonneuse va chez un vendeur en motoculture.

Le vendeur, sûr de lui, garantit à notre homme l'abattage de six arbres à l'heure grâce à cette tronçonneuse révolutionnaire, lame en titane, chaîne en acier trempé, double arbre à cames en tête, pot chromé, etc., etc… Satisfait ou remboursé !

Dix jours plus tard, un homme rouge de colère revient voir le vendeur en l'enjoignant de rembourser immédiatement cette sal…%#$% $# $% de tronçonneuse.

- Comment ! ? s'exclame le vendeur, vous n'êtes pas satisfait ?
- De la camelote je te dis, répond le Belge. Je me suis ruiné la santé pour abattre UN arbre en une journée !!! Rembourse-moi comme promis !
- Un arbre ? En un jour ? Ce n'est pas possible ! dit le vendeur, celle-ci doit avoir un défaut ! Laissez-moi voir ça…

À ces mots, le vendeur tire sur le lanceur et la tronçonneuse répond immédiatement par un rugissement tout à fait impressionnant.

Le Belge : - Attendez, une fois, c'est quoi ce bruit ?

Deux Belges marchent dans la rue. Soudain, ils aperçoivent une déjection animale :

- Dis, tu crois que c'est une merde de chien ?
- Je ne sais pas, goûte !

L'autre met son doigt dedans et répond :

- Oui, il me semble bien.
- Attends, je goûte aussi !

Il met lui aussi son doigt dedans et le lèche soigneusement.

- Ouais, ça c'est de la merde de chien.
- Eh ben, heureusement qu'on a pas marché dedans.

Un Belge va au cinéma, il achète son billet à la caisse et pénètre à l'intérieur. Une minute plus tard, il revient et en achète un autre. Puis quelque minutes plus tard il revient encore et demande un autre billet.

- Je ne comprends pas, dit la caissière, je vous en ai déjà vendu deux.
- Je sais, répond le gars, mais chaque fois que j'entre dans la salle il y a un gars qui me le déchire.

Un Belge fait le trajet Paris-Lyon en voiture. Il prend une auto-stoppeuse en minijupe. Celle-ci commence à lui faire du charme.

À l'entrée de Lyon le Belge lui frôle la jambe par mégarde en changeant de vitesse. La nana le regarde droit dans les yeux et lui dit :

- Tu peux aller plus loin tu sais ?

Et le Belge continue jusqu'à Marseille.

Ça se passe sur le chantier d'un immeuble en construction. Trois ouvriers, un Français, un Anglais (francophone) et un Belge font la pause casse-croûte du midi tout en haut de l'immeuble.

(N.D.L.R.: il va de soi que les nationalités sont interchangeables, on peut même y inclure un Newfie si on veut).

L'Anglais :

- Oh, incroyable ! Encore un sandwich au cheddar. Je vais vous dire un truc : si ma femme me fait encore un sandwich au cheddar, demain, je me tue !

Le Français [un peu interloqué] :

- Oh, merde, encore de la choucroute.

L'Anglais :

- Ben, c'est pas mal, ça change des sandwichs…

Le Français :

- Oui, peut-être, mais tous les jours, c'est trop. Si demain j'ai encore le même menu, je te suis…

Le Belge :

- Hum. Moi j'ai encore eu du waterzoï. Je suppose que je vais me tuer si j'ai encore la même chose demain.

Nous sommes le jour suivant, il est midi, et c'est encore la pause casse-croûte.

L'Anglais :

- *Damn' it!* J'avais pourtant dit à mon idiote de femme de ne plus mettre de cheddar dans mes sandwichs. C'est décidé, cette fois-ci c'est la bonne !

Et il saute.

Le Français :

- Oh non ! Ma femme m'a encore fait de la choucroute ! Attends moi…

Le Belge [très inquiet, il ouvre sa gamelle et…] :

- Oh. Du waterzoï. En fait, je ne veux pas mourir, mais une promesse est une promesse…

À l'enterrement, les trois femmes discutent entre elles :

L'Anglaise :

- Sigh, si seulement je ne lui avais pas fait de sandwich au cheddar, il serait encore avec nous.

La Française :

- Le mien aimait le thon. Pourquoi ne lui ai-je pas préparé des sandwichs au thon… C'est ma faute…

La Belge :

- Je ne comprends pas. Il a toujours insisté pour faire lui-même ses propres sandwichs.

C'est un Belge qui décide de prendre des leçons de plongée.

Encadré d'un moniteur, il se rend à la piscine. Il enfile tout le matériel et plonge. Le moniteur chronomètre... 1 minute... 2... 3... 5 minutes.

Le pauvre Belge réapparaît à la surface en catastrophe.

Il est rouge, enfin plutôt pourpre :

- Alleye, c'est fini, j'arrête la plongée, c'est trop dangereux... !

- Ben oui, fait le moniteur, mais personne ne vous a demandé de descendre avec deux extincteurs dans le dos...

Pourquoi il n'y a pas de Belges à Calais ?

- C'est marqué Pas-de-Calais, alors ils font demi-tour.

Comment rendre un Belge fou ???

- L'enfermer dans une pièce ronde et lui dire qu'il y a une frite dans un coin.

Comment reconnaît-on des loubards belges ?

- Ils se promènent avec des rasoirs électriques.

Qu'est-ce qui est marqué en haut des échelles belges ?

- Stop !!!

Pourquoi la marine belge n'a plus de sous-marins ?

- Parce qu'ils ont fait une journée portes ouvertes.

Pourquoi observe-t-on un flux et un reflux de la mer ???

- Parce qu'il y a très longtemps, les Belges sont venus s'installer près de la plage. Et la mer, écœurée, s'en est allée. Depuis, toutes les six heures, elle revient voir s'ils sont toujours là.

Le gouvernement belge vient de décider qu'au 1er janvier prochain, sur tout le territoire, les automobiles devront rouler à gauche, non plus à droite.

Si l'expérience est concluante, à partir du 1er février la mesure sera adoptée pour les camions aussi.

C'est un couple de Belges sur la plage en train de se promener.

Survient une mouette qui, bien évidemment, chie sur le visage du monsieur.

Sa femme lui dit : - Ne bouge pas chéri, je vais aller à la voiture chercher du papier hygiénique !

Et son mari de rétorquer : - Je crois que ce n'est pas la peine, elle est bien trop loin…

C'est un routier belge qui se trouve à l'arrêt devant un tunnel limité a 4 m en hauteur, son camion mesurant 4 m10 il ne passe pas. Un deuxième routier passablement énervé, parce que ça fait vingt minutes qu'il attend que l'autre s'en aille, lui tient à peu près ce langage (ce n'est pas de moi) :

- &#@&!!#@#& !! !! -> injure classique

L'autre lui explique que le tunnel est trop bas de 10 cm.

Puis celui qui attend répond :

- Eh bien, c'est simple, tu dégonfles tes pneus et tu passes.

Après une longue discussion, le Belge rétorque :

- C'est pas bête, mais c'est en haut que ça ne passe pas, pas en bas !!

Pourquoi les Belges apportent-ils un fusil aux toilettes ?

- Pour tirer la chasse.

Deux missionnaires belges sont capturés par une tribu de cannibales.

Les deux missionnaires sont ligotés et placés dans la grande marmite rituelle, que l'on remplit d'eau et de petits légumes. Le feu est allumé, et l'on attend que la cuisson se fasse.

Quelques minutes se passent, puis un des deux missionnaires se met à rire, mais rire… il ne peut plus s'arrêter.

L'autre missionnaire n'en revient pas. Il demande à son copain :

- Mais enfin qu'est-ce que tu as ? Tu ne crois pas que notre situation est suffisamment critique comme ça ? On va être bouillis vivants et ensuite ils vont nous manger ! Franchement, je voudrais bien savoir ce qu'il y a de drôle dans tout ça ?

L'autre répond : - Je viens de faire pipi dans leur soupe.

Comment une femme belge accouche ?

- Elle met une frite entre ses jambes et crie : « petit, petit, petit… »

Aaaaaaaaah !!!! O.K. ! C'est de là que ça vient les moules frites alors ? !

Deux Belges louent une barque pour aller à la pêche. Pendant la partie de pêche le premier dit :

- Cet endroit est très bon pour la pêche, on devrait faire un X dans le fond de la barque pour marquer l'endroit !

Le deuxième répond :

- Tu es fou ? Si ça se trouve, on n'aura pas la même barque la prochaine fois !

Un jour, deux Belges visitent Paris et se rendent compte que la mode est aux chaussures en croco. Alors, l'un dit à l'autre :

- Et si on s'associait pour ouvrir un magasin de chaussures en croco en Belgique ? On pourraient devenir riches !

L'autre répond : - Mais, on n'a pas de crocodiles !

- Ne t'inquiètes pas ! On va aller en Afrique en chercher.

C'est ainsi qu'ils partent en Afrique. En arrivant devant une rivière, ils voient un énorme crocodile. Ils vont à sa poursuite et, au bout de plus d'une heure de bagarre, ils le capturent.

En l'observant bien, le deuxième dit :

- Mince, on a fait tout ça pour rien !

- Pourquoi ?

- Il n'a pas de chaussures !

La compagnie d'électricité est sur le point de donner un contrat de pose de poteaux de téléphone.

Pour faire son choix, elle fait passer un concours pour savoir quelle compagnie sera la plus performante pour installer ses poteaux. Chaque compagnie dispose d'un tas de poteaux identiques et possède une heure pour en poser le plus possible.

La première compagnie est anglaise et réussit à installer 25 poteaux.

La seconde compagnie est hollandaise et réussit à installer 25 poteaux.

La troisième est belge et réussit à installer seulement quatre poteaux…

Les représentants de la compagnie trouvent ça étrange que les Belges n'aient pas réussi à installer plus de quatre poteaux. Alors ils leur demandent pourquoi.

Les Belges répondent que les autres compagnies ont triché car ils n'ont pas planté leur poteaux jusqu'au bout.

Combien faut-il de Belges pour faire l'amour à une femme ?

- Cinq. Un pour tenir un bras… un pour l'autre bras… un pour une jambe… un pour l'autre jambe… et un qui lit le manuel d'instruction !!

Et savez-vous ce qui est écrit dans le manuel d'instruction ?

- Rentrer, ressortir, répéter autant que nécessaire.

C'est trois astronautes, un Américain (forcément), un Italien et un Belge (le Français était malade) qui vont partir en orbite.

Comme à chaque mission (vous ne le saviez pas ?), ils ont le droit d'emporter 2 kg d'affaires personnelles chacun (les nuits sont longues là-haut).

L'Américain prend des boîtes de Coca, l'Italien des spaghettis et le Belge des cigarettes.

La mission se déroule normalement (d'ailleurs on s'en fout, c'est pas le but de cette blague).

Au retour, l'Américain très *politically correct* jette ses boîtes de Coca vides dans un conteneur adéquat.

L'Italien explique en long en large et en travers que Mamma mia qu'elles étaient bonnes les *pasta* qu'elles auraient encore été meilleures avec du chianti et de la *bolognese*.

Et le Belge… le Belge il court partout avec une cigarette neuve en bouche, en tremblotant un peu, demandant :

- Est-ce que quelqu'un aurait du feu ?

Un Belge est en train de rouler sur l'autoroute tout en écoutant la radio :

« … Attention, attention, nous avons un communiqué spécial de la gendarmerie : on nous signale qu'un automobiliste roule à contresens sur l'autoroute A1. Soyez prudent… »

Le Belge se retourne vers sa femme :

- Mais Germaine y sont fous à la radio : c'est pas un, c'est des dizaines et des dizaines d'automobilistes qui roulent à contresens.

En Afrique, trois blancs (disons un Français, un Canadien et un Belge) sont accoudés à un bar et sirotent leur whisky. Soudain, la porte s'ouvre avec fracas et un gigantesque Noir de 2 mètres, bâti comme un bulldozer entre dans le bar. Il s'approche du Français, lui boit son verre, et lui dit :

- Moi, les femmes blanches, je les baise !

- Pas de problème, c'est cool ! répond le Français vert de trouille.

Puis le Noir n'approche du Canadien, lui boit son verre et lui dit :

- Moi, les femmes blanches, je les baise !

- C'est super chouette pour vous, répond le Canadien en bégayant.

Enfin, le Noir s'approche du Belge, lui boit son verre et lui dit à nouveau :

- Moi, les femmes blanches, je les baise !

- Tu as bien raison, répond le Belge, moi aussi je trouve les femmes noires répugnantes…

C'est l'équipe de football belge qui part jouer en Afrique. Dans l'avion, le commandant de bord n'arrête pas de sentir l'avion bouger dans tous les sens, il appelle l'hôtesse :

- Qu'est-ce qui se passe derrière ?
- Oh rien ! C'est l'équipe qui s'entraîne...
- Faites ce que vous voulez, il faut que ça s'arrête...

L'hôtesse s'en va... au bout de cinq minutes de calme, le commandant rappelle l'hôtesse et lui demande :

- Que leur avez-vous dit pour obtenir le calme si rapidement ?
- Je leur ai dit d'aller jouer dehors...

Combien y a-t-il de places dans un avion de parachutage belge ?

- Quatorze. Une pour le pilote, une pour le copilote, une pour le radio, une pour le parachutiste et dix pour les hommes chargés de le pousser dehors !

Qu'est-ce qu'un Suisse ?

- Un Belge qui a fait des études (ou l'inverse ?).

C'est un Belge qui arrive à Paris et retrouve son cousin qui est en France depuis quelques temps. Ils décident d'aller dans un magasin de musique pour acheter un instrument mais au moment d'entrer le cousin dit :

- Laisse-moi faire, comme je suis en France depuis plus longtemps que toi, je n'ai pas d'accent et le marchand ne saura pas que je suis Belge et n'essaiera pas de me rouler. Il entre et demande au marchand :
- Bonjour, c'est combien cet accordéon ?
- Ah, vous êtes Belge, vous, lui répond le marchand.

Décontenancé, ne sachant que répondre, le Belge sort du magasin.

- Allez laisse-moi faire, une fois, lui dit son cousin.

Celui-ci rentre et dit au vendeur :

- Bonjour une fois, ça est combien pour cet accordéon-là ?

Le vendeur lui répond :

- Ah, vous êtes Belge, vous.
- Bah oui, répond-il, ça s'entend. Mais comment ça se fait que mon cousin qui n'a pas d'accent, vous ayez su qu'il était Belge aussi ?
- C'est simple. Moi, cet accordéon, je veux bien vous le vendre, mais c'est un radiateur !

Blagues sur les blondes
(blond jokes en français !)

Les blond jokes, *comme leur nom l'indique, sont des blagues sur les jeunes femmes blondes. Leur réputation est de ne pas toujours TOUT comprendre. Voyez plutôt.*

Que dit-on d'une blonde avec la moitié d'un cerveau ?
- Qu'elle est douée.

Qu'est-ce qu'une blonde intelligente ?
- Un golden retriever.

Comment meurent les neurones d'une blonde ?
- Seuls.

Qu'est-ce qu'une blonde avec deux neurones ?
- Une blonde enceinte ou une surdouée.

Comment faire une lavage de cerveau à une blonde ?
- En la douchant et en la secouant de bas en haut.

Qu'est-ce qu'une blonde qui se teint en brune ?
- Une intelligence artificielle.

Comment une blonde se fait la raie aux cheveux ?
- En faisant le grand écart.

Que dit une jambe gauche de blonde à une jambe droite de blonde ?
- Rien. Elles ne se rencontrent jamais

Pourquoi les blondes se lavent-elles les cheveux dans l'évier ?
- Parce que c'est là qu'on est supposé laver les légumes.

Quand est-ce qu'une brune possède la moitié d'un cerveau ?
- Quand elle s'est décolorée.

Pourquoi une blonde ne prend-elle jamais de siège près de la fenêtre en avion ?
- Parce qu'elle vient juste de se sécher les cheveux et qu'elle ne veut pas gâcher sa mise en plis.

Pourquoi les blondes portent-elles les cheveux dressés ?
- Pour attraper tout ce qui leur « passe au-dessus de la tête ».

Quelle est la plus grande expérience psychique pour une blonde ?
- Un voyage INTRA-corporel.

Quelle est la ressemblance entre les blondes et les tortues ?
- Toutes les deux se font baiser quand elles sont sur leur dos.

Comment faire pour faire apparaître une lueur dans les yeux d'une blonde ?
- On éclaire son oreille.

Pourquoi ne devrait-on jamais donner de pause-café à une blonde ?
- Ça prend trop longtemps après pour lui réapprendre le boulot.

Variante :
Pourquoi une blonde doit bosser 7 jours sur 7 ?
- Même réponse.

Pourquoi les blondes ne mangent-elles pas de bananes ?
- Parce qu'elles ne trouvent pas la fermeture éclair.

Pourquoi les blondes portent-elles des boucles d'oreilles à grosse boucle ?
- Pour ne plus avoir à tenir leurs chevilles avec les mains.

Qu'est-ce que les blondes se mettent derrière les oreilles pour être plus attirantes ?
- Leurs chevilles.

Pourquoi les blondes se mettent-elles du vert aux lèvres ?
- Parce que le rouge, ça veut dire stop.

Comment pouvez-vous dire qu'une blonde a ouvert votre réfrigérateur ?
- Il y a du rouge (ou plutôt vert) à lèvres sur vos concombres.

Quel est le cri d'appel au sexe d'une brune ?
- Eh, la blonde est partie ?

Ou
- Eh, toutes les blondes sont rentrées chez elles.

Pourquoi les blondes n'utilisent pas de vibromasseurs ?
- Parce que ça leur fait déchausser les dents.

Quel est le cri d'appel au sexe d'une blonde ?
- Oh là là, je suis ivre.

Quel est le cri d'appel au sexe d'une blonde laide ?
- Eh, j'ai dit que j'étais ivre.

Que dire à une blonde pour qu'elle couche avec vous ?
- Allez, prends une autre bière.

Ou
Comment faire céder une blonde ?
- En lui payant une autre bière.

Comment appelle-t-on une brune qui accompagne une blonde ?
- Une interprète.

Ou
Que fait une brune entre deux blondes ?
- L'interprète !

Ou
Comment appelle-t-on une brune entre deux blondes ?
- Une tranche de cervelle.

Comment une blonde aime-t-elle ses œufs le matin ?
- Fertilisés (en fait on ne dit pas ça en français, mais c'est assez parlant).

Qu'est-ce que les blondes font avec leur trou du cul le matin ?
- Elles leur préparent leur casse-croûte et les envoient bosser.

Quelle est la première chose qu'une blonde fait le matin ?
- Elle se présente et elle rentre chez elle.

Comment les blondes allument-elles la lumière après l'amour ?
- Elles ouvrent la portière.

Pourquoi les blondes ont des voitures avec des toits ouvrants ?
- Ça fait plus de place pour mettre les jambes.

Quelle est la chose la plus désagréable en amour avec une blonde ?
- Les sièges baquets.

Quelle est la première chose qu'une blonde dit après l'amour ?
- Alors, comme ça les gars, vous jouez tous dans la même équipe ?

Quelle est la ressemblance entre une blonde et les rails de chemin de fer ?
- Tous les deux ont été cloués au sol dans tout le pays.

Pourquoi les blondes ont-elles du mal à parvenir à l'orgasme ?
- Qui se soucie de ça ???

Pourquoi les blondes sont elles contentes d'avoir des orgasmes ?
- Comme ça, elles savent quand elles doivent arrêter de baiser.

Comment sait-on qu'une blonde a atteint l'orgasme ?
- Elle a laissé tomber sa lime à ongles.

Ou
- Qu'est-ce qu'on en a à foutre ?

Ou
- Elle dit « au suivant ».

Ou
- La personne qui vous suit vous tape sur l'épaule.

Ou
- La voiture n'a plus de batterie.

Qu'est-ce qu'une blonde dit quand vous lui soufflez dans l'oreille ?
- Merci d'avoir refait le plein.

Comment appelle-t-on le fait qu'une blonde souffle dans l'oreille d'une autre blonde ?
- Un transfert de données.

Pourquoi les blondes utilisent des tampons avec des ficelles très longues plutôt que des serviettes ?
- Pour que les morpions puissent faire du saut à l'élastique.

Comment reconnaître la blonde qui fait le service au café ?
- C'est celle qui porte son tampon derrière l'oreille en se demandant ce qu'elle a fait de son stylo.

Pourquoi la NASA loue des blondes peroxydées ?
- Parce qu'ils font des recherches sur les trous noirs.

Qu'est-ce qu'une blonde dit à une serveuse (en lisant le badge sur lequel est écrit son nom) ?

- Debbie... C'est mignon... Et comment s'appelle l'autre ?

Pourquoi n'y a-t-il pas de brune idiote (on ne dit pas une brune évaporée hein !)

- À cause de l'eau oxygénée.

Qu'est-ce qu'une blonde peroxydée et un 747 ont en commun ?

- Tous les deux ont une boîte noire.

Ou

- Tous les deux ont un cockpit (Cockpit d'avion peut aussi se traduire « Trou » à « couilles »).

Quelle est la différence entre une blonde peroxydée et un 747 (ou une limousine) ?

- Tout le monde n'est pas monté dans un 747 (ou une limousine)...

Le Père Noël, la petite-souris-qui-vient-chercher-les-dents-de-lait-pendant-la-nuit, une blonde intelligente et une blonde évaporée se baladent dans la rue quand ils aperçoivent un billet de 500 F par terre. Qui le ramasse ?

- La blonde évaporée car les trois autres n'existent pas.

Ou

- Personne car les trois premiers n'existent pas et la blonde idiote a cru que c'était un papier de chewing gum.

Qu'est-ce qu'une blonde dit à son mari lorsqu'elle accouche (ou lorsqu'elle apprend qu'elle est enceinte) ?

- Dis, tu es sûr qu'il est de moi ?

Qu'est-ce que c'est dix blondes alignées côte à côte ?
- Un tunnel plein de courants d'air.

Pourquoi la blonde a-t-elle escaladé le mur de verre ?
- Pour voir ce qu'il y avait de l'autre côté.

Que faire quand une blonde vous lance une grenade ?
- Vous enlevez la goupille et vous lui rebalancez !

Pourquoi les blondes prennent la pilule ?
- Pour savoir quel jour on est.

Quand les blondes peuvent avoir un nombril douloureux ?
- Quand leur petit ami est blond lui aussi.

Une blonde et une brune tombent en même temps du même étage d'un building. Qui touche le sol en premier ?
- La brune. La blonde a dû s'arrêter pour demander son chemin.

Qu'arrive-t-il si une blonde attrape la maladie d'Alzheimer ?
- Son Quotient Intellectuel remonte.

Quelle est la différence entre une blonde et un trampoline ?
- Tu enlèves tes chaussures pour utiliser un trampoline.

Quelle est la différence entre une prostituée, une nymphomane et une blonde ?
- La prostituée dit : « T'as pas encore fini ? »

- La Nymphomane dit : « Tu as déjà fini ? »
- Et la blonde dit : « Beige… Je crois que l'on peindra le plafond en beige… »

Qu'appelle-t-on une blonde derrière un volant ?
- Un airbag.

Qu'est-ce qu'une blonde répond quand on lui demande si son clignotant fonctionne ?
- Il marche. Il marche pas. Il marche. Il marche pas. Il marche. Il marche pas…

Qu'est-ce qui fait « VROUM, SCREECH, VROUM, SCREECH, VROUM, SCREECH » ?
- Une blonde en voiture à un feu orange clignotant.

Comment savoir si une blonde a été à un rendez-vous ?
- Elle a la marque d'une ceinture sur le front.

Et comment savoir quel est son petit ami du moment ?
- C'est celui dont la boucle de ceinture correspond à l'empreinte sur le front de la blonde.

Comment s'appellera le rejeton d'une blonde et d'un Portoricain ?
- Retardo (le jeu de mot porte sur « Ricardo », prénom portoricain et sur « Retard » qui veut dire attardé)

Pourquoi une blonde a traversé la route ?
- Oublie la route ! Demande plutôt ce qu'elle faisait hors du lit !
- Je ne sais pas…
- Elle non plus.

Qu'est-ce qu'une blonde dans une université ?
- Ça ne peut être qu'un visiteur.

Quand est-ce légal de tirer dans la tête d'une blonde ?
- Quand vous possédez une pompe à vélo pour la regonfler.

Comment mesurer l'intelligence d'une blonde ?
- Avec un manomètre introduit dans l'oreille.

Tu as entendu parlé de la blonde qui a tiré une flèche dans le ciel ?
- Elle l'a raté !

Une blonde s'est suicidé…
- Elle s'est faite une teinture elle-même.
[En anglais, il y a un jeu de mot sur 'die' (mourir) et 'dye' (teindre)]

Une brune et une blonde marchent dans un parc publique. La brune dit à la blonde : - Oh! regarde le petit oiseau mort…

Et la blonde s'arrête, regarde en l'air et dit : - Où ça ?

Un policier interpelle une blonde après l'avoir cueillie en contresens dans une rue en sens unique.

Le policier : - Vous saviez où vous alliez ?

La blonde : - Non, mais où que ce soit, ce ne devait pas être bien car tous les gens s'en allaient de là.

Un gendarme arrête une blonde qui a fait un excès de vitesse :

Le gendarme : - Bonjour Mademoiselle, puis-je voir votre permis de conduire ?

La blonde : - Permis de conduire ? Qu'est-ce que c'est ?

Le gendarme : - C'est un papier rose qui certifie que vous êtes autorisée à conduire une voiture.

La blonde : - Ah oui, ça… Le voilà.

Le gendarme : - Pourrais-je avoir votre certificat d'assurance maintenant ?

La blonde : - Le certificat d'assurance ? Qu'est-ce que c'est ?

Le gendarme : - C'est un document qui certifie que vous êtes assurée pour les dégâts que vous pourriez causer avec cette voiture.

À ce moment, le gendarme baisse sa braguette et sort son « bâton de joie ». La blonde en voyant l'instrument s'écrie :

- Oh non, encore un alcootest…

Le mari d'une blonde :

- Chérie, vu nos problèmes d'argent, pour commencer, tu pourrais apprendre à repasser, comme ça nous pourrions faire l'économie de la femme de chambre…

La blonde :

- Eh bien, si tu voulais bien apprendre à me baiser correctement, on pourrait faire l'économie du jardinier !

Une blonde et une brune discutent de leur petit ami :

La brune : - La nuit dernière, j'ai eu trois orgasmes, tu te rends compte !

La blonde : - Ce n'est rien ça, la nuit dernière j'en ai eu plus de vingt !

La brune : - Oh mon Dieu, je ne pensais pas que ton mec était aussi bon au lit…

La blonde : - Ah, tu voulais dire avec un seul gars…

Que fait le mari d'une blonde qui vient d'accoucher de jumeaux ?

- Il veut savoir qui est l'autre homme…

Deux blondes dans un parking en train d'essayer d'ouvrir la porte de leur voiture dont la serrure s'est bloquée :

- Je n'arrive pas à débloquer la porte !
- Tu devrais te dépêcher d'y arriver : il commence à pleuvoir et la capote est baissée.

Une blonde et son petit ami à la piscine :
- C'est vrai que si tu retires ton doigt, je coule ?

Une blonde descend l'escalier en pleurant. Sa mère lui demande ce qui ne va pas et la fille répond que son petit ami vient juste de la laisser tomber. La mère (une blonde) entreprend alors de lui parler de la nature, des abeilles et tout ça, pensant que sa fille s'y prend comme une religieuse et là, la fille répond :
- Oh non Maman, tout le monde dit que je sais très bien baiser et sucer, mais lui il a dit que je ne sais pas faire la cuisine…

Quelle est la meilleure des secrétaires blondes qui puisse exister au monde ?
- Une qui n'a jamais manqué une période (*period* = règles).

Qu'est-ce qu'on obtient quand on croise une blonde avec un avocat ?
- Je ne sais pas : il y a des choses que même une blonde ne ferait pas.

Ou
- Quelque chose qui, quand ça vous ferait une pipe, vous pomperait jusqu'au sang.

Quelles sont les deux choses en l'air qui peuvent impliquer qu'une blonde tombe enceinte ?
- Ses pieds.

Comment savez-vous qu'une blonde porte des collants ?
- Quand elle pète, ses chevilles gonflent.

Quelle est la maladie qui paralyse les blondes en dessous de la ceinture ?
- Le mariage.

Quelle est la ressemblance entre une blonde et une poêle à frire ?
- Il faut les chauffer d'abord avant de mettre la viande.

La blonde idéale ?
- 1 m de haut, pas de dent et la tête plate pour poser le verre de bière.

Comment une blonde est morte en buvant du lait ?
- La vache lui est tombée dessus.

Comment savoir si un fax a été émis par une blonde ?
- Il y a un timbre dessus.

Pourquoi une blonde peut insister pour utiliser un préservatif ?
- Pour avoir un sac pour emporter les restes.

Pourquoi les hommes aiment les blagues sur les blondes ?
- Parce qu'il les comprennent.

Pourquoi les blondes ont une fossette sur le menton et un front plat ?
- Le doigt sur le menton pour « Euh, je ne sais pas… »
- Le plat de la main sur le front pour « Bon sang, mais c'est bien sûr ».

Qu'est-ce qu'une blonde fait le mieux pour dîner ?
- Les réservations.

Qu'est-ce qu'une blonde lesbienne ?
- Du gâchis.

Qu'est-ce que c'est quatre blondes couchées par terre ?
- Un matelas pneumatique.

Qu'est-ce que c'est une blonde qui ne porte rien aux doigts dans une BMW ?
- Une divorcée.

Qu'est-ce qu'un grain de beauté sur le cul d'une blonde ?
- Une tumeur du cerveau.

Pour une blonde, qu'est-ce qui est long est difficile ?
- Passer en 6e.

Une brune et une blonde sont en 6e. Laquelle a le plus beau corps ?
- La blonde car elle a 18 ans.

Quelle est la différence entre un réfrigérateur et une blonde ?
- Le réfrigérateur ne pète pas quand tu retires la viande.

Quelle est la définition de l'ignorance crasse ?
- Au moins 144 blondes.

Quelle est la définition de la femme parfaite ?
- Une blonde idiote, sourde et nymphomane dont le papa possède un bar.

Qu'ont en commun le président Gorbatchev et une blonde ?
- Tous les deux se sont fait baiser par dix hommes en un week-end.

Et quelle est la différence entre une blonde et Gorbatchev ?
- Gorbatchev, lui, sait qui étaient les dix hommes.

Quelle est la vitesse maximale en amour pour une blonde ?
- 68, car à 69 elles font un tête-à-queue.

Quelle est la ressemblance entre une blonde et un vieux lave-linge ?
- Tous les deux ruissellent quand on les remplit.

Pourquoi le cerveau des blondes est gros comme un petit pois le matin ?
- Parce qu'il gonfle la nuit.

Une blonde marche dans la rue avec un porcelet vivant sous le bras.
Elle croise une personne qui lui demande : - Où avez-vous eu ça ?
Et le porcelet répond : - Je l'ai gagnée à la kermesse.

Une brune entre dans un sex-shop :
- Combien coûtent ces godemichets, s'il vous plaît ?
Le vendeur (qui est en fait le neveu de patron, qu'il remplace pendant qu'il est parti faire une course) :
- 200 F pour le noir et 200 F pour le blanc.
La brune : - Je vais prendre le noir. Je n'ai jamais utilisé un noir.
Elle le paie et s'en va.

Un peu plus tard, une Noire entre dans le sex-shop :
- Combien coûtent ces godemichets, s'il vous plaît ?
Le vendeur : - 200 F pour le noir et 200 F pour le blanc.
La Noire : - Je vais prendre le blanc. Je n'ai jamais utilisé de blanc.

Elle le paie et s'en va.

Encore un peu plus tard, une blonde entre dans le sex-shop :

- Combien coûtent ces godemichets, s'il vous plaît ?

Le vendeur : - 200 F pour le noir et 200 F pour le blanc.

La blonde : - Et celui-là, l'écossais sur l'étagère ?

Le vendeur : - Celui-là est assez spécial… Il coûte 750 F…

La blonde : - C'est d'accord, je le prends, je n'ai jamais utilisé un écossais auparavant.

Elle le paie et s'en va.

Finalement, le patron revient de sa course et demande si tout s'est bien passé pendant qu'il n'était pas là.

Le neveu lui répond : - Je crois que j'ai fait du bon boulot ; j'ai vendu un godemichet blanc, un godemichet noir, et j'ai même vendu ta bouteille thermos pour 750 F !

Un homme, exténué après quelques heures de va-et-vient avec une blonde, va voir s'il peut trouver de quoi reprendre des forces dans le frigo.

Il se verse un verre de lait et s'apprête à le boire quand il pense à toute la chaleur qui émane encore de son organe sexuel turgescent qui ne demande qu'à être apaisé.

Il se dit que le lait glacé, c'est exactement ce qu'il faut pour son sexe… et il trempe donc son pénis dans le verre.

À ce moment-là la blonde rentre dans la cuisine et dit :

- Oh, je me suis toujours demandé comment vous les rechargiez…

Comment faire une greffe de cerveau à une blonde ?

- Il n'y a qu'à lui souffler dans l'oreille.

Et comment savoir si la transplantation de cerveau d'une blonde ne marche pas ?

- Elle éternue.

Pourquoi les blondes possèdent des robes avec un col en fourrure ?

- Pour garder les chevilles au chaud.

Que dit une blonde après plusieurs orgasmes ?
- Ça va être l'heure de votre match maintenant les gars.

Qu'est-ce qu'une blonde avec le nez qui coule ?
- Elle est pleine.

Pourquoi les blondes ne nourrissent jamais leur bébé au sein ?
- Parce que ça fait trop mal quand elles font bouillir les tétons.

Qu'est-ce qu'une blonde répond à la question : « Êtes-vous sexuellement active ? »
- « Non, je me couche et j'attends ».

Qu'est-ce qui peut frapper une blonde sans même s'en rendre compte ?
- Une pensée.

Combien de blondes sont nécessaires pour jouer à cache-cache ?
- Une.

Pourquoi les blondes ne parlent jamais de sexe ?
- Leur mère leur a toujours dit de ne jamais parler aux étrangers.

Ou
- Leur mère leur a toujours dit de ne pas parler la bouche pleine.

Qu'est-ce qu'une blonde qui a perdu 90 % de son intelligence ?
- Une divorcée.

Qu'est-ce qu'une blonde sans son trou du cul ?
- Une divorcée.

Quelle est la différence entre une poubelle et une blonde ?
- La poubelle doit être sortie une fois par semaine, non ?
- Non, c'est faux : la poubelle, tu dois la ficeler avant de la sortir.

Pourquoi les blondes sont-elles recalées à l'examen du permis de conduire ?
- Elles n'utilisent que la banquette arrière.

Tu as entendu parler de la blonde parachutiste ?
- Elle a raté la terre…

ASSURANCES AUTOMOBILES BELAUTO
45 GRAND RUE, 75 016 PARIS,
TÉL : (01) 44 53 22 53, FAX (01) 44 53 22 54
Président du directoire : Georges Voinovich
Directeur général : Gaston Pacheco

Bulletin n°91-92

Date : 7 janvier 1996
Destinataire : Tous les agents d'assurances représentant la compagnie BELAUTO.
Expéditeur : Compagnie d'assurance automobile BELAUTO.
Sujet : Contacteurs feux de position-feux de route dans les voitures.

Faisant suite à une directive nationale émanant du ministère de l'Industrie, tous les véhicules vendus en France à partir du 15 février 1997 devront avoir un contacteur feux de position-feux de route monté sur le plancher du véhicule automobile, côté conducteur. Le contacteur devra être accessible facilement par une pression du pied gauche. Il devra néanmoins être assez éloigné de la pédale d'embrayage pour éviter tout accident.

Selon cette directive, tous les véhicules portant des contacteurs feux de position-feux de route montés sur la colonne de direction devront retourner au garage pour subir cette modification avant le 1er juin 1997. Un programme de contrôle routier sera d'ailleurs mis en place à cette date pour vérifier la bonne application de cette mesure.

Cette mesure a été rendue nécessaire par égard pour la sécurité publique : une étude récente a en effet démontré que 96 % des accidents survenant la nuit sur les routes françaises le week-end (hormis ceux dus à l'alcool) étaient dus à des blondes dont les pieds allaient se prendre dans le contacteur feux de position-feux de route…

Une blonde et une brune font du parachute.

La brune saute de l'avion, tire la corde : rien ne se passe. Elle tire la corde du parachute ventral : rien encore.

La blonde saute alors de l'avion, la rejoint et crie :

- Alors, comme ça tu veux faire la course ?!

Que fait une blonde qui a les deux mains plaquées sur ses oreilles ?

- Elle tente d'accrocher une pensée.

Quelle est la chose la plus importante à apprendre aux blondes ?

- Compter jusqu'à 28 (jours).

Comment savoir si la nuit dernière une blonde vous a bien sucé ?

- Les draps vous rentrent dans les fesses.

Pourquoi les blondes tondent-elles leur gazon uniquement avec des tondeuses électriques ?

- Pour retrouver leur chemin.

Que fait une blonde quand l'eau du bain de son bébé est trop chaude ?
- Elle met des gants.

Quelle est la raison essentielle pour laquelle il y a tant de femmes (blondes ?) battues de par le monde ?
- Parce qu'elle ne peuvent pas s'empêcher de parler.

Une jeune blonde très bien habillée (tailleur Chanel, etc…), avec un petit air prétentieux, se rend à son travail.
Elle emprunte l'ascenseur pour rejoindre l'étage où se trouve son bureau. Un monsieur monte avec elle et ils font un bout de chemin ensemble.
Après quelques secondes, il se retourne vers elle et demande :
- Pourrais-je sentir votre petite culotte ?
C'en est visiblement trop pour la jeune femme qui ne se gêne pas pour lui hurler :
- Bien sûr que non, enfin !…
Alors le gars répond : - Oh, ben alors, ça doit être vos pieds…

Pourquoi les blondes ne peuvent pas attraper la maladie de la vache folle ?
— Parce que c'est une maladie qui touche le cerveau.

Quelle est la différence entre une blonde et une salope ?
- Une blonde couche avec tout le monde. Une salope couche avec tout le monde sauf vous.

Deux blondes (des Américaines du Nord) se baladent dans les bois l'hiver. Elles tombent sur deux traces visibles dans la neige…
La première blonde dit :
- Regarde ! Des traces laissées par un cerf !

L'autre lui répond :
- Mais non, ce sont des traces laissées par un ours !...
C'est alors que le train les a percutées.

Comment épouse-t-on une blonde ?
- En lui disant qu'elle est enceinte.

Deux vieilles (enfin pas encore trop vieilles) amies blondes, prennent un verre au bar.

La première dit : - Tu vois les deux mecs qui discutent là-bas, eh bien celui de droite c'est mon mari, et celui de gauche mon amant !

L'autre lui répond : - Oh ! comme c'est rigolo, moi c'est le contraire !

Quelle est la différence entre une blonde et un parquet ?
- Quand tu plaques un parquet, il ne te suit pas pendant deux semaines en chialant...

Que donnez-vous à une blonde qui a tout ?
- De la pénicilline...

Comment on fait pour savoir si une blonde s'est servi de votre ordinateur...
- Il y a du rouge à lèvre sur le joystick !

Pourquoi les blondes prennent-elles plus souvent la pilule que de l'aspirine ?
- Parce qu'elles travaillent plus du cul que de la tête.

Qu'est-ce qu'une brune à la mauvaise haleine ?
- Une blonde qui fait le poirier.

Une blonde se fait couper les cheveux. Le coiffeur passe près des oreilles et fait tomber par terre un petit objet qui était à l'intérieur.

La blonde se met à suffoquer, n'arrive plus à trouver d'air, tombe par terre et meurt quelques instants après. Le coiffeur affolé tente de la ranimer sans succès. Il aperçoit le petit objet, le prend, le porte à son oreille et entend : « Inspirer… Expirer… Inspirer… Expirer… »

Qu'est ce qu'une blonde assise sur un barbecue ?

- Une moule frite.

Quelle différence entre une blonde et un phare halogène ?

- Aucune, ils se font mettre tous les deux à l'avant d'une Ford Escort.

Une blonde arrive à une soirée déguisée habillée seulement d'une paire de gants noirs et d'une paire de chaussures noires.

Son hôte s'approche et lui demande :

- Mais en quoi diable es-tu déguisée ??

Et la femme écarte les jambes, lève les bras et répond :

- En cinq de pique !!

(Heureusement, c'était une fausse blonde…).

C'est Marie qui vient d'avoir des triplets. Elle rencontre une blonde de ses amies et lui dit fièrement :

- Tu sais, j'ai eu des triplets ! Ça arrive une fois sur 200000 !

La blonde est sidérée et s'exclame :

- Bon sang ! Mais comment trouves-tu le temps de faire le ménage en plus ? !

Les combles de...

Le comble de l'électricien :
- Ne pas être au courant.

Ou
- Avoir des ampoules aux mains.

Le comble de la confiance en soi :
- Péter sachant qu'on a la chiasse.

Ou
- Deux cannibales qui font un 69.

Ou
- Péter plus haut que son cul.

Quel est le comble du mathématicien ?
- C'est de se faire piquer sa moitié par un tiers dans un car !

Ou
- Passer la nuit sur une inconnue sans en trouver la solution !

Ou
- C'est de ne pas pouvoir expliquer les règles à sa femme.

Quel est le comble pour un architecte ?
- Tirer des traits avec les règles de sa femme.

Quel est le comble de la patience ?
- Trier des petits pois avec des gants de boxe.

Quel est le comble du dentiste ?
- Trouver sa femme au lit avec un mal de dents (bien relire celle-ci).

Quelle est le comble de l'efficacité énergétique ?
- Profiter du fait qu'un gars fait une crise d'épilepsie dans son bain pour ajouter du détersif et laver son linge).

Une, niveau cour de récréation :
Quel est le comble du jardinier ?
- De montrer son cul pour faire rougir ses tomates… !

Quel est le comble pour une bonne sœur ?
- Être vierge toute sa vie et mourir en sainte.

Quel est le comble pour une hôtesse de l'air ?
- Se mettre à poil devant son avion pour lui faire lever la queue.

Quel est le comble pour un joueur de rugby ?
- Plaquer sa femme quand elle a le ballon.

Quel est le comble de la déshydratation ??
- C'est d'éjaculer en poudre !!!

Le comble de l'optimisme pour un homme ?
- Imaginer qu'une femme va quitter la cabine téléphonique parce qu'elle vient de dire « au revoir » à sa correspondante.

Charades à tiroir

Mon premier est la raison pour laquelle les jeunes filles se font dépuceler très tôt dans les pays miniers.

Mon second décrit deux animaux hématophages.

Mon troisième est la réplique du jardinier face aux injures de ses outils.

Mon tout est une pièce de musique romantique.

Réponse : le concerto en sol mineur de Beethoven, allegro moderato.

Explication :
1 - Le con sert tôt en sol mineur.
2 - Deux bêtes aux veines.
3 - Ah, les gros mots des râteaux !

Mon premier est un oiseau.

Mon second est ce que disait Alexandre Dumas fils à Alexandre Dumas père pour lui faire remarquer que les domestiques espionnaient par le trou de la serrure alors qu'il était tard et qu'ils auraient mieux fait d'aller se coucher.

Mon tout est ce qu'on dit quand on a perdu sa montre à Nogent-le-Rotrou.

Réponse : J'ai perdu ma montre à Nogent-le-Rotrou.

Explication :
1 - Geai.
2 - Père Dumas, montre à nos gens l'heure au trou.

Mon premier fait l'amour.
Mon deuxième a ce qu'il faut pour le faire.
Mon troisième aimerait le faire.
Mon tout est un os du corps humain.

Réponse : L'omoplate. (Obèse, MOabite, PLATE-bande)

Mon premier va ça et là (existe avec Mon premier n'aime pas l'ail).
Mon second est employé des postes.
Mon troisième ne rit pas jaune.
Mon quatrième n'est pas rapide.
Mon tout est un écrivain français, mort, et tout et tout…

Réponse : Ben, c'est Victor Hugo !

Explication :
1 - Vic, parce que Vicaire ou Victuailles ;
2 - Tor, Parce que Torréfacteur ;
3 - Hu, parce que Urinoir ;
4 - Go, parce que Goéland.

Mon premier est un combustible solide.
Mon second est un combustible solide.
Mon troisième est un combustible solide.
Mon quatrième est un combustible liquide.
Mon tout est un rituel religieux juif. Lequel ?

Réponse : La circoncision.

Explication : Houille, Houille, Houille, mazout.

Mon premier est ce dont a besoin un grand bateau à grande voile pour avancer.
Mon deuxième est une pirouette de gymnastique.

Mon troisième est un jeu récent de La Française des
Mon quatrième est le cri du serpent lors de l'accou
Mon tout est une phrase que l'on destine aux gran

Réponse : « Un grand Mazel Tov à tous... »

Explication :
1 - Un grand mat...
2 - Salto.
3 - Vatoo.
4 - Ssssss ! (les serpents ne font que Ssss !).

Mon premier a un réflexe de colère devant l'hilarité d'un domestique.
Mon deuxième, dans un récipient, dit que tu ne fais pas de sport d'hiver.
Mon troisième aime le sandwich au rosbif.
Mon quatrième est l'endroit où il faut planquer ses économies (attention à l'inversion...)
Mon tout est un ancien président des USA .

Réponse : Jimmy Carter.

Explication :
1 - Ji, car quand le valet rit, ji se carre d'instinct.
2 - Mi, car mi, chez le pot, nia ton ski.
3 - Car : il aime la miche et le rot, car.
4 - Ter, car il faut que le franc soit mit ter en...

Mon premier est un vampire nécrophage.
Mon deuxième aime les animaux.
Mon troisième déshonora l'armée française.
Mon quatrième est slave.
Mon tout est un ancien comptoir français en Inde.

Réponse : Pondichéry.

Explication : 1 - Pon parce que Pon suce pendu.

2 - Di car di a bêtes.
3 - Ché car chéchia sur la tête d'un zouave.
4 - Ry car Rivoli, livonie, niveau d'eau, do c'est ut, ut est Russe et tout les Russes sont slaves (ouf).

Comment six Russes peuvent-ils être ton frère ?
C'est affligeant, mais voilà la solution :
Six Russes c'est six Slaves.
S'y s'lave c'est qui s'nettoye…
… et si c'n'est toi c'est donc ton frère !

Mon premier est ce qu'un homme fait à une femme pour l'effrayer.
Mon deuxième est vert au fond d'un bois.
Mon troisième est ce qu'un homme fait à une femme pour l'effrayer.
Mon tout est un gâteau tunisien.

Réponse : Bouscoutou… C'est un peu sec mais avec du café, Hum…

1 - Bouh !
2 - Scout
3 - Ouh !

Mon premier ment en affirmant qu'il n'est pas Anglais.
Mon second éjecte des petits bouts de bois par devant et par derrière.
Mon tout est une marque de piano.

Réponse : érard.

Explication :
1 - Er parce que er nie être Anglais .
2 - Ard parce que ar chie et pisse copeaux.

Mon premier est pédéraste.
Mon second est pédéraste.

Mon troisième est complice de pédéraste.
Mon quatrième est complice de pédéraste parce qu'il respectera la loi du silence.
Mon tout est une pratique espagnole…

Réponse : Tauromachie.

Explication :
1 - To parce que topinambour.
2 - Ro parce que robespierre.
3 - Ma parce que macache bono et bono bézeff.
4 - Chi parce que chistera…

Mon premier est une ville italienne.
Mon deuxième est une île française.
Mon troisième sert les gateaux.
Mon quatrième est fortifiée dans le Sud de la France.
Mon cinquième est un gaz rare.
Mon tout relate la mort du plus petit grand homme de France.

Réponse : Napoléon Bonaparte est mort à Ste Hélène.

Explication :
1 - Naples.
2 - Oléron.
3 - Pelle à tarte.
4 - Aigues-Mortes.
5 - Acétylène.

Blagues sur les couples et le mariage

Un type souffre d'une particularité pas très ragoûtante : il pue des pieds de façon épouvantable. Il a beau se laver à la soude caustique, se désodoriser à la Javel, se couper les ongles au fer à souder, rien n'y fait : c'est une infection. Alors il n'a pas beaucoup de chance avec les filles.

Pas loin de là, il y a une fille qui pourrait lui plaire. Elle, son problème, c'est l'haleine : elle se brosse les dents avec de la paille de fer, se les passe au savon noir, se fait des bains de bouche avec le numéro 5 de Chanel, mais impossible de se débarrasser de ses relents d'égout.

Un jour d'hiver, la chance leur sourit : enrhumés l'un et l'autre, ils se rencontrent, c'est l'amour fou. Ils prennent l'avion et vont se marier à Las Vegas. Nuit de noces, tralala...

Le lendemain, parmi les vêtements épars, ils s'avouent tout (torride, non ?).

- Chéri, il faut que je t'avoue quelque chose de pas très glorieux...

- Ne dis rien, j'ai deviné : tu as mangé mes chaussettes ?

Un soir le mari demande à sa femme :

- Chérie, nous n'avons jamais fait ça, mais j'aimerais te sodomiser.

La femme, s'offusque :

- Pas question. Tu peux courir. Pas de ça avec moi.

Le mari n'insiste pas, mais recommence le lendemain soir :

- Chérie, s'il te plaît, laisse-moi faire...

La femme : - Non, il n'en est pas question. Je veux bien faire l'amour mais ce sera comme tous les gens normaux.

Le troisième soir le mari revient à la charge :

- Mon cœur, je t'en prie, laisse-toi faire, je te promets de ne pas te faire de mal.

Finalement, la femme excédée accepte. Son mari commence donc son affaire et la sodomise jusqu'à l'orgasme. À la fin, la femme, qui n'a finalement pas détesté ça, se retourne vers son mari et lui dit :

- Alors, tu es content maintenant ?

Le mari ne répond pas. La femme insiste.

Le mari, le nez dans son oreiller, lui répond alors :

- Je parle pas aux enculées !

Lors d'une soirée un homme accoste une belle jeune femme et lui propose un dernier verre chez lui, il insiste en lui précisant qu'il est magicien et qu'il lui montrera un tour de magie.

Arrivés chez lui, le magicien lui demande de se déshabiller, elle hésite puis finalement comme elle a pas mal envie, elle commence à se déshabiller en lui demandant plus de détails sur le tour de magie, il lui répond alors :

- Bah c'est simple, je te baise et après tu disparais !

Un monsieur se ballade rue Saint-Denis. Il approche une dame (péripatéticienne si vous préférez) et il lui demande :

- C'est combien ?
- 200 balles.
- Et pour 50, ça ira ?
- Ça va pas non. C'est pas l'Armée du Salut ici !! Allez, tire-toi.

Il continue son chemin et s'approche d'une autre. Même discussion, même réponse.

À 16 h, il se souvient qu'il doit aller chercher sa femme à la sortie du bureau. Il va chercher Madame et il doit repasser rue Saint-Denis pour rentrer chez lui.

Une des dames qu'il avait accostée éclate de rire et lui dit :

- Eh, t'as vu ce que tu te tapes pour 50 balles ???

Sur un green de golf, ça fait déjà 5 minutes qu'un gars est en position de swinguer, regardant au loin, puis regardant sa balle, mesurant la distance du regard, essayant de calculer la vitesse et la direction du vent.

Forcément, ses partenaires de jeu s'énervent :

- Mais bon sang ! Qu'est-ce que tu attends pour te décider ? Tu vas la frapper cette sacrée balle ? !

Le gars répond :

- Ma femme est là-bas en train de m'observer depuis le club-house. Je veux que mon tir soit parfait !

- Eh bien, si tu veux mon avis, tu n'as pas la moindre petite chance de la frapper avec ta balle en tirant d'ici !

C'est un mari et sa femme qui sont invités à une réception.

À un moment, une très belle jeune femme passe devant eux. Alors le mari dit à sa femme tout de go :

- Regarde, c'est la maîtresse de notre voisin.

Sa femme est plutôt choquée, mais ne répond rien.

Quelques minutes plus tard, une autre très belle jeune femme passe devant eux, et le mari ajoute alors :

- Et elle, c'est MA maîtresse.

L'épouse garde tout d'abord le silence, puis elle dit :

- La nôtre est mieux !

Pendant nos vacances en Turquie l'an dernier, alors qu'on se baladait dans la campagne, on avait remarqué un vieux fermier sur son âne, et cinq mètres plus loin, sa femme marchait à pied.

Comme je lui demandais pourquoi sa femme le suivait cinq mètres derrière, il m'avait répondu :

- Parce que c'est ma femme, et que je n'ai qu'un âne.

Récemment, alors qu'on passait par la Bosnie, nous avons rcncontré un homme sur un âne, mais ici, une femme (qui devait être la sienne) les précédait.

Comme je lui demandais pourquoi sa femme le précédait de cinq mètres et que lui voyageait à dos d'âne, il m'a répondu comme si c'était évident pour lui :

- À cause des mines !

COURS DE FORMATION OFFERTS AUX HOMMES

Nom du cours :
Devenir aussi intelligent qu'une femme (donc être parfait).

But : Cours de formation permettant aux hommes d'éveiller cette partie du cerveau dont ils ignorent l'existence.

Cours obligatoires (Crédits de points sur 10000)
- J'apprends à vivre sans ma mère (2000).
- Je donne ma paie à ma femme (550).
- Je trouver le point G avant que ma femme s'impatiente (1000).
- Ma femme n'est pas ma mère (350).
- Les menstruations ne sont pas contagieuses (2000).

Cours très pratiques
- Avoir des enfants sans devenir jaloux (50).
- Un souper prêt… une femme souriante (200).
- J'arrête de dire des niaiseries quand ma femme reçoit ses amies (500).
- Comme s'étendre sans avoir l'air paresseux (300).
- Vaincre le syndrome de la télécommande (550).
- Je ne pisse pas à côté du trou de la cuvette (100).
- Réussir à faire jouir ma femme avant qu'elle fasse semblant (1500).
- Comment se rendre jusqu'au panier à linge sans se perdre (50).
- Comment survivre à un rhume sans agoniser (200).

Cours de détente et loisirs
- Repassage en deux étapes.
- Digérer en faisant la vaisselle.
- Le ménage… une activité familiale et valorisante.
- Je mémorise les journées de sortie des poubelles.

Cours de cuisine
Niveau 1 (débutant):
- Les appareils électroménagers:
    ON : mettre en marche.
    OFF : arrêter.

Niveau 2 (avancé):
- Mon premier dîner avec cuisson à l'eau bouillante de plats sous vide sans laisser évaporer toute l'eau.

Et un bonus :
<u>Notions de base (gratuit):</u>
- Je patiente une heure en attendant que la salle de bain se libère.
- J'écoute patiemment les amies de ma femme.
- Je dissimule mon chéquier.
- Je fausse la balance pour ne pas l'entendre se plaindre.
- Je rentre mon ventre pour ne pas l'entendre.
- Sa mère vient dîner : 1) Garder son calme 2) Sourire.

COURS DE FORMATION OFFERT AUX FEMMES

Nom du cours :
Devenir aussi relax qu'un homme (pas besoin d'être parfait).

1er jour
9 h - 10 h. Comment parvenir à lutter contre votre quête incessante de dispute.
10 h - 12 h. Vous aussi, vous êtes capable de faire la vidange de la voiture.
13 h 30 - 14 h 30. Les règles - comment rester vivable durant trois jours.
14 h 30 - 15 h 00. Comment remplir un demi de bière.
15 h 30 - 17 h. Comprendre les causes féminines de l'alcoolisme masculin.

2e jour
9 h - 10 h. Comment laver votre linge sans avoir à le trier pour avoir plus de temps pour regarder le foot.
10 h - 12 h. La femme en tant que mère : savoir que votre mari vous a donné des enfants pour que vous ne soyez plus uniquement sur son dos.
13 h 30 - 14 h 30. Comment ne pas sangloter et pleurer comme une madeleine quand votre mari a raison.
14 h 30 - 15 h 30. Soyez cool : tuez les araignées vous-même.
16 h - 17 h. Vous, le sexe pleurnicheur : comment stopper ça.

3e jour
9 h - 10 h. Comment ne pas s'endormir pendant l'amour.
10 h - 12 h. Pourquoi il est inacceptable de parler d'accouchement et de placenta pendant le petit déjeuner.
13 h 30 - 14 h 30. Le shopping : comment le faire en moins de six heures, et sans votre mari.
14 h 30 - 15 h 30. Sexe : les lits ne servent pas uniquement à dormir.
16 h - 17 h. Sexe : l'amour se fait aussi hors de la chambre à coucher.

4e jour
9 h - 10 h. Si vous voulez savoir de quoi vous avez l'air avec ces vêtements, demandez à votre mère.
10 h - 12 h. Comment fermer la porte du garage.
13 h 30 - 14 h 30. Si vous ne voulez pas une excuse, ne demandez pas une explication.
14 h 30 - 15 h 30. Le jour de paie et le shopping ne sont pas synonymes.
16 h - 17 h. Accompagnez votre mari en vélo le dimanche sans attraper de pneumonie.

5e jour
9 h - 10 h. Vivre sans volets électriques : comment tourner une manivelle.
10 h - 12 h. Romantisme : faire le tour du caviar, des chandelles et de la conversation.
13 h 30 - 14 h 30. Comment rester en vie pendant que votre mari se repose.
14 h 30 - 15 h 30. Mettre une tenue sexy : pourquoi vous n'en mourrez pas.
16 h - 17 h. Comment être moins vieux jeu que votre mère.

6e jour
9 h - 10 h. Vous aussi, vous pouvez porter un sac à dos.
10 h - 11 h. L'amitié féminine : vos meilleures amies ne sont pas celles qui vous plaignent le plus.
11 h - 12 h. S'excuser de péter quand on est sur le siège des toilettes n'est PAS nécessaire.

SÉMINAIRES POUR LES HOMMES

1 - Combattre sa stupidité naturelle.
2 - Vous aussi pouvez faire le ménage.
3 - Pendant les règles - Apprendre à la fermer.
4 - Comment remplir un plateau à glaçons proprement.
5 - Nous ne voulons pas de dessous affriolants pour Noël.
6 - Toutes les techniques pour laver le linge (1er commandement : tu ne laveras jamais mes vêtements en soie).
7 - Comprendre l'attitude féminine lorsque vous rentrez à 4 h du matin.
8 - L'homme en tant que père : tout ne s'arrête pas à la conception.
9 - Soyez cool : apprenez à faire la cuisine.
10 - Ne pas réagir comme un pauvre mec quand vous avez tort.
11 - Accepter votre incompétence.
12 - Vous, le sexe plus faible.
13 - Des raisons pour offrir des fleurs.
14 - Comment rester éveillé pendant l'amour.
15 - Sexe : vous pouvez vous endormir sans le faire.
16 - Sexe : le dilemme du matin… Si « mégabite » est en forme, prenez une douche.
17 - Du bon usage de la cuvette et du siège des toilettes.
18 - La télécommande de la télé : un peu de sevrage ne vous fera que du bien.
19 - Comment être moins puéril que vos enfants.
20 - Vous aussi pouvez être reconnu « bon conducteur » par les assurances.
21 - Honnêtement, vous ne ressemblez pas à Mel Gibson, surtout nu…
22 - LE but à atteindre : éliminer « P… » de votre vocabulaire.
23 - Secouer la couverture après avoir pété n'est pas nécessaire.
24 - Les vrais hommes demandent leur chemin quand ils sont perdus.

SÉMINAIRES POUR LES FEMMES

1 - « Est-ce que tu es prête ? » — Définition pour le mot « OUI ».
2 - Apprendre à poser les bonnes questions (cf. « Chéri, tu me trouves grosse ? »).

3 - Savoir lire une carte.
4 - Mathématiques avancées : la programmation de votre magnétoscope.
5 - Les règles : c'est votre problème, pas le nôtre.
6 - En voiture : signification des feux clignotants.
7 - En voiture : savoir tenir une vitesse constante.
8 - En voiture : les créneaux aussi, ça s'apprend.
9 - Comment gagner votre propre argent.
10 - Les bases des cadeaux à faire (vêtements = pas bon, électronique = bon).
11 - Le « propre » et le « sale » : les nuances à connaître pour les vêtements.
12 - On oublie les anniversaires, vous oubliez l'horaire du film à la télé… un partout.
13 - Oui, vous pouvez aussi acheter des préservatifs.
14 - Le pénis : son meilleur ami peut aussi être le vôtre.
15 - Pourquoi votre mère n'est pas la bienvenue à la maison.

Les styles de vie masculins vus à différentes périodes de la vie

ÂGE	BOISSON FAVORITE
17 ans	bière.
25 ans	whisky.
35 ans	vodka.
48 ans	double vodka.
66 ans	Maalox.

	TECHNIQUE DE SÉDUCTION
17 ans	mes parents sont partis tout le week-end.
25 ans	ma petite amie est partie tout le week-end.
35 ans	ma fiancée est partie tout le week-end.
48 ans	ma femme est partie tout le week-end.
66 ans	ma deuxième femme est morte.

SPORT FAVORI

17 ans	le sexe.
25 ans	le sexe.
35 ans	le sexe.
48 ans	le sexe.
66 ans	la sieste.

DROGUE

17 ans	marijuana.
25 ans	coke.
35 ans	« vraiment » bonne coke.
48 ans	pouvoir.
66 ans	coke, BMW, avion personnel

DÉFINITION DE LA « BONNE SOIRÉE »

17 ans	« langue ».
25 ans	« petit déjeuner ».
35 ans	« elle n'a pas foutu en l'air toute ma thérapie ».
48 ans	« je ne me suis pas battu avec ses enfants ».
66 ans	« je suis rentré à la maison vivant ».

PLAISIR FAVORI

17 ans	masturbation.
25 ans	faire l'amour en avion.
35 ans	ménage à trois.
48 ans	sortir avec elle en public.
66 ans	servante en petit tablier blanc / esclave nazi en cuir.

ANIMAL DOMESTIQUE FAVORI

17 ans	hamster.
25 ans	la petite amie.
35 ans	un labrador.
48 ans	les enfants du premier mariage.
66 ans	caniche.

ÂGE IDÉAL POUR SE MARIER

17 ans	25 ans.
25 ans	35 ans.
35 ans	48 ans.
48 ans	66 ans.
66 ans	17 ans.

LE RENDEZ-VOUS IDÉAL

17 ans	3 films de S. King à la file ou « la nuit du film Gore ».
25 ans	« tu paies l'addition et on va chez moi ».
35 ans	« laisse-toi faire ».
48 ans	« laisse-toi faire, et fais la cuisine ».
66 ans	nuit d'amour, dans l'avion personnel, en allant à Monaco pour jouer à la roulette.

Comment savoir si vous êtes marié, si vous êtes amoureux, ou si c'est juste pour la baise

AMOUR quand vos regards se croisent à travers la foule.
LUXURE quand vos langues se croisent à travers la foule.
MARIAGE quand un bout de votre ceinture n'arrive pas à croiser l'autre bout, et que vous n'en avez rien à faire.

AMOUR quand la baise s'appelle « faire l'amour ».
LUXURE quand la baise s'appelle « la baise ».
MARIAGE quelle baise ?

AMOUR quand le sujet de dispute est le nombre d'enfants que le couple aura.
LUXURE quand le sujet de dispute est « qui fait quoi à l'autre ».
MARIAGE quand le sujet de dispute est l'argent.

AMOUR quand vous partagez tout ce que vous possédez.
LUXURE quand vous y regardez à deux fois avant de prêter de l'argent à votre partenaire.
MARIAGE quand c'est la banque qui possède tout.

AMOUR quand « ce n'est pas grave si tu ne parviens pas à l'orgasme ».
LUXURE quand si vous n'êtes pas parvenus à l'orgasme, c'est que vous voulez rompre.
MARIAGE qu'est-ce qu'un orgasme ?

AMOUR quand vous vous téléphonez pour vous souhaiter une bonne journée.
LUXURE quand vous vous téléphonez pour fixer l'heure de la partie de jambes-en-l'air.
MARIAGE quand vous vous téléphonez pour savoir qui va rechercher le fils à l'école.

AMOUR quand vous écrivez des poèmes à votre partenaire.
LUXURE quand tout ce que vous écrivez, c'est des numéros de téléphone.
MARIAGE quand tout ce que vous écrivez, c'est des chèques.

AMOUR quand vous vous inquiétez des sentiments de votre partenaire.
LUXURE quand vous n'en avez rien à foutre de quoi que ce soit.
MARIAGE quand tout ce dont vous vous inquiétez, c'est ce qu'il y a ce soir à la télé.

AMOUR quand votre phrase d'adieu c'est « je t'aime chérie ».
LUXURE quand votre phrase d'adieu c'est « alors, même jour, même heure la semaine prochaine ? »
MARIAGE quand votre phrase d'adieu c'est... rien.

AMOUR quand vous êtes fier d'être vu en public avec votre partenaire.
LUXURE quand vous ne pouvez être vus ensemble que dans une chambre.
MARIAGE quand vous ne voyez jamais l'autre une fois réveillé.

AMOUR quand votre cœur bat plus fort à chaque fois que vous voyez votre partenaire.

LUXURE quand votre entrejambe se manifeste à chaque fois que vous voyez votre partenaire.

MARIAGE quand votre portefeuille se vide à chaque fois que vous voyez votre partenaire.

AMOUR quand personne d'autre n'a d'intérêt pour vous.

LUXURE quand personne d'autre ne le sait.

MARIAGE quand toutes les autres vous intéressent, et vous vous en foutez si ça se voit.

AMOUR quand toutes les chansons à la radio décrivent exactement votre état d'esprit.

LUXURE quand toutes les chansons à la radio sont toujours les mêmes niaiseries.

MARIAGE quand vous n'écoutez plus que les infos.

AMOUR quand vous ne pouvez même pas imaginer une rupture.

LUXURE quand vous ne pouvez même pas imaginer vivre ensemble.

MARIAGE quand tout ce que vous pouvez imaginer, c'est de finir la journée…

AMOUR quand tout ce que fait votre partenaire vous intéresse.

LUXURE quand une seule chose vous intéresse.

MARIAGE quand vous êtes principalement intéressé par le classement de votre club de foot.

L'homme, analyse physico-chimique

Élément :	Homme
Symbole :	H
Analyse quantitative :	Mesuré à 17 cm bien que quelques isotopes existent en 25, 20, et même 10 cm.

Découvreur :	Ève (découvert par accident un jour où elle avait envie de côtelettes).
Lieu d'extraction :	Se trouve en grandes quantités en présence d'un gisement de F très pur.

PROPRIÉTÉS PHYSIQUES

a) Surface souvent recouverte de poils, raides par endroits, doux dans d'autres.

b) Bout quand on l'agite, se glace quand on le met en présence de la logique et du bon sens, se liquéfie quand on le traite comme un dieu.

c) Devient exécrable lorsqu'on le mélange à de l'alcool.

d) Peut être la cause de maux de tête (ou des maux d'autres parties du corps) ; à manipuler avec précaution.

e) Diminue son entropie directement après sa réaction avec l'élément F (état se manifestant par des ronflements... zzzzz).

f) Augmente sa masse considérablement en vieillissant, perd de ses capacités réactionnelles.

g) Se déshydrate rapidement par temps sec.

h) Rarement trouvé à l'état pur après 14 ans.

i) Possède souvent un attachement inexplicable à sa roche mère, rendant l'extraction difficile...

j) Si on le met sous pression, devient trop dur et improductif; n'est productif que si l'on utilise la subtilité, les subterfuges, et la flatterie.

PROPRIÉTÉS CHIMIQUES

a) Tendance très forte à réagir avec l'élément F, même si la réaction est parfois endothermique.

b) Réputé être le meilleur catalyseur pour les réactions de transformation de l'élément F...

c) Possède la faculté d'entrer en réaction avec à peu près n'importe quoi.

d) En cas de réaction importante, l'aspect de l'élément change pour virer au rouge cramoisi.

e) S'il est saturé en alcool, il devient inerte et repoussant pour la plupart des éléments.

f) Ne convient pas pour les tâches ménagères et les opérations de nettoyage.
g) Ne convient pas non plus pour les tâches familiales.
h) Est neutre en ce qui concerne la courtoisie et l'impartialité.

USAGES COURANTS

a) Transport de choses lourdes, chauffeur, dîners gratuits au restaurant…
b) Usage possible pour les activités sexuelles.

TESTS

Les spécimens les plus purs ne sont pas synonymes de pureté, et ceux qui ont déjà servi, encore moins.

DANGERS

La réaction avec un autre élément H est extrêmement violente si l'élément F est le catalyseur.

La femme, analyse physico-chimique

Élément :	Femme
Symbole :	Fm
Masse atomique :	Poids moyen = 59 kg. Peut varier de 40 à 250 kg selon l'âge.
Découvreur :	Adam.

PROPRIÉTÉS PHYSIQUES

a) Surface généralement recouverte d'une couche colorée.
b) Point d'ébullition très bas, surtout au printemps.
c) Peut refroidir très très vite.
d) Fond facilement quand elle est bien traitée.

e) Devient amère quand elle est mal traitée.
f) Plusieurs variétés existent, du métal vierge à la raclure.
g) Émission de sons en cas de pressions à certains endroits stratégiques.
h) Processus de sublimation très difficile à mettre en œuvre.
i) Barycentre (point G) parfois inexistant.

PROPRIÉTÉS CHIMIQUES

a) Très grande affinité avec l'or, l'argent, le platine et les pierres précieuses.
b) Absorbe facilement de grandes quantités de substances hors de prix.
c) Peut exploser subitement sans avertissement préalable et sans raison connue.
d) Insoluble dans les liquides mais l'activité est fortement augmentée par une solution saturée en alcool.
e) Plus puissant agent connu dans les processus d'argento-réduction.

USAGES COURANTS

a) Très ornementale, surtout dans un coupé sport.
b) Peut être très relaxante par moment.
c) Peut apporter une aide déterminante pour beurrer les tartines du bon côté.

TESTS

a) Les spécimens les plus purs rougissent lorsqu'ils sont découverts au naturel.
b) Tourne au vert en face d'un plus beau spécimen.

DANGERS

a) Fatale, sauf entre des mains expérimentées.
b) Il est illégal d'en posséder plus d'une.

Neuf types de compagnon : reconnaissez le vôtre

LE CHIC TYPE - « Quand j'aurai fini la vaisselle, on se fera un câlin, d'accord ? »

Alias : mon chéri.
Avantages : toujours aimable, repasse ses chemises lui-même.
Inconvénients : pas assez mâle.

LE VIEUX GRINCHEUX - « Les gens sont vraiment cons. Ils peuvent tous aller se faire e... Restons à la maison et regardons un film. »

Alias : le ronchon.
Avantages : prévisible.
Inconvénients : est vraiment chiant.

LA LIMACE - « Je... je suis vraiment désolé. Je n'aurais pas dû... »
Alias : la tremblote, le couard.
Avantages : tressaute de façon rigolote quand on l'effraie.
Inconvénients : facilement intimidé même par plus faible que lui.

LE GROS BÊTA - « Tais-toi ! Je n'arrive pas à réfléchir quand tu parles. »

Alias : la grosse tête vide.
Avantages : est facilement berné.
Inconvénients : peut vous casser en deux, transpire comme un porc.

LE GARS DANS LE CANAPÉ - « Ron... zzzzz »
Alias : le parasite.
Avantages : toujours bien reposé.
Inconvénients : ne pas compter sur lui pour réaliser vos rêves.

LE FAUX DERCHE - « Qui... Moi ? »
Alias : le rat, le sale fils de p...
Avantages : peut se sentir coupable de temps en temps.
Inconvénients : est toujours en train de faire un coup en douce.

LE CHAMPION DE L'AMOUR - « Quand j'aurai fini la vaisselle, je te ferai l'amour comme une bête ! »
Alias : Casanova.
Avantages : toujours excité.
Inconvénients : toujours excité.

LE RÊVEUR - « Un jour, je deviendrai riche et célèbre. Je ne sais pas quand mais… »
Alias : le bouffon, le philosophe, l'idéaliste.
Avantages : raconte de belles histoires.
Inconvénients : se transformera rapidement en LE VIEUX GRINCHEUX.

LE SEUL ET UNIQUE - « Pendant que les domestiques lavent la vaisselle, faisons l'amour comme des bêtes dans mon nouveau yacht ! »
Alias : le dandy, l'homme parfait.
Avantages : répond à tous les souhaits d'une femme.
Inconvénients : a été pourchassé jusqu'à l'extinction de la race.

Neuf types de compagnes : reconnaissez la vôtre

LA CHIC FILLE - « Des tickets pour PSG-Marseille ? Oh, tu n'aurais pas dû. »
Alias : la fille mec.
Avantages : agréable, bonne copine.
Inconvénients : finira par changer tôt ou tard.

LA HURLEUSE - « Espèce de satané bon à rien, mou du bulbe, incapable ! Tu ne vois pas que tu me fais perdre mon temps ? »
Alias : la hyène.
Avantages : elle fait attention à vous.
Inconvénients : elle griffe et lance des ustensiles ménagers à la tête.

LA GEIGNEUSE - « Oh comme j'ai mal à la tête ! Je suis trop grosse ! J'ai de la cellulite là ? ! »

Alias : Mme je-ne-sais-que-me-plaindre.
Avantages : prévisible.
Inconvénients : contagieuse.

LE CHEF - « Tiens-toi droit, change de cravate, fais le plein de la voiture, demande une augmentation à ton patron ! »
Alias : le rouleau compresseur.
Avantages : a souvent raison.
Inconvénients : a souvent raison, et alors ?

Mme NI-OUI-NI-NON- « Je ne peux pas me décider. Est-ce que je change ma couleur de cheveux ? »
Alias : la tourmentée.
Avantages : facilement rassurée.
Inconvénients : encore plus facilement inquiétée.

LA FOLDINGUE - « J'ai une super idée : on va se bourrer la gueule et on fera l'amour sur le gazon, devant la maison, c'est top-délire ! »
Alias : la disjonctée.
Avantages : plus fun que frh à elle toute seule.
Inconvénients : pas digne de confiance.

LA SUSCEPTIBLE - « Je ne comprends pas pourquoi tu ris en lisant ça ? Je ne vois rien de drôle là dedans ! »
Alias : l'iceberg.
Avantages : vos amis ont pitié de vous.
Inconvénients : vous n'avez déjà plus d'amis.

L'ARTISTE - « Je vais t'interpréter une danse censée décrire ce que je ressens à propos de notre relation. »
Alias : la loufoque.
Avantages : distrayante.
Inconvénients : elle lit ses poèmes tout haut et en public !

LE RÊVEUSE - « Tu es mon Monsieur Muscle, mon Don Juan, mon Casanova. Viens, allons faire l'amour tout de suite ! »
Alias : la perfection.
Avantages : drôle, intelligente.
Inconvénients : n'a rien à faire avec vous.

On trouve tous les jeux de hasard à Las Vegas… Roulettes, machines à sous, mariage… etc.

Un monsieur très riche a appelé son notaire sur son lit de mort car au dernier moment, il veut changer ses dernières volontés…

- Je veux laisser tout ce que je possède, actions, titres de propriétés, immeubles et tableaux de maîtres, je veux tout laisser à ma femme, mais avec une condition…

- Et quelle est-elle ? demande le notaire.

- Si elle veut tout hériter de moi, ma femme doit se remarier dans les six mois qui suivent ma mort !

Le notaire est assez désabusé par la condition demandée par son client, et il demande :

- C'est assez inhabituel comme condition. Vous avez une explication pour cela ?

- Oh oui ! C'est parce que de cette façon, je suis sûr qu'au moins une personne regrettera ma mort.

Alors le notaire commence à rédiger le nouvel acte… Et puis le mourant l'interrompt pour lui faire une recommandation de plus :

- Dans mes dernières volontés, ajoutez que je veux être inciné et qu'ensuite mes cendres soient dispersées dans la mer.

Le notaire à qui on ne la fait pas demande tout de suite pourquoi, et le vieux répond :

- C'est juste pour le cas où ma femme voudrait faire ce qu'elle a toujours dit qu'elle ferait à ma mort… danser sur ma tombe.

Blagues sur l'adultère

Un mari dit à sa femme pendant qu'ils sont très occupés :
- Dis-moi chérie, tu pourrais me le dire quand tu auras un orgasme.
- Mais chéri, tu ne veux quand même pas que je t'appelles au travail !

- Tu sais que ta femme se promène dans la rue sans p'tite culotte ?
- Hein ? ! Qui c'est qui te l'a dit ??
- Mon p'tit doigt...

Un petit garçon prend son bain avec sa mère et lui demande :
- C'est quoi ça ? (en lui montrant l'entrejambe, celui de sa mère évidemment).

Et la mère, un peu embêtée, de répondre :
- Eh bien... tu vois, ça... c'est le paradis.

Quelque temps plus tard, le même petit garçon prend son bain avec son père et lui demande :
- C'est quoi ça ? (de la même manière que précédemment).

Et le père qui a entendu parler de la première discussion répond fort à propos :
- Ça, c'est la clef du paradis.

Quelques temps plus tard, toujours le même petit garçon rentre à la maison complètement affolé en criant :
- Papa, Papa, le voisin, il a un passe.

Un couple : lui et elle
- Chéri le robinet fuit ! change le joint.
- Pas le temps, et j'suis pas plombier !

Le lendemain…
- Tu penses au robinet qui fuit ?
- Pas ce soir et j'suis pas plombier !

Le surlendemain…
Tiens, le robinet ne fuit plus ?
- Non le voisin est venu le réparer.
- Ah… et il t'a demandé quoi pour le service ?
- Que je lui fasse un gâteau ou une gâterie…
- Ah… et tu lui as fait quoi ?
- Une gâterie.
- Espèce de s… tu pouvais pas lui faire plutôt un gâteau.
- J'suis pas pâtissière, moi !

Un jeune morveux demande à sa mère, est-ce que les dindes ont des seins ?
- Non, répond sa mère.
Le morveux répond :
- Ben pourtant, Papa à dit à la femme de ménage qu'elle avait des plus beaux seins que sa dinde.

Toto (5 ans) et Lili (3 ans) prennent leur bain ensemble sous la haute surveillance de leur mère et jusque-là tout s'est bien passé…
Cette fois-ci, Lili regarde le bas-ventre de Toto, regarde le sien et s'étonne :
- Dis Maman qu'est-ce qu'il a entre les jambes, Toto ?
- C'est un p'tit robinet pour faire pipi.
- Ah bon ? Mais moi j'en ai pas ??
- C'est normal, toi tu es une fille, tu as une fontaine pour faire pipi, c'est normal, tu sais…
- Ah bon, ben et toi, Maman ?
- Moi aussi, je suis une fille donc j'ai une fontaine.
- Ah bon, ben et Papa, il a un robinet lui ?
- Mais oui ma chérie, Papa c'est un garçon, donc il a un robinet.
Et Toto, qui l'avait pas ouverte jusque-là, de dire :
- Ouais Papa il a un robinet, même que l'autre jour il devait être bouché : j'ai vu la bonne qui soufflait dedans…

Un homme s'en va acheter un cochon. L'éleveur lui demande de quel poids il le veut. Ne s'y connaissant pas bien il demande un cochon de 20 kg (c'est un porcelet).

Sur ce, le marchand en tapote un et lui déclare :

- 20 kg tout juste !

Le gars s'écrie alors :

- Je n'y connais peut-être rien mais vous n'allez pas me faire avaler qu'en le tapotant vous connaissez son poids.

Le marchand lui dit alors :

- Ah, vous voulez le peser ?

Bref, le voilà qui retourne le cochon, met sa petite queue en vrille entre ses dents, le laisse balancer une seconde, puis déclare :

- J'avais bien dit 20 kg.

Le mec encore moins persuadé lui dit :

- Elle est bonne celle-là, vous me prenez pour un imbécile ?

Le marchand excédé appelle son fils.

- Eh gamin, viens peser ce cochon pour Monsieur.

Le gamin applique la méthode familiale et déclare 20 kg !

- Oui mais, il était à peine à 3 mètres de nous.

- Gamin, va appeler ta sœur.

La gamine arrive, pèse le cochon de la même manière.

- Toujours pas persuadé mon brave ? Gamin, gueule un peu ta mère de descendre.

Le gamin gueule « M'man, M'man », mais toujours pas de M'man qui arrive !

- Gamin, va voir où elle reste ta mère.

Le gamin revient bredouille, mains dans les poches et dit :

- M'man saurait pas venir, elle est en train de peser le facteur.

Un gosse qui voit dans la rue un chien en train de saillir une chienne demande à son père ce qu'ils font.

Le père embarrassé explique que la chienne qui se trouve dessous ne veut pas rentrer à la niche, et que le chien est en train de la pousser pour la ramener.

Le gosse : - C'est comme Maman hier, heureusement qu'elle se tenait bien au lavabo, sans cela le facteur l'emmenait à la poste.

Un gars rentre chez lui le soir. Alors qu'il se réjouit de revoir sa dulcinée, il croise un homme qui lui dit en chantonnant : « Cocu, cocu ».

Le gars rentre chez lui, observe l'appartement, ne voit rien d'anormal et décide de ne pas parler de ça à sa femme.

Le lendemain, même chose, alors qu'il rentre, il croise le même homme qui lui chantonne, « Cocu, cocu ».

Il décide à nouveau de ne rien dire à sa femme… Mais au bout d'une semaine où chaque jour la même chose se produit, il décide alors d'en parler à sa femme.

Celle-ci lui assure qu'il n'est pas cocu, et que cet homme doit être un fou…

Le lendemain, il rentre et croise l'homme qui lui dit en chantonnant :

- Cocu… Cocu… et en plus cafteur avec ça.

C'est un cow-boy qui va à la pêche. Il lance le hameçon et attend patiemment. Au bout de quelques heures, il n'a toujours rien pris et c'est alors qu'arrive un Indien. Celui-ci trempe son doigt dans l'eau et rapidement il en sort un poisson. Puis il recommence, pareil, un autre poisson.

À la fin, le cow-boy craque et demande à l'Indien :

- Dis voir, l'Indien, moi ça fait des heures que j'attends avec ma canne et je n'ai toujours pas pris de poisson et toi tu trempes ton doigt dans l'eau et tu attrapes tout ce que tu veux, comment fais-tu ?

- C'est simple, cow-boy, avant de partir à la pêche tu trempes ton doigt dans le sexe de ta femme et après tu attrapes tout ce que tu veux.

Le cow-boy part chez lui tout content.

Le lendemain, avant de repartir à la pêche, il voit sa femme en train de faire la vaisselle, il arrive par derrière et lui enfonce le doigt dans le sexe et va pour partir quand sa femme lui lance :

- Salut l'Indien, et bonne pêche !

C'est un petit garçon qui se réveille pendant la nuit parce qu'il entend du bruit dans la chambre de ses parents.

Le matin, il va voir sa maman et lui dit :

- Maman, la nuit dernière, je vous ai entendu faire du bruit dans votre chambre toi et Papa. Alors j'ai été voir ce que vous faisiez, et je t'ai vue en train de rebondir sur Papa…

La maman, un peu surprise répond :

- Oh… eh bien… ah… en fait, je rebondissais sur l'estomac de Papa, parce que tu sais, Papa a un gros ventre, et comme ça, j'arrive à aplatir le ventre à Papa.

Alors le petit garçon répond :

- Eh ben, ça ne pourra jamais marcher !

La maman demande pourquoi…

Et le petit garçon répond :

- Parce que la voisine elle vient après que tu soies partie tous les jours, et elle resouffle dans Papa !

Un cardiologue renommé était invité à une réception avec sa femme. Dans le courant de la soirée, il a une conversation à bâtons rompus avec une très jolie jeune fille, portant beaucoup (trop) de maquillage et très peu (vraiment peu) de vêtements.

Au cours de la conversation, le médecin se rend compte que sa femme l'observe et que ses yeux lui lancent des éclairs.

S'éclaircissant la gorge, le docteur dit sa femme :

- Ah, chérie, cette jeune femme et moi avions une conversation purement professionnelle.

Et la femme du docteur lui répond :

- J'imagine, oui, dit sa femme d'un ton glacial, et elle ajoute : mais c'était de ta profession ou de la sienne dont vous parliez ?

Un couple marié est invité à un bal masqué. Juste au moment de partir, la femme est prise d'une violente migraine. Elle dit à son mari d'aller à la fête sans elle.

Le mari insiste mais la femme n'est vraiment pas bien avec son mal de tête, alors le mari enfile son déguisement et s'en va, alors que la femme prend une aspirine et va se coucher.

Après avoir dormi un peu, la femme se réveille en pleine forme et sans migraine. Elle décide d'aller rejoindre son mari à la fête. Comme elle est un peu soupçonneuse, elle se dit qu'elle va le surprendre en se déguisant avec un autre costume que celui qu'elle avait prévu.

Une fois arrivée à la fête, elle repère son mari : il est en train de danser avec une fille, puis encore une autre, puis une autre encore, et toujours très lascivement… Elle veut en savoir plus, et voir jusqu'où il est capable d'aller.

Elle l'aborde (il ne la reconnaît pas) et l'invite à danser. Elle lui susurre à l'oreille qu'ils pourraient s'isoler un petit peu, ce qu'ils font en allant directement faire l'amour dans une des pièces de la maison.

L'affaire faite, la femme rentre chez elle précipitamment. Le mari rentre un peu plus tard. Lorsqu'il se couche, sa femme lui demande :

- Alors comment était la fête ?

- Ce n'était pas drôle sans toi, chérie.

- Je ne te crois pas, je parie plutôt que tu as bien rigolé !

- Non, je t'assure. Quand je suis arrivé, il n'y avait pas d'ambiance, alors quelques gars qui étaient là et moi, on a décidé d'aller jouer au poker dans la cuisine… Mais par contre, j'ai passé mon costume à un autre gars, et lui m'a dit qu'il s'était bien marré.

C'est deux gars qui arrivent ensemble aux portes du paradis.

Pour engager la conversation, le premier dit au second :

- Alors, comment êtes-vous arrivé ici ?

- Je suis mort de froid, répond le second, et vous ?

- Eh bien moi, j'étais sûr que ma femme me trompait, alors un jour, je suis rentré plus tôt du travail pour la prendre sur le fait. J'ai cherché dans toute la maison, mais je n'ai trouvé aucun amant. J'étais tellement mal vis-à-vis de ma femme d'avoir douté d'elle, que j'ai fait une crise cardiaque !

Alors le second répond : - C'est malin ! Vous auriez regardé dans le congélateur, on serait encore vivants tous les deux !

C'est un policier qui était censé travailler jusqu'à 6 heures du matin, et qui rentre chez lui dans la soirée pour cause de changement de poste de dernière minute. Comme il ne voit plus de lumière allumée chez lui, il se dit que sa femme dort (il est policier après tout). Ne voulant pas la réveiller, il rentre sans bruit dans la chambre, se déshabille dans le noir, et s'apprête à rentrer dans le lit.

C'est alors que sa femme s'assied dans le lit et lui dit d'une voix endormie :

- Chéri, est-ce que tu pourrais aller à la pharmacie de garde du quartier pour me chercher des somnifères : il n'y a pas moyen que je dorme et nous n'en avons plus ici.

- Bien sûr mon amour, répond le mari policier, il reprend son uniforme par terre, l'enfile, et sort de la maison.

En arrivant chez le pharmacien, celui-ci a l'air surpris et lui dit :

- Bonjour, Monsieur. Je m'excuse de vous demander ça, mais il me semblait bien que vous étiez policier avant : vous avez donc changé d'activité ?

- Non, pourquoi ? répond le policier.

- Alors vous vous êtes déguisé, parce que ce que vous portez, c'est l'uniforme des sapeurs-pompiers.

C'est une femme qui rentre de l'hypermarché et qui trouve son mari au lit avec une autre femme.

L'homme saute du lit et dit :

- Chérie, je peux expliquer ! Tout à l'heure en rentrant à la maison en voiture, j'ai vu cette pauvre fille sur le bas-côté de la route. Alors je l'ai prise en stop et je lui ai demandé où elle allait.

Elle m'a répondu qu'elle n'avait aucune idée de l'endroit où elle pourrait aller, et qu'elle n'avait pas mangé depuis trois jours. J'ai pris pitié d'elle, alors je l'ai ramenée à la maison et je lui ai donné à manger. Voyant qu'elle n'avait plus de chaussures dignes de ce nom, je lui ai donné une paire de chaussures que tu ne mets plus depuis longtemps…

Puis j'ai remarqué que ses habits étaient usés, alors je lui ai donné une de tes robes que tu n'utilisais plus. Au moment de partir, elle s'est retournée et m'a dit : « Y a-t-il encore quelque chose que votre femme n'utilise plus ? »

Dans un magasin de vêtements à la mode, un jeune homme demande à la très jolie vendeuse :

- Je voudrais acheter des gants pour ma femme mais je ne connais pas sa taille.

- Laissez-moi les essayer, dit-elle en prenant les gants.

- Oui, allez-y… Ses mains sont à peine plus fines que les vôtres. C'est bon, je vais les prendre, dit le gars à la vendeuse.

- Vous faudra-t-il autre chose ?
- Euh oui, maintenant que vous le demandez… Je vais aussi lui acheter un soutien-gorge et une culotte.

Bon, c'est un type qui pense que sa femme le trompe (la salope) et qui arrive en courant dans sa chambre.
- Salope ! Je sais que t'as couché avec un type, et je suis même sûr qu'il est dans la R5, en bas de l'immeuble…
Et il balance le frigo sur la R5.
Plus tard, au paradis, saint Pierre reçoit deux types.
Le premier lui dit :
- J'étais dans ma bagnole quand un fou m'a balancé un frigo dessus.
Et le second : - Moi, j'étais dans le frigo.

Deux amis sortent ensemble d'une séance de sauna.
Ils se rhabillent tranquillement… Mais il y en a un qui se fout un porte-jarretelles autour de la taille. L'autre, assez surpris, lui demande :
- Hé ! Mais qu'est-ce qui te prend ? Tu mets des trucs de gonzesse, toi maintenant ! Ça va pas ?
- Attends, j't'explique. C'est ma femme qui a trouvé ce machin entre deux coussins du canapé ! Mais elle, elle n'en porte pas. Alors elle m'a dit : « Et naturellement, tu vas me faire croire que c'est à toi, ça ? »

Un dimanche matin, le jeune fils de la maison arrive tout guilleret dans le salon de la maison et dit :
- Papa ! Maman ! J'ai une grande nouvelle pour vous ! Je vais me marier avec la plus jolie fille du monde. Elle vit à côté d'ici et son nom est Claire Delavallée (c'est dingue non ?)
Dans l'après-midi, le père prend son fils à part et lui dit :
- Écoute, il faut que je te parle. Ta mère et moi avons été mariés 30 ans, c'est une épouse formidable et une mère merveilleuse, mais tu sais, en ce qui concerne les choses du sexe, ça n'a jamais été son point fort… Alors j'ai toujours eu l'habitude d'aller rendre visite à d'autre jeunes femmes. Et il se trouve que Claire Delavallée est en fait ta demi-sœur, alors j'ai bien peur que tu ne puisses pas te marier avec elle !

Le jeune fils a le cœur brisé par cette révélation. Mais avec le temps… Huit mois plus tard, il se remet à fréquenter les jeunes filles, et un mois plus tard, il annonce fièrement :

- Carole a dit « Oui » ! Nous allons nous marier cet été.

Une fois encore, le père a une conversation privée avec son fils et lui annonce la mauvaise nouvelle :

- Carole est aussi ta demi-sœur. Je suis terriblement désolé de ce qui t'arrive…

Le jeune fils devient livide ! Révolté par tant d'injustice, il décide d'aller tout révéler à sa mère :

- Papa m'a vraiment fait du mal ! Je pense que je ne pourrais jamais me marier parce qu'à chaque fois que je tombe amoureux, il me dit que ma fiancée est ma demi-sœur !

Et sa mère lui répond en rigolant :

- Ah, ah, ah ! Ne fais pas attention à ce qu'il t'a dit. En fait, ton père n'est pas ton père !

C'est un mec qui est à l'hôpital, sa femme est en train d'accoucher…

Comme il la voit souffrir pendant les contractions il lui tient la main et lui dit en pleurnichant :

- Oh ma chérie, tu as tant mal et tout ceci est de ma faute…

La femme répond avec un petit sourire.

- Mais non, tu n'y es pour rien… absolument pour rien !

Deux ouvriers prennent leur pause de midi, le premier fait :

- Tu connais Victor Hugo ?

- Non

- T'as tort, tu devrais suivre les cours du soir !

Le lendemain, toujours le même :

- Tu connais Albert Einstein ?

- Non

- T'as tort, tu devrais suivre les cours du soir !

Le surlendemain, ça recommence :

- Tu connais Karl Marx ?

- Non

- T'as tort, tu devrais suivre les cours du soir !

Alors l'autre tout énervé fait :

- Et toi, tu connais Jean Dupont ?
- Non ???
- T'as tort, c'est celui qui baise ta femme pendant que tu suis les cours du soir !

Deux hommes lors d'une rencontre…
- Salut Alain, dis…, heu…, une partouze…, demain soir, ça te dirait ?
- Une partouze ? Bien sûr que cela me plairait. Combien serons-nous ?
- Ben…, si ta femme vient on sera trois.

C'est une femme qui reçoit son amant chez elle, alors que son mari est au travail. Un jour qu'ils sont au lit tous les deux, elle entend la voiture du mari dans le garage : il rentre plus tôt que d'habitude !!!

Elle hurle alors à son amant :

- Dépêche-toi ! Attrape tes vêtements et passe par la fenêtre tout de suite !

Le petit ami regarde la fenêtre et dit :

- Je ne peux pas sortir par la fenêtre comme ça ! Il pleut des hallebardes dehors !

Elle lui répond :

- Si mon mari rentre dans la chambre et qu'il te voit, il nous tuera tous les deux !

Alors le jeune homme prend ses vêtements et passe par la fenêtre !

Arrivé sur la terre ferme, il se retrouve au beau milieu du marathon municipal annuel… Alors il se met à courir au côté des autres participants, malgré le fait qu'il soit complètement nu avec ses vêtements à la main.

Son voisin de course le regarde alors de bas en haut et lui dit :

- Vous courrez toujours le marathon tout nu ?

L'amant lui répond :

- Oui, oui, de cette manière je ressens vraiment une impression de totale liberté.

Et l'autre continue :

- Et vous emportez toujours vos vêtements pendant la course ?

L'amant essoufflé répond :

- Oui bien sûr, comme ça je m'habille tout de suite à la fin de la course et je rentre directement chez moi en voiture !

Enfin le coureur termine :
- Et vous portez toujours un préservatif en courant ?
- Oh non... Seulement quand il pleut.

En rentrant à pied du travail, un gars croise une femme qui pleure toutes les larmes de son corps et qui s'arrache les cheveux de désespoir. Notre gars lui demande :
- Que se passe-t-il ? Pourquoi êtes-vous si triste ?
- C'est horrible. Rocco est mort !

Voyant qu'il ne pourrait être d'aucun secours, et ayant d'autres chats à fouetter, le gars poursuit son chemin.

Arrivé à un carrefour il voit un attroupement, et là encore des femmes en pleurs. Il s'approche d'une autre femme qui lui dit :
- Ce n'est pas possible... Rocco est mort.

Alors le gars se fraie un chemin parmi la foule et constate qu'un homme est couché par terre, entre les roues d'un camion. La force du choc lui a arraché ses vêtements, si bien que toute son anatomie est visible... Et ce qui saute aux yeux tout de suite, c'est... une bite de TRENTE centimètres [0,3 m].

Le gars rentre chez lui, et raconte ça à sa femme :
- Chérie, tu ne vas pas me croire ! En rentrant, j'ai vu un accident. Un type est mort écrasé par un camion. Figure-toi qu'il avait une bite de 30 cm !
- Mon Dieu ! Rocco est mort ? !

Un homme conduit sa femme à la maternité car elle est sur le point d'accoucher. Le gynécologue leur dit qu'il a développé une machine qui permet au mari de partager avec sa femme la douleur de l'accouchement. Ceci dans le but louable de montrer à l'homme ce que c'est que « la douleur », et pour permettre à la femme d'avoir moins mal. Le gynécologue propose donc au couple d'essayer la machine, ce qu'ils acceptent.

L'accouchement commence, et le médecin donne, grâce à la machine, 20 % de douleur au mari - en lui précisant que 20 %, c'est déjà plus que n'importe quelle douleur qu'il a déjà pu ressentir - mais le mari est surpris car il ne sent quasiment rien. Alors le médecin monte la peine ressentie par le mari à 50 % (le mari ne bronche pas) puis à 100 %...

Après que le bébé soit venu au monde, le mari se lève et s'étire. La femme est très reposée, n'ayant ressenti quasiment aucune douleur, et le mari pareil.

Ce n'est que deux jours plus tard, en rentrant chez eux, qu'ils apprirent que le postier était mort dans d'atroces douleurs en faisant sa tournée.

Proverbes chinois
(Confucius, Lao Tseu and Co)

Qui se couche avec le cul qui pique
… se réveille avec le doigt qui pue !

Si, en te réveillant, comme tous les matins, tu te grattes les couilles, et que tu en trouves quatre, c'est que ton ennemi n'est pas loin.

Si la pierre tombe sur l'œuf, gare à l'œuf !
Si l'œuf tombe sur la pierre, gare à l'œuf !

Qui va se coucher avec le sang qui bout…
se réveille avec le bout qui sent.

Quand la rivière est rouge,
mieux vaut emprunter le terrain boueux.

Le soir, quand tu rentres chez toi, frappe ta femme.
Si toi tu ne sais pas pourquoi, elle, elle le sait.

Lao Tseu a inventé le thé au jasmin.
Pythagore a inventé le thé au rhum.

Confucius a dit :
«Un homme qui va se coucher en ayant le sexe à l'esprit, se réveille avec le pénis à la main. »

Lorsque le viol te paraît inévitable,
… détends-toi et jouis.

Frappe ta tête contre une cruche.
Si tu obtiens un son creux,
n'en déduis pas que c'est forcément la cruche qui est vide.

Et une petite variante :
Ne frappe pas une femme avec une rose,
sinon, à quoi servirait le bambou ?

Les blagues sur Stevie Wonder, Ray Charles et Gilbert Montagné

Quelle est la lecture préférée de Stevie Wonder ?
- Le gruyère car c'est écrit gros…

C'est Stevie Wonder qui appelle au téléphone Ray Charles et lui lance :
- J'aimerais qu'on se voie la semaine prochaine !

Qu'est qui fait :
« Clik ! Clik ! ça y est là ?
Click ! Click ! Alors c'est bon ?
Click ! Click ! Et là ? »
- C'est Stevie Wonder qui joue au Rubik's Cube…

Au cours d'une manifestation culturelle, Stevie Wonder arrive discrètement derrière Ray Charles, lui colle les mains sur les oreilles et dit :
- Coucou ! Qui est-là ?

Tu as vu la femme de Ray Charles ???
… Lui non plus !

Pourquoi Ray Charles et Stevie Wonder chantent toujours en se faisant aller la tête d'un côté puis de l'autre ?
- Ils cherchent leur micro…

Un journaliste interroge Ray Charles :
- Ça vous rend pas malheureux d'être né aveugle ?
Ray Charles de répondre :
- Oh vous savez, ça aurait pu être pire : j'aurais pu être noir !

Comment faisaient les parents de Stevie Wonder / Ray Charles / Guy Montagné pour le punir quand il était petit ?
- Ils changeaient les meubles de place !

Les choses à ne pas dire pendant l'amour

- Dis… Le plafond aurait besoin d'un bon coup de peinture ! Qu'en penses-tu ?

- Chéri… (en voix off) : je rentre à la maison.

- Oh mon Dieu ! Qu'est-ce qui pend de ton nez…

- Comment tu as dit que tu t'appelais ?

- Chéri… à quoi tu penses ?

- Je suis plus légère, peut-être je devrais être au-dessus ?…

- Mon Dieu ! Je crois que j'ai entendu mon mari !

- Je crois que la croûte que j'avais vient de s'arracher.

- Tu as pensé à remonter le réveil, sortir le chien, la poubelle ?

- Bon maintenant, c'est 200 F en plus !

- C'est fini ?

- Ah, ah, ah.

- Non pas là ! espèce de pervers !

- Tu as « déjà » fini ! ?

- Mais vous n'êtes pas mon mari ? !

- Tu commences quand tu veux.

- Ce n'est pas contagieux, tu sais.

- Comment se fait-il que chacun de nous ait un pénis ?

- Ah Sophie ! Euh… Germaine…

- Ça y est, il est dedans ?

- Ne rien dire, mais allumer une cigarette pendant que le mec besogne…

Le gars : - Chérie, tu ne coucherais tout de même pas avec aucun de mes amis ?

La fille : - Bien sûr que non ! Jean est éjaculateur précoce, Jacques est impuissant et Robert a un tout petit pénis !

Blagues non classées

Un type (qu'on appellera Marcel) se promène en ville quand il aperçoit son vieux copain Gérard, qu'il n'a pas revu depuis des années. Il se précipite vers lui et l'apostrophe (comme dirait Bernard Pivot).

- Salut Gérard, ça fait une paie ! Qu'est-ce que tu deviens ?
- Salut Marcel. Ben entre autres, je suis marié depuis deux ans.
- Sacré Gérard ! Et qu'est-ce que tu fais comme boulot ?
- Je bossais dans une boîte d'informatique, mais je me suis fait virer la semaine dernière.
- Aïe, sale coup. Et ça va, tu tiens le choc.
- Ouais, je dors comme un bébé.
- Ah, bon… tant mieux ! Faut que j'y aille, là, mais on se revoit bientôt, hein.
- Sans doute.

Deux mois après, Marcel recroise Gérard dans un café et lui offre un verre.

- Alors, toujours sans job.
- Ouais, toujours.
- Au moins, ça te laisse du temps à passer avec ta femme.
- Elle m'a plaqué avant-hier.
- Ouille, vraiment désolé, vieux.
- Pas de quoi.
- Tu sais, si je peux faire quoi que ce soit pour toi.
- Non, je t'assure, Marcel, je dors toujours comme un bébé.
- Si tu le dis…

Les deux amis se quittent et, un mois plus tard, Marcel invite Gérard à manger chez lui. Au cours du repas, Marcel s'enquiert de la situation de Gérard.

- Toujours sans travail ?
- Tu sais ce que c'est, même les jeunes ne trouvent plus de boulot, aujourd'hui.
- Et tu as des nouvelles de ta femme.
- Elle vient de demander le divorce pour pouvoir se remarier avec mon ex-patron.
- Ah ! (Marcel, très gêné, essaie de changer de sujet). Et tes parents vont bien.
- Ils sont morts dans un accident d'avion il y a cinq jours.
- C'est pas vrai ! Toutes mes condoléances, mon vieux. Si je peux t'aider à supporter…
- Pas la peine, je te dis que je dors comme un bébé.
- Mais enfin ! Je ne te comprends pas. Il ne t'est arrivé que des trucs affreux en moins de quatre mois et tout ce que tu trouves à dire c'est « Je dors comme un bébé ». Mais comment tu fais ?
- C'est simple : je dors une heure, je pleure une heure, je dors une heure…

C'est une p'tite nana qui sort avec un p'tit mec pour la première fois. Elle lui dit (à son amoureux) :

- Tu sais, ma mère m'a fait JURER de répondre « Non » à toutes tes demandes.
- Ah… Alors, est-ce que tu vois une objection à ce que je t'embrasse ?
- Non…

Et un peu plus tard :

- Et ça t'embête, si je t'enlève ta blouse ?
- Non…

Deux vieux amis se rencontrent après plusieurs années sans s'être vus.

Ils discutent à la terrasse d'un café et dans la conversation, l'un dit à l'autre :

- Ta femme est toujours aussi jolie ?

L'autre lui répond :

- Oh oui, ça lui prend juste un peu plus de temps.

Deux touaregs se croisent dans le désert sur leur chameau.
- Eh, t'as vu le nouveau cheikh ?
- Ouais, je peux pas l'encaisser !

- Eh ! t'es pas en train de faire de la masturbation intellectuelle ?
- Oh non ! je préfère l'autre : c'est meilleur, et au moins on sait quand on a fini !

C'est un type qui va en Afrique chasser le gorille avec un guide. Un beau matin le guide arrive avec un filet, un chien et un fusil et lui dit :
- Ce matin on va capturer un gorille, je t'explique la technique : on repère un arbre où il y a un gorille, je monte dedans, je secoue l'arbre, le gorille tombe et là le chien (qui est dressé pour ça) le mord aux couilles, ça paralyse le gorille et tu n'as plus qu'à le capturer au filet.
- O.K., mais le fusil c'est pourquoi faire ?
- Si c'est moi qui tombe, tu tues le chien.

Un jeune Indien arrive à l'âge de la cérémonie d'initiation, celle après laquelle il pourra dignement figurer parmi les guerriers de sa tribu. Les shamans se réunissent pour décider des épreuves que le jeune « Aigle-au-regard-perçant-à-la-force-de-bison-mais-aussi-stupide-qu'une-poule » devra traverser.

Le shaman annonce :
- Hugh ! Tes épreuves seront au nombre de trois :
Vider d'un seul trait un tonneau d'eau-de-vie !
Tuer à mains nues un ours des montagnes !
Parvenir à violer la belle squaw indomptablc « Dame-renard ».
Wow ! J'ai parlé.

Le jeune Indien attrape le tonneau d'eau-de-vie et le vide d'un trait. Il se tambourine sur la poitrine et part en titubant vers la forêt à la recherche d'un ours.

Toute la nuit durant, les montagnes résonnent des hurlements rauques mêlés du jeune homme et de la bête.

Au matin « Aigle-au-regard-etc… » revient au village, un peu égratigné, et annonce d'une voix virile :

- Qu'on m'amène maintenant cette squaw que je dois tuer à mains nues !

C'est l'histoire d'un type qui va cambrioler un appartement. Il est là avec sa lampe de poche en train de fouiller dans les tiroirs, lorsque tout à coup il entend un voix derrière lui :

- Jésus et Marie te regardent !

Surpris, le cambrioleur se retourne, et de nouveau la voix :

- Jésus et Marie te regardent !

Avec sa lampe de poche, le voleur essaie de repérer d'où vient cette voix, lorsqu'il voit un perroquet sur un perchoir.

- Jésus et Marie te regardent ! dit le perroquet.

- Ah ! c'est toi qui a dit ça, espèce de sale perroquet.

- Oui c'est moi, Napoléon le perroquet, Jésus et Marie te regardent !

- Tais-toi ! et puis d'abord Napoléon c'est pas un nom de perroquet.

- Jésus et Marie non plus, c'est pas des noms de dobermans, et pourtant ils te regardent !

Un Texan et un Français sont dans un train, assis l'un en face de l'autre. Ils se dévisagent avec curiosité.

L'Américain est l'archétype du parfait cow-boy. La chemise à carreaux, le chapeau, les bottes, la totale.

Le Français est tout ce qu'il y a de plus moyen, avec son béret.

Au bout d'un moment, le Texan lâche une volée de petits crachats, qui viennent dessiner une auréole autour de la tête du Français, et il dit :

- Smith…, John Smith, champion du monde professionnel de crachat 1995, je suis même dans le livre des records.

Après une légère hésitation, le Français envoie un gros mollard en pleine figure du Texan, et lui répond :

- Dupont, Jean. Amateur.

James Bond se rend dans une soirée. Très vite il s'aperçoit que c'est ringard et plein de beaufs. Mais comme c'est la grève de la SNCF, de la

RATP et des Postes réunies, et qu'il sait qu'il mettra au moins 2 h à trouver un taxi, il se dit :

- Bon, j'ai perdu ma soirée, autant ramener une grosse conne plutôt que rien du tout, pour tirer un coup.

Sur ce, il repère la fille qui a l'air d'être la moins beauf de la soirée et se présente.

- Bonsoir, je me présente. Bond, James Bond.

La fille, un peu interloquée :

- Bonsoir, moi c'est Monde, Ray Monde.

Une citation de Louis Jouvet :

« Dans la vie, il faut avoir des couilles au cul,
mais tant qu'à faire autant que ce soit les siennes. »

En voilà une sur les Marseillais :

C'est un Marseillais qui se promène en bateau, et un jour il fait naufrage et se retrouve sur une île déserte…

Au bout de trois ans, il voit apparaître un bateau à l'horizon… Il allume un feu, fait des grands signes… Ça marche ! Le bateau s'approche de l'île et… le bateau s'appelle « La Canebière », c'est des pays ! Les gars le recueillent…

- Ça fait trois ans que t'es ici ! T'as pas dû t'amuser ! Trois ans sans boire un pastaga, ouh là !

- Oh oui, peuchère !

- Allez, va, on t'offre un pastis…

Et il boit le pastis (du Janot en plus).

- Ça fait trois ans que t'as pas mangé de bouillabaisse ?

- Oui, trois ans…

Et le cuistot fait une magnifique bouillabaisse, comme là-bas, dis…

Il mange la bouillabaisse.

- Alors, ça fait aussi trois ans alors, que t'as pas tiré ?

- Oh, les copains, c'est pas vrai ! Vous avez amené les boules ?!

C'est Chirac qui se rend sur la tombe de De Gaulle. Il est devant la tombe lorsqu'il entend la voix du général qui lui dit :

- Amène-moi un cheval.

Chirac est un peu étonné mais repart sans rien faire.

Quelque temps plus tard, il revient sur la tombe et entend la même voix qui redemande :

- Amène-moi un cheval.

Là, Chirac commence à s'inquiéter quand même et décide d'en parler avec Juppé. Juppé ne le croit pas et demande à voir ou plutôt entendre par lui-même.

Il se rendent tous les deux sur la tombe de De Gaulle, et là on entend la voix du général :

- Jacques, je t'avais demandé un cheval, pas un âne.

Un ministre africain vient en voyage officiel en France, et se fait inviter à dîner chez son homologue français. En voyant la somptueuse villa de ce dernier, et toutes les toiles de maître aux murs, il lui demande comment il peut bien s'assurer un tel train de vie avec sa paye somme toute modeste de serviteur de la république. Le Français l'entraîne près de la fenêtre :

- Vous voyez l'autoroute là-bas ?

- Oui

- Elle a coûté vingt milliards, l'entreprise l'a facturée 25 et m'a versé la différence.

Deux ans plus tard, le ministre français est en voyage officiel en Afrique et rend visite à son homologue. Quand il arrive chez lui, il découvre un palais comme il n'en avait encore jamais vu.

Stupéfait, il demande :

- Mais je ne comprends pas, il y a deux ans vous trouviez que j'avais un train de vie princier, mais par rapport à vous…

Le ministre africain l'entraîne près de la fenêtre :

- Vous voyez l'autoroute là-bas ?

- Non

- Ben voilà.

Un richissime Américain vient s'encanailler à Paris, ville dont un de ses potes a (discrètement) vanté les charmes sulfureux lors du dernier congrès conservateur. Il débarque à Orly, il saute dans un taxi :

- Haille, monsieuw, voudrwiez-vo condouiwre moi à Pigalle, *please* ?

Le chauffeur acquiesce, et hop.

Arrivé, il écarquille et finalement choisit. Blonde, mignonne, bien roulée, pas trop vulgaire, mais on sent l'efficacité. Un bon choix, quoi.

- Haille ! C'est combwien ?
- Trois cents, pour toi, mon chou.
- O. K. ! *Let's go!*

À peine arrivé dans la chambre borgne, suivant la fille, il ferme vigoureusement la porte, donne un tour de clef, et extirpe un gigantesque 44 Magnum chargé jusqu'à la gueule (la fille pâlit méchamment) :

- *Well!* À pwoil, maintenant !

Elle se dessape fissa.

- *All right,* retouwrne *yourself* !

Elle s'exécute.

- Penche-toi en avant *(bend over!)* !

Il lui colle alors le canon de l'arme derrière l'oreille, et d'un coup, crac, sodomise la pauvrette apeurée (elle est au bord de la syncope). Après avoir fait sa petite affaire, il remballe sérieusement son attirail, range le flingue, sort 300 dollars (!) de sa poche, les donne à la fille, ouvre la porte et s'en va tranquillement.

Martine, se remettant de ses émotions et ne comprenant plus rien, lui court après :

- Eh ! Monsieur ! J'ai droit à une explication, non ? Dites-moi, peut-être que cela ne se fait pas chez vous, mais ici, par derrière, c'est courant. Pourquoi avoir sorti le revolver ?

Il s'arrête, la regarde gentiment, sourit et lui répond :

- *Well.* Tou say, si je avais pas sowrti le wrevolvewr, ton twrou, il auwrait été gwros comme ça ! (avec un geste mimant une assiette).

Jack, un jeune Londonien, reçoit une mignonne Française en séjour d'échange linguistique.

Après une journée de visite des rues de Londres, son père lui demande :

- Jack, qu'as-tu appris aujourd'hui avec Corinne ?
- J'ai appris le nom des doigts de la main.
- Alors je t'écoute… (le papa est prof de français…)
- Le pouce, l'index, la plaisanterie, l'annul…
- Hey Jack, ce n'est pas la plaisanterie mais le majeur.

- Et pourtant dans le cinéma Corinne m'a dit : « Jack, tu ne trouves pas que tu pousses la plaisanterie trop loin ? »

Un employé se rend au bureau du responsable des paies et lui montre son chèque :

- Il manque vingt dollars sur mon chèque du mois, dit-il.

- C'est exact, mais tu oublies que tu as reçu vingt dollars de trop la semaine dernière. C'est curieux, mais tu ne t'es pas plaint à ce moment-là ?!

- Une erreur, ça va, je peux passer dessus, répond le gars, mais pas deux d'affilée !

Ça se passe en 81 juste après l'élection de Mitterrand. Et Pierre Maurois, le nouveau premier ministre et maire de Lille va visiter une école à Roubaix (ch'est dans ch'Nord).

Donc, la maîtresse, pour ne pas être prise au dépourvu, demande à tous les élèves de dire ce qu'ils voudraient raconter à Pierre Maurois.

Vient le tour de Cafouniet' (personnage mythique de Denain dans le Nord) :

Cafouniet' : - Moi, M'dame, ma chatte vient d'avoir cinq petits, et ils sont tous socialistes !

La maîtresse : - Ah, très bien, ça va sûrement intéresser M. Maurois…

Le jour tant attendu, Pierre Maurois est dans la classe, et il interroge les petits. Arrive le tour de Cafouniet' :

Cafouniet' : - Moi, M'sieur, j'ai cinq petits chats, dont trois socialistes…

La maîtresse : - Mais, tu avais dit qu'il y en avait cinq.

Cafouniet' : - Oui, mais il y en a deux qui ont ouvert les yeux.

Un Indien entre dans un bar et demande :

- Hug ! Moi Indien. Moi vouloir boisson forte !

Alors le barman lui sert un verre de bière.

Le lendemain, l'Indien se représente :

- Hug ! Moi Indien. Moi vouloir boisson plus forte qu'hier !

Alors le barman lui sert un verre de whisky.

Le lendemain, l'Indien se représente :

- Hug ! Moi Indien. Moi vouloir boisson plus forte qu'hier !

Alors le barman lui sert un verre de Caribou.

Le lendemain, l'Indien se représente :

- Hug ! Moi Indien. Moi vouloir boisson plus forte qu'hier !

Alors le barman n'en revient pas et lui sert un verre de 94 °.

Le lendemain, l'Indien se représente :

- Hug ! Moi Indien. Moi vouloir boisson plus forte qu'hier !

Alors le barman lui dit d'attendre un peu, descend à la cave, va chercher du décapant à meuble et lui en sert un verre.

Le lendemain, l'Indien se représente :

- Hug ! Moi Indien. Moi vouloir verre d'eau !

Alors le barman fort étonné lui demande ce qui s'est passé.

- Hug ! Moi Indien. Hier, quand moi pisser, moi brûler mocassin !

Pendant un vol transcontinental (non ce n'est pas le vol TWA 800), un passager proche d'un hublot s'aperçoit que deux des moteurs de l'avion sont en feu. Il commence à crier :

- Les moteurs sont en feu.

Et rapidement la panique gagne tous les passagers.

À ce moment-là, le pilote apparaît dans le compartiment passagers avec un parachute attaché sur son dos et dit :

- Ne vous en faites pas, je m'en vais chercher du secours.

Une bonne vieille blague de Fernand Raynaud que j'ai retrouvée sous une autre forme dans rec. humour :

Une belle voiture traverse le pont de Tancarville. Au bout du pont, un motard de la gendarmerie est au milieu de la route et fait signe au conducteur de s'arrêter.

Le gendarme presse poliment tous les occupants de la voiture de descendre. À ce moment-là, le conducteur baisse sa vitre et demande :

- Que se passe-t-il ?

Le gendarme répond :

- Mes félicitations : vous êtes le conducteur idéal. Cela fait plusieurs heures que nous vous suivons, et votre conduite a été irréprochable. La gendarmerie nationale a donc décidé de vous attribuer le prix du meilleur conducteur. C'est-à-dire un prix d'un montant de 10000 F.

Le conducteur, rassuré sur son sort répond :

- Formidable, alors.

Au moment de remettre l'argent au conducteur, et de faire quelques photos, les journalistes présents demandent :

- Qu'allez-vous faire de tout cet argent ?

Le conducteur encore euphorique répond :

- Peut-être que je vais pouvoir me payer les leçons pour le permis de conduire maintenant !

La femme du conducteur le reprend :

- Ne l'écoutez pas, Monsieur, il ne sait pas ce qu'il dit, il a bu.

Et le grand-père à l'arrière ajoute :

- Je savais bien qu'on aurait que des ennuis à rouler dans une voiture volée…

C'est un gars qui est en voyage dans un pays d'Afrique. Il a vraiment besoin de faire sa grosse commission et recherche désespérément des toilettes.

À sa grande surprise, il trouve des toilettes publiques… Il rentre à l'intérieur en pinçant son nez, mais après tout il se dit qu'il fera bien avec l'odeur…

Après s'être libéré de son fardeau, il regarde partout autour de lui : pas de papier toilettes. À la place sur le mur, un pictogramme est légendé en plusieurs langues (dont le français) et ça dit :

«Pas de papier. Utilisez votre doigt, puis introduisez-le dans l'orifice de ce côté pour le nettoyage. »

Le gars s'essuie consciencieusement avec son doigt, introduit dans l'orifice indiqué, et se le fait aplatir d'un bon coup de marteau !

- Hough, crie le gars, avant de s'introduire son doigt dans la bouche par réflexe.

C'est un type qui rentre dans un grand restaurant (c'est une grande brasserie plutôt). Il s'assied à une table, et tout en s'asseyant, il fait tomber la cuiller qui était disposée à sa table…

Le garçon ayant entendu le bruit de la cuiller vient *illico* lui remplacer par une toute nouvelle qu'il sort de sa poche.

Le client, impressionné par la rapidité du serveur lui dit :

- Est-ce que tous les serveurs ont une cuiller dans leur poche ?

Le serveur répond : - Un rapport d'audit a démontré que 25 % des clients faisaient tomber leur cuiller par terre en s'asseyant à leur table. Un expert en efficacité hôtelière nous a donc conseillé de porter sur nous en permanence une cuiller de rechange afin d'économiser un voyage en cuisine.

À la fin du repas, comme notre client demandait son addition, il remarque un détail sur la tenue du serveur :

- Excusez-moi mais, pourquoi avez-vous une ficelle qui pend de votre gilet ?

Le serveur lui répond :

- C'est toujours notre expert en efficacité : il a déterminé que l'on passait trop de temps à laver nos mains après avoir été aux toilettes... La ficelle est donc attachée à mon pénis, et quand je dois aller uriner, j'utilise la ficelle. De cette manière, je n'ai pas à le toucher, et donc je n'ai pas à me laver les mains.

Le client lui répond :

- Ah oui, c'est très bien... Mais dites-moi, comment faites-vous lorsque vous avez terminé pour faire rentrer votre pénis dans votre pantalon ?

Le serveur répond :

- Je ne sais pas comment font les autres serveurs, mais personnellement, j'utilise la cuiller.

Ça se passe en Grèce dans la région des Météores, là où l'on trouve ces monastères perchés tout en haut de rochers, complètement inaccessibles par les moyens classiques. Le seul moyen d'accéder au monastère est de monter dans un panier suspendu qui sera tiré en haut par plusieurs moines... Un touriste qui voulait aller voir comment c'était là-haut, monte dans la nacelle et se fait treuiller.

À mi-parcours, ayant certainement le vertige, il panique un peu et son regard se porte sur la corde qui tracte la nacelle. Il remarque que c'est une vieille corde et qu'elle commence à s'effilocher.

Alors d'une voix tremblante, il s'adresse au moine qui l'accompagne et lui demande s'ils changent souvent la corde de la nacelle.

Et le moine répond :

- À chaque fois qu'elle casse...

Un type en voyage en Espagne entre dans un restaurant. Il consulte le menu et commande des « *roupetas* », bien que ne sachant pas ce que c'est.

Le serveur lui amène deux grosses boules noires nappées d'un sauce exquise. Après avoir dégusté son repas, il demande au serveur ce que c'est.

- Voyez-vous, il y a une corrida juste à côté. Lorsque le taureau est tué on récupère les morceaux que l'on apprête. Les « *roupetas* » sont les couilles du taureau.

- Mais c'est absolument délicieux, répond le type.

Un an plus tard, au cours d'un autre voyage, il décide de retourner au même restaurant. Il commande un plat de « *roupetas* ». Le serveur lui amène un plat contenant deux petites boules dans leur sauce.

- Mais, l'an dernier, les boules étaient immenses !

Le serveur lui répond :

- Vous savez sans doute que dans une corrida, ce n'est pas toujours le taureau qui perd !

*Les « *roupetas* » sont aussi connues sous le nom « *bolo gonzales* ».

Il y a trois sortes de personnes au monde :

- Celles qui savent compter, et celles qui ne savent pas.

Qu'est-ce qui a 2000 pattes, et pas de poil sur le sexe ???

- Les deux premiers rangs d'un concert de Patrick Bruel.

Une pour ceux qui aiment le golf…

Éric et Sarah sont dans leur chambre d'hôtel et se préparent à consommer leur mariage.

Sarah dit :

- Je dois te dire une chose avant qu'on aille au lit : j'ai déjà fait l'amour avec un autre homme avant de te rencontrer.

Éric réfléchit une minute et dit :

- Ce n'est pas grave, qui était-ce ?

- Severiano Ballesteros, le fameux golfeur (dans la V.O. c'est Jack Nicklaus).

Et les voilà dans le lit où ils se paient du bon temps. Ensuite Éric sort du lit et enfile son caleçon…

- Qu'est-ce que tu fais ? demande Sarah.
- J'avais l'intention de m'habiller et de faire un peu de café.
- Severiano n'aurait jamais fait ça !
- Non ? demande Éric, qu'est-ce qu'il aurait fait alors ?
- Il serait retourné au lit et aurait remis ça !
- D'accord ! dit Éric, allons-y.

Ils se paient alors à nouveau du bon temps, et ça dure un peu plus longtemps aussi.

À la fin, Éric sort du lit et enfile son caleçon…

- Qu'est-ce que tu fais ? demande Sarah.
- J'avais l'intention de m'habiller et de faire un peu de café.
- Severiano n'aurait jamais fait ça !
- Non ? demande Éric, qu'est-ce qu'il aurait fait alors ?
- Il serait retourné au lit et aurait remis ça !

Éric grimpe dans le lit, et se lance dans un vrai marathon.

Ayant terminé, il sort du lit et luttant contre la fatigue et le sommeil, essaie d'enfiler son caleçon.

- Qu'est-ce que tu fais ? demande Sarah.
- J'avais l'intention de m'habiller et de faire un peu de café.
- Severiano n'aurait jamais fait ça !
- Non ? demande Éric, qu'est-ce qu'il aurait fait alors ?
- Il serait retourné au lit et aurait remis ça !

Éric va à la table de nuit et décroche le téléphone.

- Qui appelles-tu ? demande Sarah.
- Severiano Ballesteros. Je veux savoir en combien de par se fait ce bon dieu de trou !

Roger travaille dans une conserverie de légumes industrielle. Ça fait quelques années déjà qu'il fait ce boulot, et un jour, il fait une confidence à sa femme : son fantasme est de coller son pénis dans la trancheuse de légumes.

Sa femme lui conseille alors d'aller voir un psychiatre, mais Roger dit qu'il serait trop gêné d'avouer ça à quelqu'un d'autre qu'elle.

Quelques semaines plus tard, Roger rentre à la maison, il est tout pâle. Sa femme s'en rend compte et lui demande ce qui ne va pas.

- Tu te souviens, je t'avais parlé de mon envie folle de mettre mon pénis dans la marineuse de légumes ?
- Oh Roger, ne me dis pas…
- Si, je l'ai fait !
- Mon Dieu, Roger, et qu'est-ce qui est arrivé ?
- Je me suis fait virer.
- Oh non… Et qu'est-ce qu'ils ont fait avec la trancheuse de légumes ?
- Oh… ils l'ont virée elle aussi.

Que se passe-t-il dans un bordel lorsqu'il y a le feu ?

- Les femmes sont paniquées et chez les hommes c'est la débandade.

C'est un gars qui rentre dans une agence de voyage et s'achète une croisière de deux semaines pour lui et sa petite amie.

Quelques jours avant d'embarquer, le voyagiste le rappelle pour lui dire que la croisière est annulée, mais qu'il peut lui proposer une croisière de trois jours à la place.

Le gars est d'accord. Alors il se rend chez le pharmacien et achète une boîte de comprimés de Dramamine (N.D.L.R. : c'est contre la nausée) et trois préservatifs.

Le jour suivant, l'agent de voyage le rappelle encore pour lui dire qu'une croisière de cinq jours est disponible.

Le gars dit qu'il est d'accord pour cette nouvelle croisière.

Ensuite il retourne à la pharmacie et achète une boîte de Dramamine en plus, et deux préservatifs.

Un jour avant le départ, l'agent de voyage le recontacte pour lui dire que cette fois-ci il dispose in-extremis d'une croisière de huit jours.

Le gars lui répond :

- D'accord pour celle-là.

Et il retourne à la pharmacie s'acheter une boîte de Dramamine en plus et trois préservatifs.

Et là le pharmacien n'y tient plus et lui demande :

- Dites un peu, si ça vous rend malade à ce point, pourquoi est-ce que vous continuez à le faire ?

Monsieur vient de mourir.

Madame se désole.

Le personnel de la maison s'affaire à la toilette du mort et pose beaucoup de questions à Madame.

Quelle chemise faut-il mettre au mort ?

Avec quel costume faut-il habiller le mort ?

Faut-il mettre des chaussettes et des souliers au mort ?

Faut-il mettre des fleurs sur le lit du mort ?

Faut-il allumer des bougies dans la chambre du mort ?

À chaque question, Madame répond en ajoutant qu'on ne dit pas « le mort », mais « Monsieur ».

Et lorsque le service des pompes funèbres arrive, Firmin annonce à Madame l'arrivée des… « croque-monsieur ».

Comment appelle-t-on des chaussures d'enterrement ?

- Des pompes funèbres !

Alors c'est un mec qui toute sa vie a rêvé de visiter le désert, il aime la chaleur et le froid de la nuit, le silence et les tempêtes de sable, enfin toutes les caractéristiques du désert lui plaisent puisque par définition un désert, c'est désert…

Bref, pour réaliser son rêve, il prend un an de congé sabbatique, il fait ses bagages et il part comme ça, avec pour idée d'acheter un chameau dès son arrivée.

L'avion à peine atterri non loin du Sahara, il se met donc en quête d'un chameau et il trouve tout près de l'aéroport un marchand très sympathique, qui lui explique le « maniement » d'un chameau :

- Tu verras c'est pas compliqué, pour avancer, tu dis OUF !

Si tu veux qu'il aille plus vite, tu lui dis OUF OUF !

Et si tu veux aller encore plus vite, tu lui dis OUF OUF OUF !

Pour s'arrêter tu lui dis simplement AMEN !

- Ah oui t'as raison, c'est pas compliqué...

Alors le mec s'en va avec son chameau et part à la découverte du désert.

Il veut essayer toutes les allures du chameau, alors il commence par le pas, bien sûr, qu'il commande au chameau par un OUF.

Puis il essaye le trot du chameau par un OUF OUF !

Et enfin le galop du chameau avec le fameux OUF OUF OUF !

Ainsi bercé par l'allure du chameau, il s'endort sur son dos (c'est compréhensible pour un mec qui s'est tapé 8 heures d'avion).

Lors de son réveil, le chameau bien sûr court toujours, mais il écarquille les yeux et il aperçoit un précipice où le chameau se dirige tout droit...

Et malheureusement pour lui il a oublié comment on arrête le chameau.

Alors il se met à essayer tous les mots qui lui passe par la tête :

- Alléluia ! M... c'est pas ça. Abracadabra ! M... c'est pas ça non plus. Pourtant je suis sûr que ça commence par un A. Ah oui, c'est AMEN !

Et le chameau docile s'arrête juste devant le précipice, juste à temps !

Le mec dit alors :

- Aaaah ! OUF !

Un gars est perdu au beau milieu de la campagne chinoise.

Cela fait trois semaines qu'il n'a rien mangé, et il est obligé de dormir dehors.

Un après-midi où il erre dans un bois à la recherche de quelque chose à manger, il aperçoit une maison isolée.

Cependant, la fumée qui s'échappe de la cheminée lui indique qu'elle est habitée.

L'homme frappe à la porte. Un vieillard lui ouvre et lui dit :

- Que voulez-vous ?

L'homme dit :

- Je suis perdu depuis trois semaines et je n'ai pas mangé ou si peu depuis ce temps. Vous seriez d'une extrême bonté si vous me permettiez de manger un peu et dormir chez vous ce soir...

Le vieux Chinois lui répond :

- J'accepte à une condition : en aucun cas vous ne devrez chercher à voir ma petite-fille.

L'homme épuisé et affamé accepte tout de suite :

- Je promets de respecter ma parole, et de partir d'ici dès demain matin.

Le vieux Chinois répond :

- C'est bon. Mais si je vous attrape à tourner autour de ma petite-fille, je vous ferai subir les trois pires tortures qu'il est possible de faire subir à un homme.

- D'accord, d'accord, dit notre homme en entrant enfin dans la maison. En même temps, il se demande quelle sorte de femme est capable de vivre ainsi en pleine forêt avec son grand-père pour seule compagnie…

L'homme commence donc par prendre un bain, puis il descend pour manger. C'est à ce moment qu'il rencontre la plus jolie fille de toute la Chine…

Si bien que de tout le repas, il ne peut quitter des yeux ce joyau qu'est la petite fille du vieillard…

Évidemment, pendant la nuit, notre homme n'arrive pas à tenir sa promesse : il s'introduit dans la chambre de la jeune fille (qui lui avait laissé sa porte ouverte) et tous deux profitent d'un peu de bon temps.

Ensuite, notre homme rentre dans sa chambre pour dormir. Il pense :

- Après ce que je viens de vivre, les tortures que ce vieillard voudrait m'infliger ne pèsent pas lourd…

Au petit matin, l'homme se réveille en ressentant un poids terrible sur la poitrine. Il ouvre les yeux et voit qu'une énorme pierre lui a été posée sur le tronc.

Sur la pierre un papier dit :

« Première torture chinoise : un poids de 50 kg sur la poitrine. »

L'homme pense : « Quoi ! Ça la pire torture chinoise ! Laissez-moi rire ». Ensuite il se lève, va à la fenêtre de la chambre, ouvre la vitre et jette la pierre dehors.

Au moment où il jette la pierre, il peut lire le papier qui était posé de l'autre côté de la pierre et qui dit :

« 2e torture chinoise : pierre attachée au testicule droit ».

L'homme se dit en un éclair : « Je m'en fous, c'est pas si haut que ça, je saute avec la pierre »…et au moment où il se défenestre, il voit le troisième bout de papier qui dit :

«3e torture chinoise : testicule gauche accroché au pied du lit ».

Comment j'ai viré ma secrétaire…

Il y a deux semaines, c'était mon 44e anniversaire, et le moral n'était pas au top.

Pourtant, je savais qu'en me levant pour aller déjeuner, ma femme n'oublierait pas de me souhaiter un « Joyeux anniversaire » et me ferait un cadeau.

Mais ce matin-là, elle ne m'a même pas dit « Bonjour » et encore moins « Bon anniversaire ».

Alors je me suis dit : « Bon, ce n'est pas grave, à moi aussi ça m'arrive d'oublier. Les enfants, eux, se souviendront. »

Mais les enfants descendirent pour déjeuner sans un mot pour moi…

Alors quand je partis pour le travail, le moral était vraiment descendu au plus bas.

Comme j'arrivais au bureau, Julie, ma secrétaire me dit :

- Bonjour patron, joyeux anniversaire.

Et là le moral commença à remonter. Je me mis au travail, et lorsque midi approcha, Julie frappa à ma porte et dit :

- Patron, aujourd'hui c'est votre anniversaire, et en plus c'est une très belle journée. Si vous m'invitiez à dîner ?

J'étais tout à fait d'accord, alors je lui ai répondu :

- Allons-y.

Pour déjeuner, nous avions choisi une petite auberge à l'écart de la ville. Le repas fut très agréable et ma secrétaire très attentionnée pour moi… En sortant du restaurant Julie me dit :

- Patron, si nous ne retournions pas au travail cet après-midi ?

Comme je ne répondais pas, elle ajouta :

- Allons à mon appartement, je vous montrerai mes collections de vases de Chine.

Comme je me laissais entreprendre, nous arrivâmes bientôt chez elle. Devant un verre de cognac, elle me dit :

- Si ça ne vous fait rien, Patron, je vais passer à la salle de bains pour me changer… Évidemment, je laissais faire.

Lorsqu'elle revint, je m'étais moi aussi mis à l'aise. Et c'est en caleçon que j'accueillis ma secrétaire, ma femme, mes enfants et l'équipe du bureau. Tous chantaient « Joyeux anniversaire » en apportant un superbe gâteau !

Les croque-morts essaient de soulever le cercueil en présence de la famille éplorée. Ils s'y mettent à deux, ils s'y mettent à quatre. Ils s'y mettent à huit… rien à faire. C'est à croire que cette damnée boîte est vissée au sol.

Et voilà que l'un d'eux sort un petit sachet de sa poche et répand une poudre blanche sur le cercueil. Et tout aussitôt, on peut soulever la caisse comme une plume !

Alors, tous les autres demandent au bonhomme :

- C'est épatant, ça ! Qu'est-ce que c'est que cette poudre ?

- Oh ! dit le gars, c'est juste de la levure de bière…

Et pour une exhumation, ils ont utilisé du déterre-gens !

… Et comme le curé n'arrivait plus à s'arrêter, il ont utilisé de la poudre à récurer.

Une jeune fille, qui vient de se présenter à l'examen du permis de conduire, rentre chez elle. Son père la questionne :

- Alors, comment ça s'est bien passé ?

- J'en sais rien.

- Comment ça ! L'examinateur ne t'a rien dit ?

- Mais non, rien… On l'a transporté directement à l'hôpital !

Une prostituée à une autre :

- Qu'est-ce que t'as demandé au Père Noël ?

L'autre de répondre :

- Ben comme pour tout le monde… 300 balles !

Un PDG téléphone à un PDG concurrent :

- Je m'apprête à engager votre ancien chauffeur. Peut-on avoir confiance en lui ?

- Voyons, je lui ai confié 100 fois ma vie, sur les routes le plus dangereuses.

- Oui, mais peut-on lui confier quelque chose de valeur ?

C'est Mohammed (gamin de 10 ans) qui a vraiment faim. Il habite Casablanca et il ne trouve rien à manger à la maison. Il va donc faire un petit tour au souk, histoire de voir s'il ne trouve pas une opportunité.

Le voilà parti, il commence à lorgner sur les poulets d'un vendeur :

- Mohammed, si tu pars pas tout di suite (avec l'accent) je ti donne le fouet.

- Mais m'siou ji fi rien, ji chouffe (regarder), c'est tout !!

Mohammed s'éloigne mais il se dit qu'avec un peu d'astuce il arrivera à voler un poulet. Il se rapproche et fait basculer tout l'étalage de fruits. Le marchand sort alors rapidement pour récupérer son bien.

Mohammed se glisse dans l'échoppe et vole rapidement un poulet mais le marchand le voit !!

- Mohammed, voleur, police, au secours, Mohammed est un voleur.

La police arrive et essaie de rattraper Mohammed qui court avec son poulet. Impossible à rattraper, Mohammed connaît trop bien le souk.

Deux heures après, la police fait une patrouille sur la plage, histoire de voir si Mohammed n'y est pas. Elle trouve alors Mohammed avec un tas de plumes à côté de lui. Le gamin est manifestement repu et commence une petite sieste :

- Mohammed, ci toi le voleur, ti as mangé tout li poulet.

- Moi, ji suis pas un voleur, ji fais juste la sieste.

- C'est quoi toutes li plumes ???

- Les plumes ? Ji m'installe tranquille pour faire une sieste, voilà un poulet qui s'approche et qui me dit : « Oh Mohammed, ti restes là ? Ti peux me garder mes affaires, ji vais prendre un bain »…

Deux jeunes garçons se font prendre par la police alors qu'ils fument de l'herbe. Ils passent dans la journée devant le juge qui leur dit :

- Vous me semblez être de bons garçons et j'aimerais vous donner une seconde chance avant de vous expédier en prison. Je veux que vous passiez cette fin de semaine à convaincre le plus de personnes possible des méfaits liés à la drogue, et si vous rencontrez des personnes qui se droguent, tentez de les convaincre d'arrêter. Je vous reverrai ici même lundi pour faire le bilan.

Lundi arrive et nos deux p'tits gars sont de retour devant le juge. Le juge demande au premier :

- Alors, qu'avez-vous fait cette fin de semaine ?

- Votre honneur, j'ai réussi à convaincre 17 personnes d'arrêter totalement d'utiliser de la drogue.

- 17 personnes ? C'est très très bien. Comment êtes-vous arrivé à cela ?

- Je leur ai montré un petit dessin, votre honneur. J'ai dessiné deux cercles : puis je leur ai dit : « Ceci (le grand cercle) c'est votre cerveau avant la drogue et ceci (petit cercle) c'est votre cerveau après la drogue. »

- Excellente démonstration, dit le juge. Et vous (au deuxième garçon), quel est votre bilan ?

- Votre honneur, j'ai persuadé 156 personnes d'abandonner la drogue à jamais.

- 156 personnes ! C'est incroyable ! Comment avez-vous réussi cela ?!

- Eh bien j'ai utilisé la même approche. (Il dessine les deux mêmes cercles)… Je leur ai dit (pointant le petit cercle) : ça, c'est votre trou du cul avant la prison…

Nous sommes samedi. Un jeune garçon vient d'être embauché comme vendeur dans une grande surface.

Le patron se déplace personnellement pour lui montrer comment « bien » vendre :

- Regarde-moi faire, dit le patron en s'approchant d'un client qui venait à peine d'entrer.

- Puis-je vous aider, Monsieur ? dit le patron.

Le client lui répond :

- Je viens juste d'emménager dans ma nouvelle maison et je voulais de l'engrais pour mon gazon.

Le patron répond :

- Très bien, Monsieur. Nous avons des sacs de 10 et de 25 kg. Je vous suggère de prendre le sac de 25 kg.

- Pourquoi cela. Ne serait-ce pas un peu trop ?

- Eh bien, le sac de 25 kg vous permettra de tenir une année complète, alors qu'avec le sac de 10 kg, vous serez à cours pendant l'été, répond le patron.

- Très bien, je prends le sac de 25 kg, répond le client.

- Parfait, Monsieur. Et quelle sorte de râteau allez-vous utiliser ?

- Un râteau ? Pourquoi devrais-je utiliser un râteau ?

- Monsieur, si vous ne passez pas votre gazon au râteau avant de mettre de l'engrais, les granulés d'engrais n'iront pas au contact du sol et n'auront aucun effet..., répond le patron

- Dans ce cas, mettez-moi un râteau en plus.

- Très bien, Monsieur. Et avec cela, je vous mets un arroseur fixe ou un arroseur oscillant ?

Le client commence à être agacé et répond sèchement :

- Un arroseur ? Eh, je suis juste venu acheter de l'engrais. Pourquoi devrais-je en plus prendre un arroseur ?

Le patron répond toujours calme :

- Eh bien Monsieur, par ici, le climat est assez sec, alors, si vous arrosez juste après avoir fertilisé votre gazon, l'engrais aura un effet maximal et vous aurez certainement le plus beau gazon parmi tous vos voisins.

Encore une fois, le client se laisse faire.

Et le patron continue :

- Je parie que vous n'avez pas de tondeuse ? Gagné. Voulez-vous plutôt une tondeuse à essence ou une tondeuse électrique ?

- Une tondeuse ? Vous m'avez déjà vendu un râteau et un arroseur en plus de l'engrais. Vous ne trouvez pas que ça suffit.

Le patron, toujours calme lui répond :

- Un gazon fraîchement semé doit être tondu dès que possible. C'est ce qui permet de le rendre le plus dru, et donc le plus beau. En le tondant au plus tôt, votre gazon sera aussi beau que celui d'un green de golf ! D'autre part, notre promotion sur les tondeuses se termine ce samedi.

Le client lui répond :

- C'est d'accord, je cède, mettez-moi une tondeuse électrique en plus.

Après que l'homme soit sorti du magasin avec tous ses achats, le patron va voir le nouvel employé et lui dit :

- Alors, tu penses que tu arriveras à faire ça ?

L'employé répond que ça devrait aller. Du coup, le patron le laisse aborder un nouveau client :

Le nouvel employé s'approche du client :

- Puis-je vous aider, Monsieur ?

L'homme répond :

- Oui. J'ai besoin de tampons pour ma femme.

Le nouvel employé est estomaqué par la demande du client. Il ne s'attendait pas à un truc comme ça. Comme il veut malgré tout impressionner le patron favorablement, il réfléchit et soudain, il trouve la solution :

- Très bien, Monsieur. Et voulez-vous une tondeuse à essence ou une tondeuse électrique avec ça ?

- Une tondeuse ? Ça ne va pas dans votre tête ? Je suis venu pour des tampons pour ma femme. Pourquoi aurai-je besoin d'une tondeuse à gazon en plus ?

L'employé répond :

- Eh bien, Monsieur, si je puis me permettre, comme vous êtes venu acheter des tampons pour votre femme, je pense que ferez une croix sur les galipettes ce week-end. Alors autant tondre la pelouse…

Quand Pinnochio s'est-il aperçu qu'il était fait de bois ?

- Le jour ou il s'est masturbé et que son pénis a pris feu…

Variante :

- Le jour où la bonne fée (la fée « Lation »…) s'est pris plein d'échardes sur la langue…

Et encore une autre variante :

- Quand il s'est fait tailler une pipe !

Pourquoi les sorcières ne portent-elles jamais de culotte ?

- Pour pouvoir bien saisir le balai.

C'est un type qui est dans une boîte de nuit, mais qui a soudain envie de satisfaire quelques besoins intestinaux. Il se dirige donc vers les toilettes, ouvre la porte des chiottes, referme la porte à clef, baisse son pantalon et s'assoit sur le trône.

Laissant traîner son regard, il voit affichée en grand sur la porte en face de lui une énorme photo de femme nue, avec plein de petites étiquettes collées partout, mais avec une extraordinaire précision anatomique : pieds, genoux, seins, etc., et une tout près du sexe. Mais là, il ne voit pas ce qui est écrit sur l'étiquette tellement c'est petit.

Il se penche en avant afin de lire, mais ne voit toujours rien.

Il s'approche encore et lit :
- Arrête, si tu continues, tu vas chier à côté du trou…

Deux fous veulent s'échapper de l'asile.
Alors un des deux dit :
- Regarde, je vais allumer la lampe électrique, tu vas monter sur le faisceau lumineux, et tu sauteras par-dessus le mur !
Et l'autre répond :
- Tu me prends pour un con ? Quand je serai au milieu, tu vas éteindre !!

Pourquoi les sourds mettent des slips transparents à leurs femmes ?
- C'est pour pouvoir mieux lire sur les lèvres !

La différence entre la dictature et la démocratie ?
- Sous un régime dictatorial, c'est : « Ferme ta gueule ! »
En démocratie, par contre, c'est : « Cause toujours ! »

C'est l'histoire d'un mec qui crève le pneu de sa voiture devant le mur d'un asile. Sur le mur, un fou est accoudé et le regarde.

Le mec démonte sa roue, troublé par le regard fixe du fou qui le regarde toujours. Il prend sa roue de secours et, toujours troublé, fait tomber les écrous de la roue dans la bouche d'égout qui était justement tout à côté (comme par un fait exprès : ce serait une histoire que personne n'y croirait).

Alors, le mec est très embêté parce qu'il ne peut plus remonter sa roue. Il se demande ce qu'il va faire quand, tout à coup, le fou lui dit :

- Vous n'avez qu'à prendre un écrou sur chaque roue. Avec trois écrous par roue, vous pourrez facilement aller à un garage.

Le mec, là, il est épaté :

- Ben ça alors ! [je vous avais dit qu'il était épaté.] C'est vachement intelligent, ce que vous me dites là. Mais qu'est-ce que vous faites dans cet asile.

- Ben je suis fou, pas con.

Dans le compartiment d'un train, un homme porte deux bébés, un dans chaque bras.

Une femme s'installe devant lui et entame la conversation :

- Quels beaux bébés ! Comment s'appellent-ils ?

L'homme lance un regard agacé à la dame et répond :

- Je ne sais pas.

La dame continue malgré tout :

- Ce sont des petits garçons ou des petites filles ?

L'homme semble encore plus agacé et répond :

- Je ne sais pas.

La femme :

- Mais enfin, quelle sorte de père êtes-vous donc ?

L'homme répond :

- Je ne suis pas leur père, je suis représentant en préservatifs et eux, ce sont deux « plaintes » que je vais déposer à la direction !

C'est un gars qui fait une oraison funèbre lors de l'enterrement d'une personne bien connue : il dit entre autres choses : « Et sa disparition laissera un vide douloureux »

Le lendemain, un autre gars qui était présent demande à l'orateur :

- Comment un vide peut-il être douloureux ?

Et l'orateur répond :

- Vous n'avez jamais eu mal à la tête.

Deux blousons noirs ont volé une moto... Ils grimpent dessus et foncent comme des tarés sur la route. Il y a tellement de vent et ils vont tellement vite que le type qui est à l'arrière, il a mis son blouson à l'envers, donc boutonné dans le dos, pour ne pas qu'il s'ouvre en route.

Au bout d'une dizaine de kilomètres, l'autre lui demande :

- Eh! ça va derrièreeeee ???

Pas de réponse. Il se retourne : plus personne ! Son pote a dû tomber de la moto. Il retourne donc en arrière pour voir s'il retrouve le type.

Il arrive près d'un attroupement au milieu de la route.

Il descend de la bécane, et s'approche en écartant la foule. Et là, il voit son copain couché sur le macadam, quand un flic dit :

- Bon, ça y est ?? Vous y êtes tous ? Bon... À trois, on lui remet la tête à l'endroit !

Ce sont deux atomes qui se rencontrent.
L'un dit à l'autre :
- Merde, j'ai perdu un électron.
L'autre :
- T'es sûr ?
Et le premier répond :
- Positivement !

Au moment où le train ralentit pour entrer en gare, un voyageur bègue s'adresse à un monsieur et lui demande :

- Pa-pa-pa-pardon, Mon-Monsieur. Est-Est-Est-ce-que-que-que c'est la ga-ga-gare de Bo-Bo-Bordeaux ?

L'autre ne répond pas et continue à regarder par la fenêtre.

Le bègue réitère sa demande :

- Pa-pa-pardon, c'est Bo-Bo-Bordeaux ?

L'autre ne répond toujours pas. Finalement, le train s'arrête et on entend au haut-parleur :

- Bordeaux, ici Bordeaux. Trois minutes d'arrêt.

Le voyageur attrape sa valise et descend en quatrième vitesse.

Un autre voyageur reste dans le train. Il était plus loin dans le compartiment, et avait assisté à toute la scène ; il s'adresse à celui qui n'avait pas répondu :

- Ce n'est pas très gentil. Pourquoi n'avez-vous pas répondu à ce monsieur ?

- J'a-j'a-j'avais pas-pas-pas le temps et en-en-en plus, il m'au-m'au-m'aurait su-su-su-re-ment ca-ca-cassé la gueu-gueule.

Dans le dernier numéro du magazine américain *Meat and Poultry* , la rédaction cite avec délectation un article récent de la revue *Feathers*, organe de la Fédération de l'industrie volaillère de Californie, où l'on conte l'intéressante (et véridique !) histoire suivante:

Il semble que l'administration aéronautique fédérale américaine (FAA) ait un moyen unique de tester la résistance des pare-brise d'avions. Le système est composé d'un pistolet qui lance des poulets morts sur lesdits pare-brise à la vitesse approximative d'un avion en vol. La théorie est simple : si le pare-brise résiste à l'impact de la carcasse, il devrait survivre à une véritable collision avec un oiseau vivant.

Les Anglais se sont montrés très intéressés et ont décidé ainsi de tester la résistance des pare-brise du modèle de locomotive à grande vitesse qu'ils sont en train de développer ; ils ont donc emprunté le lanceur de poulet américain, l'ont chargé et ont fait feu. Le poulet sol-sol a explosé la vitre du train, traversé le fauteuil du mécano, défoncé la console d'instrument de bord avant de s'encastrer dans le panneau arrière de la cabine de pilotage. Les Anglais un peu surpris, ont alors demandé à la FAA de vérifier la validité de leur test.

La FAA s'est donc livrée à un examen de la procédure pour aboutir à la recommandation suivante :

« Utiliser un poulet décongelé !!! »

L'ambassadeur français d'un pays africain a été invité chez un diplomate du cru. Tous les deux discutent des récents progrès réalisés dans le pays ces dernières années, alors que les Russes étaient ici comme chez eux :

- Ils ont construit une centrale électrique, un aéroport, ils nous ont appris à boire de la vodka et à jouer à la roulette russe.

L'ambassadeur français a une moue d'effroi et de dégoût :

- La roulette russe est un jeu très dangereux.

- C'est vrai, répond l'Africain. C'est pourquoi nous avons inventé la roulette africaine. Ça vous dirait d'y jouer ?

- Je ne suis pas sûr… Comment ça se joue ?

L'Africain frappe dans ses mains, et alors six magnifiques Africaines, totalement nues arrivent auprès d'eux. Le diplomate explique :

- Choisissez celle qui vous plaît, et elle vous donnera du plaisir oralement.

- Ah, c'est quand même plus plaisant et moins risqué que la roulette russe…

Et le diplomate lui répond alors :

- Oui, mais sur les six, il y a une cannibale.

À Marseille deux vieux discutent :
- Dis, tu sais que ma fille se marie ?
- Non ?? Oh putain !!
- Non, pas celle-là, l'autre…

Une blague en patois du Nord. Comprenne qui pourra.
Un jour Cafouniet' rencontre son ami Pâtisse Boudaine.
- Salut. Alors c'est vrai que tu as eu un fils ? Comment tu l'as appelé ?
- Jétroquien
- Quoi ? C'est pas un prénom ça !
- Ben non, mais t'as bien appelé ta fille Jessica.

C'est un gars assis au bar d'un restaurant. Il attend qu'une table se libère et remarque une très jolie jeune femme, elle aussi assise au bar, en train de prendre un apéritif.

Le gars s'avance vers elle et dit :

- Ça va vous paraître un peu abrupt, mais accepteriez-vous de dîner avec moi ce soir ?

La jeune femme se lève tout d'un coup de son siège et crie presque :

- Quoi ! ? ! Vous accompagner chez vous ??? Pour qui me prenez-vous, espèce de pervers obsédé ? !!

En entendant ça, le gars retourne tout penaud à son siège de bar en pensant : « Cette femme est complètement folle… »

Cinq minutes plus tard, la femme quitte son siège de bar et rejoint notre gars. Elle lui dit alors :

- Je suis terriblement désolée pour la scène de tout à l'heure. Je suis en licence de psychologie et nous étudions en ce moment les réactions des gens lorsqu'on leur fait une réponse surprenante !

Alors le gars se lève d'un seul coup de son tabouret de bar et hurle :

- Quoi ?? 2000 francs ?! Vous êtes folle !

C'était samedi. Roger venait de passer tout l'après-midi au bord de la rivière, sous le soleil de plomb, et tout ça pour rentrer bredouille : pas un seul poisson n'avait mordu à l'hameçon.

Roger qui n'a pas l'habitude de rentrer à la maison sans rien s'arrête au supermarché pour prendre quatre truites. Il demande au poissonnier :

- Prenez-en quatre grosses, et donnez-les moi sans les emballer !
- Et pourquoi ne voulez-vous pas d'emballage ?
- Parce que je veux que ma femme croie que c'est moi qui les ai pêchées.
- Ah d'accord... Mais dans ce cas, je vous suggère de prendre plutôt des gardons.
- Ah bon ?! Et pourquoi ?
- Parce que votre femme est passée tout à l'heure, et elle m'a dit de vous conseiller ça si vous passiez par ici : ce soir elle veut faire de la friture.

C'est un aveugle qui cherche à se faire embaucher dans une scierie.

Le patron de la scierie lui demande :

- Et vous pensez que vous pouvez travailler ici avec votre handicap ?
- Oui, bien sûr, parce que je peux me servir de mon odorat là où les autres ont besoin de leur vue !

Le patron de la scierie n'y croit pas trop et décide de tester les compétences de l'aveugle. Il fait amener plusieurs échantillons de bois différents, dans le but de les faire reconnaître à l'aveugle.

Le premier échantillon est posé sur la table.

L'aveugle le renifle et dit :

- Ça, c'est du chêne, et même du jeune chêne, affirme l'aveugle.

Le patron pose un deuxième échantillon sur la table :

- Ça, c'est du hêtre, affirme l'aveugle.

Le patron pose un troisième échantillon sur la table :

- Ça, c'est du merisier, affirme l'aveugle.

L'aveugle ne s'est pas trompé une seule fois et le patron est très impressionné.

Comme il est très joueur, il veut tenter une expérience : il passe dans le bureau d'à côté et va chercher la secrétaire (qui a déjà 20 ans de service dans la scierie). Il lui demande de se coucher devant l'aveugle sur la table et de baisser sa culotte, ce qu'elle fait.

Le patron lance alors à l'aveugle :

- Si vous reconnaissez cet échantillon, je vous donne le boulot !

L'aveugle renifle, puis renifle encore, enfin il dit :
- Ah ! Vous me tendez un piège !!! Ce n'est pas un bois que l'on utilise normalement dans une scierie… Je pense que c'est le bois de la porte des chiottes d'un vieux bateau de pêche à la crevette.

Ce jour-là, l'empereur romain (allez, on va dire César, faisons simple) était de sortie sur sa galère.

Les esclaves ramaient au son du tambour quand, tout à coup, le tambour s'arrête, et le contremaître es-esclaves descend dans la soute :
- Les gars, j'ai une bonne et une mauvaise nouvelle pour vous ! Je vais commencer par la bonne : vous avez 15 minutes de pause.

Son discours est ponctué par l'acclamation de toute l'équipe des esclaves. Lorsque les hourras s'arrêtent, le moins timide des esclaves demande :
- Dites… et la mauvaise nouvelle ?

Le contremaître répond :
- Après la pause, l'empereur veut faire du ski nautique.

Blagues de Toto ou d'école

La maîtresse demande aux élèves de sa classe de CE1 ce qu'ils veulent faire comme métier lorsqu'ils seront grands :

- Moi je veux être pompier, Madame ! répond Jérôme.
- C'est bien Jérôme… et toi Michaël ?
- Moi je veux être policier, Madame !
- Ah !… Et toi Marjory ?
- Moi je veux être maîtresse, comme vous maîtresse !
- C'est bien Marjory, c'est un très joli métier…

Elle se tourne vers Toto, au dernier rang, « le » cancre de la classe :

- Et toi Toto ?
- Moi je veux être grand rocker, maîtresse !
- Ah… Et c'est quoi « grand rocker » Toto ?
- Grand rocker, c'est le blouson en cuir, la moto, les salopes…

Et PAFFFFF !!!!!!!!!!!! Toto se ramasse une grande claque dans la gueule et se met à pleurer…

À la fin de la journée, Toto rentre chez lui et raconte toute l'histoire à ses parents :

-… et je lui ai dit que je voulais être grand rocker et elle m'a mis une baffe !

- C'est quoi Toto « grand rocker » ? lui demande sa mère.
- Ben, grand rocker c'est le blouson en cuir, la moto, les salopes…

Et RE-PAFFFFFF !!!!!!!!!! unc autrc claquc dans la gueule ! Et son père rajoute :

- Et tu me feras le plaisir d'aller présenter des excuses à ta maîtresse demain matin avant de rentrer en classe ! Non mais !

Le lendemain matin, Toto va voir la maîtresse tout penaud :

- Euh… Voilà maîtresse, je voulais m'excuser pour hier et vous dire qu'en fait je veux plus faire grand rocker quand je serais grand.

- Ah… Et tu veux faire quoi alors Toto ?
- Petit rocker !
- Ah… Et c'est quoi « petit rocker » Toto ?
- Ben petit rocker, c'est le blouson en jean, la mobylette, la branlette…

L'histoire se passe dans une salle de classe, disons à l'école primaire. L'inspecteur est venu… inspecter les cours que dispense Mamzelle l'institutrice. Celle-ci pose la question à l'ensemble des têtes blondes :

- Qui veut nous chanter une chanson pour M. l'inspecteur ?

Dix mains se lèvent. L'institutrice désigne tour à tour les gentils volontaires, mais n'interroge pas un petit, car elle sait qu'il a une réputation de cancre et de voyou. L'inspecteur lui fait la remarque :

- Mademoiselle, vous n'avez pas interrogé cet enfant-là, à côté de moi. On dirait que lui aussi veut chanter.
- Ben, c'est que, euh…

Et puis merde, se dit notre charmante instit', il faut que je l'interroge, tant pis.

- Vas-y Mohammed (car il s'appelle comme ça). Que vas-tu nous chanter ?
- Les tétons, M'dame.
- ???
- Ah ! Bravo Mademoiselle, fait l'inspecteur, je vois que vous leur apprenez de belles choses.
- Je ne comprends pas, Monsieur, je vous l'assure !

Et l'institutrice, complètement désolée, dit à Mohammed :

- Bon, vas-y mon petit, chante-nous ta chanson…

Et Mohammed :

- Les tétons, petit navireeeuuuuh, les tétons, petit navireeeuuuuh…

La maîtresse d'école demande à Gaston :

- Il y a trois oiseaux sur une branche et je prends mon fusil et j'en tire un, combien en reste-t-il ?

Gaston dit :

- Il n'y en a plus, les autres sont partis, ils ont eu peur.

La maîtresse dit :

- Non, non, Gaston, tu vois, trois oiseaux moins un fait qu'il reste deux oiseaux sur la branche. Mais j'aime bien ta façon de penser.

Quelques jours plus tard, cette fois-ci c'est Gaston qui demande à sa maîtresse d'école.

- Il y a trois femmes qui marchent sur le trottoir, chacune ayant un cornet de crème glacée à la main, une lèche son cornet, l'autre suce son cornet et la dernière croque son cornet. Laquelle est mariée ?

La maîtresse dit : - Ce doit être celle qui suce.

Gaston dit :

- Non, non c'est celle qui a une bague au doigt. Mais j'aime bien votre façon de penser.

Michel revient de l'école avec son bulletin. Des zéros partout.

- Quelle excuse vas-tu encore me donner ? soupire sa mère.
- Eh bien ! J'hésite entre l'hérédité et l'environnement familial.

On vient d'apprendre les fables de La Fontaine en classe, et la maîtresse d'école demande à Toto de raconter une histoire ayant une morale à la fin. Toto ne se fait pas prier :

Toto : - C'est histoire de Zorro qui est sur son cheval Tornado. Ils se baladent dans la pampa et rencontrent un vieux paysan. Le paysan en les voyant lance : « Eh salut Zorro, ça va ? » et alors Zorro fonce sur lui et lui balance un bon coup d'épée en plein dans le ventre !

Tous les petits poussent un cri d'horreur, et la maîtresse dit à Toto :

- Dis donc Toto, tu ferais mieux de raconter des histoires moins sanglantes… Mais continue ton histoire.

Toto : - Alors Zorro continue son chemin et arrive dans un village. Là il croise une jeune fille, qu,i en le voyant, est toute gaie et lui crie : « Oh Zorro, bonjour, tu m'emmènes sur ton beau cheval noir, dis… » et alors Zorro donne deux bons coups d'éperons à Tornado son cheval qui se cabre et fait retomber ses deux antérieurs sur le corps de la jolie jeune fille qui était toute gaie (avant)…

Rebelote, tout le monde dans la classe pousse un cri de dégoût.

La maîtresse dit à Toto :

- J'espère que ton histoire a une bonne morale, parce que pour l'instant, ton Zorro ne l'est pas, lui, moral ! Vas-y, continue !

Toto : - Enfin Zorro rentre chez lui, et là l'attend Bernardo. Mais Bernardo est très excité et il veut faire comprendre quelque chose à Zorro qui ne comprend rien à tous les grands gestes de Bernardo (rappel : Bernardo est sourd-muet). Alors Zorro prend Bernardo par le col de la veste et le balance dans les escaliers ! Voilà.

La maîtresse prend la parole :

- Eh bien alors Toto, il n'y a pas de morale à ton histoire de Zorro ? !

Toto répond :

- Si M'dame, la morale, c'est qu'il faut pas faire chier Zorro !

Alors c'est l'histoire de Toto qui doit faire une composition sur le sujet : « Quelle est la différence entre potentiellement et concrètement ? ».

Toto, bien incapable de répondre à une question d'un tel niveau métaphysique, demande de l'aide à son père. Celui-ci réfléchit un moment et dit à son cancre de fils :

- Écoute mon fils, voilà ce que tu vas faire pour comprendre ce qu'est la différence entre potentiellement et concrètement : tu vas aller voir ta mère et tu lui demanderas si pour 5 000 F elle serait d'accord pour sucer un autre homme que son mari.

Toto va donc voir sa mère et lui pose la question proposée par son père.

La mère : - Quoi ? Tu n'as pas honte de parler ainsi à ta mère ?

Et PAF, elle lui colle une beigne. Mais elle réfléchit un peu, et dit :

- Finalement, tout bien réfléchi, entre nous, pour 5 000 F je serais prête à sucer n'importe quel homme.

Toto retourne voir son père et lui transmet la réponse de sa mère.

Le père : - Bien, maintenant tu vas aller voir ta grande sœur qui va repasser son bac pour la dixième fois, et tu lui demanderas si pour 5 000 F elle serait d'accord pour baisser sa culotte devant n'importe quel homme.

Toto, très obéissant, va trouver sa sœur et lui pose la question.

La sœur : - Quoi, espèce de petit con, tu me prends pour qui..., etc.

Et POUM elle lui balance un coup de genou entre les jambes (pov' Toto).

Mais elle aussi réfléchit un peu et avoue que finalement, pour 5 000 F, elle serait prête à baisser sa culotte devant le premier venu.

Toto ramène la nouvelle à son père qui lui dit :

- Eh bien voilà, mon fils : dans cette maison, potentiellement, nous avons 10 000 F. Mais concrètement, ous avons deux salopes !!!

Trois gamins discutent dans la cour de récréation.

- Mon père, dit le premier, est tellement fort qu'il avale la fumée de sa cigarette par la bouche, et il la recrache par le nez !

- Ouah, c'est nul. Le mien, il l'avale par la bouche et il la recrache par les oreilles…

- Tu racontes des conneries, dit le troisième. Par contre, le mien, il l'avale par la bouche et il la recrache par le trou du cul !

Les deux autres :

- N'importe quoi ! C'est pas possible !!

Et le troisième sort un slip de son père de son cartable.

- Et ça, c'est pas des traces de nicotine, peut-être ?

Un garçon demande à son père :

- Papa, je dois faire un exposé à l'école, est-ce que je peux te poser quelques questions ?

- Oui bien sûr, vas-y, qu'est-ce que tu veux savoir ?

- C'est quoi la politique ?

Le père réfléchit un peu puis se lance :

- Eh bien voilà, prenons comme exemple notre foyer. Je suis un salarié, donc je gagne de l'argent, donc appelons moi « capitalisme ». Ta mère c'est l'administrateur des biens, appelons-la « gouvernement ». Nous devons nous occuper de toi et pourvoir à tes besoins, donc toi tu es « le peuple ». Appelons la bonne « la classe ouvrière », et ta petite sœur qui n'a qu'un an, « le futur ».

Est ce que c'est plus clair maintenant ?

Le petit réfléchit et dit :

- Je ne suis pas très sûr, mais je vais y réfléchir.

Cette nuit-là, réveillé par les cris de sa petite sœur, le garçon va voir ce qui ne va pas.

Découvrant que sa jeune sœur a sérieusement rempli ses couches, le petit va à la chambre de ses parents; en voyant que sa mère est profondément endormie, il va voir dans la chambre de la bonne, où, à travers le trou de serrure, il a voit son père en train de sauter la bonne.

Le petit est tellement dégoûté par ce qu'il voit qu'il retourne dans sa chambre et se recouche. Le lendemain matin le petit va voir son père :

- Ça y est, Papa, maintenant je crois avoir compris ce que c'est que la politique.

- Très bien fiston ! Raconte-moi maintenant avec tes propres mots.
- Eh bien, pendant que le Capitalisme encule la Classe Ouvrière, le Gouvernement est profondément endormi, le Peuple est complètement ignoré et le Futur est dans la merde.

« Cher Petit Jésus, C'est bientôt Noël, et j'aimerais bien recevoir un train électrique. Si tu m'en envoies un, je te promets d'être sage pendant un mois. Merci… Toto »

Toto contemple son œuvre et se dit qu'un mois c'est un peu long. Il se ravise, prend une nouvelle feuille et écrit :

« Cher Petit Jésus, C'est bientôt Noël, et j'aimerais bien recevoir un train électrique. Si tu m'en envoies un, je te promets d'être sage pendant une semaine. Merci… Toto »

Après lecture de cette nouvelle missive, il se rend compte qu'une semaine ça fait quand même sept longs jours et décide de raccourcir encore le délai :

« Cher Petit Jésus, C'est bientôt Noël, et j'aimerais bien recevoir un train électrique. Si tu m'en envoies un, je te promets d'être sage pendant un jour. Merci… Toto »

Alors qu'il est en train de se demander comment il va faire pour tenir sa promesse, une idée de génie lui vient : il court au salon, va vers la télévision, sur laquelle trône une statue de la Vierge Marie (dans une boule, avec de la neige quand on la retourne et tout et tout). Il prend la statuette, l'amène dans sa chambre, la planque sous son matelas et recommence à écrire :

« Cher Petit Jésus,
Si tu veux revoir ta maman… »

C'est l'institutrice qui, après avoir parlé des animaux, vérifie si les élèves ont bien compris.
- À quoi sert le mouton ?
- À nous donner la laine, Mademoiselle.
- À quoi sert la poule ?
- À nous donner des œufs.

- À quoi sert la vache ?
- À nous donner des devoirs.

En classe, l'institutrice explique aux enfants les différents régimes alimentaires des animaux :

- Alors les vaches, elles mangent quoi ?

Tous les enfants lèvent le doigt :

- Moi, M'dame ! Moi, M'dame !
- Oui ?
- Les vaches, elles mangent de l'herbe !
- Très bien ! Et les chiens, qu'est-ce qu'ils mangent ?
- Moi, M'dame ! Moi, M'dame !
- Oui ?
- Les chiens, ils mangent de la viande !
- Très bien ! Et les ours, qu'est-ce qu'ils mangent les ours ?

Silence dans la classe. Soudain Toto lève le doigt :

- Moi, M'dame ! Moi je sais ce qu'ils mangent les ours !
- Oui, dis-nous, Toto.
- Les ours, ils mangent de l'oignon !

Surprise de l'institutrice.

- De l'oignon, Toto ? Où as-tu appris cela ?
- Ben oui, l'autre jour j'ai entendu Papa dire à Maman : « Viens qu'j'te bouffe l'oignon avant qu'les ours arrivent ».

Et dans la même classe…

… la même institutrice décide de faire une leçon de cuisine aux enfants ; elle décide de leur parler de la compote.

- Savez-vous comment on fait la compote de pommes ?
- Moi, M'dame, moi M'dame : c'est facile, tu prends des pommes, tu les épluches, tu les laves, tu les coupes en petit morceaux, tu les mets à bouillir 10 minutes dans l'eau et quand c'est cuit, tu mixes et voilà !
- Bien, Joseph, bien (le gamin intelligent en question s'appelle Joseph).

Soudain, Toto se lève et dit :

- Oui, mais, M'dame, pour faire la compote de figues, c'est pas pareil…
- Ah, bon, tu es sûr ?

- Eh ben, ouais. Pour faire la compote de figues, il faut des figues, et pis surtout, une lime…

- Mais où as-tu été cherché ça, voyons ?

- Ben, l'autre jour, je passais devant la chambre de mes parents et j'entendais Maman qui disait à Papa : « Arrête de limer, j'ai la figue en compote !!! »

Lors d'une leçon sur les rimes, la maîtresse demande à Toto de donner un exemple.

Toto dit alors :

- Dimanche, je suis allé à la chasse aux grenouilles, et dans le ruisseau j'avais de l'eau jusqu'aux genoux.

- Mais Toto, ça ne rime pas du tout.

- C'est pas ma faute, y avait pas assez d'eau !

Toto dit à la maîtresse :

- Mam'zel, saviez-vous que les boules de Noël ont du poil ?

La maîtresse :

- Ben non, voyons ! Y a pas de poil après les boules de Noël !

Le Toto de répondre : - Hé ! Noël ! Montre tes boules à la maîtresse…

Deux gamins discutent dans la cour de récréation :

- T'as demandé quoi pour Noël ?

- Un game-boy, et toi ?

- Un Tampax.

- C'est quoi ça ?

- Je sais pas mais avec tu peux faire du cheval, de la gym, du vélo…

C'est un gosse qui va à l'école, mais ce jour-là, il a une tête énoooorrmmme, (une grosse tête quoi !).

Donc, quand il arrive à l'école, tous les autres enfants vont le voir :

- Ben dis donc, qu'est-ce qui t'est arrivé ? T'en a une tête aujourd'hui !

Le petit garçon de répondre :

- Ben c'est hier, j'étais dans mon jardin, et y avait une guêpe.

Les autres gosses :
- Oh l'autre eh, c'est pas une guêpe qui t'a fait une tête pareille !!
- Ben non, c'est mon père, il avait une pelle…

En classe de C.P., la maîtresse demande aux élèves de citer un chanteur contemporain. La petite Émilie lève le doigt :
- Chantal Goya, Madame.
- Hmmm oui, c'est bien Émilie. Un autre ?
- Frédéric François, Madame.
- Non, Jérôme, j'ai dit chanteur. Un autre ?
- Carlos, Madame, dit la petite Patricia.
- Bien, Patricia. Encore un ?
Mohammed alors lève le doigt :
- M'dame, Patricia elle a dit Carlos, mais c'est pas bon.
- Pourquoi Mohammed, Carlos est bien chanteur pourtant ?
- Oui, M'dame, mais vous avez dit un chanteur contemporain, et Carlos il est comptant pour deux.

Toto est à l'école. La maîtresse propose un jeu, le jeu des mots ; c'est assez simple : elle propose une lettre, il faut donner un mot commençant par la lettre en question.
La maîtresse : - Qui connaît un mot commençant par « B » ?
Toto : - Moi M'dame, moi, moi ! M'dame, moi !
La maîtresse : - Toto, calme-toi ! Oui, Julie ?
Julie : - Euh…
Toto, soufflant à Julie : - Une bite, bite, bite, une bite !
Julie : - Euh, un ballon ?
La maîtresse : - Bien, Julie, bien. Un mot commençant par « S » ?
Toto : - Moi, moi, moi M'dame, moi, moi !
La maîtresse : - Allons Toto, arrête de crier ! Oui, Matthieu ?
Matthieu : …
Toto, soufflant à Matthieu :
- Des seins, des Seins, des seins, des seins !
Matthieu : - Sable, du sable, M'dame.
La maîtresse :
- Bien, Matthieu, c'est bien. Un mot commençant par « N » ?
La maîtresse : - Toto ?

Toto : - Je sais ! Un nain ! Un nain ! Un nain, avec des grosses couilles, des couilles énormes !

Et dans le même genre :

Cela se passe à l'école le lendemain d'un meeting d'aviation. L'institutrice pose des questions aux élèves et leur demande à quoi ils pensaient en voyant descendre les parachutistes…

Émile, un bon élève :

- Je pensais à des grands champignons, Mademoiselle…
- Très bien

Louis, un bon élève aussi :

- Je pensais à de grands parapluies tout blancs.
- Bravo.
- Et toi Toto, interroge l'institutrice.
-… Moi, à une fille à poil !!!
- Mais je ne vois pas le rapport, dit l'institutrice…
- Moi non plus, dit Toto, mais moi, je ne pense qu'à ça…

Le maître demande à Toto :

- Qui a cassé le vase de Soissons ?
- Mais c'est pas moi, M'sieur !

Au catéchisme, une dame teste les connaissances de ses jeunes élèves : Elle leur demande s'ils savent ce que c'est que Pâques…

Le premier à répondre est un petit garçon. Il lui répond qu'à Pâques, toute la famille est à la maison et on mange la galette des rois.

La dame du catéchisme répond que le petit garçon confond avec l'Épiphanie. Elle demande ensuite à une petite fille qui lève le doigt :

- Pâques, c'est le jour où l'on descend le matin dans le salon, et où l'on trouve des cadeaux sous le sapin.

La dame, qui se sent un peu découragée, lui répond patiemment qu'elle confond avec Noël. Et elle donne la parole à un petit garçon qui a le doigt en l'air :

- Pâques, c'est le moment où Jésus a été crucifié, puis enseveli dans son tombeau…

La dame pousse un « Ouf » de soulagement. Elle a enfin trouvé un petit qui s'y connaît en catholicisme… jusqu'au moment où le petit ajoute :

- Puis il est sorti de son tombeau et s'il voit son ombre en sortant du tombeau, ça veut dire que l'hiver en a pour six semaines de plus.

C'est deux mecs qui discutent pendant une pause au travail :

- Alors, ça va la famille ?
- Oui, mon fils a des cours de logique à l'école, c'est captivant !
- Ah ? Comment ça ?
- Bon, par exemple, tu as un aquarium chez toi ?
- Oui.
- Bon, si tu as un aquarium c'est que tu aimes les animaux…
- Ça me parait évident !
- Si tu aimes les animaux, tu aimes les hommes !
- Cela va de soi.
- Si tu aimes les hommes, tu aimes les femmes…
- Oui !
- Si tu aimes les femmes t'es pas pédé ! C'est ça la logique.
- Wow ! Dis donc c'est vrai que c'est bien comme truc.

Les deux amis se séparent, le second tout content d'avoir appris quelque chose va voir un autre collègue.

- Hep, Bob, tu savais que le fils de Maurice faisait de la logique ?
- De la logique ? C'est quoi ?
- Bah, par exemple t'as un aquarium ?
- Euh, non…
- Alors, c'est que t'es pédé !

C'est le mois de juin. Il fait très chaud et trois petits garçons rentrent de l'école. Sur leur trajet, ils longent une propriété avec une piscine dans laquelle ils aperçoivent une jeune dame complètement nue qui se baigne.

Naturellement, les trois petits garçons s'arrêtent pour mater (d'ailleurs, ils seraient plus vieux, ils feraient pareil).

Très rapidement, et sans prévenir, un des trois petits garçons se met à courir et rentre chez lui.

Alors les deux autres rentrent eux aussi. Le jour suivant, il fait toujours aussi beau, et ils retrouvent la jeune dame en train de se baigner toujours aussi nue. Mais c'est pareil que la première fois, le petit garçon se met très rapidement à courir pour rentrer chez lui.

Le troisième jour, la jeune dame est encore là.

Cette fois-ci, les deux copains ont décidé de faire quelque chose : avant que leur pote ne se mette à courir, ils l'attrapent par le bras et lui demandent :

- Qu'est-ce qu'il y a ? Tu n'aimes pas regarder les nanas à poil ?

Et le petit garçon répond :

- Si bien sûr, mais ma maman m'a dit que si je regardais une femme toute nue trop longtemps, je risquais de me transformer en statue de pierre… Et je me sens déjà devenir tout dur !

Blagues en famille

C'est le petit Marcel qui joue au train électrique dans sa chambre :

- Le train entre en gare d'Aix-en-Provence ! Aix-en-Provence, deux minutes d'arrêt. Tous les enculés et les connasses à destination d'Aix-en-Provence descendent du train.

Sa mère, qui prépare l'anchoyade dans la cuisine, bondit en entendant ça et lui crie :

- Marcel, qu'est-ce que c'est que ce langage ? Sois poli ou je ramasse ton train électrique.

- Euh, oui Maman, d'accord Maman.

Et il continue à jouer :

- Tchou tchou tchou tchou tchou…

Le train entre en gare de Marseille ! Marseille, cinq minutes d'arrêt ! Tous les enculés, les pédés et les grognasses à destination de Marseille descendent du train et se magnent le cul !

La mère, furieuse, fait irruption dans la chambre du petit Marcel, lui fiche une paire de gifles, confisque le train et repart à son anchoyade.

Marcel hurle, tape des pieds et pleure à n'en plus finir tant et si bien qu'au bout de dix minutes, sa mère prend pitié et, estimant que la leçon a dû porter ses fruits, elle lui rend son train électrique à condition qu'il ne dise plus de grossièretés.

Et le petit train repart :

- Tchou tchou tchou tchou tchou…

Le train entre en gare de Nice ! (la mère tend l'oreille).

- Nice, trois minutes d'arrêt, les voyageurs à destination de Nice sont priés de bien vouloir descendre du train. (La mère, soulagée et heureuse, a un sourire de contentement). Nous prions les voyageurs de bien vouloir nous excuser du retard du train dû à une poufiasse qui n'a pas arrêté de nous emmerder !

Un bon père de famille fait des reproches à son fils :

- Écoute Denis, je n'apprécie guère ta manie de porter ces boucles d'oreille ! Non mais t'as vu le genre que tu te donnes ?

- Oh écoute Papa, c'est la mode !

- La mode, mais oui ! Tu sais ce qu'on dit : celui qui porte des boucles d'oreille, soit c'est un pirate, soit c'est un pédé. Or je n'ai pas vu de bateau devant la maison…

Le père de David s'étonne de ne pas avoir encore reçu le bulletin scolaire de son fils et lui en demande la raison :

- Et ton bulletin, il est pas encore arrivé ?

- Si, si mais je l'ai prêté à Paul pour qu'il fasse peur à son père !

Une jeune fille de six ans demande a sa mère :

- Maman, comment fait-on pour avoir des bébés ?

- Eh bien ma chérie, le pénis de Papa va dans le vagin de Maman.

- Mais Maman, pourquoi le pénis de Papa est allé dans ta bouche, hier soir ?

- Ma chérie, ça c'est pour avoir des bijoux.

C'est l'histoire d'un commercial qui part en voyage d'affaires pendant les fêtes de Noël. Pendant son voyage, il décide d'envoyer un cadeau à sa femme restée en France.

Le colis arrive alors chez son épouse. Elle l'ouvre, c'est un pantalon sur lequel est écrit sur la jambe droite : « Joyeux Noël » et sur la jambe gauche : « Bonne année ».

Au téléphone, sa femme le remercie pour son cadeau et rajoute :

- J'espère que tu viendras me voir entre les fêtes.

Un couple très huppé cherche des moyens de faire quelques économies dans le budget familial.

- Marie-Ange, si vous appreniez à faire la cuisine, nous pourrions renvoyer la cuisinière, non ?

- Mon cher, sachez que si vous appreniez à faire l'amour, nous pourrions aussi renvoyer le chauffeur !

Un père découvre un jour sa fille en train de se servir d'un godemichet et là il lui demande :

- Que fais-tu ?

Elle lui répond :

- Par les temps qui courent et avec toutes ces maladies c'est plus sûr.

Le père lui répond : - Après tout, c'est pas plus mal.

La nuit passe et le lendemain la fille surprend son père avec le godemichet dans la main et deux verres de pastis sur la table.

La fille étonnée lui demande : - Mais que fais-tu ?

- Ben je prend un verre avec mon gendre…

Le père divorcé depuis 15 ans dit à sa fille qui vient d'avoir ses 18 ans, donc majeure :

- Élisabeth, voici le chèque de pension alimentaire à remettre à ta mère. Tu lui diras qu'enfin c'est le dernier !! Et à ce moment-là, regarde bien sa tête !!!

Élisabeth se rend chez sa mère et exécute point pour point le message de son père.

La mère, sans hésitation, réplique en disant à sa fille :

- Vas voir ton père et dis-lui que je le remercie beaucoup, dis-lui également qu'il n'est pas ton père et regarde bien sa tête à ce moment-là !!!

Un homme s'achète une moto. Inquiet quant à la façon idéale de la garder la plus reluisante possible, il en parle à son concessionnaire. Celui-ci lui recommande de recouvrir de vaseline les parties peintes lorsqu'il pleut. Puis le type conclut l'achat et part avec la moto.

En chemin, il rencontre une fille qui le trouve très bien avec sa moto et ses lunettes fumées. Elle lui parle un peu et elle l'invite finalement a prendre le repas avec elle et sa famille… (oui oui, ce sont des rapides).

Le type accepte, et les voilà qui partent en moto vers la maison de la fille.

Tout juste avant d'entrer, la fille avertit le type :

- Tu dois savoir qu'ici, le premier qui parle pendant le repas est de corvée de vaisselle.

Et ils entrent.

Le repas commence dans le plus grand silence. Surpris de l'efficacité de ce système, le type n'en est pas moins attiré par la fille et n'arrive pas à attendre la fin du repas pour lui faire des avances.

Après quelques gestes sous la table, le type se jette sur la fille, relève sa jupe et se met à la baiser devant ses parents et ses deux petites sœurs qui n'en croient pas leurs yeux ! Personne n'ose parler, de crainte d'être corvée de vaisselle. Le père observe la scène, choqué, et regarde le type d'un air qui en dit long. Mais il se retient… alors que le type ne se retient finalement pas…

Quelques minutes passent, le repas continue, et le type fait de l'œil aux deux jeunes sœurs de la fille avec un air gourmand.

Finalement, n'en pouvant plus, il se lève et prend les deux jeunes filles l'une après l'autre, devant les yeux injectés de sang du père qui sert les poings, rouge de colère, se retenant pour ne pas lui balancer son assiette à la tête, tout en faisant bien attention de ne pas prononcer un mot, de peur d'être de corvée de vaisselle !

Le repas continue tranquillement, la tension redescend, et le type, en forme, regarde la mère d'un air ludique. En plein dessert, il se lève, empoigne la mère et se met à la baiser sur la table. Le père furieux, se lève, mais reste figé par sa peur d'être de corvée de vaisselle. Finalement, le repas est presque terminé lorsqu'il se met à pleuvoir dehors. Le type pense immédiatement à sa moto. Il se lève, sort un pot de vaseline, et le père s'écrie :

- Je vais faire la vaisselle ! Je vais faire la vaisselle !

C'est une mère qui donne un dernier conseil à sa fille avant de partir au bal.

- Ma fille, peut-être que ce soir, ou un autre soir, tu vas rencontrer un garçon qui va te plaire. À un moment ou un autre vous allez faire l'amour. Mais l'important c'est qu'il t'aime vraiment. Pour le savoir demande-lui comment il veut appeler l'enfant…

Et la chose (la nuit tous les chats sont gris) arrive. La fille demande alors :

- Chéri, comment veux-tu appeler ton enfant ?

Le garçon prend la capote, la jette dans les chiottes, et en tirant la chasse dit :

- S'il s'en sort, on l'appelle Mac Gyver…

C'est l'histoire d'un chauffard qui arrive en trombe dans un village de campagne et pas de chance, une brave dame était en train de traverser la route, il fait un écart de volant pour l'éviter et écrase une poule.

Très embêté, le pov'gars va voir le paysan :

- Je suis désolé, j'ai écrasé une de vos poules, pour éviter cette brave dame. Je vais vous rembourser…

- Alors vous, les bêtises vous les accumulez : vous écrasez ma meilleure pondeuse pour éviter ma belle-mère…

Une mère a trois filles en âge de se marier. Vient le jour où l'une d'elle se marie. Pendant la nuit de noces la mère entend des cris.

Intriguée, le lendemain matin, elle va voir sa fille fraîchement mariée :

- Comment était ta nuit de noces ?

- Ça fait mal, Maman…

La deuxième fille trouve chaussure à son pied et vient à se marier aussi. Pendant sa nuit de noces, sa mère entend des rires.

Intriguée, le lendemain matin, elle va voir sa fille fraîchement mariée :

- Comment était ta nuit de noces ?

- Ça chatouille, Maman…

La dernière fille se marie elle aussi. Mais, pendant la nuit de noces, la mère n'entend rien.

Intriguée, elle va voir sa fille fraîchement mariée le lendemain matin :

- Comment était ta nuit de noces ?

- Oh ! Très bien, Maman.

- Mais je n'ai rien entendu. Lorsque tes sœurs se sont mariées j'ai très bien entendu leurs réactions. J'ai l'impression que cela t'a laissée indifférente ?

- Mais, Maman… Tu m'as appris à ne pas parler la bouche pleine.

La petite fille passe devant la chambre de ses parents et elle regarde par le trou de la serrure.

Elle dit alors :

- Dire qu'on veut me faire voir un psychiatre parce que je suce mon pouce !

C'est le père qui se promène avec son fils (6 ans) :

- Papa, Papa, c'est quoi, ça ?
- Ça, c'est une mercerie.
- Et qu'est-ce qu'on y fait ?
- On y vend des boutons, du tissu…
- Et ça, qu'est-ce que c'est ?
- Ça, c'est une boucherie.
- Et qu'est-ce qu'on y fait ?
- On vend de la viande.
- Et ça qu'est-ce que c'est (il montre un bordel) ?
- Je te le dirai quand tu seras plus grand !

Alors, intrigué, le petit va casser sa tirelire et se pointe au bordel et sonne. La maquerelle lui ouvre et le fait vite entrer pour pas qu'on le voie devant cette porte. Elle appelle une de ses filles et lui dit de préparer quelques tartines de Nutella pour le petit garçon.

Le père rentre à ce moment-là du travail et s'étonne de ne pas voir son fils à la maison. Il repense à la dernière question de son fils. Il décide d'aller voir. Quand il arrive devant le bordel, il voit son fils ressortir avec un sourire jusqu'aux oreilles.

Le père : - Tu n'as pas honte, espèce de morveux. Qu'est-ce que t'as fait là-dedans.

Le fils : - Je m'en suis tapé cinq, la sixième, je pouvais plus, alors je l'ai léchée.

C'est un petit garçon qui va voir son père pendant une réception et dit à haute voix :

- Papa j'veux faire pipi !!

Là, le père un peu gêné lui dit tout bas :

- Non, il faut pas dire des choses comme ça en public. La prochaine fois tu diras... Papa, je veux chanter...

Le week-end d'après, le petit garçon en question va chez ses grands-parents...

- Mamie, je veux chanter.
- Non, Papi dort.
- Si Mamie je veux chanter !!
- Bon, d'accord, alors doucement, dans l'oreille...

Une jeune fille gémit, langoureusement étendue dans le lit d'un play-boy :

- Si ma mère me voyait, qu'est-ce qu'elle dirait ?...
- Elle dirait qu'une fille bien élevée ne parle pas la bouche pleine !

Un père et son fils se baladent dans une ruelle, ils voient deux chiens en train de se chevaucher.

Le fils :

- Dis Papa qu'est-ce qu'ils font ?????????

Le père : - Ils font un petit chiot, mon chéri.

Le soir, le môme entre dans la chambre des parents, car il avait peur de l'orage, et il les trouve en fâcheuse position.

Le fils : - Dis Papa, qu'est-ce que vous faites ?

Le père : - On te fait un petit frère ou une petite sœur, mon chéri.

Le fils : - Dis Papa, tu pourrais dire à Maman de se retourner je préférerai un petit chiot !!!!!!!!!!!!!!!!!!

C'est l'histoire d'un petit garçon, très admiratif de son grand frère. Il ne peut s'empêcher de l'espionner. Un soir, il voit donc son frère se diriger vers sa voiture. Il se dépêche d'aller se cacher sous la banquette arrière. Le frérot va chercher sa petite amie et part en rase campagne.

Au bout d'un moment, celui-ci s'arrête et demande à la fille :

Lui : - Tu veux ou tu veux pas ? (air connu !)

Elle : - Je ne veux pas !

Lui : - Bon puisque c'est comme ça, tu descends et tu rentres à pied.

Et elle rentre à pied.

Le mercredi après-midi suivant, le petit garçon, très inspiré, prend son vélo et va voir sa petite copine. Ils vont, tous les deux sur le vélo, se promener à la campagne.

Et bout d'un moment, le petit garçon demande :

Lui : - Tu veux ou tu veux pas ?

Ellc : - Bcn, jc vcux bicn.

Lui : - Bon, puisque c'est comme ça, je descends et je rentre à pied !

- Dis, Maman c'est vrai que je suis né dans un chou ?

- Euh oui, si tu veux, bonne idée tiens (mère embarrassée mais finalement soulagée).

- Et dis, Maman, c'est vrai que ma sœur est née dans une rose?

- Mais voui mon chéri, c'est ça.

-… (intense réflexion du gamin)… Mais alors, vous baisez que dans le jardin…?

Un gamin regarde sa mère enceinte se dévêtir…

- Dis, Maman, pourquoi tu as un gros ventre ?

- Ça, lui répond sa maman, c'est parce que Papa m'a donné un petit bébé…

Il sort de la chambre et s'en va retrouver son père pour lui demander :

- Papa, c'est vrai que tu as donné un petit bébé à Maman ?

- Oui, lui répond tendrement son jeune papa…

- Eh bien ! Elle l'a mangé !!!!!

Un homme très pudique demande à sa femme s'ils ne pourraient pas employer un langage codé lorsqu'ils veulent faire l'amour, histoire de ne pas intriguer les enfants.

Elle lui répond que s'il en a envie, il n'a qu'à lui demander s'il veut « laver son linge ».

Un jour, alors, il lui demande si elle veut faire son lavage.

- Non, dit-elle, le lave-linge a une fuite.

Le lendemain, même question.

- Non, dit-elle, il y a toujours la fuite.

Le surlendemain, même question. Même réponse.

Un jour plus tard, elle approche son mari et lui demande s'il n'a pas de linge à laver…

- Non, dit-il, j'avais juste une petite brassée à faire et je l'ai faite à la main…

Le petit Paul s'est fait mal au doigt en travaillant sur son modèle réduit d'avion.

Il court voir sa mère, qui lui fait un baiser sur l'index, et tout de suite, lc pctit Paul arrête de pleurer et retourne jouer.

En peu plus tard, le petit Paul fait du vélo dans la cour et il tombe. Du coup il s'érafle le genou.

Il court voir sa mère, qui lui fait un baiser sur le genou, et tout de suite, le petit Paul arrête de pleurer et retourne jouer cette fois-ci avec des copains.

Mais les copains du petit Paul ne sont pas gentils. Et une bagarre se déclenche au cours de laquelle le petit Paul prend un coup très douloureux dans la partie la plus intime de son anatomie…

Il court voir sa mère…

Et sa mère lui dit :

- Fils, tu ressembles de plus en plus à ton père chaque jour !

C'est un petit garçon de huit ans qui rentre de l'école.

- Maman, Maman !

- Oui ?

- Vu que Papa n'est pas là, on peut jouer au papa et à la maman ?

- Oh, écoute j'ai pas trop le temps…

- Allez… Pour une fois !

- Bon d'accord !

- Alors moi, je vais faire comme Papa je vais m'installer dans le canapé et tu m'apporteras une bière pendant que je regarde la télé, ensuite tu iras préparer le repas.

- D'accord, fiston.

Un peu plus tard…

- Tiens, voilà ta bière.

- Maintenant tu vas faire comme avec Papa quand vous êtes tout seuls, tu vas mettre ta jolie robe, celle qui a un grand décolleté devant. Puis nous irons à table.

- J'y vais.

Le repas terminé.

- Alors là, Maman, tu vas faire comme avec Papa, tu vas mettre des dessous sexy, tu sais, tes jarretelles noires et tout ça. Moi j'irai te rejoindre tout à l'heure.

- Si tu veux, mon fils.

Quelques minutes plus tard, le fils entre dans la chambre et voit sa mère allongée dans le lit avec des dessous affriolants. Il s'allonge dans le lit et se glisse contre elle. Il lui caresse le visage, puis les cheveux, et approche son visage du sien, puis il lui dit dans l'oreille :

- Tu sais chérie, je crois qu'on devrait acheter un vélo pour le petit.

C'est les parents qui expliquent à la petite fille qu'elle va avoir un petit frère :

- Comment tu veux l'appeler ton frère ?

- Autorail.

- Mais c'est pas un nom ça !

- Et alors, vous m'avez bien appelé Micheline.

Un petit garçon et une petite fille sont dans le même lit.

Le petit garçon : - Dis, tu sais quelle est la différence entre un petit garçon et une petite fille ?

La petite fille : - Non, c'est quoi, dis ??

Le petit garçon soulève les couvertures et dit :

- Ben regarde, c'est simple, toi tu as un pyjama rose et moi, un bleu.

- Dis Papa, c'est quoi la différence entre la richesse et la pauvreté ?

- Eh bien, tu vois, la richesse c'est le caviar, le champagne et les femmes ; alors que la pauvreté, c'est le hareng, la bière et ta mère !

Toto demande à son père :

- Dis Papa, comment ça s'écrit « clitoris » ?

- Eh bien, c'est une question que tu aurais du me poser hier soir, je l'avais sur le bout de la langue…

C'est un gars, sa belle-mère vient de mourir.

Il est avec les croque-morts en pleine discussion. Les employés des pompes funèbres lui demandent :

- La défunte avait-elle fait un choix sur ce qui devait advenir de son corps ?

- Non, répond le gars

- Dans ce cas, c'est à vous qu'il revient de choisir : doit-on l'incinérer, l'embaumer, ou tout simplement l'enterrer.

Le gars répond :

- Les trois ! Ne lui laissons aucune chance !

Un mari et sa femme passent une annonce pour trouver une femme de ménage qui soit aussi la cuisinière de la maison.

Une jolie jeune fille répond à l'annonce et est sélectionnée.

Six mois après son embauche, la jeune fille se présente en disant qu'il lui faudra bientôt démissionner.

- Mais pourquoi ? demande l'épouse.

La jeune fille fait mine de ne pas vouloir dire pourquoi, mais l'épouse, en insistant, finit par lui tirer les vers du nez :

- Eh bien, c'est parce que, il y a deux mois, un dimanche, j'ai rencontré un garçon, et… je suis enceinte.

La femme répond :

- Écoutez, ce n'est pas grave, vous faites du bon travail. Mon mari et moi ne pouvons pas avoir d'enfant, alors nous adopterons le vôtre et vous resterez.

La femme en parle à son mari, qui est d'accord et du coup, la jeune fille reste employée.

7 mois plus tard, le bébé est là, la femme et son mari l'adoptent, et la jeune fille reste à la maison.

Mais une année plus tard, la jeune fille se présente à nouveau un matin en disant qu'il lui faudra bientôt démissionner. Comme par hasard, elle est à nouveau enceinte.

Comme pour la première fois, il est décidé qu'elle accouchera, puisque les employeurs adopteront le bébé, et que la jeune fille restera à la maison.

Ainsi est dit et fait.

Mais encore une année plus tard, rebelote, la jeune fille (jeune femme maintenant) est à nouveau enceinte.

La même offre lui est faite pour qu'elle reste.

Elle accouche. Elle travaille une semaine, puis un jour elle dit :

- Madame, cette fois-ci je m'en vais, définitivement.

- Ne me dites pas que vous êtes encore enceinte ?

- Non. C'est juste que maintenant, il y a trop d'enfants à s'occuper.

Blagues misogynes

Combien faut-il d'hommes pour lessiver un parquet ?
- Aucun, c'est un boulot de gonzesses !

Quelle est la différence entre une femme et une chienne ?
- Le prix du collier.

Tu sais ce que dit une femme devant une grosse bistouquette ?
- Non ?... Moi, je sais !

Pourquoi Dieu a crée l'homme ?
- Parce que les vibromasseurs ne savent pas tondre la pelouse.

Pourquoi Dieu a inventé l'alcool ?
- Pour que les femmes moches puissent baiser...

Pourquoi Dieu a-t-il donné des jambes aux femmes ?
- Pour garder le meilleur pour la fin.

Ou
- Parce que sinon, on les suivrait à la trace, comme les escargots.

Savez-vous pourquoi il n'y a pas de femme au paradis ?
- Parce que ce serait l'enfer !

Quelle est la différence entre une femme et une poubelle ?
- Aucune ! Après l'avoir bourrée toute la semaine, ça fait chier de la sortir le dimanche…

Pourquoi chez les femmes l'anus est-il si près du vagin ?
- Pour pouvoir les transporter comme des packs de bière…

Pourquoi Dieu a créé la femme ?
- Parce que les lave-vaisselle ne sucent pas.

Une femme, c'est comme une girouette,
quand elle vieillit, elle se fixe !

Les femmes, c'est comme les champignons,
plus c'est beau, plus c'est vénéneux !

Le seul qui puisse avoir le dernier mot avec une femme
… c'est l'écho !

Le silence est la seule chose en or que les femmes détestent !

Les femmes partagent nos peines,
doublent nos bonheurs, triplent nos dépenses !

Que se met Madonna (ou une blonde) aux oreilles pour attirer les hommes ?
- Ses genoux…

Si les femmes savaient à quel point on les regrette lorsqu'elles s'en vont, elles partiraient plus vite !

Quelle est la différence entre les seins d'une femme et un train électrique ?

- Aucune, c'est fait pour les enfants et c'est Papa qui joue avec...

Pourquoi les femmes ont deux paires de lèvres ?

- Une pour dire des conneries, l'autre pour se faire pardonner !

Comment caresser une femme dans seize départements à la fois ?

- Il faut d'abord trouver une femme dans la Moselle, s'assurer qu'elle est Seine et bien en Cher. Lorsque l'on sent son Eure venue, on commence par lui caresser le Haut-Rhin puis on descend vers le Bas-Rhin. On contourne alors l'Aisne pour entrer dans la Creuse. Là, on trouve quelque chose de bien Doubs... Sans perdre le Nord, on attend que ça Vienne et si on ne se débrouille pas comme un Manche, on peut y rester jusqu'à l'Aube. En Somme, il ne s'agit Pas-de-Calais pour être un Hérault.

Quel point commun y a-t-il entre la femme, le cheval et le diamant ?

- Ce sont de très bons amis de l'homme, pour peu qu'ils soient bien montés.

Qu'est-ce que la femme ?

- C'est une fleur qu'il faut cueillir, mais comme elle a pas de queue il faut lui en mettre une...

Pourquoi les hommes éjaculent-ils par saccades ?

- Parce que les femmes avalent par gorgées.

Pourquoi les femmes n'ont-elles pas de bite ?
- Parce qu'elles réfléchissent avec leur tête.

Que feraient les hommes sans femme ?
- Ils dompteraient un autre animal !

Quelle est la différence fondamentale entre une femme qui a ses règles (ou une belle-mère) et un terroriste ?
- Tu peux négocier avec le terroriste !

Comment appelle-t-on une fille à la fois clitoridienne et vaginale ?
- Une fille Tac-O-Tac… parce que tu gagnes à la fois au tirage et au grattage…

Quelle est la différence entre un homme et une femme ?
- La différence entre…

Qu'est-ce que l'homme ?
- C'est un portemanteau où la femme accroche sa fourrure.

Une femme ne voit jamais ce qu'on fait pour elle, elle voit plutôt ce qu'on ne fait pas.

Il n'y a pas de femmes frigides ;
ce sont les mauvaises langues qui disent ça !

Un homme riche est un homme qui gagne plus que ce que sa femme dépense…

Ah, les femmes, ces êtres à la fois si fragiles et si forts, c'est vrai qu'elles sont impossibles à vivre, mais comment vivrait-on sans elles…

Les femmes qui s'efforcent de ressembler aux hommes me donne l'impression d'un manque d'ambition certain, non ?

Les femmes aiment surtout chez les hommes les caractères sexuels secondaires : la voiture, le portefeuille, la villa…

Pourquoi les femmes n'ont-elles pas de couilles ????
- C'est parce qu'elles sont livrées avec le cerveau…

Les fiançailles sont un compromis (un con promis).
Le mariage est une formalité à remplir (une forme alitée à remplir).
Le divorce est un prestige de perdu (un presse tige de perdu).

La différence entre les moustiques et les femmes ?
- Les moustiques, c'est chiant uniquement la nuit.

Quelle est la différence entre une grosse femme et des pantoufles ?
- Aucune, on est bien dedans, mais on ne sort pas avec !!!

Le mariage, c'est comme au restaurant : quand on a la carte sous les yeux, on ne sait que choisir. Alors on se décide un peu au hasard et lorsqu'on voit ce qu'on a dans son assiette, on se dit qu'on aurait mieux fait d'avoir pris la même chose que son voisin.

Le mariage est la principale cause de divorce.

L'amour rend aveugle, le mariage rend la vue.

« Les hommes se marient par lassitude,
les femmes par curiosité…
Les deux sont déçus. » (Oscar Wilde)

Une femme à son mari :
- J'ai une bonne et une mauvaise nouvelle pour toi.
- Ah ?
- Je vais te quitter…
- Ah ? Et la mauvaise nouvelle ?

Socrate a dit :
« Dans tous les cas, mariez-vous,
si vous tombez sur une bonne épouse, vous serez heureux,
si vous tombez sur une mauvaise, vous deviendrez philosophe,
ce qui est excellent pour l'homme. »

Une femme s'inquiète de son avenir jusqu'au jour où elle se marie.
Un homme s'inquiète de son avenir à partir du jour où il se marie.

« Si la femme était bonne, Dieu en aurait une. » (Sacha Guitry)

« Je conviendrai bien volontiers que les femmes nous sont supérieures si cela pouvait les dissuader de se prétendre nos égales. » (Sacha Guitry)

« Le mariage est une merveilleuse institution, qui sert à partager à deux les problèmes qu'on n'aurait jamais eus si on était resté seul. »

Un invité murmure à sa voisine :
- Le champagne vous rend jolie.
- Mais, je n'en ai pas bu une seule coupe.
- Oui, mais moi, j'en suis à ma dixième.

C'est un mec qui dit :
- Je me suis marié deux fois, deux échecs !!
- La première s'est barrée, la seconde est restée.

Pourquoi les majorettes ont un neurone de plus que les chevaux ?
- Pour ne pas chier pendant qu'elles défilent...

Pourquoi les femmes finissent-elles toutes ménopausées ?
- Pour garder du sang pour les varices.

Entre quels orteils les femmes sont-elles les plus chatouilleuses ?
- Entre les deux gros !!!!

Savez-vous pourquoi une jeune fille change de couleur le jour de son mariage ?
- Bah, le matin elle est en clair... Et le soir elle est enfoncée !

Quelle différence y a-t-il entre le pastis et une femme ?
- Le pastis se trouble quand on le mouille, la femme...

Le petit gars demande à son père :
- Papa, quand je suis venu au monde, qui m'a donné mon intelligence ?
- C'est sûrement ta mère, de répondre le père, car moi, j'ai encore la mienne.

Et dans le même genre…

Un enfant demande à sa mère :

- Maman, Papa a dit que nous descendions tous du singe. Est-ce vrai ?

- Je n'en sais rien, mon chéri. Ton père a toujours refusé de me parler de sa famille.

Quelle différence y a-t-il entre une soucoupe volante et une femme intelligente ?

- Il n'y a en pas, tout le monde en parle, mais on n'en a jamais vu.

Trois blondes se baladent le long de la plage. L'une d'elle bute contre une bouteille avec son pied… La bouteille sort de l'ordinaire, alors une des blondes la frotte…

… et un génie apparaît, qui leur promet d'exaucer un vœu pour chacune d'entre elles.

Ce sont des blondes. La première dit :

- J'aimerais être intelligente.

Alors le génie la transforme en une rousse.

La deuxième dit :

- J'aimerais être plus intelligente qu'elle !

Alors le génie la transforme en brune.

La troisième dit :

- Hé ! Je veux être plus intelligente qu'elles deux !

Alors le génie la transforme en homme.

Un extraterrestre (humanoïde) et sa femme ont tout connu sur leur planète, en particulier au niveau sexuel. Ils décident donc de venir voir sur Terre comment c'est. Ils atterrissent chez (admettons) Pierre et Anne, et leur racontent leur histoire, pourquoi ils sont venus sur Terre, etc.

Notre couple terrien, qui sait bien que pareille occasion ne se reproduira pas de sitôt, accepte sans problème un échange de partenaires pour une nuit torride.

Le lendemain matin, après le départ des extraterrestres, notre couple discute de cette nuit si particulière.

Pierre demande :
- Alors, comment c'était ?
Anne répond :
- Ben, c'était absolument génial… Nous sommes allés sur le lit, il m'a caressée, etc., puis il m'a demandé de lui tirer l'oreille gauche, et là son sexe s'est mis à s'allonger de façon incroyable, jusqu'à 40 cm…
- Ah bon, vraiment ?
- Oui, mais c'est pas tout ! Après, il m'a demandé de lui tirer l'autre oreille, et là, son sexe est devenu gros comme mes biceps ! Après, on n'a pas arrêté de faire l'amour pendant toute la nuit. Vraiment inoubliable (sans vouloir te vexer mon chéri) !!! Et toi, alors, comment c'était ???
- Ben, je peux pas vraiment te dire, elle a passé la nuit à me tirer les oreilles !!!

C'est une femme, qui en a marre de la vie et qui décide donc de se jeter du 30e étage d'un immeuble. Arrivée au 20e étage, une main l'attrape et un gars lui dit :
- Est-ce que tu baises ?
- Non
- Tant pis pour toi…
Et il la lâche.
Arrivée au 10e étage, une autre main l'attrape, et on lui dit :
- Est-ce que tu suces ?
- Euh, non…
- Crève alors…
Arrivée au 5e étage, une autre main l'attrape, et on lui dit :
- Est-ce que tu acceptes la sodomie ?
- Euh (après une minute de réflexion et voyant le sol si proche) oui, oui, je baise, je suce et j'accepte la sodomie.
- Salope…
Et il la lâche…

Comment fait-on pour épouser une femme jeune, belle, riche et intelligente ?
- On se marie quatre fois !

« Il y a trois sortes de femmes. Les putes les salopes, et les emmerdeuses.

Les putes, elles couchent avec tout le monde.

Les salopes, couchent avec tout le monde sauf toi.

Et les emmerdeuses couchent avec personne sauf toi. » (André Helena)

La femme, définitions...

Définition philosophique :

La femme est un sujet sur lequel l'homme aime s'étendre.

Définition zoologique :

La femme est un animal sans poil dont la peau est très recherchée.

Définition mathématique :

La femme est un ensemble de courbes qui fait lever une ligne droite.

Définition géographique :

La femme est comme le globe terrestre :

Entre 15 et 25 ans, elle est comme l'Afrique : chaude, à moitié vierge et à moitié inexplorée.

Entre 25 et 35 ans, elle est comme l'Asie : exotique et mystérieuse.

Entre 35 et 45 ans, elle est comme l'Amérique : déjà bien connue, mais encore belle et pleine de ressources.

Entre 45 et 55 ans elle est comme l'Europe : traversée de long en large, et fatiguée, mais vous pouvez encore trouver des endroits intéressants.

Entre 55 et 65 ans, elle est comme l'Australie : tout le monde sait où elle se trouve mais personne ne pense réellement à y aller.

La femme, c'est aussi…
l'addition des ennuis,
la soustraction du porte-monnaie,
la multiplication des ennemis et
la division des hommes.

Pourquoi les femmes ne pètent pas ?
- Parce qu'elles ne gardent pas leur bouche assez longtemps fermée pour avoir assez de pression.

Une fois où j'étais à Paris dans un grand hôtel, je me trouvais dans l'ascenseur, seul. L'ascenseur s'arrêta avant que l'on arrive à mon étage. Une blonde pulpeuse (et certainement évaporée) monte.

Les portes se ferment et aussitôt elle me demande de retirer ma chemise.

Je le fais.

Puis elle me demande d'enlever mes chaussures.

Je le fais.

Enfin elle me demande de retirer tout le reste et puis elle me susurre à l'oreille :

- Et maintenant, fais-moi sentir que je suis une femme…

Alors j'ai pris mes vêtements, et je lui ai dit :

- D'accord, tu peux aller laver ça maintenant.

Pourquoi les femmes simulent la jouissance ?
- Les hommes simulent bien les préliminaires…

Ou
- Parce qu'elles imaginent que ça a de l'intérêt pour nous.

Pourquoi les hommes ne peuvent pas attraper la maladie de la vache folle ?
- Parce que les hommes sont des cochons.

Qu'est-ce qu'elle dit VRAIMENT

Le guide pour les hommes qui traduira ce qu'une femme veut réellement dire lorsqu'elle vous adresse la parole...
Quand elle dit «...» —> elle veut dire «...»

Non —> Oui.

Oui —> Non.

Peut-être —> Non.

Tu veux —> Tu veux.

On a besoin de... —> J'ai envie de...

Bien sûr que non je ne suis pas émue. —> Bien sûr je suis émue, espèce d'idiot !

Je dois te le dire : Éric et moi, on se voit. —> On fait l'amour ensemble depuis plusieurs mois.

J'ai l'impression que je te connais depuis toute ma vie. —> Je suis bourrée.

Est-ce que tu me respecteras encore demain matin ? —> Tu ne le diras pas à tes copains, hein ?

Oh, je ne le fais jamais dès le premier rendez-vous. —> Je le fais dès le premier rendez-vous.

Non pas là. —> Mais tu pourras tout à l'heure.

Tu es... tellement viril. —> Tu devrais te raser, et en plus qu'est-ce que tu transpires.

Bonjour ? Ah oui. Est-ce qu'on ne se serait pas vu vendredi dernier en boîte ? —> J'ai attendu près du téléphone pendant trois jours.

Tu es très amoureux ce soir —> Tu ne penses vraiment qu'au sexe !

Je le crois pas ! Toi, ici ? —> Je t'ai suivi toute la journée.

Non, je ne suis pas énervée —> J'ai mes règles.

Tu montes prendre un dernier verre ? —> Tu viens faire l'amour ?

Allez viens… tu prends juste un verre et tu pourras partir. —> Peut-être tu seras saoul et alors on fera l'amour.

J'aime les hommes qui prennent leurs responsabilités. —> Tu paies l'addition, hein ?

Sois romantique, éteins la lumière ! —> J'ai de la cellulite.

Fais comme tu veux. —> Je te le ferais regretter.

Il faut qu'on parle. —> Je dois me plaindre de quelque chose.

Bien sûr… Vas-y. —> Je ne veux pas que tu fasses ça.

Cette cuisine est vraiment mal foutue. —> Je veux une nouvelle maison.

Je veux des nouveaux rideaux. —>…et des tapis, des meubles du papier peint…

J'ai besoin de nouvelles chaussures —> Dans mes autres quarante paires, aucune ne va bien avec la robe que je viens d'acheter.

Accroche le tableau ici. —> Non, en fait, plutôt ici.

J'ai entendu un bruit. —> J'ai remarqué que tu dormais presque.

Tu m'aimes ? —> Je vais te demander quelque chose de très cher.

Tu m'aimes très fort, hein ? —> Aujourd'hui j'ai fait quelque chose que tu ne vas vraiment pas aimer.

Je serais prête dans une minute. —> Tu peux enlever tes chaussures et te mettre devant la télé.

Est-ce que j'ai un gros cul ? —> Dis-moi que je suis belle.

Tu devrais apprendre à communiquer. —> Tu devrais être d'accord avec moi.

Je suis désolée —> Tu le regretteras.

Tu aimes ce plat ? —> La recette est facile, tu ferais mieux de t'y habituer dès maintenant.

Je ne hurle pas ! —> Oui, je hurle parce que je pense que c'est important.

On sort juste pour acheter du dentifrice. —> Mais on s'arrêtera aussi chez le parfumeur, chez le marchand de chaussures, et puis il me faut une nouvelle robe et peut-être aussi un nouveau sac à main. Au fait, tu as pris ton chéquier ?

Nul besoin de se venger d'une femme,
laisser faire la nature… le temps s'en chargera.

Une femme ne réussira pas dans la vie en dormant… seule.

Une paysanne à son mari :

- Demain c'est l'anniversaire de nos trente ans de mariage, pour la circonstance, on pourrait tuer le cochon ?
- Pourquoi, dit le mari, c'est pas sa faute !

Le mariage vous enseigne la loyauté, la patience, la persévérance, l'humilité, l'épargne… et beaucoup d'autres choses dont vous n'auriez aucun besoin si vous étiez resté célibataire.

« Le mariage, c'est pas la mer à boire,
c'est la belle-mère à avaler. »

« La chaîne du mariage est si lourde
qu'il faut parfois être trois pour la porter… »
Sacha Guitry

Plus belle est la femme qui est amoureuse de vous,
plus il vous est facile de la quitter.

À un cocktail, deux copines discutent :
- Dis donc, ton alliance n'est pas sur le bon doigt !

Et l'autre :
- Oui, c'est parce que je n'ai pas le bon mari.

Un homme est incomplet jusqu'à ce qu'il soit marié.
Là il est vraiment fini.

Un petit garçon demande à son père :
- Papa, combien ça coûte pour se marier ?

Et le père répond :
- Je ne sais pas. Je suis encore en train de payer.

Le fils :
- C'est vrai Papa, que dans certaine parties de l'Afrique un homme ne connaît pas sa femme avant de se marier ?
Le père :
- Et c'est pareil dans tous les pays…

« Je ne savais pas ce qu'était le vrai bonheur jusqu'à ce que je me marie… Mais alors il était trop tard ! »

Pour qu'un mariage soit réussi, il faut beaucoup donner et beaucoup recevoir. En fait, le plus souvent, l'homme donne et la femme reçoit.

Quand un jeune marié a l'air heureux, on sait pourquoi. Quand un homme marié depuis dix ans a l'air heureux, on se demande pourquoi.

La vie maritale est très frustrante.

La première année de mariage, l'homme parle et la femme écoute.

La deuxième année, la femme parle et c'est l'homme qui écoute.

À partir de la troisième année, ce sont les deux qui parlent, et les voisins qui écoutent…

Pendant une dispute, un femme dit à son mari :

- J'étais folle quand je me suis mariée avec toi.

Et le mari répond :

- Je sais, mais comme j'étais amoureux à l'époque, je ne l'avais pas remarqué.

Si un homme ouvre la portière de sa voiture à sa femme, on peut être sûr d'une chose :

- Ou bien c'est la voiture qui est neuve, ou bien c'est la femme.

Lettre d'un mari à sa femme

À toi, ma chère femme,

L'année dernière, j'ai essayé de te faire l'amour 365 fois. J'ai réussi 36 fois, ce qui représente une moyenne d'une fois tous les dix jours. Ce qui suit est une liste des raisons qui font que je n'y suis pas parvenu plus souvent.

On va réveiller les enfants… 34 fois.
Il est trop tard… 15 fois.
Je suis trop fatiguée… 5 fois.
Il est trop tôt… 52 fois.
Il fait trop chaud… 15 fois
Tu as fait semblant de dormir… 49 fois.
Les voisins vont nous entendre… 9 fois.
Mal de dos… 2 fois.
Mal à la tête… 26 fois.
Coup de soleil… 10 fois.
Ma mère peut nous entendre… 36 fois.
Je regarde la télé ce soir… 7 fois.
J'ai mal partout… 9 fois.
Pas d'humeur…21 fois.
J'ai été chez le coiffeur… 6 fois.
J'ai mes règles… 14 fois.
Je dois aller aux toilettes… 19 fois.

Les 36 fois où je suis parvenu à te faire l'amour, le résultat n'a pas été satisfaisant car :

6 fois tu t'es juste couchée et tu as fait la morte.
8 fois tu as entendu des craquements dans le grenier.
4 fois tu m'as dit de me dépêcher.
7 fois j'ai dû te réveiller pour te dire que j'avais fini.
et les autres fois, tu rigolais sans que je sache pourquoi.

Et la réponse :

À toi, mon cher mari,

Je pense que tu as commis quelques erreurs.

Voici les vraies raisons qui font que tu n'as pas eu ce que tu recherchais plus souvent…

Tu es rentré bourré et tu as essayé de baiser le chien… 7 fois.
Tu n'es pas rentré à la maison du tout… 29 fois.
Tu n'as pas réussi à éjaculer… 14 fois.
Tu as éjaculé très (trop) tôt… 26 fois.
Tu as éjaculé avant de me pénétrer… 18 fois.
Tu as eu des crampes aux jambes… 9 fois.
Tu travaillais trop tard… 52 fois.
Tu as eu de l'urticaire, probablement attrapé sur un siège de toilettes… 21 fois.
Tu t'es battu et tu as pris un coup de pied aux parties… 4 fois.
Tu t'es coincé la chose dans ta braguette… 8 fois.
Tu as pris froid, et ton nez coulait… 14 fois.
Tu avais une esquille de bois sous la peau… 4 fois.
Tu t'es emmêlé les pieds dans un fil et tu t'es éclaté le tibia… 8 fois.
Tu étais tellement bourré que tu t'es couché dans le mauvais sens du lit, et tu t'es pris des coups de pied dans la figure en essayant d'embrasser mes pieds… 8 fois.
Tu as oublié d'y penser en rentrant à la maison… 25 fois.
Tu as éjaculé dans ton pyjama en lisant une revue porno… 8 fois.

Quand je me suis couchée en faisant la morte, c'est qu'en fait je faisais le lit.

D'autre part, je ne disais pas qu'il y avait des craquements dans le grenier, mais plutôt : « Tu veux que je me mette sur le dos ou à genou » ?

La fois où je t'ai demandé de te dépêcher, c'est parce que tu avais pété et que j'étais pressée de respirer.

Et les autres fois où je rigolais, c'est parce qu'il y a six mois, j'ai appelé les alcooliques anonymes pour toi, et un de leurs représentants passe tous les après-midi maintenant…

Un gars entre dans un bar, s'avance vers une pin-up avec des jambes incroyables et lui dit :

- Excusez-moi, mais je voudrais vous poser une question : vous iriez au lit avec moi pour 1 million de francs ?
- Un million de francs ? Sans aucun problème !
- Très bien ! Et si c'était pour 200 F ?
- 200 F ? Certainement pas ! Quel genre de fille croyez-vous que je sois ?
- Votre genre, ça c'est bon. Maintenant, il n'y a plus qu'à tomber d'accord sur le prix.

C'est une femme qui va au commissariat de police pour signaler la disparition de son mari. L'inspecteur regarde la photo du gars, la questionne, puis lui demande si elle a un message à transmettre à son mari au cas où ils le retrouveraient :

- Oui. Dites-lui que ma mère ne viendra pas pour les vacances, finalement.

Qu'est-ce qui fait 18 cm de long, 6 cm de large et qui rend les femmes folles ?

- L'argent.

Comment une femme peut savoir qu'elle n'a pas de poitrine ?

- Elle regarde ses pieds et le seul relief qu'elle doit voir, ce sont ses genoux.

Et aussi :

Qu'est-ce qui vous fait dire qu'une femme n'a pas de poitrine ?

- Elle a besoin de bretelles pour maintenir le soutien-gorge.

Quelles sont les trois raisons qui font que la sodomie est plus intéressante que la méthode normale ?

- C'est plus chaud, c'est plus étroit, et c'est plus dégradant pour la femme.

La meilleure voiture du monde, c'est la femme !

En voici les raisons :

1 - Elle démarre sans manivelle mais au doigt.
2 - Elle marche avec les sens.
3 - Elle est utilisable avec ou sans capote.
4 - On la monte sans permis.
5 - Toutes les bougies s'y adaptent.
6 - Elle se graisse automatiquement quand le gicleur est à fond.
7 - Elle se vidange tous les mois.
8 - À l'état normal, elle fait du 69.
9 - Bien réglée, elle fait du 100.
10 - En cas d'incendie, elle fait le pompier.
11 - On peut la monter par devant et par derrière.
12 - Bien gonflée, elle tient neuf mois.
13 - Elle est antipollution, elle avale la fumée.
14 - Bien chauffée, bien rodée, elle tire convenablement.
15 - Elle n'use pas les routes mais les biroutes.
16 - Dans tous les pays, elle jouit d'une flatteuse réputation.
17 - Sa tenue est correcte sur autoroute, irréprochable sur biroute.
18 - La sécurité est assurée même dans les tête-à-queue.
19 - Avec une voiture de ce type, on ne trouve jamais la marche arrière.
20 - En agglomération, quand elle prend une queue, elle suce.
21 - Pour la garder en état, un seul conseil : lavez-la, mais lavez-la souvent.
22 - Elle possède un double airbag en série.
23 - Elle ne consomme que 5 ml par voyage.
24 - Dégivrage arrière en option.
25 - Attention, nous vous rappelons que la « Femme » n'existe qu'en version trois portes.

Quelle est la différence entre une femme enceinte et un pendu ?
- Aucune, ils sont tous les deux victimes d'un nœud coulant...

Quelle est la différence entre un livre et une femme ?
- Le livre commence par l'introduction et se finit par l'index.

Un bonhomme rentre dans une boutique de lingerie fine.
- Je voudrais acheter une soutien-gorge pour ma femme.
- Bien, quelle taille ?
- Hein ?! La taille ?? Ben chais pas.
- Euh, voyons... Elle a des seins comme des pamplemousses ?
- Oooh, noonn !
- Comme deux pommes alors ?
- Non plus, non !
- Alors comme deux œufs ??
- Ouuii, c'est ça !! Comme deux œufs brouillés !

Comment peut-on donner davantage de liberté à une femme ?
- En élargissant sa cuisine.

Pourquoi les femmes ne pissent-elles pas debout ?
- Parce que c'est elles qui lavent les chiottes.

Quelle est la meilleure position pour l'amour pour la femme ?

1) Le 69, parce que madame fume le cigare pendant que monsieur fait la vaisselle.

2) La levrette. On gagne 2 centimètres et on n'est pas obligé de sourire.

Qu'est-ce qui va le plus vite : une fille ou une mobylette ?
- Eh bien, c'est la fille, parce que quand elle est bien réglée, elle fait du 100 !!

Quelle différence y a-t-il entre un ballon et une fille ?
- Un ballon, on le gonfle pour jouer avec… Une fille, on joue avec pour la gonfler…

Pourquoi les filles mettent une culotte pour faire du parachute ?
- Pour que ça ne siffle pas.

---

47 trucs à savoir sur les femmes

1 - Les femmes aiment faire du shopping. Les magasins sont les seuls endroits au monde où elles sont vraiment à leur aise.

2 - Les femmes adorent faire une « affaire ». Ce n'est pas une question de « besoin » mais plutôt une envie irrésistible d'acheter.

3 - Les femmes n'ont jamais rien à se mettre.
Et ne posez pas de question stupide sur la quantité de vêtements qui encombrent la penderie parce que « vous ne pouvez pas comprendre ! ».

4 - Les femmes ont besoin de pleurer. Et elles ne le feront pas dans leur coin et toutes seules, non… Sauf si elles sont sûres que vous pourrez les entendre.

5 - Les femmes vont toujours vous poser des questions pour lesquelles il n'y a pas de bonne réponse. C'est juste pour que vous vous sentiez coupables.

6 - Les femmes aiment parler. Le silence leur fait peur et elles préfèrent dire n'importe quoi pour l'éviter.

7 - Les femmes ont besoin de savoir qu'il existe des gens pires qu'elles. C'est la raison pour laquelle elles adorent regarder des *soaps* à la télé et les *talk shows* où on déballe une vie privée sordide.

8 - Les femmes n'ont pas besoin d'autant de rapports sexuels que les hommes. C'est pourquoi les hommes voient les choses du sexe sous l'aspect physique alors que les femmes le voient sous l'aspect sentimental. En fait, rien que le fait de savoir qu'un homme veut avoir des rapports sexuels avec elles suffit à les combler sexuellement.

9 - Les femmes haïssent les insectes et autres bestioles. Même les plus fortes d'entre elles ont besoin d'un homme pour se débarrasser d'une araignée ou d'une guêpe.

10 - Les femmes ne savent pas garder un secret. Pour elles, en parler à deux ou trois personnes, ce n'est pas le divulguer.

Et puis à quoi bon être au courant d'un secret si on ne peut pas en parler à quelqu'un ?

11 - Les femmes vont toujours aux toilettes en groupe. Ça leur donne une occasion de cancaner.

12 - Les femmes ne savent pas ne pas répondre à un téléphone qui sonne, qu'importe ce qu'elles font à ce moment-là, c'est peut-être « la valise RTL ».

13 - Les femmes pensent que toutes les bières se ressemblent.

14 - Les femmes ont toujours au moins trois shampooings différents, plus deux ou trois après shampooings. Et on ne parle pas de tout l'attirail des crèmes de jour, de nuit, de crépuscule, etc.

15 - Les femmes ne comprennent pas l'engouement des hommes pour les sports. Les hommes ont besoin de ça pour échapper à la réalité quotidienne, alors que les femmes recherchent quelque chose qui leur rappelle comment la réalité « pourrait » être horrible.

16 - Si un homme part en voyage pour une semaine, il prendra des fringues pour cinq jours (ou moins) et mettra certains habits deux fois ;

si c'est une femme qui part en voyage pour une semaine, elle prendra vingt-et-une tenues différentes parce qu'elle ne sait pas de quelle humeur elle sera chaque jour.

17 - Les femmes se coiffent « avant » d'aller au lit.

18 - Regardez comment une femme mange sa glace et vous aurez une bonne idée de ses talents au lit.

19 - Les femmes sont moins payées que les hommes. Sauf une catégorie : les Top models.

20 - Les femmes n'ont « jamais » tort. S'excuser incombe toujours à l'homme. C'est écrit dans la Bible : Hmmm, qui a tendu la pomme à Adam ?

21 - Les femmes n'y connaissent rien en voiture.

22 - Les toilettes des femmes sont « toujours » plus propres que celles des hommes. Quelquefois il y a même des chaises, de la moquette... Les hommes se partagent un urinoir.

23 - Le nombre moyen d'objets dans une salle de bain fréquentée par une femme est de 437. Un homme normalement constitué ne sera jamais capable de reconnaître plus du quart de ces objets.

24 - Les femmes aiment les chats. Les hommes aussi disent qu'ils aiment les chats, mais dès que les femmes tournent le dos, ils leur balancent un bon coup de pied au cul.

25 - Les femmes aiment parler au téléphone. Une femme peut passer l'après-midi à papoter chez une amie. Puis elle rentre chez elle et elle rappelle cette amie au téléphone pour parler encore pendant deux heures.

26 - Une femme va se mettre sur son trente-et-un pour faire ses courses, pour arroser les plantes, pour vider la poubelle, pour répondre au téléphone, pour lire un livre, ou pour aller chercher le courrier.
Un homme préférera un survêtement.

27 - Les femmes préféreront faire plus d'une dizaine de kilomètres en trop, plutôt que de prendre le risque de se perdre en prenant un raccourci.

28 - Les femmes se fatiguent moins que les hommes pendant l'amour. Après tout, elles ne s'endorment pas comme une masse après, elles.

29 - Les femmes « ne veulent pas » de réponse honnête à la question « est-ce que ça me va ? De quoi j'ai l'air ? »

30 - Les règles, c'est le calvaire que doivent subir les hommes tous les mois.

C'est comme ça et pis c'est tout.

31 - Le premier homme nu que voient les femmes, c'est Ken...

32 - Les femmes ne sont jamais sûres d'elles pour trois choses : leur poids, leur popotin et la taille de leurs seins.

33 - Les femmes considèrent qu'un feu rouge est une occasion supplémentaire de se maquiller.

34 - « Oh, rien... » a une signification totalement différente en langage féminin par rapport au langage masculin.

35 - La chenille de Lewis Carroll n'avait rien contre les femmes.

36 - Les femmes ne savent pas utiliser une carte sans la tourner obligatoirement dans la direction qu'elles utilisent.

37 - Toutes les femmes ont, d'après elles, des kilos à perdre ; en général, il s'agit dc dcux ou trois kg, mais nc vous aviscz pas dc mcttrc cettc question sur le tapis à moins qu'elles aient réellement des kilos à perdre.

38 - Si ce n'est pas le jour de la Saint-Valentin, et que vous voyez un homme chez un fleuriste en train d'acheter des fleurs pour sa femme, vous pouvez entamer la conversation avec lui par « Qu'est-ce que vous avez fait comme bêtise ? »

39 - Les femmes voudraient être les égales des hommes, mais sans en subir les inconvénients.

Elles voudraient tous les avantages, mais ne pas avoir à partager les toilettes masculines, ne pas avoir à sortir la poubelle et surtout, ne pas avoir à sortir le chéquier.

40 - Certaines femmes font acheter à leur mari des couvercles de sièges de toilettes en tissu. Ça leur réchauffe le popotin, mais ensuite, le couvercle ne peut plus tenir debout, et les hommes sont obligés de faire de la gymnastique pour aller pisser.

C'est lamentable.

41 - Les femmes ne vérifient jamais que la lunette des W.-C. est abaissée. Elles préfèrent bondir de surprise lorsque leur popotin touche l'émail tout froid (et engueuler ensuite le mari qui a laissé la lunette relevée), plutôt que de prendre une seconde pour abaisser la lunette elles-mêmes.

42 - Les femmes parviennent à faire sauter leur contraventions en minaudant. Avec la même méthode, les hommes se feraient arrêter.

43 - Les femmes n'en ont rien à faire du sens de l'humour chez un mec, alors qu'elles clament le contraire. Vous pensez réellement que Timsit les attire plus que Redford ?

44 - Les femmes simulent l'orgasme parce que les hommes simulent les préliminaires.

45 - On ne trouve rien à redire si on voit deux femmes danser ensemble, on ne les prend pas pour des lesbiennes pour autant. Essayez d'imaginer la même chose avec des hommes.

46 - Les femmes passent des heures à s'habiller pour sortir, et quand elles sont à la soirée, elles passent tout leur temps à voir comment les autres femmes sont habillées.

47 - Les hommes n'attrapent jamais leur femme en train de mater un autre homme ; une femme verra toujours au premier coup d'œil quand son mec matera une autre femme qu'elle.

- Mon vieux ! C'est fou ce que tu peux ressembler à ma femme !
- Sans blagues !
- Parfaitement, la moustache mise à part…
- Mais je n'ai pas de moustache !
- Elle, si.

Comment sait-on si une fille porte une culotte ?
- On regarde si elle a des pellicules sur les chaussures.

Quelle est la différence entre un ascenseur et une jeune fille ?
- Tu mets ton doigts où « t'habites ».

Quelle différence y a-t-il entre une pute et flipper ?
- Le flipper, tu mets une pièce dans la fente pour jouer avec les mains.
- La pute, tu mets une pièce dans les mains pour jouer avec la fente.

Les femmes c'est comme les patates :
c'est sautées qu'elles sont les meilleures.

Les femmes c'est comme les capotes,
ça s'enfile une fois et après ça se jette.

Est-ce qu'une femme est bien faite ?

Pour faire une femme il a fallu cinq corps de métiers : un boucher, un architecte, un tanneur, un menuisier, un tonnelier.

Sachant cela, est-ce que la femme est bien faite ?

Eh bien non, car :

le menuisier l'a mal rabotée et elle est pleine de bosses,

le tonnelier l'a mal sertie et elle est pleine de trous,

le boucher l'a mal saignée et ça recommence tous les mois,

le tanneur lui a mal tanné la peau et il lui reste encore des poils ;

et la pire connerie a été faite par l'architecte : il a placé la salle de jeux à coté des W.-C.

Que fait une femme dans le lit après l'amour ?
- Elle gêne.

Pourquoi les filles ne mettent pas de mini-jupes en hiver ?
- Pour ne pas avoir les lèvres gercées !

À quoi ressemble le sexe d'une femme après une partouze ?
- Essayez de donner un yaourt à un bouledogue.

Blagues anti-hommes
La vie sexuelle des hommes

Quand Dieu créa le monde, il convoqua l'homme pour lui dire qu'il lui accordait vingt ans de vie sexuelle active.

L'homme s'offusqua, trouvant que ce n'était pas suffisant, mais Dieu lui répondit qu'il y avait beaucoup d'autres créatures sur la planète et qu'il fallait diviser cela le plus également possible entre toutes.

Il convoqua ensuite le singe et lui donna vingt ans de vie sexuelle normale. Le singe lui dit que c'était trop, et que dix ans lui suffisaient amplement. Aussitôt, l'homme demanda la permission de récupérer ces dix années supplémentaires et Dieu les lui accorda.

Il convoqua ensuite le chien pour lui donner ses vingt ans de vie sexuelle active, et le chien protesta vivement, affirmant qu'il en avait bien suffisamment de dix. Et l'homme vint les réclamer et les obtint.

Il convoqua finalement le perroquet pour lui donner également ses vingt ans de vie sexuelle active, et lui aussi n'en garda que dix et remit les dix autres à vous savez qui…

L'homme se retira la poitrine gonflée de satisfaction, d'avoir reçu ses cinquante ans de vie sexuelle active.

D'après les commentaires des femmes, ceci explique très bien la vie sexuelle des hommes en général.

- Vingt ans d'une belle normalité.
- Dix ans de singerie.
- Dix ans d'aboiements.
- Et enfin, les dix dernières années à radoter leurs différents exploits…

Une dame rentre à la maison après être allée chez le gynéco. Son mari lui demande ce que le docteur lui a dit sur sa santé. La femme répond :

- Il a dit que j'avais les seins d'une jeune fille de 18 ans !
- Ah, ah, ah, répond le mari goguenard. Et il ajoute : et qu'est-ce qu'il a dit à propos de ton gros trou du cul.
- Oh chéri, nous n'avons pas parlé de toi !!

Pour qu'on reconnaisse la moitié de la valeur d'une femme, il faut qu'elle fasse le double de bien qu'un homme.

Heureusement c'est pas compliqué.

- Dis, ce manteau de fourrure est très beau mais, t'as pas honte qu'un animal innocent paie pour tes caprices ?
- Et depuis quand défends-tu mon mari ?

Pourquoi les veuves n'ont pas d'hémorroïdes ?

- Parce qu'elles n'ont plus leur trou d'cul.

Que ferait la femme sans l'homme ?

- Elle dresserait un autre animal.

Les femmes ont besoin de quatre animaux :

un jaguar dans le garage,
un vison dans l'armoire,
un lion dans le lit,
… et un âne pour payer les factures.

Mais en réalité, elles ont :

une Panda dans le garage,
une chatte dans l'armoire,
un cochon dans le lit,
… et un âne pour payer les factures.

- Chéri, donne-moi du fric pour m'acheter un wonderbra.
- Pour quoi faire ? T'as rien à y mettre !
- Et alors toi, pourquoi achètes-tu des slips ?

Un couple a de très mauvaises relations. Résultat : quand l'un a quelque chose à dire à l'autre, il le lui écrit sur un bout de papier.

Un soir, le mari remet un mot à sa femme : « S'il te plaît, réveille-moi à sept heures demain matin. »

Le lendemain matin, le type se réveille.

- Tiens ? Elle n'est plus là. AAAAAAAAAAAAA AAAAAAAAAA AAARRRRRRRRRRRGGGGGGGGGH.

Il est dix heures passées.

Il trouve un bout de papier sur son lit : « Réveille-toi, il est sept heures ! »

Trois femmes s'épanchent sur leurs adultères respectifs dans le compartiment d'un train :

La première : - Non, je ne peux lui cacher toute cette vérité, je raconterai tout à mon mari.

La deuxième : - Quel courage !

La troisième : - Quelle mémoire !

Trois femmes d'âge mûr prennent le thé et en viennent à parler de leurs époux.

- Mon mari, dit la première, est impuissant à 80% !
- De quoi vous plaigniez-vous, rétorque la deuxième, le mien l'est à100% !
- Le mien, déclare la troisième, est impuissant à 200% !
- Mais c'est impossible voyons !
- Mais si, hier soir il s'est coupé la langue !

L'homme est une chose qui, un jour, est sorti de la femme, et qui passe toute sa vie à tenter d'y retourner.

Une fille et un gars dans un lit :
- Tu fais l'amour comme un lapin.
- Je vois pas comment tu peux juger un gars en 5 secondes ! ! !

C'est Toto qui dit à sa maman :
- Dis Maman, t'as vu ? J'ai donné un sucre au chien et il a remué la queue !
- Super, va donner deux sucres à ton père...

Citations sur les cocus

« Cocu, chose étrange que ce petit mot n'ait pas de féminin. »
(Jules Renard)

« J'ai souvent remarqué, pour ma part, que les cocus épousaient de préférence des femmes adultères. »
(Alphonse Allais)

« Je connaissais une femme très vertueuse. Elle a eu le malheur d'épouser un cocu : depuis, elle couche avec tout le monde. »
(Sacha Guitry)

« Il vaut mieux être plusieurs sur une bonne affaire que seul sur une mauvaise. »
(Tristan Bernard)

« Il y a deux sortes de femmes : celles qui trompent leur mari... et celles qui disent que ce n'est pas vrai ! »
(Maurice Donnay)

« Il y a des femmes dont l'infidélité est le seul lien qui les attache encore à leur mari. »
(Sacha Guitry)

« J'ai fini par m'apercevoir que je n'étais plus le seul à partager la fidélité de mon épouse. »
(Eugène Labiche)

« Ce qui m'exaspère, c'est de penser que ce Monsieur sait maintenant de quoi je me contentais. »
(Sacha Guitry)

Un culturiste emmène une fille dans sa chambre, l'installe sur le lit, et commence un strip-tease.

À chaque fois qu'il enlève un vêtement, il montre l'un de ses muscles en disant :

- Tu vois ça, c'est de la dynamite.

Ça commence par ses biceps : de la dynamite, puis ses pectoraux : de la dynamite, il les énumère tous : de la dynamite. Il finit par ses cuisses, de la dynamite. Et lorsqu'il enlève son slip, la fille lui demande :

- Mais dis moi, c'est pas dangereux autant de dynamite avec une si petite mèche ?

Les bêtes suent…
les hommes transpirent,
et les femmes se contentent d'avoir chaud.

On dit que si les femmes étaient bonnes, Dieu en aurait une !…

Ce que les gens ne savent pas, c'est que lorsque Dieu créa l'homme, elle blaguait !!!

Pourquoi les femmes loupent-elles toujours leurs créneaux en voiture ?

- Parce que les mecs leur ont toujours dit que ça (faire avec les mains un espace de 15 cm), ça faisait 30 cm.

Deux copines prennent un café en discutant. La première remarque que l'autre est toute bizarre. Elle lui demande :

- Quelque chose te préoccupe on dirait ? Tu as l'air anxieuse…
- Si tu savais ! Mon petit ami vient tout juste de perdre toutes ses économies en bourse !
- Oh, c'est vrai ? C'est vraiment dommage. Je suis sûre que tu dois beaucoup t'en faire pour lui ?!
- Oui, c'est vrai, il me manquera.

Dieu dit à Adam :
- J'ai une bonne et une mauvaise nouvelle pour toi Adam, laquelle veux-tu connaître en premier ?
Adam dit :
- Dites-moi la bonne d'abord.
Dieu dit :
- Je vais te donner un pénis et un cerveau. Grâce à cela, tu auras beaucoup de plaisir et beaucoup de raisonnement.
Adam répond :
- Merveilleux ! Mais quelle est la mauvaise nouvelle ?
Dieu dit :
- C'est que ta pression sanguine ne te permettra que de faire fonctionner un des deux organes à la fois.

La vengeance des femmes

1 - Pourquoi les blond jokes sont si courtes ?
- Pour que les hommes les comprennent.

2 - Quel est le nom du livre le moins épais au monde ?
- « Ce que les hommes savent des femmes ».

3 - Comment savoir si un homme est excité sexuellement ?
- S'il respire.

4 - Pourquoi est-ce qu'une femme s'essuie les yeux (ou se gratte le cuir chevelu) au réveil ?
- Parce qu'elle n'a pas de testicule.

5 - Quelle est l'idée que les hommes se font des préliminaires ?
- Une demi-heure de drague.

6 - Comment empêcher un homme de se noyer ?
- En enlevant le pied qui est sur sa tête.

7 - Combien de mec ça prend pour visser une ampoule ?
- Un… Les hommes enfileraient n'importe quoi.

8 - Qu'est-ce qu'un homme avec un Q.I. de 50 ?
- Un surdoué.

9 - Comment savoir si un homme est heureux ?
- On s'en fout.

10 - Qu'est-ce que les hommes et les canettes de bière ont en commun ?
- Tous les deux sont vides à partir du col.

11 - Combien de mecs pour changer un rouleau de papier-toilettes ?
- Personne ne sait… Ça n'est jamais arrivé.

12 - Pourquoi les hommes ont toujours un regard stupide ?
- Parce qu'ils sont stupides.

13 - Pourquoi les hommes sont comme les places de parking ??
- Les bon(ne)s sont toujours pris(es)… Et ceux (celles) qui restent sont les handicapé(e)s.

14 - Qu'est-ce que les hommes ont en commun avec les carreaux de carrelage ?
- Si vous les posez bien la première fois… Vous pouvez leur marcher dessus toute la vie.

15 - Qu'est-ce que les hommes ont en commun avec le papier-toilettes, les anniversaires, et le clitoris ?
- Ils les ratent tout le temps.

16 - Une bonne définition d'un homme ?
- Un vibromasseur équipé d'un portefeuille.

17 - Comment appelle-t-on un bouton sur la fesse d'un homme ?
- Une tumeur au cerveau.

18 - Quelle différence y a-t-il entre un homme et la lettre Q ?
- Aucune : ce sont deux zéros avec une petite queue.

19 - Quelle est la différence entre un homme et une prison ?
- Dans une prison, il y a des cellules grises.

20 - Comment appelle-t-on du sperme d'homme ?
- Du jus de légume.

21 - Lorsque deux gays font l'amour, lequel fait la femme ?
- Le plus intelligent.

22 - Comment appelle-t-on un homme qui a perdu son intelligence ??
- Un veuf.

Qu'est-ce que Dieu a dit après avoir créé l'homme ?
- Je peux faire mieux.

Pourquoi les jockeys courent sur de la pelouse artificielle ?
- Pour ne pas avoir à la tondre.

Qu'est-ce qu'un homme intelligent aux États-Unis ?
- Un touriste.

Pourquoi les hommes donnent un petit nom à leur pénis ?
- Parce qu'ils veulent appeler par son prénom la personne qui guide toutes leurs décisions.

Ou
- Parce qu'ils n'aiment pas recevoir d'ordre d'un étranger.

Pourquoi les hommes se masturbent ?
- Comme ça, ils font l'amour avec quelqu'un qu'ils aiment.

Pourquoi Dieu a-t-il créé l'homme ?
- Parce qu'un vibromasseur ne sait pas tondre le gazon.

Qu'est ce que la stupidité crasse ?
- 144 hommes dans une pièce.

Comment les hommes trient leur linge ?
- « Dégueulasse » et « vraiment immettable ».

Seul un homme est capable d'acheter une voiture 5 000 F et d'installer une chaîne hi-fi de 20 000 F dedans.

Pourquoi est-ce que les hommes ont reçu un cerveau plus gros que celui des chiens ?
- Pour qu'ils ne se branlent pas sur les jambes des femmes en public.

Quelle est la différence entre un clitoris et un pub ?
- Neuf mecs sur dix sont capables de trouver un pub.

Comment s'appelle le tissu gras situé à la base du pénis ?
- Un homme.

Quelle est la différence entre un divan et un homme qui regarde le foot à la télé ?
- Le divan n'est pas toujours à demander qu'on lui apporte une bière.

Pourquoi est-ce que la psychanalyse des hommes est plus rapide que celle des femmes ??

- Parce qu'il s'agit de remonter dans l'enfance, et avec les hommes, on y est déjà.

Comment faire pour qu'un homme arrête de toujours vouloir faire l'amour ?

- En l'épousant.

Quelle est le point commun entre un ex-mari et un appendice enflammé ?

- Les deux vous ont fait très mal, et après qu'on les ait enlevés, vous vous rendez compte qu'ils ne vous servaient à rien.

Pourquoi les hommes sont comme les toilettes publiques ?

- Ou bien ils sont occupés, ou bien ils sont pleins de merde, ou bien ils sont hors service.

Quel est un bon moyen de garder un mec intéressé par vous ?

- Porter une parfum qui sent la bière.

Pourquoi les hommes ont un trou au bout du pénis ?

- Pour que l'oxygène accède au cerveau.

Qu'est-ce que les hommes apprécient plus que le sexe ?

- Avoir leurs potes qui les croient lorsqu'ils en parlent.

Comment savoir si un homme a eu un orgasme ?

- Il roule sur le côté et commence à ronfler.

Quelle est la ressemblance entre les hommes et du pop-corn fait au micro-onde ?

- Les deux viennent en trente secondes.

Comment faire pour qu'un macho arrête d'appeler son pénis « ma baguette magique », « mon bazooka », « mon six coups » « ma chose énorme ? »

- En lui demandant : « est-ce qu'elle est dedans là ? »

Quelle est la définition des préliminaires pour un homme ?

- Ouvrir la fermeture éclair de son pantalon.

Comment les femmes mariées notent leur mari au lit ?

- Un bon amant s'endort tout de suite après l'amour,

un amant médiocre s'endort pendant l'amour,

et un mauvais amant s'endort avant de faire l'amour et se réveille trente minutes plus tard en demandant si sa femme a jouit.

Qu'est-ce qu'un homme imaginatif en amour ?

- Un homme qui connaît plus de trois positions.

Un mari rentre à la maison et trouve sa femme au lit avec un autre homme.

- Je ne comprends pas, crie-t-il. Qu'est-ce que vous faites, mais qu'est-ce que vous faites !...

Sa femme se tourne vers son amant et dit :

- Tu vois, je te l'avais dit qu'il était idiot.

Quelle est la différence entre une femme et une petite amie ?

- vingt kilos.

Le mari rentre d'une visite médicale et dit à sa femme que le docteur a besoin d'un échantillon d'urine, d'un échantillon de selles et d'un échantillon de semence.

- Facile, dit la femme. Tu n'as qu'à lui donner un de tes caleçons.

Quelles sont les trois choses impossibles à réaliser par un homme ?

1) Admettre une erreur.
2) Ne pas s'endormir après l'amour.
3) Demander leur direction quand ils sont perdus.

Quelle est la différence entre un mari et un petit ami ?

- vingt minutes.

Pourquoi les hommes ne font pas de crise à l'andropause ?

- Parce qu'ils restent coincés à l'adolescence

Qu'est-ce qui fait que les hommes sont toujours à courir après les femmes, sans aucune intention de les marier pour autant ?

- La même raison qui fait que les chiens poursuivent les voitures sans pour autant avoir l'intention de conduire.

Quel est le pire cauchemar d'un homme ??

- Il doit se faire à manger lui-même,
- Son patron est une femme,
- Il doit demander de l'argent à sa femme,
- La télé tombe en panne le jour de la finale de la Coupe du monde de foot.

Pourquoi les célibataires aiment les femmes intelligentes ?

- Parce que les contraires s'attirent.

Quels sont les points communs entre les maris et les tondeuses à gazon ?
- Ils sont difficiles à démarrer, ils sont malodorants, et ils ne fonctionnent pas la plupart du temps.

Quel est la chose la moins utile sur le corps des femmes ?
- Un mec d'une quarantaine d'années.

Qu'est-ce qu'il dit VRAIMENT

Le guide pour les femmes, qui leur traduira ce qu'un homme veut réellement dire lorsqu'il leur adresse la parole...
Quand il dit «...» —> il veut dire «...»

J'ai faim —> J'ai faim.

J'ai envie de dormir —> J'ai envie de dormir.

Je suis fatigué —> Je suis fatigué.

Ça te dit d'aller voir un film ? —> Je coucherais bien avec toi.

Je t'invite à dîner —> Je coucherais bien avec toi.

Je peux t'appeler un de ces quatre —> Je coucherais bien avec toi.

Tu m'accordes cette danse ? —> Je coucherais bien avec toi.

Belle robe ! —> Superbe décolleté.

Tu as l'air tendue ; si je te faisais un massage ? —> J'ai envie de te caresser.

Qu'est-ce qui ne va pas ? —> Je ne vois pas pourquoi tu fais tant d'histoires pour si peu de choses.

Qu'est-ce qui ne va pas ? —> Je suppose que faire l'amour ce soir est hors de question.

Je m'ennuie —> Si on faisait l'amour ?

Je t'aime —> Faisons l'amour.

Je t'aime aussi —> Maintenant que je l'ai dit… on peut faire l'amour ?

Si si, j'aime ta nouvelle coupe de cheveux —> Je préférais comme tu étais avant.

Si si, j'aime ta nouvelle coupe de cheveux —> Tu parles, 250 F et c'est strictement pareil qu'avant.

D'accord, parlons ! —> J'essaie de t'impressionner en te faisant remarquer que je ne suis pas superficiel (et peut-être qu'après, on fera l'amour).

Veux-tu m'épouser ? —> Je voudrais que tu arrêtes de faire l'amour avec d'autres types que moi.

(Pendant le shopping) Je préfère celle-là —> Prends n'importe quelle robe et rentrons !

Je ne pense pas que cette jupe et ce chemisier vont bien ensemble. —> Je suis gay.

Tu veux —> Je sais ce que tu veux.

J'ai besoin —> Je veux.

C'est ton choix —> Je n'en n'ai aucune idée, donc décide et je prendrai la demi-responsabilité.

Fais ce que tu veux —> Je vais m'allonger sur le sofa et dormir.

Il faut qu'on parle —> Je dois me plaindre de quelque chose.

Bien sûr, vas-y —> Je ne veux pas que tu y ailles, mais je l'utiliserai lors de notre prochaine dispute pour te montrer combien je te supporte.

J'ai faim —> (a) Fais-moi à manger.
—> (b) Arrête ce que tu fais, récupère tes derniers francs, va au supermarché, ramène ce qu'il faut pour moi et mes potes, reviens, fais la cuisine, et pendant que tu y es, passe-moi une bière. Je me fiche de savoir si que ce que tu fais est important.

Je ne suis pas en colère. —> Bien sûr que je suis en colère, mais seul un imbécile l'admettrait.

Tu es si… féminine —> Tu fais la cuisine, le linge, les fenêtres ?

Je me sens romantique —> Il n'y a pas de foot ce soir.

Je ne suis pas émotif ! —> Je perds mes cheveux !

Sois romantique, éteins la lumière. —> Des bouteilles de bières, où ça ?

Cette salle à manger est tellement incommode. —> Je ne peux pas voir la télé d'ici.

La voiture a un problème. —> Je veux un plus gros moteur pour faire joujou avec.

Le lave-vaisselle est plein. —> Je ne sais plus où cacher la vaisselle sale.

La télécommande est cassée. —> Amène-toi et change de chaîne pour moi.

Mes outils sont obsolètes. —> Je ne sais pas comment les utiliser, et la pub dit que même un singe peut utiliser les nouveaux.

J'ai besoin de nouvelles chaussures. —> La paire que j'ai depuis la fac est fichue.

Je n'ai pas besoin de demander où on est. Je le sais très bien. Je prends juste une route touristique. —> P… ! Mais où je suis ? !

Tu veux te blottir contre moi ? —> J'ai remarqué que tu t'endormais.

Tu m'aimes ? —> J'ai fait quelque chose de stupide et tu pourrais le découvrir.

Tu m'aimes vraiment ? —> J'ai fait quelque chose de stupide et tu va le découvrir tôt ou tard.

Dis-moi combien tu m'aimes. —> J'ai fait quelque chose de réellement stupide et quelqu'un va bientôt te le dire.

En réponse à « Qu'est-ce qui ne va pas ? »

Rien —> Je suis au milieu d'un fantasme. Tire-toi.

Tout —> Une superbe fille de 18 ans m'a appelé « Monsieur ».

Rien, réellement —> C'est juste que je suis un tel co… ard.

Je ne veux pas en parler. —> Je suis impuissant.

Les hommes, et leur manière de faire… pipi

Le type sociable
—> Il se joint à ses amis pour une pisse qu'il en sente le besoin ou pas, étant donné que ça coûte rien et que ça engendre la compréhension.

Le type gêné
—> Ne peut pisser quand on le regarde, prétend qu'il a déjà eu envie et revient plus tard.

Le type nerveux
—> Sa braguette bloque, il se fâche et déchire le devant de son pantalon.

Le type bruyant
—> Il siffle, chante, rote, pète et parle fort tout en se secouant.

Le type stupide
—> Pisse dans la jambe de son pantalon, mouille ses souliers et sort la braguette ouvertc.

Le type talentueux
—> Il pisse sans se la tenir tout en arrangeant sa cravate.

Le type lunatique
—> Il déboutonne sa veste, sort sa cravate et urine dans son pantalon.

Le type enfantin
—> Regarde le fond de l'urinoir et admire les bulles.

Le type vantard
—> Défait cinq boutons alors que deux suffiraient.

Le type niais
—> S'amuse à faire des zigzags dans l'urinoir.

Le type curieux
—> Essaie toujours de voir comment son voisin est équipé.

Le type grognon
—> Il se tient devant l'urinoir tout en se parlant, pète, essaie de pisser mais n'y parvient pas. Pète à nouveau et sort en grognant.

Le type hypocrite
—> Lâche un pet silencieux, renifle et jette un regard accusateur vers son voisin.

Le type snob
—> Se tient à un mètre de l'urinoir et tient sa verge à deux mains.

Le type cochon
—> Trouvant tous les urinoirs occupés pisse par terre comme si de rien n'était.

Le type endormi
—> Secoue son petit ami pour le réveiller mais n'y parvient pas.

Le type loucheur
—> Se place devant l'urinoir, regarde celui de gauche et pisse dans celui de droite.

La revanche des blondes

Les femmes ont des goûts simples dans la vie.
Un exemple ?... les hommes.

Le seul problème pour la femme, c'est l'homme.

Chaque homme a le pouvoir de rendre une femme heureuse... en restant célibataire.

Les femmes aiment avoir des enfants, mais en plus elles doivent souvent en épouser un.

Le malheur avec les femmes, c'est que parfois elle s'excitent pour rien, et qu'elles finissent par se marier avec.

La différence entre les hommes et les cochons ?
-... Les cochons ne se transforment pas en homme quand ils ont bu.

Qu'est-ce qu'un homme qui a perdu 98 % de son bon sens ?
- Un veuf.

- Maman, qu'est-ce que c'est un orgasme ?
- Je ne sais pas..., demande à ton père.

Les hommes nous appellent leur « petit oiseau », peut-être à cause de tous les vers qu'on ramasse ?

Quelle est la partie de chair inutile autour du pénis ?
- Un homme…

Comment être un homme, un vrai

Les règles à respecter pour paraître un homme aux yeux des filles.

1 - Ne l'appelez pas. Jamais.

2 - Si une fille ne vous plaît pas, ne lui dites pas. C'est plus marrant si elle s'en rend compte par elle-même.

3 - Mentez.

4 - Donnez un nom à votre pénis. Choisissez quelque chose de bien narcissique et de bien vantard comme « mégabite ».

5 - Si vous avez perdu ou détruit quelque chose qu'on vous avait prêté, dites-lui que vous l'avez expédié par la poste, ou bien que vous lui avez déjà rendu.

6 - Masturbez-vous aussi souvent que possible. Parlez-en à tout le monde.

7 - Soyez aussi ambigu que possible. Si vous ne voulez pas répondre, un grognement suffira.

8 - Souvenez-vous toujours que vous êtes un homme. Par conséquent, quelque soit le problème, ce n'est pas de votre faute.

9 - Mentez.

10 - Les filles sont folles des mecs qui prennent plus de filles que de bains.

11 - Ne demandez jamais d'aide. Même si vous en avez grandement besoin, ne demandez pas : les gens penseraient que vous n'avez pas de pénis.

12 - Les femmes aiment qu'on les ignore. Ça les stimule.

13 - Si - Dieu vous en préserve ! - vous devez parler à une fille au téléphone, utilisez seulement des mots d'une syllabe et des bruits divers. Tous les bruits naturels sont tolérés.

14 - Jurez et crachez. C'est aussi ça un homme.

15 - Une façon imparable de faire qu'une fille vous aime, c'est d'entreprendre sa meilleure amie. Elle verra alors ce qu'elle perd et elle vous aimera pour ne l'avoir pas abandonnée.

16 - Dites-lui que vous l'appellerez. Puis référez-vous à la règle numéro 1.

17 - Ne portez pas de vêtements assortis avec goût. Les gens croiraient que c'est votre petite amie qui choisit vos fringues.

18 - Mentez.

19 - Niez tout. Vraiment tout.

20 - Si vous avez envie d'une fille, parlez-en à toutes les filles que vous connaissez, et surtout aux filles qui ont des vues sur vous (certainement toutes d'ailleurs) : elles ont vraiment envie de savoir.

21 - Faites celui qui ne sait pas.

22 - Si vous savez, prétendez l'inverse et ne tenez aucun compte de ce qu'on vous dit.

23 - Non signifie oui.

24 - Oui veut dire non.

25 - Si vous n'avez pas de relation sexuelle aussi souvent que vous le désirez, vos testicules vont se ratatiner, et vous tomberez malade. Vous risquez même de mourir. Cette règle est une des plus importantes.

26 - Si on vous le demande, oui, vous avez déjà fait l'amour dans toutes les positions et dans n'importe quel endroit.

27 - Des sentiments ? Quels sentiments ?

28 - La vie n'est qu'une grande compétition : si quelqu'un vous dit qu'il est meilleur que vous pour quelque chose, ou bien vous lui dites qu'il ment, ou bien vous lui bottez le cul.

29 - Mentez, je vous dis !!

30 - Ne prenez aucune décision sur votre vie sentimentale. Si on vous presse de prendre une décision, gagnez du temps. Et si vraiment on insiste, tirez-vous en avec une pirouette. Exemple :
- Chéri, quand m'invites-tu pour un dîner en amoureux ?
- Quand tu sauras me dire combien de spermatozoïdes je produis chaque jour.

31 - À chaque occasion, faites remarquer comme les choses peuvent évoquer les organes sexuels (si, par chance, vous avez de la pâte à modeler, faites donc une réplique de votre pénis mais en prenant soin d'exagérer les dimensions d'un bon 25 %).

32 - Mentez.

34 - « Amour » n'est pas un mot de votre vocabulaire. Ne pensez même pas à l'utiliser.

35 - Une règle générale : si quelque chose ne vous satisfait pas complètement en cinq minutes, ça ne vaut vraiment pas la peine de continuer.

36 - Larguez votre petite amie. Demandez-lui pardon et dites que vous vous en voulez. Larguez-la encore. Répétez le cycle.

37 - Mentez.

38 - Excusez-vous à chaque fois qu'on attend ça de vous, mais ne le pensez jamais.

39 - Essayez d'avoir de la mémoire. Mais ce n'est pas grave si vous oubliez des choses triviales comme l'anniversaire de votre copine ou la couleur de ses yeux.

40 - L'ignorance résout les problèmes : si vous ne pouvez pas les voir, ils ne pourront pas vous voir non plus.

41 - Ce n'est pas un devoir d'être responsable de vos actes.

42 - Jouez avec la nourriture seulement si vous êtes dans un endroit public avec des gens que vous ne connaissez pas.

43 - Jouez avec votre pénis surtout si vous êtes dans un endroit public avec des gens que vous ne connaissez pas.

44 - Si les gens expriment un dégoût extrême sur ce que vous faites, n'arrêtez pas, car c'est justement ce qu'ils attendent de vous.

45 - Vous n'êtes pas vierge. Les mâles naissent sans leur virginité d'ailleurs.

46. Vous êtes un mâle. Donc vous êtes supérieur.

47 - Emploi du temps pour une soirée masculine typique : acheter de la bière. La boire. Regarder un porno à la télé. Se masturber. Aller se coucher.

48 - Ne remarquez jamais un quelconque changement chez une femme.

49 - Si vous sortez avec une fille, mais qu'en réalité vous en aimez une autre, ne lui en parlez pas.

Attendez que la fille avec qui vous sortez tombe amoureuse de vous, et à ce moment-là, dites-lui.

50 - Règle fondamentale pour les rendez-vous : la quantité, pas la qualité.

51 - Règle fondamentale pour le sexe : la quantité c'est la qualité.

52 - Mentez.

53 - Si vous mentez à une fille, et que personne ne s'en rend compte, alors techniquement, vous n'avez rien fait de mal.

54 - Pleurer, ce n'est pas pour les hommes. Et plus encore : si vous êtes un homme, pour quoi pouvez-vous pleurer de toute façon ?

55 - Si la question commence par « Pourquoi » alors la réponse est « Je ne sais pas ».

56 - Souvenez-vous : chaque fille encore vierge n'a gardé sa virginité que pour vous.

57 - Si quelqu'un vous demande une faveur
a) Insistez sur le fait que ça va être très dur pour vous de la réaliser,
b) Rappelez-lui ensuite toutes les cinq minutes et pour le reste de sa vie l'énoooorme faveur que vous lui avez faite.

58 - La meilleure position pour le sexe : c'est vous, couché sur le dos… et vingt filles sur le lit.

59 - Si on vous demande de faire quelque chose que vous ne voulez vraiment pas faire, d'abord faites de votre mieux pour éviter d'avoir à le faire. Si ça ne marche pas, faites ce qu'on vous demande, mais plaignez-vous en disant que vous ne savez pas le faire et posez continuellement des questions sur la façon dont la chose doit se faire. Et si, malgré tout, personne ne vient vous remplacer pour faire le travail à votre place, finissez le travail en le bâclant du mieux que vous pouvez et dites alors : « Tu vois ?? Je te l'avais dit que je ne savais pas le faire ». Grâce à cette méthode, rapidement plus personne ne viendra vous demander de l'aide.

60 - Pensez à boire votre bière.

61 - Mentez.

62 - Et le foot à la télé ?

Comparaison homme-chien avec le point de vue de la femme

POURQUOI LES CHIENS SONT MIEUX QUE LES HOMMES

- Les chiens ne se vantent pas quand ils dorment avec quelqu'un.
- Vous n'avez pas de soupçons sur les rêves de votre chien.
- Les chiens magnifiques ne savent pas qu'ils sont magnifiques.
- La seule chose que votre chien peut vous filer, c'est des puces (la rage, ça serait pas de chance).
- Les chiens ne se gênent pas pour montrer leur affection en public.
- Les chiens vous manquent lorsque vous partez.
- Vous ne vous demandez jamais si votre chien est assez bon pour vous.
- Les chiens se sentent coupables quand ils ont fait quelque chose de mal.
- Les chiens sont contents quelle que soit la K7 vidéo que vous avez choisi de louer, parce qu'ils savent que la chose la plus importante, c'est d'être ensemble.
- Les chiens n'ont pas peur de votre intelligence.
- On peut apprendre à un chien.
- Les chiens savent ce que « NON » veut dire.
- Les chiens n'ont pas pour habitude de tuer ceux de leur propre espèce.
- Les chiens vous prennent pour un génie culinaire.
- Vous pouvez apprendre un chien à être propre à la maison.
- Les chiens n'éprouvent pas le besoin de vous abandonner pour quelqu'un de plus jeune au bout de quelques années de vie commune.
- Les chiens plaisent toujours à votre famille.

- Les chiens s'en foutent si vous conduisez la voiture pendant tout le trajet.
- Les chiens n'appuient pas sur des freins imaginaires.
- Les chiens l'admettent lorsqu'ils sont perdus.
- Les chiens s'en foutent que vous vous rasiez les jambes.
- Les chiens ne sont pas embêtés si vous gagnez plus qu'eux.
- On peut forcer un chien à prendre un bain.

POURQUOI LES CHIENS ET LES HOMMES, C'EST PAREIL

- Les deux prennent trop de place dans ou sur le lit.
- Les deux ont une peur irrationnelle de l'aspirateur.
- Les deux sont intimidés par leurs propres enfants.
- Les deux marquent leur territoire.
- Les deux ne savent pas poser une question.
- Aucun des deux ne sait dire ce qui les embête.
- Les plus petits sont souvent les plus énervés.
- Aucun des deux ne fait la vaisselle.
- Les deux pètent sans se gêner.
- Aucun des deux ne remarque lorsque vous avez changé de coiffure.
- Les deux n'aiment jouer que pour dominer l'autre.
- Les deux sont très susceptibles quand ils voient le postier.
- Aucun des deux ne sait répondre au téléphone.
- Aucun des deux ne comprend pourquoi vous aimez les chats.
- Les deux éprouvent de la fascination envers l'entrejambe des femmes.

POURQUOI LES HOMMES SONT MIEUX QUE LES CHIENS

- Les hommes ne salissent que deux pieds lorsque le temps est boueux.
- Un homme ne veut pas systématiquement jouer avec les autres hommes qu'il rencontre lorsque vous vous promenez avec.
- Les hommes savent ouvrir les boîtes de conserve eux-mêmes.
- Les chiens ont une haleine de chien « tout le temps ».
- Les hommes connaissent les mathématiques.
- Les hommes sont acceptés à l'hôtel et dans les restaurants.

- Les hommes ne vont pas bouffer la bouffe du chat dès qu'on a le dos tourné.

- J'ai été proposé comme président de la fédération des Maris opprimés.
- As-tu accepté ?
- Bah non, ma femme ne m'a pas laissé y aller.

- Chez moi, je m'occupe des questions importantes et ma femme de celles plus courantes.
- Donne-moi des exemples
- Par exemple, je décide si l'agression à Bagdad a été injuste, et ma femme décide de l'endroit où on va passer nos vacances.

Pourquoi une femme intelligente préfère être célibataire ?
- Parce quelle préfère avoir un petit peu de bacon dans le frigo qu'avoir un gros porc dans le salon !!

Et en plus un télégramme à envoyer à une copine qui se marie :
- Pourquoi pour un saucisson avoir pris tout un cochon ?

Qu'est-ce qui pèse
…500 livres le matin…
…200 livres le midi…
… et 10 livres le soir… ???
Réponse : le mari !
…quand sa femme le matin lui dit : lève-toi mon gros… !
Le midi, elle lui dit : viens manger mon cochon !
Pis… le soir au coucher : viens t'coucher mon lapin !

Blagues et problèmes divers, fourre-tout...

Un problème vu sous différents enseignements

Voici la définition d'un petit problème mathématique, vu selon plusieurs périodes d'enseignement en France.

Enseignement de 1960
Un paysan vend un sac de pommes de terre pour 100 F. Ses frais de production s'élèvent aux 4/5 du prix de vente. Quel est son bénéfice ?

Enseignement de 1970
Un paysan vend un sac de pommes de terre pour 100 F. Ses frais de production s'élèvent aux 4/5 du prix de vente, c'est-à-dire 80 F. Quel est son bénéfice ?

Enseignement moderne de 1970
Un paysan échange un ensemble « P » de pommes de terre contre un ensemble « M » de pièces de monnaie.

Le cardinal de l'ensemble « M » est égal à 100, et chaque élément sigma de « M » vaut 1 F.

Dessine 100 gros points représentant les éléments de l'ensemble « M ». L'ensemble « F » des frais de production comprend 20 gros points de moins que l'ensemble « M ».

Représente « F » comme un sous-ensemble de « M » et donne la réponse à la question : quel est le cardinal de l'ensemble « B » des bénéfices (à dessiner en rouge).

Enseignement rénové de 1980

Un agriculteur vend un sac de pommes de terre pour 100 F. Les frais de production s'élèvent à 80 F, et le bénéfice est de 20 F.

Devoir : souligner les mots « pomme de terre » et discutes-en avec ton voisin.

Enseignement réformé de 1980

Un peizan kapitalist privilégié sanrichi injustemant de 20 F sur un sak de patat. Analiz le tekst et recherch lé fôte de contenu de gramère d'ortograf et de ponktuassion et ansuite di se ke tu panse de sept maniaire de sanrichir.

Enseignement assisté par ordinateur de 1990

Un producteur de l'espace agricole on-line consulte en conversationnel une data-bank qui display le day-rate de la patate. Il load son progiciel de computation fiable et détermine le cash-flow sur écran bitmap haute-résolution.

Dessine avec ta souris le contour intégré 3D du sac de pommes de terre puis logue-toi au réseau Arpanet par le code 3615 B.P. (Blue Potatoe) et suis les indications du menu pour plotter le graph sur ta super imprimante laser.

Enseignement en l'an 2000

Qu'est-ce qu'un paysan ?

Différentes idéologies expliquées par référence aux vaches

FÉODALISME

Vous avez deux vaches. Votre seigneur prend un peu de lait.

CAPITALISME

Vous avez deux vaches, vous en vendez une et vous en achetez deux autres avec le produit de la vente.

SOCIALISME

Vous avez deux vaches, le gouvernement subventionne l'achat de la troisième, mais vous devez vendre les deux premières pour payer vos impôts.

SOCIALISME PUR ET DUR

Vous avez deux vaches. Le gouvernement vous les prend et les met dans une étable avec les vaches d'autres éleveurs.

Vous devez entretenir toutes les vaches. Le gouvernement vous donne tout le lait dont vous avez besoin.

FASCISME

Vous avez deux vaches, le gouvernement les réquisitionne et vous autorise à lui acheter un peu de lait écrémé.

COMMUNISME PUR ET DUR

Vous avez deux vaches. Votre voisin vous aide à les entretenir, et vous partagez le lait.

COMMUNISME SOVIÉTIQUE

Vous avez deux vaches. Vous devez les entretenir, mais le gouvernement prend le lait.

COMMUNISME CAMBODGIEN

Vous avez deux vaches. Le gouvernement les prend et vous tue.

DICTATURE

Vous avez deux vaches. Le gouvernement les prend et vous incorpore dans l'armée nationale.

DÉMOCRATIE PURE ET DURE

Vous avez deux vaches. Vos voisins décident de qui prend le lait.

DÉMOCRATIE REPRÉSENTATIVE

Vous avez deux vaches. Vos voisins élisent quelqu'un pour choisir qui prendra le lait.

BUREAUCRATIE (EUROPÉANISME)

Vous avez deux vaches. D'abord le gouvernement vous dit avec quoi vous devez les nourrir et comment vous devez les traire. Puis il vous paie pour ne pas les traire. Puis il vous prend les deux vaches, en tue une, traie l'autre et jette le lait dans le caniveau. Puis il vous demande de remplir des formulaires pour comptabiliser les vaches manquantes.

ANARCHIE PURE ET DURE
Vous avez deux vaches. Ou bien vous vendez le lait à un tout petit prix, ou bien vos voisins essaient de prendre les vaches et de vous tuer.

ANARCHO-CAPITALISME
Vous avez deux vaches. Vous en vendez une et achetez un taureau.

SURRÉALISME
Vous avez deux girafes. Le gouvernement vous oblige à prendre des cours d'harmonica.

OLYMPISME
Vous avez deux vaches, une américaine et une chinoise. Avant la compétition, on vous montre à la télé un reportage de quinze minutes qui retrace comment la vache américaine a surmonté les affres d'une jeunesse passée dans les ghettos noirs et blancs, avec des parents divorcés etc. Puis on vous montre pendant dix secondes la vache chinoise battue chaque jour par un fermier tyrannique et ayant vu ses parents abattus, dépecés et découpés devant ses yeux.

La vache américaine gagne l'épreuve, triomphant malgré une sévère foulure de la mamelle, et gagne plusieurs millions de dollars grâce à un contrat passé avec un vendeur de soja. La vache chinoise est conduite hors du stade et abattue par les officiels du gouvernement chinois, et personne n'entend plus parler d'elle. McDonald achète sa viande et la sert dans les Big Mac de son restaurant de Pékin.

Le test de l'éléphant

« Comment sélectionner et recruter les personnels en s'assurant de leurs compétences par rapport aux missions auxquelles on les

destine. » Jusqu'à présent, ce grave problème n'avait jamais été abordé que par des approches dont l'empirisme laisse rêver. Nous proposons ci-dessous une procédure simple et rigoureuse, permettant à coup sûr de déterminer les aptitudes de chacun, et d'adapter exactement un profil caractériel et un poste de travail.

Cette procédure s'appelle le test de l'Éléphant.
Le candidat doit aller en Afrique chasser l'éléphant.
Son comportement est évalué par rapport aux conduites typiques listées ci-dessous :

Les chefs de service
Engagent des programmes ambitieux de chasse à l'éléphant, fondés sur l'hypothèse qu'après tout, un éléphant ce n'est qu'une espèce de gros rat musqué (à la voix plus grave toutefois).

Les consultants
Ne chassent pas l'éléphant.
La plupart n'ont d'ailleurs jamais rien chassé de leur vie, mais on peut les engager pour conseiller les chasseurs (tarifs horaires sur demande !). On peut aussi leur commander des audits sur la corrélation entre la taille et la couleur des cages et l'efficacité des stratégies de chasse (à condition que quelqu'un leur montre d'abord un éléphant).

Les directeurs
N'ont aucune chance d'attraper un éléphant. Leurs états-majors ont pour mission de les empêcher d'en apercevoir ne serait-ce que la queue d'un.
Si par malchance un directeur attrape quand même un éléphant, son état-major le félicite de sa perspicacité, et se restructure, pour que ça ne se reproduise plus.

Les économistes
Ne chassent pas l'éléphant. Leur opinion est qu'en les payant, on pourra obtenir des éléphants qui se chassent eux-mêmes.

Les experts
Après avoir démontré l'existence des éléphants, envoient en Afrique des thésards.

Les informaticiens
Chassent l'éléphant en suivant l'algorithme suivant :

```
GOTOXY(Afrique);
FOR y : = Cap_de_Bonne_Espérance TO Méditerranée DO
FOR x : = Est TO Ouest DO
BEGIN
a : = attraper_tout_animal(y, x);
IF a = (éléphant_de_référence) THEN BREAK;
END
```

Les informaticiens expérimentés
Placent un éléphant-de-référence au Caire, pour s'assurer de la convergence de l'algorithme.

Les ingénieurs
Vont en Afrique, et attrapent tout animal gris. Ils s'arrêtent quand le poids de l'une de leurs prises est à plus ou moins 15 % près celui d'un éléphant-de-référence.

Les inspecteurs chargés de l'assurance qualité
Ne s'intéressent pas aux éléphants. Par contre, vérifient si le matériel est bien attaché dans la Land Rover.

Les juristes
Suivent les chasseurs et contestent la propriété des prises. S'ils sont spécialistes du logiciel, revendiquent toutes les prises, en arguant de leur ressemblance à l'une d'elles.

Les politiciens
Ne chassent pas l'éléphant. Mais ils partageront leurs (vos) prises avec leurs électeurs.

Les probabilistes
Estiment que la probabilité qu'ils ont de rencontrer un éléphant est très faible et en déduisent que l'éléphant n'existe pas.

Les statisticiens
Chassent le premier animal qu'ils ont vu « N » fois (« N » assez grand), et l'appellent « éléphant ».

Les technico-commerciaux

N'ont pas le temps de chasser, il faut qu'ils vendent les éléphants qu'ils n'ont pas encore pris (livraison garantie pour la veille de l'ouverture de la chasse !).

S'ils sont :

- Vendeurs de logiciels : livrent la première chose qui leur tombe sous la main, et vous facturent un éléphant.
- Vendeurs de matériels : attrapent des lapins, les peignent en gris et vous les proposent comme des éléphants portables.

Les théoriciens

Vont en Afrique, jettent à la mer tout ce qui n'est pas un éléphant, puis attrapent n'importe quoi de ce qui reste.

Les théoriciens brillants

Commencent par essayer de prouver l'existence d'au moins un éléphant, puis partent en Afrique...

On peut y ajouter :

Les astronomes

Examinent l'Afrique avec un télescope mais à partir de la grande ouverture. L'Afrique et ses éléphants deviennent tout petits. Ils prennent alors une pincette et c'est un jeu d'enfant que d'avoir son éléphant.

Les mathématiciens analystes

Ils cherche un éléphant en Afrique (un seul suffit). S'il n'y a pas d'éléphant, le problème est mal posé. S'il y a un éléphant, alors on subdivise l'Afrique en 4. Dans une au moins des 4 parties, il y a un éléphant. On subdivise alors cette partie en 4... etc. Au bout d'un nombre fini de pas, la taille de l'éléphant sera supérieure à la taille de la subdivision, alors c'est un jeu d'enfant... etc.

Les mathématiciens géomètres (ou analyse complexe)

On construit une cage circulaire quelque part en Afrique (un endroit calme de préférence). On réalise une inversion (ou une transformation z——>1/z. L'éléphant (qui était en dehors de la cage) se retrouve à l'intérieur. Jeu d'enfant...

Les méthodes infaillibles pour capturer un lion

Voici 14 méthodes théoriquement infaillibles pour capturer un lion sauvage dans le Sahara :

1) LA MÉTHODE DE LA GÉOMÉTRIE INVERSIVE :
Plaçons une cage sphérique dans la brousse et entrons à l'intérieur. Prenons la fonction inverse du problème par rapport à la cage. Le lion se trouvera alors à l'intérieur de la cage et nous à l'extérieur.

2) LA MÉTHODE THÉORIQUE RÉSOLUE :
Nous remarquons que la brousse est un espace géométrique séparable. Il contient donc un ensemble dense dénombrable de points à partir desquels on peut extraire une suite admettant le lion comme limite. Nous approchons ainsi furtivement le lion qui ne peut s'enfuir.

3) LA MÉTHODE DE DIRAC :
Nous constatons que les lions sauvages n'existent pas dans le Sahara. Par conséquent s'il y a des lions dans le Sahara, ils sont apprivoisés. La capture d'un lion apprivoisé est un exercice simple pour le lecteur.

4) LA MÉTHODE THERMODYNAMIQUE :
Nous construisons une membrane semi-perméable qui est perméable à tout, excepté aux lions. Balayons le Sahara avec.

5) LA MÉTHODE TOPOLOGIQUE :
Nous constatons que le lion a au moins la connectivité d'un tore. Si on transpose le désert à un espace à quatre dimensions, on peut alors définir une transposition inverse de façon à ce que le lion se trouve sur un nœud. Le lion est alors impuissant.

6) LA MÉTHODE DE SCHRODINGER :
À tout instant le lion a une certaine probabilité de se trouver dans la cage. Asseyons-nous devant et attendons.

7) LA MÉTHODE D'HEISENBERG :
On perturbe le lion en l'observant avant de le capturer. Il suffit donc de le capturer les yeux fermés.

8) LA MÉTHODE D'EINSTEIN :
Courons dans la direction opposée à celle du lion. Sa vitesse relative augmentant, sa masse fera de même. Il se sentira donc très fatigué et finira par s'endormir profondément.

9) LA MÉTHODE NEWTONIENNE :
Laissons le lion nous sauter dessus (tout en restant en vie toutefois). D'après la loi de l'action/réaction, nous pouvons considérer que nous avons capturé le lion.

10) LA MÉTHODE CARTÉSIENNE :
Plaçons l'origine des axes aussi près que possible du lion. Puis appliquons une première rotation à ces axes. Recommençons plusieurs fois. Le lion sera rapidement pris de vertige et s'évanouira.

11) LA MÉTHODE DE LA MACHINE À REMONTER LE TEMPS :
Remontons quelques années en arrière. Le lion ne sera alors qu'un minuscule lionceau, et un piège à souris suffira pour le capturer.

12) LA MÉTHODE INTÉGRO-DIFFÉRENTIELLE :
Intégrons le Sahara sur toute sa surface. Le lion sera quelque part dans le résultat. Différencions alors par rapport à la rotation de la terre (le Sahara est globalement invariant). Le résultat sera zéro, il n'y a plus de lion.

13) LA MÉTHODE DE SHAKESPEARE :
Tenons le lion tranquille un moment (au besoin utiliser une des méthodes précédentes) et lisons-lui Hamlet. Rapidement, le lion passera de l'être au non-être.

14) LA MÉTHODE fr.rec.humour :
Plaçons quelques posts désopilants de fr.rec.humour dans le Sahara. Le lion les lira et le fou rire indescriptible qui suivra le laissera sans défense. Ou faites-lui manger des scouts jusqu'à ce qu'il tourne de l'œil.

Les lettres de Georges SAND à Alfred De MUSSET

Mise en garde : ce document n'est qu'un canular, inventé à une époque qui remonte peut-être au dernier quart du XIXe siècle, et en tout cas au plus tard avant la première guerre mondiale. Je sais, c'est dommage...

« Cher ami,
Je suis heureuse de vous dire que j'ai
bien compris l'autre jour que vous aviez
toujours une envie folle de me faire
danser, je conserve le souvenir de votre
baiser et j'aimerais beaucoup que ce soit
une preuve que je suis aimée et désirée
par vous. Je suis prête à vous montrer mon
affection toute désintéressée et sans cal-
cul et si vous voulez vraiment me voir
vous dévoiler sans aucun artifice une âme
toute nue, daignez au moins venir chez moi,
nous bavarderons franchement entre nous.
Je vous prouverai que je suis la femme
capable de vous apporter l'affection
la plus étroite et aussi la plus profonde,
l'épouse la plus fidèle et la plus sûre
que vous puissiez imaginer. Oh ! Comme votre
amour me sera doux car la solitude qui m'ha-
bite est longue, dure et sûrement bien
pénible et mon âme en est fortement é-
branlée. Venez vite vous pourrez me la
faire oublier, et à vous je peux me sou-
mettre entièrement.

Celle qui vous aime »
Georges Sand
(il fallait lire tout ça une ligne sur deux, bien sûr)

Et la réponse d'Alfred De Musset :

Quand je mets à vos pieds un éternel hommage,
Voulez-vous qu'un instant je change de visage ?
Vous avez capturé les sentiments d'un cœur
Que pour vous adorer forma le créateur.
Je vous chéris, amour, et ma plume en délire
Couche sur le papier ce que je n'ose dire.
Avec soin de mes vers lisez les premiers mots,
Vous saurez quel remède apporter à mes maux.

Alfred de Musset
(il fallait lire tout ça au premier mot de chaque ligne)

La réponse de Georges est une merveille de concision :

Cette insigne faveur que votre cœur réclame
Nuit à ma renommée et répugne à mon âme.

Georges Sand

La lettre qui suit est à placer dans les « commodités ». Lorsque sa lecture nécessite quelques contorsions de votre part, eh bien, le transit du fardeau en est facilité. Autant lier le plaisir de lire à l'agréable surprise de chier sans se faire chier ! ?... [l'auteur est inconnu]

Vous qui venez ici
Dans une humble posture,
De vos flans alourdis
déposer un fardeau,
Veuillez, quand vous aurez soulagé la nature
Et déposé dans l'urne un modeste cadeau,
Épancher de l'amphore un courant d'onde pure,
Et, sur l'autel fumant poser en chapiteau
Ce couvercle arrondi dont l'austère jointure
Aux parfums indiscrets doit servir de tombeau.

Les noms de nains

Comment appelle-t-on un nain qui sort d'une boulangerie avec une baguette ?
- Un agenda… car c'est un petit qu'à le pain !

Comment appelle-t-on un nain avec une radio sur l'épaule (style rappeur) ?
- Un slip… c'est un petit qu'à le son.

Comment appelle-t-on un nain qui vient d'acheter un étang ?
- Un mollusque… c'est un petit qu'à la mare.

Et un nain dans un bar ?
- Un supplice…, c'est un petit qu'à le verre.

Qu'est-ce qu'un nain avec une caméra ?
- Un grand brûlé… car c'est le petit qu'à le ciné.

Qu'est-ce qu'un nain qui revient du jardin potager plein de terre ?
- Une toilette… car c'est le petit qu'à biné.

Et Philippe Bouvard ?
- Le quatrième d'une trilogie bien connue : un nain connu !

Comment appelle-t-on un nain qui sort des W.-C. en courant ?
- Un expresso… c'est un petit café.

Les épitaphes

Vu sur la tombe d'un dentiste :
« Ce fut la dernière cavité qu'il a remplie ».

De Sacha Guitry à Yvonne Printemps :
- Sur votre tombe on mettra pour épitaphe « enfin froide ».
Réponse de la dame :
- Et sur la vôtre, on mettra « enfin raide ».

Et l'épitaphe : « Je vous l'avais bien dit que j'étais malade ».

Comment savoir si vous êtes accroc à l'ordinateur

- En vous réveillant le matin à 7 h, vous faites une *backup* puis vous levez à 11 h en repartant de l'état sauvegardé.

- Votre dernière pensée avant de sombrer dans le sommeil est *« shut-down completed »*.

- Vous appuyez sur le mauvais bouton dans l'ascenseur et cherchez le bouton *cancel*, ne le trouvant pas vous vous étonnez de la pauvreté de l'interface utilisateur.

- Vous double-cliquez sur les boutons d'ascenseur.

- Quand vous lisez un livre, vous appuyez sur la barre d'espace pour tourner les pages.

- Quand vous fermez une fenêtre, vos doigts se mettent automatiquement en position F4.

- En parlant des nombre ronds vous pensez à : 2, 4, 8, 16, 32, 64, 128... 65536.

- En train, vous regardez le *scrolling* du paysage.

- Vous rêvez en 256 palettes de 256 couleurs.

- En essayant de vous endormir vous pensez à : *sleep(8*3600); /* sleep for 8 hours */*

- Vous composez un numéro IP en essayant d'appeler quelqu'un au téléphone.

- Non seulement vous vérifiez votre *e-mail* plus souvent que votre boîte aux lettres, mais vous vous rappelez plus facilement de votre adresse *e-mail* que de votre *snail-mail.*

- Vous rédigez vos chèques en hexadécimal.

Si les OS (Operating Systems) étaient des voitures... comment iriez-vous faire vos courses avec :

MS-DOS
Vous montez dans la voiture et essayez de vous souvenir où vous avez mis vos clefs.

Windows
Vous montez dans la voiture et allez jusqu'à l'hypermarché très lentement parce qu'un train de marchandise est accroché à l'arrière de la voiture.

Mac OS
Vous montez dans la voiture pour aller à l'hypermarché, mais la voiture vous conduit toute seule à l'église.

UNIX
Vous montez dans la voiture et tapez *grephypermarché*. Après avoir atteint la vitesse de 400 km/h en route, vous arrivez chez le coiffeur.

Windows NT
Vous montez dans la voiture et écrivez une lettre qui demande à « Aller faire ses courses ». Puis vous sortez de la voiture et postez la lettre à votre tableau de bord.

BeOS
Vous allez à l'hypermarché à pied avec Jean-Louis Gassée, qui vous explique comment la vie sera formidable quand vous irez faire vos courses en volant dans les airs.

OS/2
Après avoir rempli votre réservoir de 30000 litres de super, vous montez dans la voiture avec une escorte motocycliste et en suivant la fanfare municipale. À mi-chemin, la voiture explose en tuant tout le monde dans la ville.

S/36 SSP [mainframe]
Vous montez dans la voiture et conduisez jusqu'à l'hypermarché. À mi-chemin, vous tombez en panne d'essence. En marchant le reste du chemin, vous êtes dépassés par les gosses en mobylette.

AS/400
Un domestique vous enferme dans votre voiture et vous conduit jusqu'à l'hypermarché. Là, vous regardez les gens faire leurs courses.

AmigaOS
Vous montez dans la voiture et vous arrivez simultanément dans tous les magasins.

Si les OS étaient des compagnies aériennes...

DOS Air
Les passagers vont sur la piste de décollage, s'accrochent à une partie de l'avion, le poussent jusqu'à ce qu'il décolle, sautent dedans, puis

sautent dehors quand il retouche le sol. Ils se réaccrochent à l'avion, le repoussent jusqu'à ce qu'il redécolle, ressautent dedans, puis ressautent dehors quand il…

Mac Airways

Les hôtesses, les stewards, et les pilotes se ressemblent tous et agissent tous de la même manière. Quand vous posez des questions sur le vol, ils répondent : « Vous ne voulez pas savoir, vous n'avez aucun besoin de savoir, et voulez-vous bien retourner à votre siège pour voir le film ».

Windows Airlines

Le terminal est très propre, les hôtesses courtoises, les pilotes capables. La flotte d'avions est immense. Votre jet décolle sans une secousse, passe au-dessus des nuages, et, à 20000 pieds explose sans crier gare.

OS/2 Skyways

Le terminal est presque vide. Seuls quelques passagers éventuels tournent en rond. Une hôtesse annonce qu'un vol vient juste de décoller, bien qu'il n'y ait aucun avion sur les pistes. Le personnel de la compagnie s'excuse abondamment à voix feutrée auprès des clients out en faisant remarquer de temps en temps la puissance des jets de la flotte. Ils disent aux passagers comment leur vol sera formidable sur les nouveaux jets, et ajoutent qu'ils seront bien plus en sécurité que sur Windows Airlines ; mais ajoutent encore que les passagers devront attendre un tout petit peu que les techniciens aient fini les systèmes de vol. Peut-être jusqu'à fin 97. Peut-être plus longtemps encore.

Fly Windows NT

Les passagers amènent leur siège jusqu'au tarmac et les placent sur la silhouette d'un avion dessiné sur le sol. Ils s'assoient, donnent des coups d'aile avec leurs bras, et font le bruit des réacteurs avec la bouche, comme s'ils volaient.

Unix Express

Les passagers amènent une pièce de l'avion et une boîte à outils avec eux à l'aéroport. Ils se rassemblent sur le tarmac, en discutant sur le type d'avion qu'ils vont construire. Les passagers se divisent en petits groupes pour construire différents appareils, mais ils leur donnent à tous le même nom. Seul quelques passagers atteignent leur destination, mais tous croient être arrivés.

Be World Airlines

Les hôtesses de la compagnie sont les plus belles. Les vols sont censés être les plus rapides, mais quand les passagers s'adressent aux hôtesses de la compagnie pour acquérir un ticket, on leur répond que le nouveau carburant utilisé pour faire voler les avions n'est pas encore tout à fait bien adapté aux moteurs existants. Les passagers sont conviés à regarder le prototype faire des loopings au-dessus de l'aéroport.

Amiga Oldlines

Le nombre de passagers diminue, attiré par les supersoniques des autres compagnies. Le personnel de la compagnie a mystérieusement disparu. Chaque passager amène son turbo et bricole les vieux biplans de la compagnie, puis s'envole joyeusement.

Si les OS étaient des bières…

Bière DOS

Nécessite que vous utilisiez votre propre décapsuleur, et que vous lisiez les instructions très précautionneusement avant d'ouvrir la bouteille. Au départ, commercialisée en bouteilles de 8 cl, mais maintenant disponible en 16 cl. La canette est divisée en compartiments de 2 cl, auxquels on doit accéder séparément. Ne sera bientôt plus commercialisée, et malgré cela, beaucoup de personnes continueront à la boire.

Bière Mac

D'abord commercialisée en bouteilles de 16 cl, disponible maintenant en bouteilles de 32 cl.

Considérée par beaucoup comme une bière « light ». Toutes les canettes sont identiques. Quand vous en sortez une du frigo, elle se décapsule toute seule. L'étiquette de la bouteille ne donne pas la liste des ingrédients et si vous cherchez à les connaître, il vous est répondu par la brasserie que « vous n'avez pas à les connaître ». Un avertissement sur l'étiquette vous rappelle de mettre vos canettes vides dans la corbeille.

Bière Windows 3.1

Était encore, il y a peu, la bière la plus populaire. Nécessite de posséder déjà une bière DOS. La publicité dit que la bière Windows 3.1 permet de boire plusieurs bières DOS en même temps, mais en réalité, on ne peut en boire que quelques-unes, très lentement, extrêmement lentement si vous buvez la bière Windows 3.1 en même temps. Quelquefois, sans raison apparente, une bouteille de Windows 3.1 explosera quand vous la décapsulerez.

Bière Windows 95

La bière la plus populaire. Disponible en bouteilles de 32 cl (mais quand vous regardez dans la bouteille, vous voyez qu'en fait il n'y a que 16 cl de bière). Les canettes ressemblent aux canettes de bière Mac, mais ont plutôt le goût d'une bière Windows 3.1 vieillie en fût. La publicité dit que la seule chose à faire pour boire cette bière est de porter la canette à ses lèvres. La plupart des gens continueront à boire de la Windows 3.1 jusqu'à ce que leurs amis leur disent qu'ils ont essayé la Windows 95 et qu'ils ont aimé. Les ingrédients, visibles en petits caractères sur l'étiquette, sont à peu près les mêmes que ceux de la bière DOS, même si le fabricant dit qu'ils sont entièrement nouveaux.

Bière Windows NT

Vendue en canettes de 32 cl, mais elle ne peut être achetée que par camions. Cet état de fait implique que les seuls à pouvoir en boire sont ceux qui ont les moyens de se payer de gros réfrigérateurs. La bouteille ressemble à celle de la bière Windows, mais le brasseur est sur le point de changer le packaging pour la faire ressembler à la bière Windows 95. La pub clame que c'est une bière pour les durs, et pousse à sa consommation de préférence dans les bars.

Bière OS/2

Vendue en canettes de 32 cl. Vous permet de boire plusieurs bières DOS en même temps. Vous permet aussi de boire de la bière Windows 3.1 en même temps, mais beaucoup plus lentement.

La publicité dit que les canettes n'explosent pas quand vous les ouvrez, même si vous secouez la canette avant. Personne n'a jamais été vu en train de boire de la bière OS 2, mais le brasseur (International Brewing Manufacture) se vante d'avoir déjà vendu 9 millions de packs de 6 canettes.

L'intelligence à la portée du con (ne concerne que les cons)

Quatre-vingt-dix pour cent des gens sont cons. Vous avez vos chances. Gardez-les mais ne les ruinez pas. Être con est salutaire. Avoir l'air con est rédhibitoire.

Soyez assez intelligents pour saisir la nuance.

Premier exercice : Comment ne plus avoir l'air con.

a) Le con parle pour ne rien dire. Ne dites rien. Vous ne direz rien d'intelligent, mais ça vous empêchera de dire des conneries. Vous y gagnerez. Au lieu de dire : « Quel con ! », votre interlocuteur se dira : « Joue-t-il au con ? » C'est un premier point.

b) Si vous avez vraiment envie de parler, ne vous retenez pas. Dites vos conneries. Et concluez : « Bon, j'arrête de déconner ».

Votre interlocuteur se dira : « Il joue au con ! ». C'est un deuxième point.

Deuxième exercice : Comment avoir l'air intelligent.

Vous avez à votre disposition une série de mimiques qui donnent inévitablement l'air intelligent. Soyez assez cons pour les copier sans complexes.

a) L'air entendu : repérez la personne intelligente. Si vous êtes dans un groupe de dix, il y a neuf cons, dont vous. La personne intelligente c'est celle qui vous semble bizarre. Dès qu'elle dit quelque chose de bizarre, faites comme si vous compreniez. Même si vous n'y comprenez rien, les autres auront l'air plus cons que vous.

b) L'air pénétrant : pensez très fort aux contraventions, aux impôts, à votre bagnole emboutie.

N'en parlez surtout pas, ça ferait con. Mais pensez-y. Si vous êtes vraiment très con, ça ne vous donnera pas l'air intelligent. Mais l'air emmerdé fait toujours bien quand on ne donne pas ses raisons.

c) L'air pénétré : même exercice que le précédent mais avec un compas dans le cul. Avantage : donne une dimension souffreteuse.

* *Vous avez aussi à votre disposition une série d'attitudes.*

a) Le penseur de Rodin : asseyez-vous. Mettez votre poing fermé sous votre menton et regardez dans le vide. C'est radical. Même si vous ne pensez à rien (ce que est normal pour un con), il se trouvera toujours un autre con pour vous dire « À quoi penses-tu ? »

b) L'air du type qui n'en pense pas moins : on développe devant vous une théorie saisissante. Vous n'y comprenez rien. Reportez-vous au petit a) : l'air entendu. Pour corser, ayez l'air non seulement de comprendre, mais d'avoir votre idée pas con là-dessus. Appliquez le petit b) : l'air pénétrant.

c) Le rictus de connivence : hochez un peu la tête de bas en haut. Appliquez l'air pénétré (le compas vous aide à crisper finement les maxillaires).

* *Méfiez-vous des révélateurs involontaires de votre connerie !*

a) Surveillez votre regard. Votre œil vide et sans vie vous trahit. Par définition, vous êtes trop con pour avoir la pupille pétillante. Ne vous laissez pas abattre. Gardez l'œil fixe.

b) Fermez bien votre bouche. Rien ne fait plus con qu'une bouche entrouverte. Maîtrisez-vous : ne mâchez plus de chewing-gum. Si vous êtes trop con pour exécuter en même temps les exercices œil fixe - bouche close, utilisez le truc de la cigarette : tirez sur votre mégot et fixez la fumée.

Troisième exercice : Comment passer pour quelqu'un d'intelligent.

a) Ne perdez pas votre temps à lire des livres intelligents, à voir des films pensés… Vous n'y comprendrez rien et ça vous déprimerait. Lisez plutôt des critiques intelligentes. Apprenez-les par cœur et changez quelques mots.

Exemple : « Ce film a la beauté désertique d'une douleur sans fin » devient « Ce film a la beauté squelettique d'une couleur sans teint ».

Vous ne plagiez pas vraiment et vous gagnez en hermétisme. L'hermétisme est le secret de ce troisième exercice. Quand vous dites des conneries, dites des conneries incompréhensibles.

Les cons les prendront pour des finesses qu'ils ne comprennent pas et, double avantage, les gens intelligents se sentiront cons.

b) Ne faites jamais de citations. Ça fait très con. Appropriez-vous-les carrément. Mais attention, ne faites pas le con ! N'utilisez pas des citations trop connues. Si un autre con vous dit : « C'est de toi ça ? », ne prenez pas l'air confus. Ne doutez pas de vous. Votre connerie native vous y aidera.

Voilà. Maintenant, vous passez à peu de frais pour quelqu'un d'intelligent. Méfiez-vous ! Des gens intelligents vont venir vous poser des questions intelligentes. Vous allez être con pour y répondre. Comment faire ? Renvoyez la balle : « Pourquoi me poses-tu cette question ? » Quand vous ne pouvez plus la renvoyer, affrontez l'adversaire. Utilisez les quelques célèbres formules qui répondront pour vous : Par ordre chronologique :

- Tu vois ce que je veux dire... (la formule qui sauve)
- Il me semble que tu limites le problème... (l'autre a l'air con)
- Tu crois vraiment ce que tu dis (l'autre a l'air hypocrite) ?
- C'est tout ce que tu trouves à dire, ben merde (l'autre a l'air limité) !
- Tais-toi, tu m'atterres (l'autre a l'air très con).

S'il se tait, vous avez gagné.

Ultime traquenard : la tentation de l'intelligence véritable. Attention ! Ne tombez pas dans ce panneau démoniaque ! Les gens intelligents sont malheureux. Ils ont compris qu'on était là pour vieillir et crever.

Avant, il n'y a rien, après non plus, et pendant, on en chie. Comprendre, c'est perdre les avantages du con. C'est connaître le doute, la solitude, la marginalité odieuse, l'insomnie, l'angoisse, les battements de cœur, la souffrance. Et tout ça pour rien puisque vous serez toujours un con. Surtout, ne changez pas. Soyez assez intelligent pour rester con. Et longue vie.

Vous savez que la journée sera dure quand...

- Vous vous réveillez la gueule sur le trottoir et en ayant mal au cul.

- Votre gâteau d'anniversaire s'effondre sous le poids des bougies.

- Souffrant d'une rage de dents effroyable un dimanche matin, vous entendez le voisin s'écrier « Ah, pour faire un trou dans ce mur-là, j'en ai bien pour trois heures avec cette perceuse de m…@$@&!?@#…».

- Votre klaxon se met en marche et se bloque accidentellement alors que vous suivez un groupe de Hell's Angels sur l'autoroute.

- Vous croisez une bande de pitt-bulls en sortant de la boucherie.

- Vous vous connectez sur frh le matin et vous lisez qu'il y a cinquante cons qui écrivent « Il ne faut pas être raciste sur frh »…

- Vous trouvez un mot griffonné sur le piano, avec écrit « adieu ».

- Vous avalez vos médicaments, puis vous lisez la date de péremption sur le paquet : avril 1990.

- Vous apprenez que Lelouch tourne un nouveau film.

- Vous venez d'installer W95.

- Vous vous levez et vous vous souvenez que c'est lundi.

Tous les nombres impairs sont premiers : démonstration

Quelque part, dans une salle close, sont réunies quatre personnes pour un concours : il y a un chimiste, un physicien, un mathématicien, un informaticien.

On leur propose ceci : « Tous les nombres impairs sont premiers ».

Le chimiste commence à réfléchir :
1 : impair, premier -> vrai
3 : impair, premier -> vrai
5 : impair, premier -> vrai
7 : impair, premier -> vrai

Ça marche donc toujours...

Le physicien commence à réfléchir :
1 : impair, premier -> vrai
3 : impair, premier -> vrai
5 : impair, premier -> vrai
7 : impair, premier -> vrai
9 : impair, pas premier -> faux
11 : impair, premier -> vrai
13 : impair, premier -> vrai

Bon ça marche pas pour 9, mais comme ça marche pour les autres, on peut dire que, aux incertitudes près, ça fonctionne...

Le mathématicien commence à réfléchir :
1 : impair, premier -> vrai
3 : impair, premier -> vrai
5 : impair, premier -> vrai
7 : impair, premier -> vrai
9 : impair, pas premier -> faux

Ça ne marche pas pour 9, cette assertion est donc fausse.

L'informaticien commence à réfléchir :
1 : impair, premier -> vrai
3 : impair, premier -> vrai
5 : impair, premier -> vrai
7 : impair, premier -> vrai
9 : impair, pas premier -> faux
9 : impair, pas premier -> faux
9 : impair, pas premier -> faux
9 : impair, pas premier -> faux
9 : impair, pas premier -> faux
9 : impair, pas premier -> faux
9 : impair, pas premier -> faux
9 : impair, pas premier -> faux
9 : impair, pas premier -> faux

Qui devait être le chef

Quand le corps humain fut créé, toutes les parties voulaient en être le chef.

- Le cerveau disait : puisque je commande tout et que je pense pour tout le monde, je devrais être le chef !

- Les pieds disaient : puisque nous transportons le corps là où il le désire et lui permettons ainsi de faire ce que veut le cerveau, nous devrions être le chef !

- Les mains disaient : puisque nous faisons tout le travail et gagnons de l'argent pour entretenir tout le corps, nous devrions être le chef !

Et ainsi de suite pour le cœur, les yeux, les oreilles et les poumons.

Enfin, le trou du cul se fit entendre et demanda à être élu chef. Les autres parties du corps éclatèrent de rire à l'idée qu'un trou du cul puisse être le chef. Le trou du cul se mit en colère, se referma sur lui-même et refusa de fonctionner. Bientôt le cerveau devint fiévreux, les yeux se croisèrent et devinrent vitreux, les pieds trop faibles pour marcher, les mains pendaient sans force, le cœur et les poumons luttèrent pour survivre. Alors tous supplièrent le cerveau de se laisser fléchir et de permettre au trou du cul d'être le chef.

Ainsi fut fait. Toutes les autres parties du corps faisaient le travail, tandis que le trou du cul dirigeait tout le monde et s'occupait principalement de la merde comme tout chef digne de ce titre.

MORALITÉ

Il n'est nullement nécessaire d'être un cerveau pour devenir chef, un trou du cul fait largement l'affaire !
(Regardez autour de vous pour en être convaincu…)

Blagues sur les Lada

C'est la marque de votre voiture ? Dommage...

Comment trouver des pièces détachées pour sa Lada ?
- En en suivant une autre.

Quelle est l'accélération maximale d'une Lada ??
- 9,81 ms-2

Comment doubler la valeur d'une Lada ?
- On fait le plein.

Qu'est-ce qu'une Lada en haut d'une colline ?
- Un miracle.

À quoi sert le dégivrage sur une Lada ?
- À pas se geler les mains quand on la pousse.

Comment appelle-t-on une Lada avec un turbo ?
- Une Saab.

Tu sais que maintenant il font une Lada sport ?
- C'est celle avec une balle tennis sur l'attache-remorque.

Variante :
- C'est celle dont le conducteur est en survêtement.

Et ils ont sorti un nouveau modèle avec quatre pédales :
- une pour l'embrayage,
- une pour le frein,
- une pour l'accélérateur,
- une pour gonfler l'airbag.

Combien faut-il de personnes pour construire une Lada ??
- Quatre, deux qui la plient, deux qui la collent…

Mais vous savez ce que c'est une Lada en fait ?
- C'est la Skoda du pauvre…

Pourquoi deux conducteurs de Lada se reconnaissent immédiatement lorsqu'ils se rencontrent ?
- Ils se sont vus le matin au garage.

Combien peux-tu mettre de personnes dans une Lada ??
- Tout dépend de la taille de la dépanneuse.

La différence entre une Lada et les témoins de Jéhovah ?
- Avec les témoins de Jéhovah, vous pouvez fermer la porte.

Quelle est la différence entre une Lada et le sida…
- Essaie de refiler une Lada…

Qu'est-ce qui est marqué à la page 39 du mode d'emploi d'une Lada ?
- L'horaire des bus !

Une Lada peut faire 150 000 bornes avec le même train de pneus avant.

Logique, il est toujours à 1 mètre au-dessus de la route… derrière la dépanneuse.

Sur une Lada la première vidange est à 50 000 km.

Autant dire qu'on ne la fera jamais.

Où est la roue de secours sur une Lada ?

- Il n'y en a pas. En cas de crevaison, utiliser le volant à la place.

Combien de temps reste une Lada au contrôle technique ?

- Elle n'est pas près d'y parvenir.

Ou :

- Le temps de calmer le fou rire du garagiste et des clients, il faudra bien deux heures.

Ou :

- Le temps de gratter le pare-brise pour enlever toutes les vignettes auto depuis 1960 et de coller l'autocollant CT que le garagiste a offert par pitié.

Combien de temps met-on en Lada pour aller de Moscou à Kiev ?

- Si vous n'êtes pas au Parti, vous n'avez pas de voiture, et si vous êtes au Parti vous n'êtes pas autorisé à le dire. De toute façon, c'est plus rapide à pied.

Blagues un peu gores (complètement même...)

Il est 1 h du matin. Dans un bistrot, un ivrogne se décide enfin à rentrer chez lui après sa cuite quotidienne... Il quitte le comptoir complètement ivre, essaie de faire deux pas et s'effondre lamentablement sur le parquet.

Il se dit : « Ben mon pauv' vieu, t'es pas très frais... Je vais ramper jusqu'à la sortie pour respirer un peu d'air frais, ça ira mieux après... »

Sur quoi, il s'exécute. Il arrive à la sortie, il s'agrippe au capot d'une voiture à l'aide de ses mains, se redresse et essaie de faire un pas... mêmes causes, mêmes effets : il s'écroule lamentablement...

Se rappelant qu'il habite pas très loin, il décide de ramper jusqu'à sa porte. Il arrive à sa porte, il essaie de rentrer discrètement pour ne pas se faire engueuler par sa femme (car il est marié...), il s'accroche à la poignée, se hisse, ouvre la porte en s'appuyant dessus, il essaie de marcher jusqu'à sa chambre en restant silencieux mais... après avoir fait un pas il s'effondre..., donc il rampe jusqu'à la couche conjugale où il s'endort d un profond sommeil...

Le lendemain sa femme lui dit au réveil :
- Toi t'as encore été au bistrot hier soir...
- Mais comment le sais-tu ?????
- Ils ont appelé ce matin pour dire que t'avais oublié ton fauteuil...

Qu'est-ce qui a quatre pattes et un bras ?
- Un doberman dans un jardin d'enfants...
(existe aussi en version pitt-bull)

Quelle est la différence entre un spaghetti et un paralytique ?
- Le spaghetti bouge quand on le suce.

Que se disent deux handicapés qui se rencontrent ?
- Alors, ça roule ?

Un petit handicapé, un enfant de la Thalidomide avec ses petites mains collées à son torse qui va à la piscine avec sa classe. Quand le maître nageur demande à la classe qui sait nager, le petit répond :
- Moi Monsieur, moi Monsieur…
- Mais non mon petit, ne dis pas de bêtises.
- Si, si, Monsieur.
Et le petit saute à l'eau pour prouver ses dires. Une fois dans l'eau il arrive à nager et se débrouille même plutôt bien. De retour sur le bord, le maître nageur lui demande :
- C'est bien petit, mais où t'as appris à nager ?
- C'est mon papa, toutes les semaines il m'amène à la mer et me jette dans l'eau, il faut que je revienne à la nage.
- Et c'est pas trop dur ?
- Non, le plus chiant c'est d'arriver à sortir du sac plastique…

Cela se passe dans un train. Un voyageur un peu curieux observe un de ses voisins. Celui-ci a une bouteille posée sur la tablette, bouteille qu'il porte à ses lèvres toutes les cinq minutes.

Notre ami un peu curieux se demande bien ce qu'il peut boire d'aussi bon cœur… Sur cette réflexion, voilà notre soiffard qui se lève sans doute pour aller aux toilettes. Le curieux se précipite alors sur la bouteille, la porte à sa bouche, avale une gorgée et constate avec étonnement que cette boisson n'a aucun goût.

Au retour de l'autre voyageur il s'empresse de lui demander ce qu'il y a dans la bouteille sans lui avouer bien entendu qu'il y a goûté. L'autre répond alors :
- Je suis tuberculeux. La bouteille, c'est pour cracher.

C'est deux putes dans l'ascenseur, l'une dit à l'autre :
- Tu trouves pas que ça sent le sperme ?
- Oh, excuse-moi, j'ai roté.

Trois vampires rentrent dans un bar :
Le premier dit : - Barman, un verre de sang chaud, s.v.p.
Le deuxième dit : - Barman, un verre de sang chaud, s.v.p.
Le troisième dit : - Barman, un verre d'eau chaude, s.v.p.
Les deux autres lui demandent :
- T'es malade ? Pourquoi tu prends pas un verre de sang ?
Là, le troisième sort un vieux Tampax et dit :
- J'vais me faire une infusion !
(elle rappelle celle des deux vampires lesbiennes qui se disent en se quittant : à dans 28 jours).

C'est un dame qui va se plaindre au commissariat.
- Monsieur l'inspecteur, je veux porter plainte.
- Ah, et pourquoi, répond l'inspecteur
- Eh bien voilà, c'est mon mari ! Depuis une semaine il veut me sodomiser tous les soirs !
- Oui mais, Madame, vous ne pouvez pas porter plainte contre votre mari !!
- Ah! eh bien, ça alors ! On voit que ce n'est pas vous qui subissez ses assauts tous les soirs !
- Mais cela fait partie de votre devoir conjugal ! répond l'inspecteur.
- Quand même, rendez-vous compte, avant j'avais l'anus pas plus large qu'une pièce de 5 centimes et maintenant il est comme une pièce de 5 F !
- Allons, Madame vous n'allez quand même pas porter plainte pour 4 F et 95 centimes.

Le jour de la rentrée, un gosse arrive à l'école en larmes. La maîtresse s'approche de lui.
- Qu'est-ce qu'il y a, mon petit ?

- Ouiiin ! Ouiiin! Ouiiin ! Ce matin, Maman est allée noyer les six petits chats qui viennent de naître !
- Oui bien sûr, c'est triste, mais ce n'est pas une raison pour pleurer.
- Mais si, Maman m'avait promis que c'est moi qui irais les noyer !

Je me demandais l'autre jour ce qui peut bien passer par la tête de quelqu'un qui se jette du 7e étage…
- Sa colonne vertébrale !

Quelle est la seule partie d'un légume qui ne passe pas à la moulinette ?
- La chaise roulante.

C'est un aveugle qui passe à côté d'une poissonnerie :
- Salut les filles, il fait chaud, l'été, hein ? !

C'est un type qui arrive en courant près d'un pêcheur et lui demande :
- Vous n'auriez pas vu passer une femme blonde avec une jupe bleue ?
- Si, si, ça fait pas dix minutes.
- Bon, je vais certainement pouvoir la rattraper.

Et le pêcheur dit :
- Oh oui ! Le courant est pas bien fort dans le coin !!

Un clochard à son copain :
- Mais comment fais-tu pour avoir les ongles aussi sales?
- Ben… je me gratte.

Quelle est la différence entre un trou du cul et une pastille Valda ?
- Le goût…

Deux hommes sont tombés dans une fosse septique…
Ils en ont jusqu'en dessous de la lèvre inférieure.
L'un d'eux dit :
- J'pense qu'on va mourir !
- Comment ça ? déclare l'autre.
- J'ai envie d'chier ! de répondre le gars.

C'est un petit handicapé de quarante-cinq ans toujours vierge de toutes relations sexuelles, qui se voit offrir par ses parents une splendide prostituée blonde. La pulpeuse dame rentre dévêtue. Marcel, (car c'était son nom) est un peu impressionné, mais décide de prendre l'initiative :

Marcel : - Je peux sentir vos cheveux ?
La pute : - Mais je t'en prie Marcel !!!!
Marcel : - Mmmmmhhh comme cela sent bon (en descendant son regard sur les seins de la dame)… et ça c'est quoi ?
La pute : - Mes seins.
Marcel : - Je… je peux sentir ?
La pute : - Je t'en prie.
Marcel : - Mmmmmhhh comme cela sent bon (descendant son regard encore un peu plus bas)… et ça c'est quoi ?
La pute : - Euh !… c'est ma petite chatte.
Marcel : - Je… je peux sentir ?
La pute : - Si tu veux.
Marcel : - Ohhhhhhh ! Y a longtemps qu'elle est morte ?

Qu'est-ce qui est rouge, long, et qui fond dans la bouche ?
- Une bite de lépreux…

Comment faire facilement de la viande hachée ?
- Donner une guitare à un lépreux

Un manchot cul-de-jatte frappe à la porte d'un bordel. La personne qui vient lui ouvrir lui demande :

- Qu'est-ce que tu viens faire dans un bordel toi qui n'a ni jambes, ni bras !

L'autre répond :

- Avec quoi crois-tu que j'ai frappé !

Une autre version de cette blague :

C'est une femme deux fois mariée, et deux fois divorcée.

Son premier mari la battait, et le second s'est tiré avec une autre femme.

Pendant quelques temps, elle ne cherche plus à voir un homme, mais l'envie lui reprend bientôt…

Alors elle passe une annonce dans un journal d'annonces gratuites et reçoit beaucoup de réponses, mais personne ne lui convient. Jusqu'au jour où elle sympathise avec un homme et elle lui donne rendez-vous chez elle (elle a déjà connu deux maris : elle saura se défendre).

L'homme sonne à la porte ; elle ouvre et ne voit personne.

Elle referme la porte. On refrappe à la porte

Elle rouvre la porte et voit le monsieur, qui n'a ni bras, ni jambes…

Alors elle est un peu perdue et bredouille n'importe quoi mais le manchot cul-de-jatte lui dit tout de go :

- Écoutez, votre premier mari vous battait : je ne pourrai pas le faire sans bras. Votre second mari est parti avec une autre : j'aurai trop de mal à faire la même chose sans mes jambes.

Et la femme répond :

- Oui, mais au niveau sexuel, comment espérez-vous me satisfaire ?

- Avec quoi croyez-vous que j'ai frappé à la porte.

C'est le mec qui veut se taper une pute, mais il n'a que 50 balles en poche. Il voit une pute et lui dit :

- Tu fais quoi pour 50 balles ?

Elle lui répond qu'elle ne fait rien en dessous de 200 balles, mais qu'il devrait aller voir dans un petit bordel, cent mètres plus loin.

Il arrive dans ce bordel au rez-de-chaussée et demande la même question à la réceptionniste :

- Quoi pour 50 balles ?

Elle lui répond qu'elle est à 100 balles, mais qu'il peut monter au premier étage.

Il arrive au premier, repose la même question à une autre pute et on lui répond qu'ici c'est 80 balles, mais au deuxième c'est 50 balles.

Il monte au deuxième, ne voit personne, sauf une porte où c'est marqué :

- Ici, je baise pour 50 balles

- Mettre la monnaie dans la boîte à côté de la porte, déshabillez-vous et entrez sans poser de question.

Le mec s'exécute, il paie et se déshabille. Il pousse la porte et soudain se retrouve dans une rue complètement à ,poil. Il se retourne, entend la porte claquer et il lit sur celle-ci « Ici, on vous baise pour 50 balles ».

Autre variante de cette blague à 50 balles :

Il rentre dans la chambre qui est noire, ne trouve pas la lumière mais sent qu'elle est en levrette. Il fait son affaire et à la fin demande :

- Alors heureuse ?

Elle répond :

- Meeeeeeehhhhhhh.

Un routier rentre dans un restaurant pour routiers, il pose ses couilles sur le comptoir et dit :

- Je voudrais un steack gros comme ça !!!

La patronne soulève son tablier et lui dit :

- Et saignant comme ça je suppose ?

Ce sont deux vieux, devenus clochards, et c'est le soir de Noël.

Ils sont côte à côte assis sur un banc, il fait froid et histoire de se réchauffer la vieille retrouve ses ardeurs passées et demande à son mari :

- Chéri, ça fait des années que tu ne m'as plus touchée, ce soir c'est Noël… fais-moi l'amour !

Le vieux répond en ces termes :

- Oh, tu me fais chier, je lis mon journal.

- Mais chéri, t'as vu comment tu me parles? Pour une fois que je te demande quelque chose, tu pourrais t'exécuter…

- Mais tu me fais chier, j'te dis que je lis mon journal, et en plus j'ai sommeil !

- T'es vraiment pas sympa, moi j'ai envie, fais-moi l'amour, je t'en supplie…

- Non, c'est non, y'a pas de Noël qui tienne, moi je lis mon journal !

- Alors là, t'es vraiment vache, il fait froid, en plus on se serait réchauffé !

- Mais bordel, puisque je te dis non !!!!

Alors la vieille espérant réveiller les fantasmes et l'ardeur de son mari, lui farfouille dans le pantalon…

Et d'un coup sentant quelque chose de chaud qui lui montait dans la main, elle dit à son mari :

- Mais chéri tu bandes !

Et celui-ci de répondre :

- Non, je chie !!!

En Espagne, il y a le feu dans un immeuble.

Un enfant à la fenêtre du 10e étage crie :

- Au secours, à l'aide !

Une ménagère qui passe, aperçoit la scène, prend son tablier, et crie à l'enfant : - Saute.

L'enfant s'exécute.

Arrivé à moins d'un mètre du sol, la femme pivote, et s'écrie : - Olé !

Quelle est la différence entre un thermomètre buccal et un thermomètre anal ?

- Le goût.

Comment tu fais, quand tu es bourré, pour te faire vomir ?

- Tu mets un doigt dans le cul et un autre dans le fond de la gorge.

… Et si ça ne marche pas, tu inverses…

Pierre est parti en voyage d'affaires. Après une semaine, il téléphone chez lui. C'est son frère qui décroche.

- Alors, Tout va bien à la maison ?

- Non, ton chien est mort !
- Tu pourrais être moins direct, me dire « on a dû appeler le vétérinaire… ». Enfin, bon. Et ma fille, comment va-t-elle ?
- On a dû appeler le docteur !

C'est une mère qui vient d'accoucher. Le docteur examine le nouveau-né, et il constate que celui-ci n'a pas de main.

Étonné, il tend le nourrisson à l'infirmière en lui demandant de l'amener voir son père.

L'infirmière arrive dans la salle d'attente et donne le bébé au père (qui tourne en rond d'impatience) en lui disant :

- Regardez comme il est moignon.

C'est deux mecs qui sont dans un bar au Far West en train de boire. Comme la discussion commence à se tarir, le premier dit à l'autre :

- J'parie k'té pas capable de boire ce qu'il y a dans le crachoir là-bas !!
- Tu paries combien ?
- 100 dollars !
- O.K.

Le mec se lève rapporte le crachoir sur le zinc, le rapproche de sa bouche et commence à boire… Gloub ! Gloub ! Gloub !

Son copain en face est dégoutté :

- O.K., t'a gagné mais arrête, putain t'es vraiment dégueulasse !

L'autre continu :

- Sgluab ! Sgluab !
- Tu me dégoûtes !

L'autre : - Glub ! Glub !

- Hé, mais tu vas arrêter !! Tiens O.K., 200 $ mais t'arrête ! Tu vas me faire gerber !

Pendant ce temps, l'autre tranquillement :

- Glouarb ! gluglub Gloub !
- Qu'est-ce qui te faut 300 ? 400 ? 500 $! Tiens 500 $ et t'arrêtes !

Le copain arrête enfin et repose le crachoir sur la table.

- Désolé, je me serais bien arrêté mais… c'était en un seul morceau !

Blagues sur les homos

Comment un homo enlève-t-il son condom ?
- Il lui suffit de péter.

Comment on fait pour gâcher une partouze d'homosexuels ?
- On met du sable dans la vaseline…

Un homosexuel s'adresse à un gars :
- Si tu étais allé faire du camping, et qu'en te réveillant tu te retrouvais couvert de vaseline avec l'anus douloureux, tu en parlerais à quelqu'un ?

Le gars :
- Euh, je ne pense pas…
L'homosexuel :
- Ça te dirait d'aller camper ?

Comment distingue-t-on un jeune homosexuel d'un vieil homosexuel ?
- Le vieil homo, quand il s'assied sur un petit suisse (le dessert…), il ne l'écrase pas…

La différence entre une fourchette et un homo ?
- La fourchette pousse le plat du jour. L'homo, le plat de la veille.

Savez-vous pourquoi c'est le sexe masculin qui est le plus triste des deux ?

- Eh bien, tout simplement, parce que lorsqu'il est trop gai, il est dans la merde.

Deux homos discutent :

- Si on jouait à cache-cache.

- D'accord, et si tu me trouves je t'encule (ou tu m'encules). Si tu me trouves pas, je suis dans le placard.

Y a deux pédés et un gars « normal » (ça dépend des goûts) dans un ascenseur.

Le premier pédé se cambre à un moment et lâche un mignon petit pet : « pfffff ».

Le gars « normal » recule un peu, choqué.

Le deuxième pédé se cambre à son tour et idem : « pfffff ».

Bon, alors le gars « normal » il se dit qu'y a pas de raison pour qu'il se retienne, et il largue un gros pet bien gras de derrière les fagots : PRRRRRRRRRTTTTT !!!

Le premier pédé se retourne vers l'autre pédé et lui dit :

- Tiens, un puceau !

Deux homos sont dans leur chambre, après avoir fait la fête pour l'anniversaire de l'un d'eux.

Ils se couchent et se mettent aux préliminaires :

- Bon écoute, c'est ton anniversaire, je t'autorise à me mettre un doigt dans le cul.

- Ouais, grandiose !!

- Bon écoute, c'est ton anniversaire, je t'autorise à me mettre deux doigts dans le cul.

- Ouais, grandiose !!

- Bon écoute, c'est ton anniversaire, je t'autorise à me mettre trois doigts dans le cul.

- Ouais, grandiose !!

- Bon écoute, c'est ton anniversaire, je t'autorise à me mettre quatre doigts dans le cul.

- Ouais, grandiose !!

- Bon écoute, c'est ton anniversaire, je t'autorise à me mettre toute la main dans le cul.

- Ouais, grandiose !! Mais, eh, il y a un truc dur là-dedans attends je l'attrape. Ça y est, je l'ai. Oh, une Rolex !!!!!!!

- Joyeux anniversaire ! Joyeux anniversaire !!!!!!

C'est l'histoire d'un Italien coureur de jupon, d'un Écossais obsédé par le fric et d'un homosexuel invétéré qui cassent leur pipe le même jour. Ils se retrouvent devant saint Pierre.

Comme ils sont jeunes, ils plaident leur cause et supplient saint Pierre de leur donner une seconde chance. Finalement, saint Pierre cède mais les avertit :

- D'accord, je vais vous donner une seconde chance sur terre, mais il nc faudra plus jamais céder à vos vices !

Aussitôt promis, voilà nos trois zigs réincarnés dans une grande ville européenne. Ils commencent à errer dans les rues, sans trop savoir s'ils ont réellement vécu la scène ou s'il s'agissait simplement d'un cauchemar collectif.

Voilà que tout à coup l'Italien aperçoit une superbe nana et bien sûr il s'empresse d'aller lui faire du plat. Celle-ci n'est pas insensible à son charme, mais dès que l'Italien lui propose de monter avec lui à l'hôtel du coin, POUF, le voilà qui disparaît !

Les deux autres gaillards, convaincus maintenant de la sévérité de saint Pierre, se regardent inquiets, et se jurent de mener dorénavant une vie saine et sans reproche. Mais, comme vous le savez, chassez le naturel et il revient au galop ! Alors notre Écossais aperçoit tout à coup un portefeuille très épais à terre. Bien sûr, il se baisse… et POUF, l'homoscxucl disparaît !

Deux types se promènent dans la rue. Ils passent devant un chien en train de se lécher les roubignoles.

- Oh, dis donc, qu'est-ce que j'aimerais pouvoir faire pareil, fait l'un.

- Attention caresse-le avant, il est peut-être méchant, répond l'autre…

C'est un pédé qui dit :
- Moi j'ai des couilles au cul… Mais pas toujours les mêmes.

Pourquoi les gays attirent toujours les filles ??????
- Parce que les tapettes ont toujours attiré les souris.

Scène quotidienne de l'univers carcéral :
- Je vais te la mettre !
- Non !
- Allez, va…
- Non, non, je veux pas.
- Juste la tête (de nœud).
- Bon O.K.
-…
- Aïeeeee, t'as tout mis salaud !
- T'as déjà vu une bite avec des épaules ?

Quelle est la différence entre un intellectuel et un pédé ?
- Ben, l'intellectuel a le p'tit Larousse dans la tête. Et le pédé le gros Robert dans le cul…

C'est Léon le routier derrière son volant qui chante pour passer le temps : « Je m'appelle Léon, j'ai un beau camion et je transporte des cochons !!! »

Notre Léon croise une bonne sœur faisant du camion-stop !!
Homme charitable, Léon, stoppe son 38 tonnes. La sœur monte et les voilà repartis. Quelques kilomètres plus loin, voila la sœur qui commence à faire de l'œil à notre Léon, et puis soudain, la sœur demande :
- Et si l'on se trouvait un coin tranquille ???
Et le Léon interloqué :
- Vous ma sœur ?? Mais je croyais que les religieuses faisaient vœu de chasteté… Et ne dit-on pas « Les voies de Dieu sont impénétrables ? »

La sœur :- Par-devant peut-être, mais pas par-derrière, vous savez, mon fils !!

Là dessus, le Léon passablement émoustillé par ce dialogue, ne fait ni une ni deux et re-stoppe le 38 tonnes. Et voilà Léon qui soulève la soutane de la sœur, et hop, il lui fait son affaire par-derrière.

Le temps passe, et nous retrouvons nos deux héros une demi-heure plus tard sur la route.

Léon :

- Je m'appelle Léon, j'ai un beau camion et je transporte des cochons.

Et la sœur :

- Je m'appelle Dédé, je suis un vieux pédé et je vais au bal masqué.

Et une variante, une…

Un hippie monte dans un bus et va s'asseoir à côté d'une religieuse sur le siège situé juste derrière le chauffeur. Le hippie la regarde et lui demande si elle aimerait faire l'amour avec lui.

La nonne est surprise (forcément), décline l'offre poliment et descend dès le premier arrêt.

Quand le bus redémarre, le chauffeur du bus se tourne vers le hippie et lui dit :

- Si tu veux, je sais comment tu dois t'y prendre pour que cette nonne consente à faire l'amour avec toi.

Le hippie ne demande pas mieux. Alors le chauffeur lui explique que tous les mardis soirs, la nonne va au cimetière pour prier pour le repos de l'âme des défunts, et il ajoute :

- Tu n'as qu'à t'y rendre vêtu d'une toge blanche, avec tes longs cheveux, tu pourras te faire passer pour Dieu et lui commander de faire l'amour avec toi.

Le mardi soir arrive, le hippie déguisé attend la religieuse dans le cimetière. Comme prévu, elle arrive. Alors le hippie s'approche d'elle sans se faire voir et dans la demi-obscurité lui dit :

- Je suis Dieu, j'ai entendu tes prières et je les exaucerai, mais d'abord il faudra que tu fasses l'amour avec moi.

La religieuse est embêtée car elle veut garder sa virginité. Alors elle propose à Dieu qu'il la prenne par derrière.

Le hippie est d'accord et va tout de suite s'affairer sur la nonne.

Une fois son affaire faite, le hippie dit à la religieuse :

- Hé hé, je ne suis pas Dieu, je suis le gars qui s'est assis à côté de vous dans le bus !!

Et la nonne répond en enlevant son costume :

- Hé hé, et moi je suis le chauffeur du bus !!!

C'est deux homosexuels qui partent en vacances (z'ont bien le droit après tout !). Ils sont sur la nationale, quand l'un d'eux s'exclame :

- On a oublié de prendre la vaseline !!!

Le conducteur (c'est lui l'homme du ménage visiblement) :

- T'inquiète pas ma biche, on s'arrête dans une station service et on demande du lubrifiant, ça fera bien l'affaire.

Le pompiste : - Bonjour, Messieurs, qu'est-ce que ce sera ?

Le conducteur - Bonjour, on voudrait du lubrifiant.

Le pompiste : - Ben tenez, justement, là, j'ai de l'huile Igol, on met ça dans les avions; avec Igol on décolle.

Le conducteur : - Ben… vous auriez pas plutôt… de la Motul ????

Quel est le point commun entre un homosexuel et un sauteur à l'élastique ?

- Si le caoutchouc craque ils sont dans la merde !

Ce sont deux gays qui sont ensemble depuis longtemps. Ils ont décidé d'avoir un enfant…

Après des semaines pendant lesquelles ils ont consulté aussi bien des psychanalystes que des spécialistes en reproduction, ils se sont résolus à mélanger leur sperme et à utiliser les services d'une mère porteuse via l'insémination artificielle…

Six mois plus tard, ils apprennent que l'insémination a fonctionné, que la mère porteuse est enceinte, et qu'elle et le fœtus vont bien !

Quelques mois plus tard, ils apprennent par un coup de fil de la maternité que leur petit bébé est né !!!

Alors ils foncent jusqu'à la maternité pour voir la merveille.

L'infirmière leur dit que le bébé est dans la nurserie. Ils peuvent aller le voir à travers la vitre. Alors ils se collent les yeux contre la vitre et voient plusieurs petits bébés filles… elles sont toutes en train de brailler tant qu'elles peuvent.

Puis leurs yeux se fixent vers un petit bébé garçon, il est en train de leur sourire et les regarde avec une immense joie dans le regard… Ce petit bébé estforcément le leur !

Ils se tournent alors vers l'infirmière qui leur confirme que oui, bien sûr, le bébé garçon est leur fils. Alors les deux papas gays se félicitent l'un l'autre, en se disant qu'ils ont bien de la chance d'avoir un bébé qui paraît en si bonne santé et tellement heureux.

Et l'infirmière, en les entendant, leur dit :

- Là, il vous paraît heureux, mais vous devriez le voir quand on lui prend sa température…

Pendant la guerre, deux homos décident de rentrer dans le maquis.

Les maquisards n'en veulent pas :

- Ça va pas non, on a jamais été aidés par les pédés, y manquerait plus que ça…

Après maintes discussions, les homos réussissent à faire parti du maquis contre les Allemands.

Ils partent en mission et, au bout d'un moment, l'un dit à l'autre :

- Eh, t'aurais pas une petite envie?

- Oh si, oh si.

Ils se déshabillent, derrière un buisson et hop, l'un derrière l'autre ils font tagada boum boum.

Un copain maquisard arrive et crie :

- Les chleuhs, les chleuhs…

Celui qui est devant répond :

- Là où il est, ça va être difficile…

Quelle est la différence entre un chercheur d'or et un pédé ?

- Le chercheur d'or secoue son petit tamis de droite à gauche !

Quelle est la différence entre un homosexuel et un four à micro-ondes ?

- La viande ne ressort pas marron dans un micro-onde !

C'est deux pédés qui se baladent dans une deudeuche.

Tout à coup une guêpe rentre par la fenêtre ouverte.

Le pédé qui conduit essaye vainement de la tuer, mais il arrive dans un virage serré et il le loupe bien sûr !

Alors il font ensemble des tonneaux, (la guêpe et les deux pédés). Et quand la voiture s'immobilise, le conducteur a réussi à tuer la guêpe…

Il s'adresse à son copain :

- Ça y est, je l'ai niquée cette salope…

Et celui-ci lui répond :

- BBZZZZZZZZZZZZZZZZZZZZZ !!!!!!!

À quoi on reconnaît un homo dans un camp de nudistes ???

- C'est celui qui a des mouches à merde autour de la bite !!!!

C'est une folle dans une Austin mini en panne au milieu des Champs-Elysées.

Un camion arrive derrière et klaxonne un grand coup.

Comme la mini ne bouge pas, le camionneur descend, se penche à la vitre de la mini et demande sur un ton peu amène :

- Alooooors, tu veux que j't'aide à pousser ta merde ?

- Oh mais houhouhou… oui alors, mais il faut m'aider à garer la voiture sur le côté avant…

C'est deux pédés qui sont dans un avion qui vole vers Kinshasa, la capitale du Zaïre. L'un des deux est un peu sourd. Le commandant de bord de l'avion annonce : nous allons atterrir dans vingt minutes à Kinshasa…

Le pédé qui est sourd demande : - Qu'est ce qu'y dit ?

L'autre lui répond : - Il dit que l'on va atterrir bientôt.

Le commandant continue :

- La température extérieure est de 40 degrés Celsius…

Le pédé sourd : - Qu'est ce qu'y dit ?

L'autre pédé : - Il dit qu'il fait chaud.

Le commandant :

- Et je vous rappelle les règles d'hygiènes à respecter : la moitié de la population ayant le sida, l'autre moitié la tuberculose…

Le pédé sourd : - Qu'est ce qu'y dit ?

L'autre pédé : - Il dit qu'il faut baiser ceux qui toussent…

Un jeune gars entre dans un bar et remarque tout de suite deux très jolies blondes assises au bout du bar.

Le gars demande au barman :

- J'aimerais offrir à boire à ces deux jeunes filles.

Le barman lui répond :

- C'est votre argent, vous faites ce que vous voulez avec, mais ces deux jeunes filles sont des lesbiennes.

- Qu'est-ce que c'est une lesbienne ?

- Pourquoi n'iriez-vous pas les voir et leur demander ?

Alors le jeune gars va aborder les deux jeunes filles blondes :

- Le barman vient de me dire que vous étiez des lesbiennes. Qu'est-ce que c'est ?

Une des deux filles lui répond alors poliment :

- Eh bien… ça veut dire que l'on aime s'embrasser et se caresser la poitrine l'une l'autre.

Le jeune gars s'adresse alors au barman et lui crie :

- Hep! barman, s'il vous plaît, trois whiskies ici pour nous les lesbiennes !

Une nouvelle recrue, dans l'armée chez les paras, raconte à son père son premier saut.

- Alors on est d'abord monté dans l'avion, puis on est monté assez haut pour pouvoir sauter. À ce moment-là, une lumière verte s'est allumée, et le sergent a ouvert la porte, puis il nous a dit de sauter.

À peu près la moitié des gars a sauté.

Le père lui demande :

- Et toi, tu as sauté ?

Le fils répond :

- Non. Alors, le sergent a carrément poussé dehors tous les gars qui n'avaient pas encore sauté.

Le père lui dit :

- Toi aussi alors ?

Le fils répond :

- Non. Le sergent voulait me pousser dehors moi aussi, mais j'avais trop peur et je me suis accroché de toutes mes forces à la carlingue… Alors le sergent a baissé sa braguette et sorti son pénis, qui n'était pas la moitié d'une bite au niveau taille. Il m'a dit que si je ne sautais pas, il me l'enfoncerait dans le cul !

- Ah ! dit le père, c'est là que tu as sauté donc.

- Oui ! Enfin, un petit peu d'abord, répond le fils.

Blagues juives

Dans un wagon de chemin de fer, arrive un jeune Juif tout de noir vêtu. Il s'assied à côté d'un homme qui indéniablement est Juif aussi (vêtu de noir, chapeau, barbe, etc.). Passe un moment.

Le jeune : - Monsieur, auriez-vous l'heure, s'il vous plaît ?

L'autre imperturbable continue de lire la Tora.

Un long moment passe.

Le jeune :

- Excusez-moi Monsieur, pourriez-vous me donner l'heure.

Le vieux ne bouge pas, ne répond rien.

Le temps passe, et enfin le train arrive au terminus.

- Il est 17 h 30, dit le vieux.

- Mais pourquoi vous me le dites maintenant, nous sommes arrivés, je n'ai plus besoin de savoir l'heure.

Le vieux :

- Si tout à l'heure je vous avais prêté l'heure, nous aurions lié connaissance, on aurait parlé. J'aurais appris que tu connais untel, que moi aussi je connais, on aurait sympathisé, tu serais venu chez moi, tu aurais rencontré ma fille. Comme elle est belle ma fille, tu serais tombé amoureux, tu aurais voulu l'épouser… Et t'imagines que je vais donner ma fille à un garçon qui n'a même pas de quoi s'offrir une montre !!!

Voici les quatre affirmations qui prouvent que Jésus était Juif :

1) Il a habité chez sa mère jusqu'à 30 ans.

2) Il croyait que sa mère était vierge.

3) Sa mère le prenait pour un dieu.

4) Avec l'entreprise de charpentier de son père, il a fait une multinationale qui marche encore 2000 ans plus tard.

« Dieu a dit aux Juifs : vous êtes le peuple élu…
Mmmh, à mon avis, il y a ballottage.»
(Woody Allen)

C'est un Juif qui téléphone à sa mère :

- Allô, Maman ? Comment ça va ?
- Ça va bien.
- Oh ! Désolé, mais je me suis trompé de numéro…

Trois mères juives sur une plage de Miami parlent de leurs rejetons.

La première :

- Mon fils est venu chez moi la semaine dernière, il m'a dit : « Maman, tu as vu dans quoi tu vis, tu mérites mieux que ça. » Et il a renouvelé le mobilier de tout l'appartement.

La seconde :

- Moi, c'est pareil, il m'a dit : « Maman, tu as vu comment tu es habillée… ? » Et il a renouvelé toute ma garde-robe.

La troisième ne dit rien et sourit.

Alors les deux autres : - Et vous ?

La troisième dit enfin :

- Moi, c'est encore mieux. Le mien, il va trois fois par semaine chez un monsieur qu'il paye très cher et il ne lui parle que de moi.

(de Woody Allen toujours ?)

Berlin 1934. Hitler est au pouvoir et applique ses théories pangermanistes. Un homme se présente au bureau d'état-civil, et s'adresse affolé au fonctionnaire :

- Monsieur, il faut que je change de nom, vite.
- Bien, voici les conditions (formalités, prix, délai)… Alors Monsieur, quel est votre nom actuel ?
- Adolf Blumensteinovitchthal.
- Ah oui, effectivement, je comprends… et comment souhaiteriez-vous vous appeler ?
- David Blumensteinovitchthal…

Quelle est la différence entre un fourreur et un psychanalyste ?
- Une génération !

Un Israélien est assis entre deux Arabes dans un avion qui vole entre Jérusalem et Amman. Un peu nerveux (ça se passe en pleine guerre du Golfe et ses deux voisins n'ont pas l'air commode), il fait tout pour détendre l'atmosphère. Sans succès. Alors quand les deux Arabes lui demandent d'un air provocateur d'aller leur chercher deux jus d'oranges, il se lève pour aller les demander à l'hôtesse…

Pendant ce temps, les deux Arabes crachent dans ses chaussures. Il leur amène leur jus d'orange et le reste du vol se passe sans aucun problème. Quand l'avion commence à s'approcher de sa destination, l'Israélien remet ses chaussures et sent l'infâme bave qui traverse le tissu et lui mouille la peau. Il se tourne vers l'un de ses voisins :

- Vous savez, si l'on veut qu'un jour le Moyen-Orient soit en paix, il faudra que les Arabes arrêtent de cracher dans les chaussures des Israéliens et que les Israéliens arrêtent de pisser dans le jus d'orange des Arabes…

Qu'est-ce qu'un vrai dilemme pour un Juif ?
- Une tranche de jambon gratuite…

C'est un Père Noël juif qui entre et dit :
- Bonjour les enfants, qu'est-ce que je vous vends ?

Une mère juive téléphone à la gare et dit :
- Allô, à quelle heure il vient le train de mon fils ?

Un petit garçon juif va voir son papa et lui demande 5 F d'argent de poche. Le papa répond :

- Quoi ? !! 5 F ?!!! Mais ça va pas !! Tiens voilà 2 F et partage-les avec ton frère !!!

David, donc, va prier tous les samedis à la synagogue et dit :

- Mon D…, s'il te plaît fais-moi gagner 1 million, s'il te plaît, je sais que c'est toi le vrai D…, alors fais-moi gagner un million et je donne la moitié à la synagogue.

Tous les jours, c'est la même chose, et il ne gagne jamais.

Dégoûté, il dit :

- Attention, mon D…, si je ne gagne pas cette fois, je vais à l'église !!

Et comme il perd, il va prier à l'église :

- Jésus, s'il te plaît, fais-moi gagner 1 million et je te jure que je donnerai la moitié à l'église et à toutes les paroisses.

Il joue le jour même et hop ! il gagne le million…

Alors, il retourne à la synagogue et dit :

- Mon D…, il y a que toi qui savais que j'allais rien donner, hein ?

Un père et une mère juive sont sur un bateau avec leur fils.

Soudain, le fils tombe à l'eau et coule à pic.

Les parents : - Mon Dieu, mon Dieu, rendez-nous notre enfant !!!

Miracle, le rejeton ressort de l'eau et réussit à remonter sur la barque.

Le père : - Merci, mon Dieu, pour ta miséricorde…

La mère : - Dis donc, Dieu, le petit, il avait pas une casquette quand il est tombé ?

Deux Arabes et deux Juifs sont dans le même compartiment de train.

Les deux Arabes disent aux deux Juifs :

- Hé vous savez, on est deux mais on paie seulement pour un !

Les deux Juifs très intéressés leur demandent comment ?

- Ben quand le contrôleur arrive, tous les deux on va dans les toilettes et on lui passe un ticket en dessous la porte.

Les deux Juifs disent :

- Bravo super idée.

Le lendemain pareil : les deux Arabes et les deux Juifs sont dans le même wagon.

Avant que le contrôleur n'arrive, les deux Juifs frappent à la porte des W.-C. et l'un d'eux demande :

- Ticket s.v.p. !

C'est un type juif qui téléphone à sa mère (ashkénaze, donc très « mère juive » avec son fils) :

- Allô Maman ? C'est David.
- Daviiiid, comment vas-tu mon chéri ? Tu manges bi…
- Oui, oui Maman, tout va bien. Je voulais te dire quelques petites choses…
- Mais oui ! Tu sais que je suis toujours là pour toi !
- Bon, ben voilà Maman, je vais me marier…
- Mais c'est merveilleux ! Comment s'appelle-t-elle ? Vous allez venir hein ? C'est pour quand ?
- Oui oui… le problème c'est que…
- Mais non, il n'y a pas de problèeeeeme… oh là là, que ton pauvre père aurait aimé être là !
- Ben, c'est qu'elle est noire…
- Noire ? Mais c'est rien ça ! C'est merveilleux, mon fils se marie…
- Et, elle était déjà mariée…
- Eh bien elle aura de l'expérience, c'est bien ça mon fils…
- Et elle a déjà deux enfants…
- Ah! Déjà des petits enfants, ah c'est fantastique mon enfant !
- Et elle n'est pas Juive…
- Ah… Mais qu'est-ce que ça peut faire ! Tu vas te marier, la vie est belle !
- Alors on peut passer ?
- Mais oui, quand vous voulez ! Venez dormir à la maison, vous dormirez dans ma chambre !
- Dans ta chambre ? Ben, et toi Maman, tu iras où ?
- Oh moi, pas de problème… Je me couche et je meurs…

Un rabbin et un curé sont dans un compartiment de train. Le curé sort un sandwich au jambon et en propose au rabbin :

- Vous en voulez ?
- Mais voyons, certainement pas ! C'est du porc et vous savez bien que ma religion me l'interdit !
- Oh… vous ne savez pas ce que vous perdez !

Le train arrive en gare. Le rabbin est accueilli par sa femme.

Le rabbin au curé :

- Votre femme ne vient pas vous chercher ?

- Mais voyons, certainement pas ! Je ne puis prendre épouse !
- Oh… vous ne savez pas ce que vous perdez !

Salomon et Sarah, deux vieux Juifs, sont couchés dans leur lit. Soudain, Salomon réveille sa femme :

- Dis-moi Sarah ? Quand nous vivions en Pologne et que les paysans du village voisin ont fait un pogrom et brûlé notre maison, tu étais avec moi ?
- Mais oui, Salomon, j'étais avec toi.
- Dis-moi Sarah ? En 42 à Paris, lors de la rafle où les nazis nous ont capturés, tu étais avec moi ?
- Mais oui, Salomon, j'étais avec toi.
- Dis-moi Sarah ? À Auschwitz dans le camp, tu étais avec moi ?
- Mais oui, Salomon, j'étais avec toi.
- Dis-moi Sarah ? Quand on s'est échappé du camp, tu étais avec moi ?
- Mais oui, Salomon, j'étais avec toi.
- Dis-moi Sarah ? Quand les Allemands nous ont rattrapés après trois jours de marche dans la neige, tu étais avec moi ?
- Mais oui, Salomon, j'étais avec toi.
- Dis-moi Sarah ? Tu me porterais pas un peu la poisse ?

Salomon est couché sur son lit de mort. Toute la famille est là, autour de lui, sanglotant et gémissant. Et tout à coup, Salomon parle, de sa toute petite voix de mourant. Alors tout le monde fait silence et s'approche :

- Sarah, ma douce femme, est-ce que tu es là ?
- Oui Salomon mon mari, je suis à tes côtés, toujours à tes côtés.
- Ahh ! Et toi, Moshé mon fils aîné, la fierté de mon sang, tu es là ?
- Oui mon père, je suis là, à tes côtés, comme toujours.
- Ah ! Et toi, David, mon second fils, la gaieté de mes vieux jours, tu es là ?
- Oui mon père, je suis là, à tes côtés.
- Ah ! Et toi, Rachel, la petite dernière, la beauté de la famille, tu es là ?
- Oui mon père, je suis là, à tes côtés moi aussi.
- Ah ! Vous êtes tous là alors ! ?
- Oui !
- Mais alors, qui est-ce qui garde le magasin ???!

Cinq Juifs ont changé la manière de voir le monde :
Moïse a dit : « Tout est loi. »
Jésus a dit : « Tout est amour. »
Marx a dit : « Tout est argent. »
Rockefeller a dit : « Tout est à vendre. »
Freud a dit : « Tout est dans la tête. » ou « Tout est sexe ».
Einstein a dit : « Tout est relatif. »

Un vaisseau spatial débarque sur terre. De son bord descend un extraterrestre qui entame la conversation avec Gaston Ledou, un terrien qui passait par là :

- Bonjour, amis humains (adopter une voix caverneuse et synthétique). Nous sommes venus en amis, pour découvrir votre planète. Nous arrivons de l'astéroïde B612 de la galaxie n° 542. Nos intentions sont pacifiques.

- Bienvenue sur terre, amis extraterrestres, dit Gaston Ledou, ch'uis rud'ment content de vous voir. Quand je vais raconter ça aux potes, y voudront jamais me croire. Faudra que vous me donniez une photo de vous, dédicacée en plus. Ouah ça, quand y vous verront… À propos, tout le monde chez vous possède ces deux nez au milieu de la figure ?

- Absolument, ami terrien, nous avons un sens olfactif particulièrement développé grâce à ça.

- Ouah, super !!! Et alors pourquoi trois mains avec sept doigts dans chaque main ?

- Parce qu'ainsi, nous sommes plus adroit et plus habile. Nous pouvons effectuer plusieurs choses en même temps, beaucoup plus rapidement que vous.

- Pas con, l'idée !!! Oui, mais, chez vous, l'or doit être vachement facile à trouver : vous avez un grosse chevalière en or à chaque doigt (soit 21, en tout). Ou alors, vous devez être quelqu'un d'important chez vous. Tout le monde possède autant de bijoux sur lui ?

- Non, ami terrien… seulement les Juifs.

Un Juif et un Chinois sont calmement aussi sur un banc dans un parc. Soudain, le Juif se lève et passe derrière le Chinois et lui fout une de ces taloches derrière la tête.

- Ça, dit-il, c'est pour l'attaque de Pearl Harbour.
Et le Chinois de répondre :
- Oui mais Pearl Harbour, c'était les Japonais ! ?
Le Juif :
- Chinois, Japonais, c'est la même affaire...
Le Juif retourne tranquillement s'asseoir. Alors le Chinois s'approche derrière le Juif et lui fout une de ces taloches derrière la tête.
- Ça, dit-il, c'est pour avoir coulé le Titanic.
Et le Juif de répondre :
- Mais le Titanic, c'est un iceberg qui l'a coulé ! ?
Le Chinois :
- Iceberg, Goldberg, Greenberg, c'est la même affaire...

Deux Juifs du Sentier se rencontrent et l'un demande à l'autre :
- Dis-moi, tu peux me prêter 2000 ? (avec l'accent évidemment)
- Moi, aye bien sûr, voilà !
Et il lui glisse quelque chose dans la main. L'autre ouvre la main et dit :
- Eh, fils, ça c'est un préservatif...
Et l'autre répond :
- Eh oui, allez, va en niquer un autre, va !

Comment appelle-t-on une vache folle en Israël ?
- Une vache qu'est naze (N.D.L.R. : Achkénaze)

Qu'elle est la blague juive la plus courte ?
- Combien ???

Ou
- Dieu soit loué !

Un prêtre dit à son copain rabbin :
- J'ai un truc pour manger gratuit.
- Super ! Dis-moi comment tu fais ?

- Je vais au restaurant, assez tard, je commande entrée, plat de résistance, fromages, dessert, et ensuite je prends mon temps avec un café, un cognac et un bon cigare, et j'attends la fermeture. Comme je ne bouge pas, quand presque toutes les chaises sont déjà sur les tables, le garçon vient vers moi pour me demander s'il peut encaisser ; alors je lui réponds : mais j'ai déjà payé à votre collègue qui est parti ! Et le tour est joué !

Le rabbin : - Génial ! on essaie demain ?

- O.K.

Le lendemain, les deux compères vont au restaurant : entrée, plat de résistance, fromage, etc...

Le moment de la fermeture arrive, le garçon demande s'il peut encaisser, le prêtre lui répond :

- Désolé, mais on a déjà payé l'addition à votre collègue qui est parti.

Et le rabbin rajoute :

- Et puis d'ailleurs, j'aimerais bien qu'on nous rende la monnaie !!!

Moshé et David se rencontrent après quinze ans. Ils se voient, ils se sautent dans les bras :

- Oh mon frère, comment ça va ? (avec l'accent donc) etc... etc...

Alors, David demande à Moshé :

- Ça va la vie, alors, frère ?

Et l'autre répond :

- Oh là là, j'ai une vie parfaite, j'ai une entreprise de 5555 salariés (clin d'œil aux initiés), je suis patron de trois boîtes, je suis coté en bourse, le fric, je roule dessus, j'ai deux yachts, une maison à Deauville, une à Saint-Trop' et une à New York, j'ai trois voitures, toutes avec chauffeur... et ma femme, c'est un top model, super gentille, super intelligente et très attentionnée, très douce, j'ai trois gosses adorables, tous brillants (médecin, avocat et ingénieur), j'ai une vie formidable, j'ai plein d'amis, enfin, tout le monde m'aime. Une vie vraiment formidable... Et toi ?

- Moi ? J't'emmerde !!

Moshé se tourne et se retourne dans son lit, il n'arrive pas à trouver le sommeil.

Au bout d'un moment, Sarah son épouse commence à s'inquiéter et lui demande :

- Mais dis-moi Moshé, qu'est-ce qui t'empêche de dormir comme ça, tu emm… tout le monde ?

- Eh bah voilà, je dois 10000 F à Lévi et je dois lui rendre demain.

- Et alors ? Plaie d'argent n'est pas mortelle !

- Mais j'les ai pas les 10000 F, j'vais pas pouvoir lui donner.

- Et c'est pour ça que tu dors pas ? Attends…

Sarah se lève alors, va à la fenêtre, l'ouvre et appelle :

- Lévi, Lévi !

De l'autre côté de la rue, une autre fenêtre s'ouvre et Lévi demande, la tête enfarinée :

- Quoi, Sarah, pourquoi tu m'appelles la nuit ?

- Mon mari il te doit 10000 F, il les a pas, il pourra pas te les donner demain !

Elle referme la fenêtre, se tourne vers son mari :

- Maintenant, toi tu dors, lui, non.

À quoi reconnaît-on une mère juive abusive ??

- La nuit, si tu te lèves pour aller pisser, quand tu reviens te coucher, ton lit il est déjà fait !

Pour quand est prévu « le retour du Jedi ? »

- Entre mercredaille et vendredaille…

Un grand rabbin monte au paradis et bon, on s'occupe des formalités et tout parce que c'est une personne importante, quoi… Et puis, il doit aller dans sa nouvelle demeure. Alors, au bureau d'attribution des maisons, on lui montre sa future maison, une simple F2, avec une place de parking, pas génial, quoi… Alors le rabbin s'étonne, et regarde autour de lui, et aperçoit une maison fantastique, sur trois étages, avec jardin, piscine et tennis.

Alors le rabbin se met en colère, et demande :

- C'est à qui cette maison ?

Alors on lui répond :

- C'est à Schmoulik Cohen.

- Quoi, Schmoulik Cohen, le chauffeur de bus ?

- Ouais, c'est lui.
- Non mais, vous avez pas honte, moi un grand rabbin j'ai seulement un F2, et lui il a une superbe maison ?
- Oui, mais toi, en bas, quand tu faisais la prière à la synagogue, tout le monde dormait.

Lui, quand il conduisait, tout le monde faisait sa prière…

Quelle est la différence entre un commerçant juif et un commerçant arabe ?

- L'Arabe vend au détail et le Juif en gros.

Un Juif, vers huit heures du soir, ferme le rideau de sa boutique au Sentier donc, quand un type arrive en courant :

- Ah zut, vous fermez !!

Alors le Juif, en relevant le rideau :

- Mais non, j'ouvre !!

C'est Natanyahou et Clinton qui discutent aux États-Unis… Patati Patata… Paix… Bla bla, etc… Quand soudain, Natanyahou dit :

- Excuse-moi Bill, c'est quoi tous ces téléphones sur ton bureau ?
- Ben le rouge, c'est pour la Russie. Le bleu, pour la France, le noir, pour Asie, etc.
- Ouais, mais le blanc là ?
- Ah! Le blanc, c'est pour le ciel…
- Ah bon ? Ben, je peux essayer ?
- Bien sûr, vas-y !!

Et Natanyahou appelle le ciel, et discute avec Dieu pendant trois minutes… Lorsqu'il raccroche, Clinton lui sort la note : 2 millions de dollars…

- O.K., voilà un chèque…

La rencontre se fait six mois plus tard entre les deux participants en Israël. Alors ils papotent et tout et idem, Bill demande à Benyamine :

- Tiens ils sont beaux tes téléphones… J'imagine que c'est comme moi : rouge, Russie, bleu, France, etc. Tiens, mais c'est pour qui le téléphone là dans le coin ?

- Ben, c'est pour le ciel…
- Je peux essayer aussi moi ?
- Bien sûr, vas-y !!

Alors Bill téléphone et parle pendant 20 minutes… Et bien sûr, Natanyahou lui donne la note : 4 $.

Alors Bill lui demande pourquoi c'est si peu cher.

- Ben parce que ici l'appel est local…

C'est David et Moshé (ou Schmoulik, le chauffeur de bus, comme vous voulez) donc qui discutent. Moshé dit :

- Tu connais mon fils Simon ?
- Bien sûr, j'connais ton fils Simon, il joue avec mon gosse tous les jours dans la cour.
- Eh ben, c'est bizarre, je l'ai envoyé en Israël pour qu'il devienne plus religieux, et il est revenu catholique.
- Ah ben tiens, ça c'est vraiment bizarre… Tu connais mon fils (euh…) Raphaël ?
- Bien sûr je le connais, il mange chez nous le couscous le samedi midi…
- Eh ben moi aussi, je l'ai envoyé en Israël, et ben il est aussi revenu catholique…
- Viens on va voir le rabbin parce que c'est trop bizarre…

Ils vont voir le rabbin et lui racontent l'histoire. Le rabbin s'étonne :

- Mais c'est dingue, ça… Vous connaissez mon fils Ézechiel (ben je me démerde pour trouver des noms caricaturaux…) ?
- Bien sûr, on était à sa Bar-mitsva…
- Eh ben moi aussi, je l'ai envoyé en Israël, et il est revenu catholique…
- C'est dingue, ça !! Écoutez, rabbi, appelez le bon Dieu et demandez-lui ce qu'il en pense.

Alors le rabbin l'appelle (numéro 33 1 45554545) et lui raconte. Alors Dieu répond :

- Tiens, c'est marrant que tu me racontes ça… Tu connais mon fils…

C'est trois mères juives qui se retrouvent pour le thé.

Ça commence à jacasser.

- Aïe aïe aïe. (mère 1)
- Aïe aïe aïe. (hum… mère 2)
- Aïe aïe aïe. (mère 3)

Puis soudain la mère 3 dit aux autres :

- Allez, assez parlé des enfants, parlons d'autres choses !!!

Et une autre version :

Trois mères juives sont assises sur un banc dans un square en tricotant, pour une fois silencieuses.

Au bout d'un moment, l'une d'elle pousse un GROS soupir…

- Ah NON, s'écrie une autre, on avait dit qu'on ne parlerait pas des enfants aujourd'hui !

Une dame juive téléphone à son journal local et demande à parler au responsable de la section Nécrologie :

Le gars du journal lui répond :

- Que puis-je faire pour vous ?
- J'aimerais passer une annonce.
- Très bien Madame, je vous écoute, quel est le texte ?
- « David Cohen est mort ».
- Et c'est tout ? « David Cohen est mort » ?
- Oui, c'est tout.
- Mais vous avez droit à quatre lignes pour votre annonce. C'est compris dans le prix.
- D'accord. Alors mettez : « David Cohen est mort… Mercedes 300 SL à vendre ».

C'est trois mères juives qui parlent de leurs fils.

La première dit :

- Mon fils a bien réussi. C'est le meilleur avocat de New York.

La seconde dit :

- Mon fils, c'est mieux. C'est le meilleur psychiatre de New York.

La troisième dit :

- Mon fils a pas si bien réussi. Il n'a pas un très bon travail, et il est homosexuel (aïe aïe aïe). Mais il a deux petits amis… L'un c'est le meilleur avocat de New York, et l'autre c'est le meilleur psychiatre de la ville.

C'est Simon Choukroun qui rentre dans le bar qui se trouve en face de son magasin du Sentier. Il s'adresse au barman (qui est Noir) et lui dit :

- Sers-moi un whisky, sale nègre.

Le barman, habitué à garder son calme lui répond :

- Dites-moi, ce n'est pas très gentil, Monsieur Choukroun. Supposez que j'agisse de la même manière avec vous, vous le prendriez peut-être très mal !

Simon Choukroun lui répond :

- On n'a qu'à essayer : je vais derrière le bar, et toi tu fais le client…

Le Noir approche du comptoir et dit :

- Sers-moi un whisky sale Juif.

Et Simon répond :

- Je regrette, mais ici, on ne sert pas les Nègres.

M. Katzman, Juif respectable, vit en Allemagne en 1933. Lorsqu'il constate que les événements tournent mal pour ses coreligionnaires, il décide de changer de nom, pour ne pas se faire repérer. Alors il arrive au bureau des changements de nom, et dit :

- Voilà je m'appelle M. Katzman, et je voudrais changer de nom.

- Bien, quel nom désirez-vous ?

- Ben… Je sais pas, je vais le traduire : cat = chat en anglais, et man = l'homme en anglais. Ben, je voudrais m'appeler Monsieur Chalom…

C'est un petit monsieur juif avec l'accent qui rencontre une belle américaine et qui lui dit :

- Madame je serais heureux d'avoir un rendez-vous avec vous demain !

L'Américaine lui répond :

- Never !!!

Alors le monsieur juif lui répond :

- Never, never et demie…

C'est Mahmoud qui va chez David, et crie par la fenêtre :

- David !! David !!

Alors la mère de David vient répondre :
- Bonjour Mahmoud qu'est-ce que tu veux à David ?
- Ben je veux le voir, il me doit 100 balles !
- O.K., mais c'est Kippour !
- Ben, c'est pour ouam !!
(P.S.: attention, il y a du verlan dans la chute).

C'est un bateau qui fait naufrage... lentement mais sûrement.

Le capitaine réunit tout l'équipage, et dit :

- Les gars... c'est foutu ! On est perdu ! Le radar et la radio sont en panne. Prions Dieu pour qu'Il nous reçoive au moins avec indulgence au paradis.

Tout le monde est bouleversé et se met à genou pour prier... excepté un matelot qui est resté debout.

- Et toi ! lui dit le capitaine. Tu ne peux pas faire comme tout le monde et prier ??

- Non, moi, j'suis Juif.

- C'est pas une raison ! La situation est suffisamment critique comme ça. Alors il y a plus de religion qui compte ! Tu devrais au moins faire un geste catholique, mon pauvre Isaac !

Alors Isaac enlève son béret et fait la quête...

Un vieux Juif meurt et rencontre Dieu en arrivant au paradis. Il fait le bilan de sa vie :

- La pire chose qui me soit arrivée, c'est quand mon fils a décidé de se convertir au catholicisme..., dit-il.

- Moi aussi, lui répond Dieu.

- Et qu'est-ce que vous avez fait ? demande le Juif.

- Un nouveau testament...

C'est le jeune Isaac qui va trouver son patron et qui lui dit :

- Je ne peux plus travailler chez vous. Tous vos employés sont antisémites !

- Quoi ?! Qu'est ce que vous racontez là ?! Qu'il y en ait un ou deux, je veux bien, mais pas tous !

- Si! Je vous dis qu'ils sont tous antisémites !!! D'ailleurs j'ai fait un test... Je leur ai tous posé la même question, et ils ont tous fait la même réponse ! Ils sont tous antisémites, j'vous dit !!

- Mais c'est quoi cette question ????

- Je leur ai demandé ce qu'ils penseraient si on exterminait tous les Juifs et tous les coiffeurs...

- Les coiffeurs ! ? ! Pourquoi les coiffeurs ???

- Ben, vous voyez, vous aussi !

C'est un curé qui va chez le coiffeur.
Au moment de payer, le coiffeur lui dit :
- Pour un homme de Dieu, chez moi, c'est gratuit !
Le lendemain le curé revient avec un crucifix pour le remercier.
Un autre jour c'est un pasteur qui vient chez ce coiffeur.
Au moment de payer, le coiffeur lui dit :
- Pour un homme de Dieu, c'est gratuit !
Le lendemain, le pasteur revient avec une bible pour le remercier.
Une autre fois c'est un rabbin qui va chez ce coiffeur.
Au moment de payer, le coiffeur lui dit :
- Pour un homme de Dieu, c'est gratuit !
Le lendemain, le rabbin revient avec un autre rabbin !

Et la variante :
Un Juif, un musulman et un catholique discutent pour organiser la soirée de Noël (puisque c'est bientôt). Alors ils se divisent les taches et les affaires à apporter.
Le catholique dit : - Moi j'amène toutes les boissons.
Le musulman dit : - Ben, moi j'amène la dinde et l'apéro.
Le Juif dit : - Ben moi, j'amène mon frère.

Comment on dit 5000 F en hébreu ?
- On dit « Donne » !

Pour économiser l'argent du permis de conduire, Abraham apprend à conduire à sa femme Sarah. Dans une descente, les freins lâchent :

- Mon Dieu, Abraham ! Que dois-je faire ! ?
- Garde ton sang froid, et essaye de défoncer quelque chose qui soit bon marché…

Quelle est la différence entre la rue des Rosiers et le canal de Suez ?
- Dans la rue des Rosiers, les Juifs sont des deux côtés.

Un Juif en haut d'une falaise répète sans arrêt 53, 53, 53… comme s'il priait.

Un Arabe se pointe et le regarde. Au bout d'un moment, il s'approche et lui demande :

- Hé ! Cousin (les Arabes appellent les Juifs cousins, les Juifs appellent les Arabes au lance-roquettes, mais bon !) Qu'est-ce que tu fais comme ça ?

À ce moment-là, le Juif chope l'Arabe et le balance du haut de la falaise…

Et, le Juif se remet à psalmodier : « 54, 54, 54… »

Dans une école en Israël, l'instituteur demande à un élève :
- Qui était Moïse ?
- Un gars pas bien malin.
- Comment ! Tu n'as pas honte de parler ainsi de Moïse, notre grand ancêtre ?
- Non, c'est un abruti car après avoir traversé la mer Rouge, il a tourné à gauche. S'il avait tourné à droite, c'est nous qui aurions eu tout le pétrole…

Quelles sont les trois plus grandes fêtes juives ?
- Yom Kippour, Raschachanar et… le salon du prêt-à-porter.

David et Moshé discutent dans la rue :
- Ça va ?
- Oui, et toi ?

- Eh ben, ça va. Et ta femme…

Et là, à ce moment David se rappelle que la femme de Moshé est morte, alors il se rattrape et dit :

- Ta femme, toujours morte ?

Un type (juif) arrive dans un magasin de pompes. Funèbres. Et le marchand (juif) (parce que c'est du commerce, eh oui) lui dit :

- Bonjour, que puis-je pour vous ?

- Eh ben, voilà ma femme est morte et je dois lui trouver un cercueil…

- Mais, vous n'avez pas perdu votre femme l'année dernière déjà ?

- Si si, mais je me suis remarié…

- Ah bon, je savais pas !! Mazal Tov !!

À l'aéroport de Tel-Aviv, un douanier israélien arrête un vieux Juif qui s'apprête à immigrer, et lui demande d'ouvrir ses deux valises. Dans la première, le douanier découvre 1 million de dollars en billets de 1 $!

- Wow, fait le douanier, auriez-vous une explication pour posséder tout cet argent en billets de 1 $?

- Je vais vous expliquer : il y a de nombreuses années alors que j'étais un tout jeune homme, je traversais les États-Unis en long et en large. Je visitais pas mal de grandes villes comme New York, Chicago… et dans chaque grande ville, je choisissais des toilettes publiques, et je repérais si un homme seul était en train d'uriner. À ce moment-là, je lui disais : « Donne-moi un dollar pour Israël ou je te coupe les couilles avec mon couteau ».

Le douanier, qui ne croit pas à l'histoire du vieil homme, se met à rigoler. Puis il demande :

- Et qu'y a-t-il dans la deuxième valise ?

- Allons ! Vous devriez le savoir…, dit le vieil homme en secouant la tête, tout le monde n'aime pas donner !

C'est Abraham qui se plaint à son pote Isaac :

- J'ai des insomnies !

- Ben, tu devrais compter les moutons pour dormir.

- Hein ? ! Compter les moutons ?
- Ben oui. Tu comptes les moutons qui sautent la haie, et puis au bout d'un certain chiffre tu finis par t'endormir.

Une semaine plus tard, Abraham rencontre à nouveau Isaac :

- Tu sais, j'ai compté les moutons comme t'avais dit. Eh ben, ça va pas !
- Heu ? ! Bah pourquoi ?
- Parce qu'arrivé à 5 000, j'me suis dit qu'il ne fallait pas laisser passer une aussi belle affaire. Alors j'ai tondu toute leur laine et j'en ai fait des pardessus !

Et maintenant je me casse la tête pour savoir où je vais trouver des doublures pas cher !

C'est Moshé et David qui sont chez le rabbin.

Moshé lui demande :

- Monsieur le grand rabbin, est-ce que le noir, c'est une couleur ?

Alors le rabbin réfléchit, et ne trouvant pas la réponse, convoque deux autres rabbins, lisent deux ou trois fois la Bible et en fin de compte, le rabbin répond à Moshé :

- Eh ben, oui, le noir, c'est considéré comme une couleur parce que c'est par définition la superposition de toutes les couleurs.
- D'accord, Monsieur le rabbin, mais est-ce que le blanc est aussi une couleur ?

Alors là, le rabbin il convoque tous les rabbins de la ville et ils forment un tribunal, ils lisent la Bible six fois et tous les commentaires (le Talmud, pour la culture) deux fois, et ils reviennent.

Le rabbin lui répond :

- Oui, le blanc, c'est une couleur puisque c'est un ajout continu de toutes les couleurs…

Alors Moshé se retourne vers David et lui dit :

- Tu vois je t'avais dit que j't'avais vendu une télé couleur…

Un mendiant sonne à la porte de David.

- Vous auriez pas un petit quelque chose pour moi ?
- Oui, vous aimez la soupe de la veille ?
- Oh oui, oh oui !
- Ben, repassez demain !

Sarah amène le petit Samuel chez le vieux tailleur Isaac afin de lui acheter un beau costume pour sa Bar-mitsva. Ils entrent dans la modeste échoppe :

- Bonjour Sarah, bonjour Samy ! Vous venez pour un costume ?

Sahra lui fait un topo de la situation et lui précise bien :

- Et surtout Isaac, je veux ton plus beau tissu pour le costume du petit !

Isaac lui promet un costume exceptionnel et il prend les mesures du petit.

Une semaine après, Sarah passe chez le vieil Isaac avec son fils pour prendre livraison du vêtement. Le costume est très joli et va comme un gant au petit Sammy. Après avoir payé (très cher, mais bon, un tissu pareil…), Sarah et Samuel s'en vont prendre le bus.

Mais voilà qu'un orage éclate soudain et que, le temps de courir s'abriter, ils sont tous les deux trempés jusqu'aux os. Sarah regarde alors le petit Samy, et là, stupeur : le costume, taillé dans un tissu de pacotille, a affreusement rétréci et les bras et jambes du petit Samuel dépassent d'une bonne dizaine de centimètres…

Furieuse, Sarah retourne chez le tailleur en traînant son fils derrière elle, entre furibarde dans la boutique et se retrouve devant le vieil Isaac qui s'exclame en découvrant Samuel :

- Mon Dieu, comme il a grandi !

Abraham dit à Jacob :

- Ch'suis malade, mais j'ai peur d'aller chez le toubib, parce que ça coûte cher, quoi !

- Ben, tu devrais aller chez le docteur Samuel. Il pratique un tarif dégressif ! Quand on revient le voir, il ne prend plus que la moitié !!

Abraham se présente donc chez le docteur Samuel, et déclare :

- Bonjour, docteur ! C'est encore moi !!

Deux Juifs se rencontrent :

- J'ai du mal à joindre les deux bouts en ce moment. Tu te rends compte que tous les matins, ma femme me demande 500 F ?

- 500 ? La vache ! Comment tu fais ?
- Ben, je ne lui donne pas.

Les parents du petit Samuel, les Bensimon, sont très inquiets, il semble souffrir de graves troubles mentaux. Ils l'emmènent donc voir un psy.

Le psy demande aux parents d'aller dans la salle d'attente afin qu'il puisse s'entretenir seul à seul avec leur fils.

Au bout d'un quart d'heure il sort et dit aux parents :

- C'est très grave, votre fils fait un complexe d'Œdipe.

La mère répond :

- Un complexe d'Œdipe ? Oh c'est pas grave, du moment qu'il aime sa mère…

Un Juif à Jérusalem voit un billet sur la route où il y a plein de voitures qui roulent. Il se précipite pour ramasser le billet et, manque de chance pour lui, se fait écraser.

Le médecin arrive et note sur l'avis de décès :

- Mort naturelle.

Un Juif écossais ashkénaze (ashkénaze veut dire allemand en hébreu ancien) se rend avec son épouse à l'hôtel Beau-Rivage, à Genève, Suisse (Suisse : Confédération helvétique, Eidgenossenschaft Schweiz, ou Confederazzione Helvetica, note pour les pédants).

Il y passe trois jours et trois nuits. Au moment de repartir, il tique en voyant la note : 3 000 francs suisses (3 000 francs suisses : quelque 1 200 000 francs CFA, note pour les économistes du pays Dogon), plus 900 francs (suisses, toujours) pour les repas.

- Comment ! s'exclame-t-il, vous me demandez une somme pareille pour les repas ? Mais je n'y ai même pas touché, à votre nourriture ! Je n'ai rien mangé ! Votre nourriture n'est même pas cacher.

- Rien à faire ! répond le gérant. La nourriture était à votre disposition, et si vous n'y avez pas touché, cela vous regarde ! Vous nous devez 3 900 francs !

Le Juif écossais ashkénaze réfléchit un moment.

- D'accord ! finit-il par répondre. Mais maintenant, c'est vous qui me devez 2 100 francs !

- Comment ? demande le gérant.

- Je vous paye les 3 900 francs, mais vous, vous m'en devez 6000, parce que trois nuits de suite, vous avez couché avec ma femme ! Je compte 2 000 francs par nuit, parce que je l'aime beaucoup. 6 000 francs moins 3900, ça fait 2 100 ! Vous savez compter, non ?

- Mais… je n'ai pas couché avec votre femme ! balbutie le gérant.

- C'est votre problème ! Ma femme était là, à votre disposition, et si vous ne l'avez pas touchée, cela vous regarde ! Rien à faire.

Ça me rappelle un sketch de Popeck (pour ceux qui ne connaissent pas, il parle avec un accent juif d'Europe de l'Est), où il est à la gare du Nord. Une femme lui demande où se trouve « la roue de la gare ». Il répond que la gare, c'est ici, donc la roue est certainement dehors. Puis il lui demande si elle est étrangère, et elle répond qu'elle est Portugaise.

Il lui dit alors :

- Si ji peux mi pirmittre di vous donner un conseil, on dit pas la roue, on dit la rie…

C'est un Noir au marché de Jérusalem qui essaie de vendre sa vache à 100 dollars. La vache, une vielle carne avec la peau sur les os, un pis aussi gros que les seins de Jane Birkin. Enfin bref, une épave à quatre sabots. Évidemment, aucun client ne se manifeste. Durant deux heures, un Juif observe ce Noir, puis s'approche…

Le Juif :

- Tu n'as rien compris à la vente, laisse-moi faire. Si je te la vends, on fait 70 % pour moi et 30 % pour toi, O.K. ?

Le Noir :

- O. K.

Le Juif commence la vente :

- Voici la toute dernière race de bovin, comme la nouvelle lessive elle est très concentrée. Elle prend moins de place mais donne plus de lait.

Et là, la foule commence à s'avancer, se masser.

Le Juif :

- Et oui, Mesdames et Messieurs, voici le dernier cri de la génétique africaine.

Et là, ça devient la cohue pour cette curiosité et les enchères commencent à monter : 100 $, 200 $, 300 $, 500$.

Le Juif :

- Et plus fort encore, elle a été inséminée artificiellement et, en plus, elle fera deux veaux chaque année.

Et les enchères montent 550 $, 600 $, 1 100$.

Le Juif :

- Avec les veaux, plus aucun problème de descendance.

Et là, les enchères s'enflamment 2000 $, 3000$.

Alors à ce moment-là, le Noir va voir le Juif et lui dit :

- Je ne la vends plus !

Le Juif :

- Et pourquoi, regarde tout l'argent qu'on va se faire...

Le Noir :

- Ouah, mais si elle vaut si cher, je préfère la garder !

Pourquoi les Juifs ont-ils des grands nez ?

- Parce que l'air est gratuit.

Blagues médicales

Une brave dame chope le ver solitaire ; elle va chez son médecin :

- Docteur, que dois-je faire donc ?

- J'ai un nouveau traitement belge. Revenez me voir demain avec une boîte de petits pois et un Mars.

Le lendemain Madame est au rendez-vous :

- Très bien, Madame, déshabillez-vous et penchez-vous en avant.

Le médecin bourre le cul de la pauvre femme (un peu surprise) avec les petits pois et lui enfonce pour finir le Mars.

- C'est terminé pour aujourd'hui, revenez me voir demain avec la même chose.

La femme, encore sous le choc rentre chez elle et revient le lendemain avec sa boîte de petits pois et son Mars. Et là, même topo : les petits pois dans le cul et le Mars pour enfoncer le tout. Tout ça pendant un mois.

Au bout d'un mois et de deux tubes de préparation H, le médecin dit à la femme.

- Le traitement se termine demain. Revenez avec une boîte de petits pois et un marteau.

La femme revient le lendemain et le médecin entreprend une dernière fois la manœuvre dite du « petit pois ». Ayant fini de vider la boîte dans le cul de la femme, il lui dit.

- Surtout ne bougez pas et passez-moi le marteau.

Et au bout de quelques instants, le ver solitaire sort du cul de la femme en criant :

- Et mon Mars ?????

Et sprotch le ver.

- Docteur..., docteur !!! Je deviens tellement sourde que je m'entends même plus péter.

- Mmmh…, je vois, tenez prenez ça, ça ira mieux.
- Vous êtes sûr, avec ça j'entendrais mieux.
- Non, mais vous péterez plus fort.

C'est l'histoire d'un médecin qui parle à sa patiente :
- Madame, j'ai une bonne nouvelle à vous annoncer.
- Pas Madame : Mademoiselle.
- Ah, Mademoiselle, j'ai une mauvaise nouvelle à vous annoncer.

Quelques commentaires entendus chez le pharmacien…

« Je voudrais de la vitamine V C », s'il vous plaît.

« Le radiologue m'a dit que je souffrais d'une hernie fiscale » (discale).

« Donnez-moi une crème, je fais une égérie au soleil » (allergie).

« Pouvez-vous m'indiquer l'adresse d'un médecin apiculteur ? » (acuponcteur).

« Je voudrais une bombe pour tuer les acadiens » (acariens).

« Vous avez quelque chose pour soigner ma faune intestinale ? » (flore).

« De l'eau oxygénée en 20 volts, s'il vous plaît ! »

« Il me faudrait un savon pour soigner ma silicose » (mycose).

« Je voudrais de l'aspirine américaine » (UPSA).

« Un tube d'aspirine Côte du Rhône, s.v.p. » (Usine du Rhône).

« Vous avez de la cire de bourrique pour soigner les pieds ? » (acide borique).

« J'ai arrêté de fumer, ça me donnait des fissures anales » (fistules).

« Vous avez des culottes en caoutchouc périodique ? »

- C'est grave docteur ?
- J'ai une mauvaise nouvelle pour vous, vous avez un cancer.
- On peut le guérir ?
- J'ai bien peur que non…
- Aïe aïe aïe aïe !! Que dois-je faire docteur !
- Essayez les bains de boue…
- Ça va guérir mon cancer ?
- Ah ça non, mais ça vous habituera à la terre…

Un patient à son médecin :

Patient : - Docteur, on a calculé que j'avais un quotient intellectuel de 52 et je ne comprends vraiment pas pourquoi.

Médecin : - Il est normal que vous ne compreniez pas.

C'est une femme qui se rend chez son docteur. Elle se plaint d'avoir des poils sur la poitrine. Le médecin lui demande :

- Montrez-moi donc ça… Ah oui effectivement… Mais jusqu'où cela descend-il ?

- Eh bien jusqu'aux couilles, docteur…

Lettre reçue par un docteur :

Docteur, je n'en peux plus. Mon mari est actuellement intenable. Il a envie de moi tout le temps et il me prend partout, dans la chambre, dans la cuisine, quand je fais le ménage, la cuisine, etc. Que puis-je faire ?

P.S. : excusez mon écriture saccadée.

C'est une jeune fille qui va chez le psychiatre. Quand il la reçoit, il est derrière son bureau en train de lire des papiers.

Le psychiatre : - Déshabillez-vous.

La jeune fille, surprise, rougit, mais commence à ôter sa robe.

Le psychiatre s'impatiente : - Allez, allez, on va pas y passer la nuit.

La jeune fille enlève son corset, ses bas, hésite encore.

- Allez, allez, enlevez-moi tout ça !!

Penaude, elle s'exécute, enlève son soutif et sa culotte.

À ce moment-là, le psychiatre se lève d'un bond, se déshabille prestement, se jette sur la fille et la viole.

Vingt minutes après, il se relève, se rhabille, et dit :

- Bon, maintenant que mon problème est résolu, passons au vôtre.

Vous avez un cancer du foie et c'est incurable.

- Docteur, comme vous y allez, j'aimerais avoir un deuxième avis.

- En plus, vous êtes moche.

Un professeur d'anatomie interroge à un examen une jeune élève infirmière :

- Quelle est la partie du corps qui se dilate jusqu'à atteindre sept fois sa taille initiale ?

La jeune femme commence à rougir et à balbutier de manière inintelligible... Le professeur lui dit alors :

- Je vous interromps tout de suite, Mademoiselle. Je crois que vous faites fausse route... Il s'agit de la pupille ! Et d'ailleurs, je crois que vous allez au devant de grandes désillusions !

C'est l'histoire d'une femme qui se réveille avec deux points noirs à l'intérieur des cuisses. Elle va voir son médecin qui après une analyse minutieuse de la chose va chercher un pot rempli d'éther. Avec un coton, il lave la tache et demande à la patiente :

- Votre mari, c'est un gitan ?

- Oui !

- Eh bien, vous lui direz que ses boucles d'oreilles ne sont pas en or !

- Voilà, docteur, il paraît que je suis nymphomane. Vous croyez que c'est vrai ?

- Je ne sais pas, Madame, mais s'il vous plaît, lâchez-moi la bite, ce sera plus facile pour faire l'ordonnance !

C'est un couple qui vient de se coucher. Le type a vraiment envie de... mais sa compagne réplique qu'elle a un rendez-vous chez le gynécologue et elle veut rester fraîche. Quinze minutes plus tard, le type lui refait des avances et elle refuse pour le même motif. Puis dans l'obscurité de la chambre à coucher, il dit :

- Oui mais, tu n'as pas de rendez-vous chez le dentiste demain !

Tu sais à quoi tu reconnais que tu es atteint de la maladie de la vache folle ?

- C'est quand ta queue commence à tuer les mouches !

C'est l'histoire d'un gynécologue qui était devenu millionnaire.
Il avait attrapé la maladie de Parkinson.

Un homme va voir son pharmacien et lui demande s'il n'a pas un remède contre la constipation.

Le pharmacien lui répond par l'affirmative, mais prévient l'homme que son remède est très efficace, alors il commence à poser des questions à l'homme :

- Bon ! Du comptoir à la porte d'entrée de la pharmacie, il y a cinq mètres.

Alors il prend un liquide rouge et le verse dans un flacon.

- Maintenant de la porte d'entrée à la pharmacie jusqu'à la porte d'entrée de chez vous il y a combien de mètres ? demande-t-il

- Environ quatre cents mètres, répond l'homme.

Alors le pharmacien prend un flacon de liquide bleu et le mélange au flacon contenant le liquide rouge.

- Maintenant, de la porte d'entrée chez vous, jusqu'aux toilettes, quelle est la distance ?

- Bon je dois ouvrir la porte de l'immeuble, monter trois étages, ouvrir la porte de mon appartement, prendre le corridor, jusqu'aux toilettes, donc environ cinquante mètres.

Alors le pharmacien, prend un liquide jaune le verse au mélange. Il brasse le tout et dit à l'homme:

- Buvez ceci, et rentrez chez vous, sans perdre de temps, et revenez me voir demain, tout devrait être O.K.

Le lendemain matin l'homme revient et dit au pharmacien :

- Comme pharmacien vous êtes super, je ne suis plus constipé, et votre remède a fait des miracles, mais comme mathématicien, vous êtes très mauvais car vous vous êtes trompé de cent mètres.

Alors c'est trois frères qui trouvent qu'ils ont une trop petite bite. Pour remédier à cet état de fait, ils vont ensemble chez le docteur qui leur préconise des pilules à prendre une fois par jour pendant un mois et de revenir le voir le mois suivant.

Le mois suivant, dans le cabinet du docteur :

- Alors, ça s'est bien passé ? demande le docteur.

- Très bien, fait le premier frère, j'ai fait comme vous avez dit : une pilule par jour et maintenant j'ai une bonne grosse bite, ma copine est aux anges.

- Parfait. Et vous, fait le docteur en s'adressant au deuxième frère.

- Moi, génial. Comme j'en voulais une très grosse, j'ai pris les pilules trois par trois et là, j'en ai une de 35 cm. C'est l'extase !

- Très bien. Mais, dites-moi, je ne vois pas votre troisième frère. Il n'est pas venu ?

- Si, fait un des frères, mais lui, il voulait une bite monstrueuse, alors il a pris toutes les pilules dès le premier jour.

- Oui. Et alors ? Ça ne m'explique pas où il est.

- Ben, à l'heure qu'il est, il doit être en train de manœuvrer dans le couloir…

Une prostituée va voir son gynécologue.

Celui-ci lui demande :

- Vous perdez beaucoup pendant vos règles ?

- Bof, 2000 ou 3000 balles.

C'est un couple aux cheveux bruns qui ont un enfant. Seul problème, il se révèle être roux.

Intrigués, ils vont voir un médecin pour lui demander une explication avant d'envisager (surtout pour le mari) d'autres hypothèses.

Le médecin leur demande :

- Vous faites l'amour tous les combien ? Tous les jours ?

- Oh, non, non…

- Toutes les semaines ?

- Non, non…

- Tous les mois alors ?

- Non, non, même pas.

- Alors tous les deux mois ?

-…

- Tous les six mois alors ?

- Oui, c'est à peu près ça.

- Alors, cherchez pas, c'est la rouille.

C'est Madame Johnson (la femme de Ben Johnson), pas contente, qui revient du jardin avec une tomate de 50 kg dans sa brouette…

- Chéri ! je t'ai déjà dit mille fois qu'il ne faut pas faire pipi dans le potager !

Un homme se plaint à son ami :

- Mon coude droit me fait vraiment mal. Je crois que je devrais aller voir un médecin.

Son ami de lui répondre :

- Ne fais pas ça ! Il y a un tout nouvel ordinateur à la pharmacie du centre qui peut te diagnostiquer n'importe quoi, bien plus rapidement et pour beaucoup moins cher qu'un médecin. Tu déposes juste un échantillon d'urine, et l'ordinateur diagnostique ton problème et te dit ce que tu dois faire. Et tiens-toi bien, cela ne coûte que 50 balles !

Se disant qu'il n'a rien à perdre, l'homme remplit alors un petit récipient avec un échantillon d'urine, et se rend à la pharmacie. Il y trouve l'ordinateur en question, il place l'échantillon et introduit les 50 F.

La machine se met alors à faire des tas de bruits bizarres, des tas de lumières commencent à clignoter. Après une courte pause, une petite bande de papier sort de la machine. Il y est écrit :

«Vous avez une tendinite au coude droit. Trempez votre bras dans de l'eau chaude. Évitez de le faire trop travailler. Cela devrait aller mieux dans deux semaines. »

L'homme est totalement impressionné ! Plus tard dans la soirée, alors qu'il repense à cette nouvelle technologie incroyable et à la façon dont elle pourrait révolutionner le domaine médical, il commence à devenir sceptique. Il se demande si la machine ne pourrait pas se tromper.

Il décide alors d'essayer. Il mélange ainsi de l'eau du robinet, un peu d'urine de son chien, d'urine de sa femme et de sa fille. Par-dessus le marché, il éjacule dans la « préparation ».

Il retourne à la pharmacie, retrouve la machine, y place le nouvel échantillon et introduit 50 F.

La machine, comme à l'habitude, fait du boucan et clignote de partout puis imprime l'analyse suivante :

Votre eau du robinet est trop dure - Faites installer un filtre.

Votre chien a le ténia - Purgez-le avec un vermifuge adéquat.

Votre fille se drogue à l'héroïne - Une cure de désintoxication s'impose.

Votre femme est enceinte - L'enfant n'est pas de vous, contactez votre avocat.

Et si vous n'arrêtez pas de vous masturber, votre tendinite ne risque pas de guérir un jour.

Un cancérologue et sa jeune femme étaient en train de discuter un soir pendant le dîner à propos de la mort d'un jeune patient. La femme en vient à demander à son mari si lui se remarierait dans le cas où elle viendrait à décéder.

Le mari lui répond alors :

- Bien sûr chérie, tu sais bien qu'il faut que quelqu'un s'occupe de moi. Sa femme acquiesce en lui disant que c'est vrai, elle ne voudrait pas qu'il reste seul.

Après quelques minutes de réflexion, elle renchérit :

- Si tu te remariais, tu vivrais avec elle dans notre maison ?

- C'est une question idiote, tu sais bien le mal que l'on a eu à trouver une maison confortable près de l'hôpital !

Alors elle demande :

- Et tu dormirais avec elle dans notre lit ?

- Avec mon problème de dos, pourquoi voudrais-tu chercher un nouveau lit quand celui-ci est parfait ! ?

Alors elle continue :

- Et tu lui laisserais porter mon manteau de vison ?

- J'ai payé 45000 F pour ce manteau et tu voudrais que je le laisse accumuler la poussière dans la garde-robe ! ?

Enfin elle demande :

- Quand même, tu ne la laisserais pas utiliser mon club de golf ?

- Sûrement pas, elle est gauchère…

Une femme chez le chirurgien esthétique :

- J'aimerais avoir de plus gros seins. Combien cela me coûterait-il ?

L'homme de l'art :

- Cela coûterait environ 50000 F.

La femme :

- Je ne peux pas me le permettre... N'y a-t-il pas une alternative à la chirurgie ?

Le docteur essayant d'être aimable :

- Vous pourriez essayer de vous frotter les seins avec du papier-toilettes.

La femme :

- Du papier-toilettes ??? Comment cela pourrait-il me rendre les seins plus gros ?

Le docteur :

- Regardez ce que cela a réussi à faire à votre postérieur...

Un homme est en consultation à l'hôpital. Le médecin lui apprend qu'il n'a plus que douze heures à vivre.

L'homme rentre chez lui (si, si, c'est possible) et annonce la nouvelle à sa femme.

Ensuite il ajoute :

- Voici ce que j'aimerais faire pendant ces douze heures : d'abord un bon dîner, ensuite aller boire et danser tout le reste de la nuit...

Sa femme lui répond alors :

- Oh là là, c'est facile pour toi... On voit bien que tu n'as pas à te lever demain matin !

Un patient et son médecin discutent.

Le docteur : - J'ai une mauvaise nouvelle et une très mauvaise nouvelle pour vous.

Le patient : - Quelle est la mauvaise ?

Le docteur : - Vous avez un cancer.

Le patient : - C'est terrible... Et quelle est la plus mauvaise nouvelle alors ?

Le docteur : - Vous avez la maladie d'Alzheimer.

Le patient : - Ouf, au moins je n'ai pas le cancer.

Le docteur :

- J'ai une mauvaise et une très mauvaise nouvelle pour vous.

Le patient : - Quelle est la mauvaise ?
Le docteur : - Il vous reste un jour à vivre.
Le patient : - C'est terrible, et quelle est la plus mauvaise nouvelle.
Le docteur : - Ça fait 24 heures que j'essaie de vous joindre.

Le gars va chez le docteur et lui dit :
- Lorsque je me touche ici, ça me fait mal (en se touchant une épaule), lorsque je me touche ici, ça me fait mal (en se touchant un coude), lorsque je me touche ici, ça me fait mal (en se touchant une hanche), lorsque je me touche ici, ça me fait mal (en se touchant un genou), lorsque je me touche ici, ça me fait mal (en se touchant une cheville).
Le docteur lui touche le bras et demande :
- Et ici ?
Le patient répond que non.
Et là, le docteur répond :
- Allons à la radioscopie, vous avez sans doute une fracture à l'index.

« Depuis plusieurs mois, nos infirmières avaient la désagréable surprise, tous les vendredis matin, de retrouver morts les patients en réanimation d'une certaine chambre.

Après une enquête épidémiologique poussée à l'intérieur de l'hôpital, aucune cause de ces morts anormales n'avait pu être trouvée.

Pourtant, à la suite d'une observation fortuite, il s'est avéré que chaque vendredi matin, une employée de nettoyage passait dans la chambre et débranchait le respirateur artificiel pour pouvoir brancher sa nettoyeuse-cireuse à la place, et ainsi faire son travail. Quand le sol était enfin propre, elle rebranchait le respirateur artificiel et quittait la pièce, inconsciente de ce que le patient était alors mort. Après tout, elle ne pouvait pas entendre les râles d'agonie avec le bruit de sa nettoyeuse…

Nous sommes terriblement désolés de cet état de fait, et nous avons envoyé une lettre très sévère à l'employée de nettoyage en question. De plus, nous avons pris contact avec un électricien pour que la pose d'une prise multiple nous évite à l'avenir de tels désagréments.

L'enquête est désormais close. »

Comment appelez-vous un gars qui met ses instruments dans votre bouche ?

- Un dentiste.

Une femme enceinte sur le point d'accoucher est conduite à l'hôpital par son mari. Mais le travail se faisant, la femme met son bébé au monde dans l'ascenseur !

Elle est super déçue (normal, elle pense qu'on va se foutre de sa gueule dans f.r.h.), alors la sage-femme essaie de la réconforter :

- L'année dernière, une jeune femme a accouché à 5 mètres de son taxi, sur le trottoir en face !

Et la jeune femme répond :

- Oui, c'était moi aussi... en fondant en larmes.

Cela se passe dans un petit village de la Flandre profonde. Marietje Vanachterthoekske est la doyenne du village et vit dans sa petite maison tout au bout du village, avec son vieux bouc bien aimé, vestige de son ancien troupeau.

Or, un jour d'hiver, Marietje se rend compte que son bouc a pris froid et tousse affreusement. Complètement paniquée, elle appelle le vétérinaire du coin pour une consultation.

Le vétérinaire examine donc le bouc et dit à Marietje :

- Ben voilà, ton bouc a une bronchite aiguë et il faudrait absolument qu'il soit continuellement tenu au chaud. Or je vois qu'il est dans ton étable non chauffée. Il faut absolument que tu trouves une solution.

Mais Marietje n'est pas très riche, et elle ne peut pas se permettre de chauffer l'étable, ni de chauffer rien du tout pendant la nuit.

Elle répond donc au vétérinaire :

- Bon, pendant la journée, je le garderai dans la cuisine, mais je ne sais pas ce que je vais faire pour la nuit... Je ne vois qu'une solution : il viendra dormir dans mon lit, ainsi il sera bien au chaud.

Le vétérinaire :

- Oui Marietje, c'est une solution, mais... et l'odeur ?

Marietje réfléchit quelques instants puis :

- Ah, tant pis... Il n'aura qu'à s'habituer !

Une infirmière demande à Mme Tremblay si elle peut récupérer un paquet d'amandes que ses petits-enfants lui ont apporté la semaine d'avant car elle sait très bien que Mme Tremblay n'aime pas les amandes.

Mme Tremblay est d'accord et l'infirmière en distribue à tout le monde dans le service…

Elle vient ensuite remercier Mme Tremblay pour lui dire que tout le monde les a vraiment appréciées…

Mme Tremblay de répondre :

- Mais moi aussi j'en ai profité : il était bon le chocolat qu'il y avait autour des amandes…

C'est un gars qui ne va pas bien du tout. Il se rend à l'hôpital.

Après une foultitude de tests, le médecin lui dit :

- J'ai des mauvaises nouvelles pour vous… Vous avez la syphilis, la lèpre et le sida !

Le gars est effondré :

- Oh mon Dieu, et qu'est-ce que vous pouvez faire ?

- Pas grand-chose malheureusement. Vous devrez rester à l'hôpital et on vous prescrira un régime alimentaire à base de crêpes, de soles et de pizzas.

- Et comment est-ce que tout ça va me sauver ?

Et le médecin répond :

- Je ne sais pas, mais en tous cas ce sont des aliments qu'on peut facilement glisser sous la porte.

Blagues sur les professions

Les blagues sur les coiffeurs

C'est un gars qui est chez le coiffeur et à qui le coiffeur demande quelle coupe il désire.

Le gars répond :

- Je voudrais : rasé sur le côté gauche, la banane mais juste à droite et de travers, la brosse sur le dessus mais avec un trou au milieu, la nuque dégarnie mais avec quelques touffes par-ci, par-là. Le coiffeur lui répond que ce n'est pas possible, car ce n'est pas une coupe.

Le gars répond :

- Ah ouais, pourtant c'est ce que tu m'as fait la dernière fois…

C'est un monsieur qui se rend chez le coiffeur, la coiffeuse lui demande :

- Je vous fais un shampooing aux œufs ?
- Non, sur la tête.

C'est un cul-de-jatte qui se rend chez le coiffeur, (cul-de-jatte est important) la coiffeuse lui demande :

- Je vous coupe les pattes ?

Il répond

- Vous voulez mon pied au cul !!!
- Ma parole, vous vous êtes levé du pied gauche.
- Si c'est comme ça je ne remets plus les pieds chez vous !!!

Et le coiffeur finit sur un :

- C'était juste pour vous faire marcher.

Un chauve rentre dans un salon de beauté.
- Que puis-je faire pour vous ? demande le visagiste-capiliculteur.
- Je voulais me faire greffer des cheveux, explique le gars, mais je ne vais pas supporter la douleur. Si vous parvenez à me faire une tête avec autant de cheveux que vous en avez sans douleur pour moi, je vous paierai 20000 F de bon cœur.
- Pas de problème, répond le coiffeur.
Et il commence alors à se raser la tête.

Les blagues sur les agriculteurs

Eugène, un vieux paysan, gagne au tiercé et tout content, va au bistrot fêter ça avec ses copains. Il leur dit :
- Allez, tournée générale !
Et puis il demande à ses amis :
- J'aimerais faire un cadeau à ma femme, mais je n'ai pas d'idée.
- Offre-lui une télévision couleur.
- Oh, mais elle en a déjà une.
- Eh bien, une machine à laver alors.
- Oh, mais elle en a déjà une aussi.
- Je sais, offre-lui un balai à chiotte, tu verras c'est bien pratique.
- Oh ben oui, c'est une bonne idée car elle n'en a pas.
Eugène quitte le bistrot et va acheter son balai et l'offre à sa femme.
Quelques jours plus tard, les amis d'Eugène lui demandent :
- Alors ta femme était contente de son cadeau ?
- Oui elle était contente de son balai elle s'en est servie trois jours mais finalement elle est revenue au papier, elle trouve ça plus pratique !!!

C'est un agriculteur qui laboure son champ… depuis des années. Un beau jour sa femme se casse et n'étant plus secondé par sa femme, il vend sa ferme et s'installe à la ville où il devient vitrier.

À des gens à qui il racontait son histoire, il finit par : - Ah ! avant je labourais maintenant je mastique !

C'est deux vieilles paysannes qui ramassent des patates, à un moment l'une d'elles saisit deux grosses patates pleines de terre et dit à l'autre :

- Vain Dieu! Elles sont comme les couilles de mon Victor !

Alors l'autre :

- Aussi grosses !!! ?
- Non, aussi sales !

Eugène, un vieux paysan du Berry est enrhumé et décide d'aller voir son médecin. Il arrive en ville, monte les étages difficilement et s'installe dans la salle d'attente.

- Personne suivante, dit le médecin.
- Voilà, voilà, dit Eugène.
- Entrez, dit le médecin, et déshabillez-vous.

Eugène se déshabille et le médecin constate qu'Eugène ne porte pas de slip.

- Comment, vous ne portez pas de slip ? dit le médecin. Mais c'est indispensable ! En effet, un slip c'est propre et c'est chaud.
- Ah non, fait Eugène, j'ai soixante ans et je n'en ai jamais porté.

Le médecin l'examine et constate juste un gros rhume.

Il lui prescrit un sirop pour la toux et des pastilles pour la gorge, et il lui dit également d'aller acheter des slips.

- Et n'oubliez pas : un slip, c'est chaud et c'est propre.

Eugène va acheter ses médicaments et ses slips et rentre chez lui.

Le lendemain, il met son slip et va au champ.

Il monte sur son tracteur et laboure son champ. Une heure plus tard, il lui prend une envie pressante. Il descend de son tracteur, baisse son pantalon et oublie qu'il a un slip. Il fait son gros besoin.

Il renfile son pantalon et se retourne.

- Oh, il avait raison le docteur, un slip c'est propre.

Eugène remonte sur son tracteur et s'assoit.

- Oh, il avait raison le docteur, un slip c'est chaud.

Le fermier s'installe pour traire sa vache, petit tabouret, seau en dessous du pis, et on y va à la manœuvre… Au bout d'une minute la vache donne un coup de sabot dans le seau…

- Ch... @#*? %#@$ de vache, s'exclame notre héros rural, il attache la patte de la coupable à un poteau, et reprend sa laitière besogne...

Une autre minute s'écoule et la vache de l'autre patte renverse le lait,
- Bor...#@ %$?#* de vache de mes deux, s'époumone l'agraire personnage tout en attachant la deuxième patte à un autre poteau, et il se remet à la tâche...

La vache, opiniâtre en diable lui refait le coup, mais cette fois à l'aide de sa queue.

- Ah baptême, de baptême, jure-t-il derechef. J'vas t'arranger ça moé, tu va voère... dit-il en attachant la queue de sa Marguerite à une poutre du plafond.

Comme il est à sa besogne, ses bretelles se font la paire, ses culottes lui tombent sur les chevilles et son épouse entre dans l'étable... et là le fermier se dit :

- Eh merde, elle voudra jamais me croire...

C'est dans le Périgord noir. Un pauvre paysan crève la faim avec toute sa famille, mais il a un trésor ! Et ce trésor, c'est son cochon. D'après lui, ce cochon est « le cochon le plus intelligent du monde »...

Un beau jour, un journaliste du quotidien local vient à apprendre qu'un cochon plus intelligent que la moyenne vit dans une ferme du voisinage. Le journaliste prend sa voiture et va se rendre compte sur place de lui-même.

Lorsqu'il arrive dans la ferme, il voit les bâtiments en ruine, et se demande comment à notre époque on peut encore vivre comme ça... Puis le paysan sort de la baraque. Alors le journaliste lui demande :

- Bonjour ! Je suis journaliste au *Périgourdin On-linc* et j'ai appris que vous possédiez un cochon extraordinaire.

Le pauvre paysan lui répond :

- C'est vrai.

Puis il siffle un coup entre ses dents, et un cochon qui n'a plus que trois pattes sort de l'étable.

- C'est lui, dit le paysan.

Le journaliste voit le cochon et demande :

- Et qu'est-ce qui vous fait dire qu'il est le cochon le plus intelligent du monde ?

Le paysan répond :

- L'hiver dernier, j'étais dehors en train de réparer des clôtures et ma femme était en ville pour vendre du fromage. Notre petit bébé était à l'étage dans la maison en train de dormir dans son berceau... lorsqu'un incendie a enflammé la maison (ma femme avait laissé son fer à repasser sur le linge). À ce moment-là, le cochon a couru dans la maison, monté l'escalier, il a attrapé le bébé en prenant son bras dans sa mâchoire sans lui faire mal, puis il est redescendu et a déposé le bébé sur le sol à l'abri des flammes. Ensuite il est parti me chercher dans le pré et j'ai pu éteindre l'incendie avant qu'il n'y ait trop de dégâts.

- Wow, dit le journaliste, c'est incroyable.

- Et ce n'est pas tout ! Un jour que je travaillais la terre dans le champ d'à côté, la herse était bourrée avec de la terre et de l'herbe. Alors je mets le tracteur au point mort, je descends et je commence à nettoyer sous la herse. Mais la vitesse s'est enclenchée toute seule et je me suis trouvé renversé par la herse et entraîné par l'attelage. J'ai cru que j'étais un homme mort... mais le cochon avait dû sentir qu'il se passait quelque chose : il est allé chercher une corde, a rattrapé le tracteur et la herse, m'a laissé un bout de corde, et a tiré de toutes ses forces à l'autre bout. C'est grâce à lui si je suis encore là aujourd'hui.

- C'est vraiment extraordinaire, lui répond le journaliste. Mais dites-moi, comment se fait-il qu'il n'ait plus que trois pattes ?

- Ben, quand on a un cochon aussi bon et intelligent, on ne peut pas le manger tout d'un coup.

C'est un gars qui cherche à acheter une ferme. Un beau jour, alors qu'il se balade en voiture, il en voit une qui se trouve située idéalement. Il s'arrête et va à la rencontre de l'agriculteur qui se trouve avoir dépassé l'âge de la retraite depuis longtemps (et donc, il est prêt à vendre).

Tous les deux discutent, et finissent même par s'accorder sur le prix.

Pourtant, l'acheteur potentiel met une condition :

- Y a-t-il des abeilles dans la ferme ? Je ne les supporte pas !

Le paysan répond qu'il n'y a pas plus d'abeilles dans sa ferme qu'il n'y en a au pôle nord. Pour lui prouver ses dires, le paysan lui fait le pari de l'attacher nu à un arbre, et de le couvrir de lait (il n'y a que ça de sucré et de disponible à la ferme) : si au bout d'une heure l'acheteur a été piqué par une abeille, alors il pourra avoir la ferme gratuitement !

Naturellement, l'acheteur potentiel est prêt à tenter le pari, et se laisse attacher nu à l'arbre. Une heure plus tard, le fermier revient voir son acheteur. Avant même de le voir, il l'entend crier comme un cochon qu'on égorge. Le paysan lui demande :

- Ne me dites pas que vous avez été piqué ?...

Le gars lui répond :

- Non non, mais par pitié, ne pourriez-vous pas montrer à ce veau qui est sa mère ?

C'est un mec qui se promène à la campagne, lorsqu'il croise une toute petite fille de 6 ans qui conduit une vache au bout d'une corde. Le mec lui dit :

- Ben où tu vas comme ça avec ta vache ?
- Je l'emmène au taureau, M'sieur.
- Ben, ton père ne pourrait pas le faire ??
- Oh non !! Il faut un taureau pour ça !

Les blagues sur les chauffeurs de taxis

C'est le père et son petit garçon de 5 ans qui prennent un taxi et ils passent par la rue Saint-Denis (à Paris).

Le fils demande :

- Papa, qu'est-ce qu'elles attendent les madames ?

Le père : - Euh, eh bien je sais pas...

Le fils : - Oui mais dis-moi, Papa, qu'est-ce qu'elles attendent ?

Le père : - Euh, c'est des femmes qu'attendent leur maris.

Alors là, le chauffeur de taxi intervient et dit :

- Mais non, petit, c'est des putes !!

Le fils : - Papa, Papa c'est quoi des putes ??

Le père en colère : - Eh bien c'est des femmes qu'ont plein de maris.

Le fils : - Si elles ont plein de maris, elles doivent avoir plein d'enfants, ils font quoi les enfants ??

Le père : - Ils font chauffeur de taxi.

Dans les autobus urbains, au-dessus de la place du conducteur, il y a un écriteau qui diffère selon les pays :

En Allemagne : « Il est strictement interdit de parler au chauffeur ».

En Italie : « Il vaut mieux ne pas parler au chauffeur, il a besoin de ses mains pour conduire ».

En France : « Défense de parler au conducteur ».

En Israël : « Il n'y a aucun intérêt à parler au chauffeur ».

Et à Marseille : « Il est défendu de répondre au chauffeur ».

Il est très tôt le matin. Un homme prend le téléphone et appelle pour qu'un taxi passe le prendre et l'amène à l'aéroport. L'homme patiente environ une demi-heure, puis comme le taxi n'est toujours pas là, il rappelle la compagnie de taxis. Là, on lui répond que le taxi est sur la route... Mais quinze minutes plus tard, c'est toujours pareil, alors l'homme appelle la compagnie de taxis pour la troisième fois en hurlant presque :

- J'ai besoin d'un taxi de toute urgence, je dois prendre le vol 714 de la Sabena pour Sydney et il décolle dans trente minutes !

La standardiste lui répond :

- Je suis désolé pour le retard. Votre taxi devrait être là dans quelques secondes maintenant. Mais ne vous en faites pas, vous ne manquerez pas votre avion parce que ce vol décolle toujours avec du retard !

- Oui, c'est sûr qu'il décollera en retard aujourd'hui en tout cas, parce que c'est moi le pilote !

Deux chauffeurs de taxi se rencontrent :

- Hé! Dis donc ! Comment ça se fait que tu aies un côté de ta voiture peint en rouge et l'autre peint en bleu ?

- Ah ! C'est en cas d'accident... Comme ça les témoins ne pourront que se contredire.

Les blagues sur les avocats

C'est la clôture entre l'enfer et le paradis qui est brisée. Saint Pierre va voir Satan et lui :

- Comme convenu dans notre contrat, nous devons payer chacun de notre côté, 50-50.

Réponse de Satan :

- Eh ! Saint Pierre ! Tu peux te brosser.

Alors saint Pierre repart en beau fusil et dit :

- Puisque c'est comme ça, je vais aller chercher un avocat.

Satan éclate de rire :

- Et où vas-tu le trouver ?

Si un avocat est enterré jusqu'à sa tête dans la boue, qu'est-ce qu'on a ?

- Pas assez de boue.

Comment appelle-t-on un avocat avec un Q.I. de 50 ?

- Monsieur le juge.

Qu'offrez-vous à l'un de vos amis qui vient de réussir son diplôme de droit pour faire avocat ?

- Une lobotomie.

Comment appelle-t-on cinq mille avocats, morts au fond de la mer ?

- Un bon début.

Quelle est le point commun entre un avocat et un spermatozoïde ?

- Tous les deux ont une chance sur trois millions de devenir un jour un être humain.

Quelle est la différence entre un avocat et un gigolo ?
- Le gigolo ne peut enculer qu'une personne à la fois !

Quel est le poids idéal d'un avocat ?
- Environ 1 kg 500, y compris l'urne.

Comment pouvez-vous savoir si un avocat ment ?
- Ses lèvres bougent.

Quelle est la différence entre un avocat et une prostituée ?
- La prostituée arrêtera de vous baiser quand vous serez mort.

Lors d'un naufrage d'un bateau, trois personnes se trouvent coincées sur le bateau qui coule, le canot de sauvetage se trouvant à 20 m.

Ce sont un maître nageur, un océanologue et un avocat. Le problème est que la mer est infestée de requins et que nager jusqu'au canot va être très risqué ! Le maître nageur dit alors :

- Bon, et bien j'essaie. Je nage vite, je devrais m'en tirer !

Il plonge et avant qu'il n'ait atteint le canot, il se fait bouffer par les requins.

L'océanologue dit :

- J'essaie aussi : je connais bien les requins, il suffit de ne pas avoir peur.

Il plonge et se fait également dévorer.

Enfin, l'avocat décide de plonger. Il nage sans problème jusqu'au canot de sauvetage. Une fois à bord, les autres rescapés déjà présents sur le canot lui demandent pourquoi les requins ne l'ont pas bouffé, et il répond :

- Courtoisie professionnelle.

Une variante :

Pourquoi les serpents ne mordent-ils jamais les avocats ?
- Courtoisie confraternelle…

Comment distinguer un avocat écrabouillé sur la route, d'un coyote écrabouillé sur la route ?

- La dépouille du coyote est précédée de marques de freinage…

Une vieille femme vient voir son avocat car elle doit lui payer une note d'honoraires de 500 F.

Elle lui remet un billet de 500 F, mais ne se rend pas compte qu'un autre billet du même montant est resté collé au premier.

Le soir même, l'avocat se rend compte de l'existence de ce second billet, et est alors tourmenté par une très grave question éthique : « Dois-je en informer mon associé ? »…

On demandait à un avocat s'il aimerait devenir témoin de Jéhovah. Il déclina l'offre car il n'avait pas vu l'accident, mais affirma être intéressé par la reprise du dossier…

Un sous-officier de la marine débarqué à Djibouti, se dirige vers un *djou-djou market* (marché africain où l'on vend des objets magiques). Sur un stand, il y a des bocaux dans lesquels baignent des cerveaux. Le vendeur promet que le client qui ingère l'un de ces cerveaux sera immédiatement aussi intelligent que feu leur propriétaire.

Notre officier de marine plonge sans hésiter la main dans sa poche pour découvrir que sa fortune se limite à 10 dollars. Attiré par une cervelle de belle taille, il interroge le vendeur :

- Quel est le prix de ce cerveau ?
- C'est le cerveau d'un chercheur, il coûte 10000 dollars.
- Et celui-ci ? demande-t-il à propos d'un cerveau plus petit.
- C'est un très beau cerveau, celui d'un médecin ; seulement 7000 dollars.

Découragé par le prix excessif du cerveau du chercheur, puis du médecin, il est tenté de renoncer quand il aperçoit un cerveau minuscule au bout de l'échoppe.

- Combien me coûtera ce cerveau ridicule ? demande-t-il au vendeur.
- Ce cerveau coûte 200000 dollars, c'est le cerveau d'un avocat.

- Voyons, comment un si petit cerveau peut-il coûter aussi cher ?
- Mon pauvre ami, lui répond le vendeur, vous n'avez pas idée du nombre d'avocats qu'il nous a fallu tuer pour récolter ces petits bouts de cervelles.

La Nasa passe en revue trois personnes ayant réussi les tests physiques pour séjourner dans l'espace, et qui pourraient bientôt être envoyées sur Mars. Le voyage sera long, très long, et il se pourrait même que les astronautes ne rejoignent jamais la terre.

Ces trois personnes ont des métiers différents :

Le premier est un ingénieur.
On lui demande combien il désire pour partir vers Mars.
Celui-ci répond :
- 5 millions de francs. Ce sera pour faire un don à la recherche sur la fusion nucléaire.
Le second est un médecin.
On lui demande combien il désire pour partir vers Mars.
Celui-ci répond :
- 10 millions de francs. Ce sera pour donner la moitié à ma famille et l'autre moitié pour faire un don à la recherche sur le cancer.
Le troisième est un avocat.
On lui demande combien il désire pour partir vers Mars.
Celui-ci se penche à l'oreille de l'interviewer et lui souffle :
- 15 millions de francs.
- Pourquoi autant ? Vous en demandez beaucoup plus que les deux autres, interroge l'interviewer…
L'avocat répond :
- Si vous me donnez 15 millions, je vous donne 5 millions, je garde 5 millions, et on envoie l'ingénieur…

À l'hôpital, un avocat est en train de se réveiller après une très grave opération. Il fait très noir dans la chambre, et c'est normal car les rideaux de sa chambre sont tirés.
Lorsque le médecin passe, il lui demande pourquoi…

Alors le chirurgien répond :
- Il y a eu un grand incendie dans l'immeuble juste en face ; et on ne voulait pas que vous pensiez que l'opération avait échoué…
(Pour ceux qui ne verraient pas le sel de la blague, pensez à l'endroit où peut aboutir un avocat après sa mort).

Les blagues sur les hôtesses de l'air

Après le décollage d'un avion, comme d'habitude, deux hôtesses essaient de se familiariser avec les passagers qui se trouvent à bord :
- Va voir à la queue de l'avion s'il y a de nouvelles têtes, moi, je vais faire le contraire…

Un avion de ligne survole l'Atlantique. Les passagers sont confortablement installés dans leurs fauteuils… Et tout à coup ! Une voix grésille dans le haut-parleur :
- Ici le commandant de bord ! Nous vous informons que les quatre réacteurs sont en flammes. L'équipage a sauté en parachute et à l'heure actuelle, je vous parle d'un canot de sauvetage qui a été largué à la mer ! Surtout, que personne ne panique ! Nous sommes allés chercher du secours… Bonne chance à tous !

Les blagues sur les politiciens

Quelle différence a-t-il entre un morpion et un politicien ?
- Il n'y en a pas, car tous adhérent aux « parties » !

Quelle est la différence entre Nelson Mandela et un membre du gouvernement français ?
- Nelson Mandela a été en prison avant d'être élu…

Comment appelle-t-on un politicien qui a perdu une élection ?
- Un consultant.

La limousine de Chirac remonte paisiblement les Champs-Élysées. Tout à coup elle est rattrapée par la limousine de Mitterrand. Quand les voitures sont côte à côte, Mitterrand baisse sa vitre et crie à Chirac :

- Espèce de bon à rien !

Et il referme sa vitre. Chirac fait signe au chauffeur de rattraper Mitterrand. Il descend sa vitre et hurle : - Magouilleur !

Mitterrand rattrape Chirac et crie : - Trou du cul !

Et ainsi de suite…

- Salaud !
- Connard !

…

Excédé, Chirac finit par crier :

- Embrayage !!

Mitterrand est tout surpris par cette « insulte » et renonce à continuer ce duel verbal. Il rentre chez lui en se demandant ce que ce mot pouvait contenir comme insulte.

Il décide de regarder dans le dictionnaire si ce mot a un double sens. Il ouvre son Petit Robert et lit : « embrayage : … pédale de gauche ».

À cette époque, Ronald Reagan était encore président. Un congrès se tenait quelque part sur la planète, et un premier intervenant décrivit comment, en URSS, on avait réussi l'incroyable :

- En pleine mer, un marin est atteint d'une tumeur au cœur, on prélève celui d'un jeune soldat mort en service commandé, le transporte en SU 27, le largue au-dessus de la mer Blanche, un sous-marin le récupère, le transmet au navire où on le greffe au marin qui est ainsi sauvé et réussit l'entrée à l'académie des officiers !

Un Chinois rétorqua :

- Un paysan soudainement attaqué par un tigre est émasculé, aussitôt après avoir récupéré un strict minimum de ses attributs, il rampe pendant des kilomètres, arrive à un poste de garde, là il est pris en charge par un camion qui le conduit à la préfecture où un train spécial le transporte à Beijing. Là, un comité révolutionnaire de médecins décide de lui appliquer un traitement d'acuponcture particulier tandis qu'on lui greffe un appendice issu d'une trompe d'éléphanteau.

Trois semaines plus tard, le paysan retourne à pied (par la Chine) dans sa province, et engrosse son épouse !

Alors un citoyen des USA se leva et déclara :

- Ben nous, on a fait encore mieux, on a pris un trou du cul et on en a fait un président !

Les blagues sur les fonctionnaires

C'est une société qui cherche un comptable. Elle passe une annonce et trois candidats se présentent. Le recruteur fait entrer le premier candidat. C'est un homme, à l'air austère.

- Bonjour, Monsieur. Nous allons nous permettre de tester vos capacités, pour voir si vous avez le bon profil. Une place de comptable, c'est sérieux. Pouvez-vous compter jusqu'à dix ?

- Mais, bien sûr : une deux, une deux, une deux…

- Ouh là là, c'est pas terrible. Que faisiez-vous avant ?

- J'étais adjudant dans l'armée de terre.

- Écoutez, on vous écrira.

La deuxième personne entre à son tour.

C'est une femme, un peu niaise.

- Bonjour. Je vais vous demander de compter jusqu'à dix.

- Facile : un, trois, cinq, sept, neuf...

- Dites donc, c'est pas fameux. Qu'est-ce que vous faisiez avant ?

- Pervenche, mais je suis toujours restée sur les côtés impairs.

- Eh bien, on vous écrira.

Le DRH commence à être un peu tendu. Il fait entrer le dernier candidat.

- Bonjour, Monsieur. Êtes-vous capable de compter jusqu'à dix ?

- Sans problème : un, deux, trois, quatre, cinq, six, sept, huit, neuf et dix.

- Formidable ! (J'en tiens un). Vous avez l'air du comptable idéal. Et… vous pouvez continuer ?

- Oui : valet, dame, roi…
- Aïe, aïe, aïe, ça se gâte, qu'est-ce que vous faisiez avant ?
- Employé des postes !

Le professeur demande à Toto quel est le travail de son père.
- Fonctionnaire, répond-il.
- Et ta mère ?
- Ben, elle fait rien non plus.

Dans une cour de récréation, trois gamins discutent.

Le premier dit : - Oui, moi, mon papa, il est l'homme le plus rapide au monde.

Les autres : - Ah bon !!!

Le premier : - Ben oui, il fait Paris-Lyon en 2 heures.

Les autres : - Eh !!

Le premier : - Eh oui, il est conducteur de TGV.

Les autres : - Ah bon…

… Silence et réflexion…

Le deuxième : Eh bien, moi, mon papa, il est l'homme le plus rapide.

Les autres : - N'importe quoi !

Le deuxième : - Mais non, mon papa, il fait Paris-New York en 2 heures.

Les autres : - Tu déconnes, hé, hé…

Le deuxième : - Ben non, il est pilote de Concorde, hé, hé.

… Silence et le troisième qui ne se sent pas bien…

Le troisième :
- Eh bien, moi, mon papa il est plus rapide que vos papas.

Les autres : - Non, non, ce n'est pas possible, que fait ton papa ???

Le troisième :
- Eh bien, mon papa est fonctionnaire, il termine son boulot à 5 heures, et à quatre heures il est déjà à la maison.

Il existe deux types de douaniers : les manuels et les intellectuels.
- Les manuels font signe de passer avec la main, les intellectuels font signe avec la tête.

Un technocrate de Bruxelles passe ses vacances dans une ferme*.

Le premier jour, le fermier lui demande de vider le tas de fumier du fond de la cour et de l'épandre sur le champ derrière la ferme…

Lorsque le fermier revient le soir, le travail est fait, au grand étonnement du fermier.

Le deuxième jour, le fermier lui fait trier des pommes de terre en lui demandant de faire un tas avec les petites, un tas avec les grosses et de jeter les pourries. Lorsque le fermier revient le soir, rien n'est fait, il voit le technocrate tenant une pomme de terre moyenne dans la main en train de se demander si elle est petite ou grosse…

Moralité :

Un technocrate, pour remuer la merde, c'est bien, mais quand il s'agit de prendre une décision…

* - Ouah, l'aut' c'est pas possible ! Il se ferait lyncher avant par le paysan !

- Mais puisqu'on te dit que c'est une fable !

L'inspecteur du ministère de l'Éducation demande à un postulant qui désire devenir maître d'école :

- Pouvez-vous me donner trois raisons qui vous motivent à devenir instituteur ?

Le candidat répond : - Décembre, juillet et août.

Les blagues sur les programmeurs (et les informaticiens)

Un architecte, un artiste et un programmeur discutent à propos des femmes. Ils se demandent quelle est la meilleure façon de passer son temps : avec sa femme, ou avec sa maîtresse.

L'architecte dit que le temps qu'il passe avec sa femme lui est précieux car il lui sert de fondation à une relation qui durera dans le temps.

L'artiste dit qu'il préfère passer du temps avec sa maîtresse, à cause de la passion et du mystère qu'il trouve avec elle.

Le programmeur dit : - Moi, j'aime les deux.
- Les deux ? demandent l'architecte et l'artiste.
- Oui. Si vous avez une femme ET une maîtresse, chacune d'elles pensera que vous êtes avec l'autre lorsque vous n'êtes pas avec elle, ça vous permet d'aller au bureau pour continuer à travailler !

C'est un mécanicien, un physicien et un informaticien qui ont chacun une voiture. Aucun n'arrive à démarrer.

Le mécanicien démonte tout le moteur, vérifie et nettoie toutes les pièces, remonte le tout et démarre.

Le physicien refait tous les calculs de résistance de matériaux, de thermodynamique, d'allumage, etc., trouve l'erreur et démarre.

L'informaticien sort de la voiture, ferme la portière, l'ouvre, rentre dans la voiture et essaye de nouveau de démarrer.

Variante :

Ce sont un informaticien, un mécanicien et un chimiste qui sont dans une voiture. Ils se promènent tranquillement quand, tout à coup, la caisse tombe en panne.

Le mécanicien prend alors la parole :

- Je crois savoir d'où ça vient. Juste avant le pépin, j'ai entendu un bruit caractéristique de problèmes de glissement des pistons dans les cylindres. Le torseur cinématique de l'ensemble ne pouvait plus vérifier le principe fondamental de la dynamique (PFD), si vous ajoutez à cela la contribution de la perte de quantité de mouvement néfaste à cette vérification du PFD, il est normal que ça ait pété. Il faut donc graisser les pistons de façon à ce que les glissements s'effectuent sans problème, et la voiture roulera à nouveau.

Entendant cela, le chimiste trouve qu'il a son mot à dire :

- Je suis désolé de ne point être de cet avis-là. De mon côté, j'ai senti des émanations de dimethyl-3 hexane quelques secondes avant que nous ne tombions en panne. De plus, la combustion des gaz mêlés à l'oxygène de l'air a été stoppée à cause d'un dérivé du glycérol (venant sans doute des parois des cylindres) qui n'aurait jamais dû se diluer dans le mélange. Les micro-explosions internes ont alors cessé, d'où l'arrêt brutal du véhicule. Je suggère donc d'ajouter une huile spéciale contenant un composé chimique qui empêchera au glycérol de se diluer. Et on pourra repartir !

Le mécanicien et le chimiste regardent l'informaticien et attendent son avis. Ce dernier réfléchit un court instant, et dit :

- Ben, euh, c'est simple : je propose que nous descendions tous les trois de la voiture, et qu'on remette le contact.

- Patron, j'peux vous poser une question ?
- Bien sûr !
- Tous les gens que je connais parlent toujours des vacances, de leur temps libre, des week-ends…

Comment ça se fait que je ne connaisse pas ça ?

- Parce ce que tu n'aimerais pas.
- Mais ils disent que c'est mieux que le travail. Ils disent qu'ils attendent toujours ça avec impatience.
- Souviens-toi l'an dernier, quand le bureau a fermé pendant une semaine…
- Quand ils ont remplacé toutes les fenêtres ? Bien sûr que je m'en rappelle, tu parles !

Je n'ai pas pu toucher à un ordinateur pendant une semaine…

- Eh bien, les vacances, c'est comme ça !
- Oh…
- Et c'est pour ça que je te dis que tu ne les aimerais pas.
- Mais tous les autres aiment ça pourtant ?
- Ah, mais c'est parce que ce sont des gens normaux, pas des *hackers.*
- Oh, oh…
- Allez, maintenant retourne travailler à ton décompilateur ! Déjà qu'on en avait besoin la semaine dernière…

Les blagues sur les notaires

C'est une veille dame qui rentre toute excitée chez le notaire :

- Maître, il faut que nous reparlions de cette affaire ! Je veux absolument tirer les choses au clair !
- Je suis désolé, Madame, mais il vient juste de sortir…

Les blagues sur les ingénieurs

Un prêtre, un docteur et un ingénieur sont en train de jouer au golf ensemble. Ils suivent un autre groupe qui s'avère être extrêmement lent à jouer, et ils commencent à s'impatienter.

L'ingénieur : - Qu'est-ce que c'est que ces gars ? Ça fait déjà 15 minutes qu'ils sont à ce trou !

Le docteur : - Je ne sais pas, mais ils feraient mieux de retourner au practice !

Le prêtre : - Tiens ! Voilà le directeur du golf. Touchons-lui en deux mots.

Le prêtre : - Bonjour, Monsieur le directeur. Dites-nous, quel est ce groupe de personnes devant nous ? Ils sont vraiment très lents à jouer ! ?

Le directeur : - Oh oui. Ils sont aveugles en fait. Ils ont perdu la vue l'an dernier alors qu'ils essayaient de sauver le club-house des flammes. Du coup, nous les laissons jouer ici gratuitement, et pour tout le restant de leur vie !

(Silence)

Le prêtre : - C'est tellement triste. Je ferai une prière pour eux ce soir.

Le docteur : - Bonne idée. Et moi, je vais contacter mon ami ophtalmologue pour voir s'il ne peut rien faire pour eux.

L'ingénieur : - Euh, est-ce qu'ils ne pourraient pas jouer de nuit ?

Les blagues sur les autres métiers

C'est une concierge qui tombe enceinte. Comme elle n'est pas mariée, sa voisine, curieuse, lui demande qui est le père.

La concierge lui répond :

- Vous savez, moi, quand je fais les escaliers…

Blagues sur les militaires et la police

Les blagues anti-militaristes

Dugenou fait son service dans un régiment d'infanterie. Sa sœur vient de mourir dans un accident de voiture, mais il ne le sait pas encore. Son colonel l'apprend, via la brigade de gendarmerie et fait appeler l'adjudant de semaine :

- Adjudant Lafleur !

- À vos ordres, mon colonel !

- Oui, dites-moi, Lafleur, la sœur de Dugenou est décédée ce matin. Je vous ai fait appeler pour que vous lui annonciez la nouvelle avec tact. Dugenou est un garçon sensible, et vous saurez le ménager.

- Lafleur sort du bureau du colonel et fait sonner le rassemblement. Une fois devant la compagnie rassemblée, il vocifère :

- Les ceusses dont la sœur est morte, un pas en avant !

Personne ne bouge.

- Dugenou ! Vous m'frez quinze jours de trou pour non-obéissance aux ordres.

Chez les légionnaires. Un type est bizuté, et les légionnaires lui disent :

- Bon, tu prends une chèvre dans ce troupeau, et tu te la tapes.

Le type, après négociations infructueuses, y va, et là, les légionnaires éclatent de rire. Il se révolte :

- Je comprends pas ce qui vous fait rire ??

Les légionnaires :

- T'as pris la plus moche.

C'est le général des forces de l'ONU qui inspecte les rangs. Il s'approche du soldat russe qui est au garde-à-vous, raide comme un piquet. Il prend sa kalachnikov et lui met un grand coup dans le dos. Le soldat ne bronche pas ; le général lui demande :

- Tu as mal ?
- Niet, camarade général (oui cette blague est assez vieille…).
- Pourquoi tu n'as pas mal ?
- Parce que les soldats russes ne craignent pas la douleur.

Il s'approche alors de l'Américain, prend son colt et lui met un grand coup sur la tête. Le soldat ne bronche pas ; le général lui demande :

- Tu as mal ?
- No, mon général.
- Pourquoi tu n'as pas mal ?
- Parce que les soldats américains ne craignent pas la douleur.

Il s'approche alors du Français, prend son fusil à baïonnette (je vous avais prévenu, c'est une vieille blague) et la lui plante dans le pied. Le soldat ne bronche pas, et le général lui demande :

- Tu as mal ?
- Non, mon général.
- Pourquoi tu n'as pas mal ?
- Parce que je chausse du 39 et ces cons de l'intendance m'ont donné du 44.

Un ancien soldat allemand de la deuxième guerre mondiale revient dans un village français où il était affecté. Il rentre dans un bar, et engage la conversation avec la table voisine.

- Ach ! La kerre, kross malheur, cette kerre. J'étais stazionné ici pentant la seconde kerre montiale.

Et à la table d'à côté, il y a un vieux, sourd comme un pot, avec un jeune...

- Qu'est-ce qu'il dit ? fait le vieux.
- Il dit que la seconde guerre mondiale était un malheur, rétorque le jeune.
- Ja, mais fotre fillage est magnifique. Je le connaissais très pien.
- Comment ? fait le vieux.
- Il dit qu'il connaît bien le village, il y était…
- Mais alors, fait le vieux, il connaît sûrement Pierrette Dupuis ?

- Ach, ja ! Pierrette Dupuis, ja… Un frai folcan, cette femme. Ich habe un exzellent soufenir.
- Quoi ? fait le vieux.
- Il dit qu'il connaît bien Maman, Papa !!!

C'est un général qui inspecte différents régiments. Il arrive devant celui des fantassins.
- Soldat ! À quoi sert ce fusil ? hurle le général.
- À fusiller, mon général !

Le général est un tantinet fier, et continue sa ronde. Il passe devant l'artillerie.
- Soldat ! À quoi sert ce canon ?
- À canonner, mon général !

Punaise, ce qu'il est fier notre chef (ce n'est qu'un militaire aux plaisirs simples)… Mais bon, faut qu'il reste sérieux. Il déboule devant le régiment des chars, où se trouvent par hasard quelques simplets (comme moi…).
- Soldat ! À quoi sert ce tank ?
- À tankuler, mon général !

Vous savez à quoi servent les deux poches latérales sur les treillis des légionnaires ?
- À mettre les pattes de la chèvre…

Un soldat se demande comment s'habiller pour aller à la guerre. Un collègue lui indique que Napoléon s'habillait en rouge parce que s'il était blessé, ses ennemis ne pouvaient s'apercevoir qu'il saignait et ainsi en tirer avantage.

Le soldat répond :
- C'est une bonne idée, va donc me chercher mes culottes brunes.

Aux journées portes ouvertes d'une base militaire, trois personnes ont gagné à une tombola un tour dans un petit avion avec un général de l'armée française.

Les gagnants sont : un scout, un vieil homme et un avocat. Tout le monde monte dans le petit avion et, une fois en l'air, le général prend la parole :

- Bonjour à vous tous. Vous savez, j'ai été celui qui a dressé les plans de cette base aérienne.

Et il désigne la base aérienne que l'on voit par le hublot. Puis il ajoute :

- Et on peut dire que de faire les plans d'une telle base nécessitait vraiment quelqu'un à la clairvoyance et à l'intelligence hors du commun.

Malheureusement, dans la seconde qui suit la fin de sa phrase, une explosion réduit à néant le moteur de l'appareil, tuant par la même occasion le pilote. Rapidement, l'avion perd de l'altitude et comme personne ne sait piloter, tout le monde se met à la recherche des parachutes. Il se trouve qu'il y a trois parachutes…

Le général est le premier à en prendre un, justifiant son geste par :

- Je suis un des cerveaux de ce pays, je dois survivre.

Ensuite l'avocat prend lui aussi un parachute en disant :

- Je suis indispensable à mes clients ; et il saute.

Ne restent plus alors que le scout et le vieil homme. Le vieil homme regarde le jeune scout et lui dit :

- Fils, tu as toute ta vie devant toi, alors que moi, j'ai eu mon temps. C'est toi qui va prendre le parachute.

Et le scout répond : - Oh, ne vous en faites pas, il reste encore deux parachutes… Le « cerveau » a pris mon sac à dos !

Conversation radio enregistrée au cours d'opérations navales par le porte-avions Clemenceau :

#1 : Déviez votre route de 15 degrés vers le Nord pour éviter une collision.

#2 : Vous, déviez plutôt votre route de 15 degrés vers le Sud pour éviter une collision.

#1 : Ici le vice-amiral De la Forterie. J'ai dit de dévier votre route !

#2 : Non, je répète, déviez votre route.

#1 : Ce message vous vient du porte-avions Clemenceau ! Déviez votre route maintenant !

#2 : Ce message vous vient d'un phare. Vous me dites comment le faire naviguer, et je serai heureux de lui faire dévier sa route.

Un appelé se retrouve au fin fond du Larzac pour faire son service et « servir la France ». Au bout de quelques semaines d'abstinence forcée, et commençant à avoir quelque peu mal au bras droit (ou gauche, on dirait que c'est quelqu'un d'autre), il demande à son adjudant comment les autres parviennent à gérer ce cruel manque de féminité à leurs cotés. Celui-ci lui explique qu'il y a une ferme non loin de là, où il est possible de passer un moment avec une truie en échange d'une bonne bouteille remise au fermier. L'appelé va donc rendre visite à la truie, le soir même, et sa bouteille sous le bras…

Le lendemain, l'adjudant le voit plein de bleus et de bosses, griffé et couturé. Il lui demande ce qui s'est passé :

- C'est au moment où j'ai voulu la retourner, elle s'est débattue, et voilà le résultat.

- Mais enfin, lui répond l'adjudant, ce n'est pas la peine de la retourner !

- Ah si, moi quand je fais l'amour, faut que j'embrasse !

La plus petite unité de mesure de poids, c'est le milligramme.

La plus petite unité de mesure de volume, c'est le millilitre.

La plus petite unité de mesure de l'intelligence, c'est… le militaire !

PETIT TOPO SUR LA COMPRÉHENSION
DES ORDRES ET LA TRANSMISSION
DE L'INFORMATION CHEZ LES MILITAIRES

Du colonel au capitaine

Aujourd'hui à 11:33 il y aura une éclipse solaire, donc un événement que l'on ne peut pas vivre tous les jours. Faites venir la troupe en tenue de sortie. Je donnerai moi-même des explications lors de l'observation de ce phénomène. S'il pleut, nous ne pourrons admirer cette éclipse; dans ce cas, la troupe devra se rendre à la cantine pour le repas.

Du capitaine à l'adjudant-chef

Sur l'ordre du commandant du régiment, il y aura aujourd'hui à 11:33 une éclipse solaire. S'il pleut, nous ne pourrons pas bien observer le phénomène en tenue de sortie dans le terrain. Dans ce cas, nous procéderons à la disparition du soleil dans la cantine, donc quelque chose que l'on a pas l'occasion de voir tous les jours.

De l'adjudant-chef au sergent
Sur ordre du commandant du régiment, nous procéderons aujourd'hui, en tenue de sortie, à la disparition du soleil dans la cantine. Le commandant du régiment donnera des ordres s'il pleut, donc quelque chose qu'on ne peut pas voir tous les jours.

Du sergent au caporal
S'il pleut ce matin dans la cantine, donc quelque chose qui n'arrive pas tous les jours, le commandant du régiment disparaîtra à 11:33 en tenue de sortie.

Du caporal aux copains de chambrée
Aujourd'hui à 11:33, notre commandant du régiment disparaîtra. Dommage que l'on ne puisse pas voir ça tous les jours.

Les blagues anti-policiers

Comment appelle-t-on du sperme de policier ?
- Du blanc de poulet.

Quelle est la différence entre un lion qui n'a pas mangé depuis trois jours et un policier ?
- Il n'y en un a qui est un fauve à jeun et l'autre un vrai con.

Trois groupes de militaires, de gendarmes et de policiers s'ennuyaient. Ils décidèrent alors de faire un concours de chasse au plus gros lapin.

Les militaires partirent et ramenèrent un beau gros lapin d'au moins 3 kg. Les gendarmes, à leur tour, ramenèrent aussi un lapin mais, hélas, d'à peine 2 kg. Au tour des policiers. Une heure passée, deux heures passées… trois heures, quatre heures…

Les militaires et les gendarmes commencent à s'inquiéter et partent à leur recherche. Ils trouvent les policiers autour d'un cochon qu'ils sont en train de passer à tabac, en le bastonnant sans merci et en répétant à tour de rôle : « Avoue que t'es un lapin ».

- Chef, chef ! Il y a une heure, un type a pris d'assaut un car de Japonais, sur le parvis de Notre-Dame. Il les a tenus en otages pendant deux heures, et il s'est enfui dans le R.E.R., à Saint-Michel…
- Bon, et vous avez des photos du suspect ?
- Euh, environ 4000…

- Chef, chef ! (c'est le même brigadier). Il y a eu un vol cette nuit au supermarché ! On a volé 2000 cartouches de cigarettes et 1500 laitues !
- Bien, et vous avez des soupçons ?
- Ben, on recherche un lapin qui tousse !

Quelle est la différence entre un gendarme ?
- Il ne sait ni lire.

Ou mieux :
Qu'est ce qu'un demi-gendarme ?
- C'est quelqu'un qui ne sait ni lire !

Un couple est dans une voiture, et après s'être embrassé et en être arrivé au flirt poussé, ils passent au rapport sexuel proprement dit. C'est l'hiver, et les vitres sont complètement embuées. Un gendarme passe par là et voit une voiture aux vitres opaques qui oscille rythmiquement. Il tape à la vitre, et l'homme baisse la vitre. Le gendarme dit :
- Que faites-vous, Monsieur ?
- Euh !… (un peu gêné) l'amour.
- Mais c'est interdit de faire ça sur la voie publique. Vous allez devoir payer une amende de 500 F.
La femme se met alors à protester :
- Mais c'est scandaleux, c'est un pays libre, etc…
- Ah, vous êtes deux ! Alors c'est 1000 F !

Blagues à l'humour non-sens, brèves de comptoir et différences

Les blagues non-sens

- J'aurais dû écouter ce que ma mère me disait quand j'étais gosse…
- Pourquoi ? Qu'est-ce qu'elle disait ?
- Je ne sais pas. Je te l'ai dit : je n'écoutais pas !

Tout le monde sait, bien sûr, ce que c'est qu'un pull-over…
Mais qu'est-ce qu'un pull sans ovaires ?
- Un Tricostéril

L'intelligent et le stupide font un jeu, dont voici les règles :
- chacun d'eux va poser des énigmes à l'autre,
- si le stupide ne sait pas répondre, il paye 1 F à l'autre,
- si c'est l'intelligent qui ne sait pas répondre il paye 100 F, parce que lui, il est intelligent, et comme ça, c'est équitable.

L'intelligent commence :
- Qu'est-ce qui a quatre pattes et qui miaule ?
- Je sais pas, tiens voilà 1 F.
- Qu'est-ce qui a quatre pattes et qui aboie ?
- Je sais pas, tiens voilà 1 F.
- Allez, à ton tour, dis quelque chose toi aussi, demande l'intelligent au stupide…
- Bon, qu'est-ce qui a huit pattes le matin et quatre le soir ?

L'intelligent réfléchit, réfléchit ; il réfléchit pendant une heure mais ne trouve pas, et doit donc donner sa langue au chat :

- Je sais pas. Tiens voilà 100 F. Alors c'était quoi ?
- Je sais pas, tiens voilà 1 F…

Quelle est la différence entre un mec qui tombe du 10e étage et un mec qui tombe du 1er étage ?

- Un mec qui tombe du 10e étage, ça fait :

« AAAAAAAAAAAAAAAHHHHHHHHHHHH !!!!!!!...Pouf ! »

Et un mec qui tombe du 1er étage ça fait : « Pouf!.. AAAAA AAA AAAAAAAHHHHHHHHHHHH !!!!!!! »

Et un Chinois qui tombe du 10e étage, ça fait : « Chiiiii nnnnnnn... Toc ».

- Alors, ça fait combien de temps qu'il marche vot' petit bout ?
- Ça va faire six mois.
- Ben dites donc, y doit être loin.

Un monsieur est perdu dans le désert sur le dos d'un chameau. Des jours et des jours passent et il ne rencontre personne. Malheureusement il a très envie de faire l'amour… Et plutôt que de se satisfaire tout seul, il décide de prendre son chameau.

Il se met à l'arrière, il lève la queue et… raté, le chameau s'en va ! Il recommence et recommence, sans succès.

Jusqu'au moment où un avion atterrit en catastrophe… et une superbe poupée descend. Elle s'approche de lui et dit :

- Je ferai ce que vous voudrez si vous parvenez à réparer mon avion…

L'homme se lance sur l'avion et du premier coup il le répare. La dame demande très sensuelle :

- Que voulez-vous de moi ?

Et le monsieur lui dit :

- Vous pourriez me tenir mon chameau, s'il vous plaît ?

Comment fait-on entrer quatre éléphants dans une 2 CV ?

- Simple, deux à l'avant et deux à l'arrière…

Mais comment reconnaît-on quatre éléphants dans une église ?
- La 2 CV est devant la porte...

Savez-vous pourquoi les éléphants se déplacent en troupeau compact ?
- Parce que c'est celui du milieu qui a la radio...
Et savez-vous pourquoi les rhinocéros se déplacent en troupeau compact ?
- Pour faire croire aux éléphants qu'eux aussi, ils ont la radio...

C'est deux Marseillais qui discutent, avec l'accent.
- Je vais monter une chaîne de restauration rapide.
- Comment penses-tu l'appeler ?
- « Mes couilles Mickey »
- T'es fou ! Avec un nom comme ça, t'auras pas de clients !!
- Ça m'étonnerait que ça ne marche pas : il y a bien déjà « Ma queue Donald ».

Mon frère, ça fait deux ans qu'il vit dans le Rhône.
- Et comment il fait pour respirer ?

Edgar rend visite à un de ses amis, Gaspard.
- Salut Gaspard, ça boume ?
- Ouais. Mais j'ai faim, je mangerais bien un gâteau.
- Hier, j'ai fait un moka, tu veux la recette ?
- Merci. Tu es vraiment un pro !
- Bon : hier j'ai pris 400 g de farine.
- O.K., 400 g de farine.
- J'ai rajouté du chocolat en poudre et du lait.
- D'accord.
- Maintenant, un peu de levure et de l'huile d'olive.
- T'es sûr pour l'huile d'olive ?
- Hier, j'en ai mis.
- Bon. D'accord.

- Ensuite, j'ai coupé un peu d'jambon, et l'ai mélangé avec 4 œufs.
- Euh ???
- C'est ce que j'ai fait hier.
- Bon, si tu le dis.
- Ensuite, tu mets tout ça dans un moule, et tu fais cuire à 400 degrés.

Gaspard suit la recette, et quand le gâteau est prêt, il se tourne vers Edgar :

- Mais c'est dégueulasse, comme truc !
- Hier aussi, c'était dégueulasse.

C'est l'histoire du cheval peint en vert.

Un cow-boy de la taille d'un colosse, deux rangées de revolvers autour de la taille, pénètre dans un saloon. Il s'approche du barman et demande :

- Un whisky, garçon.

Il s'envoie le verre cul sec et ressort à pas pesants. Incroyable !! Quelqu'un s'est permis de peindre son cheval en vert !! Furieux, il pénètre à nouveau dans le bar et s'écrit :

- Qui a peint mon cheval en vert ?

Un silence de plomb règne alors dans le saloon, quand un cow-boy haut comme une montagne, quatre rangées de revolvers autour de la taille, s'approche en hurlant :

- C'est moi.

Alors d'une toute petite voix, le premier lui répond :

- C'était pour vous prévenir que si vous voulez passer la deuxième couche… c'est sec.

Savez-vous pourquoi les Gipsy King jouent de la guitare de leur manière si particulière ? (la gratte est quasiment verticale !).

- Essayez de répéter à douze dans une caravane.

Un lapin se cogne à une tortue en marchant à l'aventure.

- Excuse-moi, je ne t'avais pas vu, je suis aveugle de naissance, dit le lapin.
- De rien, moi aussi, répond la tortue. D'ailleurs je ne sais même pas qui je suis, je ne me suis jamais vue.

- Ah bon ? Moi non plus je ne sais pas ce que je suis, tu peux me le dire ? demande le lapin.

La tortue le palpe :

- Tu as une fourrure douce, de grandes oreilles, une petite queue ronde, de grandes pattes arrières, tu es... un lapin !

- Ah bon, je suis donc un lapin. Merveilleux ! Viens vers moi, je vais te dire qui tu es. Voyons... sur le dessus, c'est rond et dur, tu n'as pas d'oreilles, tu as la peau rugueuse, plissée, tu es... tu es... Nicky Lauda !

Variante :

C'est un serpent qui croise un lapin dans un tunnel tout noir...

Le serpent commence par tâter le lapin :

- Heu, tu as des poils, tu as des grosses oreilles, tu as une petite queue ronde... tu dois être un lapin !

- Heu, tu es tout froid, t'as pas de cheveux, t'as pas de couilles... tu dois être un énarque !

Sur une route, un play-boy roule en Ferrari.

Tout à coup, un jeune Maghrébin arrive en Peugeot, fenêtre ouverte, à sa hauteur, et lui dit : - Ti connais Pijot ? et accélère brutalement.

Le play-boy, blessé dans son amour-propre, accélère un bon coup, et lui répond en le dépassant :

- Et toi, tu connais Ferrari ?

Après quelques kilomètres, la Peugeot repasse devant et le chauffeur répète : - Ti connais Pijot ?

Le play-boy, encore plus énervé, accélère encore et le dépasse à nouveau en lui répétant :

- Et toi, tu connais Ferrari ?

Roulant à 300 km/h, il pense ne jamais être rattrapé. Et pourtant, la Peugeot le rattrape et le Maghrébin lui répète : - Ti connais Pijot ?

Dépité, et ne pouvant plus accélérer, il répond :

- Oui, je connais Peugeot, et alors ?

- Y alors, où y sont les freins ! ?

Qu'est-ce qui est rouge, mouillé et qui pue la moule ???

- Le bonnet du commandant Cousteau !!!!

Une deuche tombe en panne sur l'autoroute (eh oui, ça arrive). Une Mercedes s'arrête. Palabres entre les deux conducteurs, qui se mettent d'accord :

- Je vais vous remorquer. S'il y a un problème, klaxonnez.

Les voilà repartis, la deuche à 5 mètres derrière la Mercedes.

30 km/h : O.K. 50 : O.K.… 100 : O.K.... 180, toujours O.K.

À 250 km/h, le deuchiste trouve ça un peu limite et klaxonne comme prévu pour le faire ralentir.

Manque de bol : contrôle radar. Le gendarme téléphone à ses collègues du péage :

- J'en crois pas mes yeux : j'ai flashé une Mercedes à 250 à l'heure. Mais le pire, c'est qu'elle était suivie par une deuche qui klaxonnait pour la doubler.

Vous connaissez l'histoire du maire de cette petite ville qui organise pour faire un peu d'animation, un grand concours de « Celui qui aura les plus lourdes couilles ». Il se verra décoré par le maire et, en plus, recevra en cadeau une belle dinde (l'animal bien sûr).

Les participants arrivent les uns après les autres, posent « leur matériel » sur un pèse-lettres, et le maire annonce : « Jules, 120 g, le Maurice, 140 g, le Tonin, 80 g, etc… » Et puis arrive un énorme camion, semi-remorque, d'où descend un colosse qui porte un plateau sur lequel sont posés deux beaux homards.

Le maire, intrigué, lui dit :

- Mais ce n'est pas un concours de pêche !

- Je sais, répond le colosse, mais ça ce sont les morpions, les couilles sont dans la remorque…

C'est l'histoire archiconnue d'un éléphant qui prend son bain et d'une petite souris. Celle-ci s'approche de lui furieuse et lui dit :

- Sort de ce bain i-mmé-dia-te-ment !!

L'éléphant obéit (il est pas fou, il sait que ça serait de l'inconscience de ne pas obéir à une souris). La souris se calme et ajoute :

- Ça va pour cette fois, j'ai cru que c'était toi qui m'avait piqué mon maillot.

C'est un nudiste qui est dans une piscine; une petite fille voit son sexe et lui demande :

- Qu'est-ce que c'est ?

Le nudiste lui répond :

- Ça, c'est mon petit canard.

Puis, fatigué, il s'endort... Il se réveille dans un hôpital et a très mal au niveau de l'entrejambe. La petite fille est à côté de lui et il lui demande ce qui s'est passé ?? La petite fille répond :

- J'ai caressé ton canard. Il m'a craché dessus... Alors je lui ai tordu le cou... J'ai cassé les œufs... Et j'ai mis le feu au nid... Ah, ah, Ah !!!!

C'est un kangourou qui rentre dans un bar et commande un Gin Fizz.

Le barman le sert et lui demande 100 F.

Le kangourou cherche dans sa poche (c'est pas là que c'est drôle) et tend le billet de 100 F au barman.

Pendant qu'il boit, le barman le regarde, intrigué, et lui demande :

- On ne voit pas souvent de kangourous dans ce bar d'habitude...

Et le kangourou lui répond :

- À 100 F le Gin Fizz, ça ne m'étonne pas.

Un ventriloque et une femme enceinte voyagent dans un compartiment de train. La femme est tranquillement en train de lire quand l'homme dit avec une voix de bébé :

- Maman ?

La femme lève la tête, ne voit rien.

- Maman ?
- Vous avez entendu, demande la femme.
- Oui, je crois bien.
- Maman ?
- Mais, mais, c'est toi mon petit ?
- Oui, c'est moi Maman.
- Monsieur, vous avez entendu, c'est extraordinaire. Mon enfant me parle.
- Merveilleux, je n'ai jamais vu ça!
- Mon petit, tu vas bien ?

- Oui Maman, très bien.
- Et tu veux quelque chose ?
- Oui Maman.
- Qu'est-ce que tu veux ?
- Je voudrais serrer la main au monsieur.

Dans le quartier chic de la ville, un clochard s'avance vers une femme distinguée qui fait du lèche-vitrines, et lui dit d'un air implorant :

- Je n'ai pas mangé depuis quatre jours !

La dame le regarde et lui dit :

- Mon Dieu ! Si seulement j'avais votre volonté.

Un futur papa attend, angoissé, à la porte de la salle de travail. Le médecin en sort avec une tête pas gaie qui laisse présager le pire.

- Pitié, docteur, qu'est-ce qui se passe ?
- Eh bien, Monsieur, votre enfant est né, mais…
- Quoi ???
- Il va falloir être courageux. C'est que… votre bébé n'a pas de bras.

Le jeune papa est désespéré mais se montre à la hauteur :

- Tant pis. C'est mon petit bébé et je l'aimerai quand même.
- C'est que, Monsieur, répond le docteur, votre enfant n'a pas de jambes non plus…
- Ah… Mais c'est affreux ! Mais c'est tout de même mon petit bébé et je l'aimerai quand même.
- Attendez, je ne vous ai pas tout dit : il n'a pas de tronc non plus.
- Aaaaah…… C'est… C'est tout de même mon petit bébé et… je… je l'aimerai quand même.
- Ben, c'est que je dois préciser une chose, ajoute le médecin : il n'a pas de tête…

Le papa, anéanti, ne dit plus rien. Le médecin sort alors de sa poche une petite boîte qu'il ouvre. Elle contient une oreille.

- Voilà votre enfant…

Le papa prend délicatement la boîte dans sa main et, bouleversé, dit :

- Tant pis… Tu n'es pas comme les autres, mais tu es mon petit bébé, et je t'aimerai quand même.

Et le médecin :

- Laissez tomber, il est sourd…

Qu'est-ce qui est vert, rectangulaire et qui saute de liane en liane ?
- Un chewing-gum à la chlorophylle dans la poche de Tarzan.

Qu'est-ce qui est vert, qui monte et qui descend ?
- Un petit pois dans un ascenseur.

Et pourquoi les poules traversent-elles la route en biais ?
- Pour aller de l'autre côté !

- Dis Maman, un citron, ça a des pattes ?
- ...?...
- Dis Maman, un citron, ça a des pattes ?
- ...euh... ben non, un citron ça n'a pas de pattes.
- Ah, ben c'est un poussin que j'ai pressé alors.

Et la variante :
- Dis Papa, une olive, ça a des pattes ?
- ...?...
- Dis Papa, une olive, ça a des pattes ?
- Ben non, pourquoi ?
- Ben alors, c'est un cafard que je viens de manger !

Quelle est la similitude entre un singe et un cambrioleur ?
- Ils ont tous les deux la police (peau lisse) au cul.

Quelle est la différence entre une usine et une pute ?
- L'usine débite des caisses et la pute encaisse des bites.

C'est la fille Mandarine qui est invitée à la surprise-partie donnée par le fils Citron. Papa et Maman Mandarine ne sont pas vraiment très très enthousiastes à l'idée qu'elle y aille, car le fils Citron a un peu mauvaise réputation ; mais la fille Mandarine insiste, plaide, mendie tant et tant que les parents Mandarine se laissent convaincre.

Alors donc la fille Mandarine va à la surprise-partie du fils Citron toute joyeuse, tralala la lère.

Bien plus tard, cependant, la fille Mandarine rentre à la maison (où papa et maman Mandarine se font du soucis), toute triste et bien embêtée… Alors papa et maman Mandarine sont encore bien plus inquiets et lui posent des questions ; c'est pas facile, mais au bout d'un moment, entre deux sanglots, la fille Mandarine finit par admettre :

- C'est le fils Citron, il a eu un zeste malheureux, et j'ai peur d'avoir des pépins…

C'est un sourd qui s'assied sur un banc dans un square. Un gardien s'approche et lui dit :

- Faites attention ! Ce banc, on vient juste de le repeindre !

- Comment ? dit le sourd.

- Ben, en vert !

C'est deux citrons qui traversent la route ; le second citron se fait écraser par une bagnole. Le premier citron se retourne et fait :

- Presse-toi !

Pourquoi appelle-t-on des gens des « croque-morts » ?

- Autrefois, pour s'assurer du décès de quelqu'un, le préposé à l'enterrement (puisque c'était avant et que l'on avait pas encore nommé ce métier croque-mort) lui mordait le petit orteil… d'où le terme : croque-mort… Et depuis le jour où un croque-mort s'est trouvé face à un cul de jatte, on parle de… pompes funèbres, bien sûr !

Connaissez-vous l'histoire des deux steacks ??

- Non ?

Bon alors c'est deux steacks qui jouent à cache-cache.

Il y en a un qui compte et l'autre qui se cache.

Arrive le moment où celui qui compte a fini et où il cherche l'autre.

Alors là, ça dure un moment, et il ne le trouve pas...
Au bout d'un moment, il en a marre, il s'énerve et lui demande :
- Bon alors, où steak haché ??

J'ai trois têtes, dix bras, quatre jambes et trois pieds. Qui suis-je ?
- Un menteur.

Deux fous s'ennuient. Un des deux dit à l'autre :
- J'ai une idée, on va jouer au boucher. Je fais le boucher et tu fais le client. Tu entres dans le magasin et tu demandes un steak.
- O.K. Bonjour, Monsieur le boucher, je voudrais trois litres de lait, s'il vous plaît.
- Non ! Tu n'as pas compris, c'est un steak que tu dois commander. Bon, on échange.
Ils changent de place.
- Bonjour, Monsieur le boucher, je voudrais un steak, s'il vous plaît.
- Oui, bien sûr, vous avez les bouteilles vides ?

C'est un microbe qui rencontre un autre microbe, qui grelotte et claque des dents, malgré une écharpe en laine :
- Qu'est-ce qui t'arrive ?
- J'ai attrapé une aspirine.

Dans son appart', Doudou veut repeindre les plafonds. Aussi, comme le voisin du dessus (Arnaud) repeint souvent les siens, il décide d'aller lui demander la quantité de peinture nécessaire :
- Salut Arnaud, j'aurais aimé savoir combien de pots de peinture il t'a fallu pour repeindre tes plafonds.
- 10 pots, répond Arnaud.

Aussi Doudou va acheter ses 10 pots, et commence à peindre (N.B. : avec un pinceau et une échelle).
Mais après avoir fini de tout peindre il lui reste 5 pots. Alors il remonte un étage et va voir Arnaud.

- Dis donc, Arnaud, tu t'es payé ma tête, t'es raciste ou quoi ? J'ai acheté 10 pots comme tu m'as dit...
- Oui...
- Eh bien, il me reste 5 pots !!!!!
- C'est marrant, ça, à moi aussi…

C'est un fou qui promène son peigne en laisse et qui rencontre le directeur de son asile.
- Bonjour Serge, comment va Médor aujourd'hui ?
- M'enfin, Monsieur le directeur, vous voyez bien que c'est un peigne !
- Heu, ben oui.
Aussitôt le directeur parti :
- On l'a bien eu, Médor, hein ?

Deux poissons rouges sont dans un bocal :
- Dis-moi, on est quel jour ?
- Mercredi.
- Hein ?!! Déjà ! ? ! ?!?

Quelle est la différence entre une cravate et la queue d'une vache ?
- La queue de la vache cache, elle, tout le trou-du-cul !

C'est au bal du 14 juillet, sur la place de la mairie.
Un couple est en train de danser depuis une bonne demi-heure.
Alors le type dit à la fille :
- Ça vous ferait rien qu'on change de sens? J'ai ma jambe de bois qui s'dévisse !

Un mec rentre dans un bar :
- Je voudrais une chwirzderkilmaskichtmeurk à la menthe.
Et le barman :
- Un chwirzderkilmaskichtmeurk à la quoi ?

C'est un gars qui est pris d'une terriiiiible envie de pisser.

Il entre donc dans les chiottes, déboutonne sa braguette, et n'écoutant que la résolution héroïque qu'il vient de faire, il déclare en s'adressant à la partie la plus intime et donc la plus sensible de son individu :

- T'as pas voulu baiser hier soir, hein !.. Hein ! P'tite salope ! Eh ben, tu pisseras pas non plus, aujourd'hui !

Docteur, c'est affreux ! Mon petit vient d'avaler une souris vivante !

- Une souris vivante ??! Bon... Il y a peut-être encore une chance. Dites à votre bambin d'ouvrir la bouche, et mettez-lui un bout de fromage devant. J'arrive tout de suite !

Au bout d'un quart d'heure, le docteur arrive et voit le gosse la bouche ouverte, et la mère qui brandit une sardine juste devant lui.

- Quoi ?!! Je vous avais dit du fromage, pas du poisson !!

- Peut-être, fait la mère, mais maintenant, c'est le chat qu'il faut faire sortir !

- Tu aimes manger épicé ?

- Oui, mais pas en même temps.

Qui est-ce qui a sept paires de couilles et un con ?

- Blanche neige et les sept nains.

Variante :

Qui est-ce qui a deux seins et treize testicules ?

- Blanche neige et les sept nains.

(Ben oui, quoi, vous les hommes, vous ne seriez pas grincheux si vous n'en aviez qu'une?).

Un poste de police en Laponie.

Un flic interroge un suspect :

- Que faisiez-vous durant la nuit du 28 octobre au 4 mars ?

C'est un homme qui regarde un match de foot (Lyon contre Bordeaux) à la télé, dans un bar. Son chien est assis à ses côtés et regarde aussi le match lorsque Lyon marque un but. Le chien se met à japper, à courir dans tout le bar en sautant sur les tables !

Le voisin demande à l'homme :

- Qu'est-ce qui lui arrive à votre chien ?
- Il est supporter de Lyon, il est content.
- Ben dites donc, juste pour un but ! Et qu'est-ce qu'il fait quand Lyon gagne un match?
- Je sais pas, je ne l'ai que depuis deux ans…

Qu'est-ce qu'un slow, pour un physicien ?

- Un mouvement de rotation uniforme… si on néglige les frottements.

À quel temps sont les verbes suivants ? « Ils ne voulurent pas d'enfant, mais en eurent deux. »

- Au préservatif imparfait.

Variante :

« Le mari n'a pas voulu d'enfants, ils n'en eurent donc pas ».

- Ici, « voulu » est comme le mari : il participe pas assez.

Ça se passe à la fête foraine (à l'Ducasse). Un gars remarque une diseuse de bonne aventure. Il s'approche de la tente, rentre à l'intérieur. Une vieille gitane est là, qui l'attend devant sa boule de cristal.

- Bonjour, dit le gars, j'aimerais que vous me prédisiez l'avenir !
- Je répondrai à deux de vos questions pour 500 F.
- 500 F !!! Vous ne trouvez pas que c'est un peu cher payé pour deux questions ?
- Oui, j'admets. Quelle est votre deuxième question ?

Pourquoi on met une selle sur un cheval ?

- Parce que si on la met dessous, elle tombe.

Variante :
- Parce qu'il ne peut pas se la mettre tout seul.

Qu'est-ce qui est mignon, petit, bleu et qui crache des copeaux ????
- La Schtroumpfette qui taille une pipe à Pinocchio...

Les brèves de comptoir et les différences

« L'esprit c'est comme les parachutes, ça ne fonctionne que lorsque c'est ouvert. »
(Pierre Dac)

« L'intelligence , c'est comme le parachute : quand on n'en a pas , on s'écrase. »
(Pierre Desproges)

Mon grand-père disait très justement :
- Les pets c'est comme les gosses, on ne supportent que les siens !

« La drogue, c'est une catastrophe... on n'en trouve plus! » (Timsit)

Quelle est la différence entre les tampons et les téléphones portables ?
- Les téléphones portables sont pour les trous-du-cul !

Quelle est la différence entre un Tampax et le téléphone rose ???
- Ben, avec le Tampax, on connaît la salope qui est au bout du fil.

La minijupe, c'est comme un bon discours : ça doit être assez court pour garder l'attention, mais quand même assez long pour couvrir l'essentiel.

Un gars dit à son ami :
- Ça y est, c'est décidé, je change de voiture et de femme.
Son ami demande pourquoi et il répond :
- L'une suce trop, l'autre pas assez.

La minijupe, c'est comme la marée basse : ça met la moule à découvert.

Quel est le comble de la confiance en soi ?
- Péter alors que l'on sait que l'on a la chiasse.

Tu connais la différence entre les cuisses d'un homme et celles d'une femme ?
- Ben, entre les cuisses d'un homme, c'est toujours la même paire de couilles…

C'est un pédé qui dit :
- Moi j'ai des couilles au cul… Mais pas toujours les mêmes.

Quelle est la différence entre un homme et une femme ?
- La différence entre.

La pratique, c'est quand ça marche, mais que l'on ne comprend pas.
La théorie, c'est quand on comprend, mais que ça ne marche pas.
Souvent, théorie et pratique se rejoignent : rien ne marche, et on n'y comprend rien.

- Pourquoi n'y a-t-il pas de préservatifs noirs ?
- Parce que le noir, ça mincit !!!

Les gentils dictons

Pingouins dans les champs, hiver méchant.
Pluie en novembre, Noël en décembre !
Noël au scanner, Pâques au cimetière (Desproges).
Tempête en décembre, t'en chie en janvier.
T'en pètes en mer, t'en chies au retour.
Quand les mouettes ont pied, il est temps de virer (dicton de marin breton).
Horizon pas net, reste à la buvette (dicton de marin breton).
Qui trop écoute la météo, passe sa vie au bistrot (dicton de marin breton).
Noël au balcon, enrhumé comme un con.
Quéquette en novembre, layette en août...

Quelle est la différence entre une hermine et un ramoneur ?
- L'hermine est blanche avec une queue noire. Le ramoneur est noir avec une petite échelle sur le dos.

Que se passe-t-il quand la foudre tombe sur un bossu ?
- Ça le fout droit.

C'est un gars, il a un super long sexe (ce qui est bien pour un gars), mais il a un problème c'est qu'il bégaye à mort. Ça l'embête vraiment parce qu'à cause de son bégaiement, il ne peut pas aborder les filles. Un beau jour, il en a marre et décide de faire quelque chose contre ça. Il va voir le docteur :

- D… dès qu… dès qu'j'ouv'la bouche, el...elles fuient ! Jjjjjjj… j'pourrai ja-jamais m… m… m… me servir de ce d…d… dont D… D… Dieu m'a do… do… doté !

- Ah…Aaaah ! je vois, dis le docteur. C'est vrai qu'il est bien long celui-là. Vous connaissez sans doute le lien entre les cordes vocales et le sexe chez l'homme… Non ? C'est pas grave. Bon, tout ira mieux après une petite opération qui va consister à vous raccourcir le pénis !

Après l'opération, effectivement le gars ne bégaye plus. C'est le bonheur, et pourtant il revient une semaine après revoir le docteur :

- Docteur, c'est horrible. Maintenant, avec ce qui me reste, je peux pas faire grand-chose. Pouvez-vous rendre mon sexe comme avant ?

Et le docteur répond :

- Tr… Tr… Trop tard !

C'est un play-boy qui fonce au volant de son Aston-Martin, et qui s'arrête pour ramasser une ravissante auto-stoppeuse.

Ils font donc connaissance à 200 à l'heure… Si intimement connaissance que… ben… la voiture se retrouve dans un arbre !

Un paysan arrive alors sur le lieu du drame, et dit au type :

- Bouh ! Z'avez eu là une sacrée veine, hein ! Z'avez l'air sains et saufs, vot' dame et vous ! Elle est dans l'pré là-bas ! Elle a passé par d'sus la vouature, mais elle va bien !

Le type se met à chialer et dit :

- Elle va bien hein ! Mais pas moi ! Allez donc voir ce qu'elle tient dans la main !

C'est un gros camionneur qui va à la gendarmerie.

- B'jour ! Dites, vous avez des vaches noires dans l'pays ?

- Bah non.

- Et des chevaux noirs ?

- Non.

- Des gros chiens noirs, alors ?

- Non plus, non !

- Merde… Alors, j'ai écrasé l'curé.

L'autre jour j'ai lu dans le journal qu'à chaque fois que je respirais, un homme mourrait sur la planète.

Quand j'ai dit ça à mon collègue de bureau, il m'a répondu que ça ne l'étonnait pas, et que je ferais mieux de changer de dentifrice...

Deux fous se promènent. Soudain, ils lèvent la tête pour regarder un avion.

- Ah, je le reconnais, dit l'un, c'est l'avion du président.

- T'es fou, on aurait vu passer les motards !

Un cul-de-jatte a été renversé par une voiture. À l'hôpital le médecin lui dit :

- Ce n'est rien. Dans trois jours vous serez sur pied.

Pourquoi les unijambistes sont-ils considérés comme des rêveurs ?

- Parce qu'ils n'ont pas les pieds sur terre !

C'est un petit bonhomme bleu qui se réveille un matin bleu dans son lit bleu quand sonne son réveil... bleu.

Il se lève bleu et va dans sa salle de bains bleue se laver bleu. Il brosse ses dents bleues, se peigne bleu et s'habille bleu. Il descend les escaliers bleus et va dans sa cuisine bleue prendre son déjeuner bleu (je sais, en France bleue, on dirait son petit déjeuner bleu)...

Puis, bleu, il sort de sa maison bleue et dans son garage bleu, il prend son vélo... bleu. Il ouvre son portail bleu et se retrouve sur le trottoir bleu, puis sur la route... bleue.

Il roule bleu sur son vélo bleu chez son ami le petit bonhomme...

rouge !!! (Ah ah ah... bon, c'était pas ça la chute, je continue.)

Le petit bonhomme bleu pose son vélo bleu contre le mur rouge de la maison rouge de son ami rouge. Il sonne bleu à la sonnette rouge.

Le petite bonhomme rouge dans sa maison rouge, qui s'était réveillé rouge dans son lit rouge à la sonnerie rouge de son réveil rouge, entendant la sonnette rouge, se penche rouge par la fenêtre rouge et voit rouge le vélo bleu contre son mur rouge. Reconnaissant rouge son ami bleu, il lui crie :

- C'est ouvert !!!!!

Quelles différences entre une cigogne (ou un pigeon) ?

- Elle a les deux pattes de la même longueur, surtout celle de droite.

Un voyageur se perd dans une région désertique en Tunisie. Voyant que sa seule chance de survie est de retrouver la civilisation, il marche dans la direction qu'il pense être celle de la ville.

Le temps passe, et il commence à avoir soif.

Le temps passe encore, et il est vraiment assoiffé.

Le temps n'en finit plus de passer, et le voilà en train de ramper…

Et alors qu'il est sur le point d'abandonner et de se laisser mourir, il aperçoit une tente à environ 500 m de lui.

Il récupère ses dernières forces, et continue à ramper jusqu'à la tente.

Là, il essaie de crier :

- De l'eau, de l'eau…

Un Bédouin sort de la tente et lui répond :

- Oh, je suis terriblement désolé, je n'ai pas d'eau à vous proposer. Mais je peux vous proposer d'acheter une de ces cravates à un prix très abordable.

Et il brandit un lot de cravates en soie…

- Vous êtes fou ou idiot ! Qu'ai-je à faire d'une cravate ? Il me faut de l'eau, sinon je vais mourir.

Alors le Bédouin lui répond :

- Si vraiment vous voulez de l'eau, alors vous pourrez en trouver à deux kilomètres au sud d'ici. Il y a une autre tente là-bas !

Sans savoir comment, notre voyageur trouve suffisamment de forces pour traîner son corps jusqu'à la seconde tente. Là, il s'effondre à nouveau et gémit :

- De l'eau, de l'eau.

Alors un Bédouin en smoking sort de la tente et lui demande :

- Puis-je vous aider, Monsieur ?

- Donnez-moi de l'eau, s'il vous plaît, demande le voyageur.

- Oh, Monsieur, répond le Bédouin, je suis vraiment désolé. Nous avons de l'eau à l'intérieur, mais vous ne pouvez pas entrer sans cravate !

Comment s'appelle un 69 avec une polonaise ?
- Une polonaise inversée.

Quelle est la différence entre un Pastis 51 et un 69 ?
- Le Pastis sent l'anis.

Qu'est-ce qui est dur, blanc, avec le bout rouge, et qui sent la pisse ?
- Une borne kilométrique.

Blagues « racistes »
(il y en a pour tout le monde...)

Les anti-Éthiopiens

Pourquoi les soldats éthiopiens sont-ils les meilleurs du monde ?
- Parce que ce sont les seuls qui peuvent se cacher derrière leurs fusils.

Où y a-t-il le plus de Somaliens en Somalie ?
- Cela dépend du sens du vent.

Quelle est la règle de cache-cache en Éthiopie ?
- Pas plus de cent derrière un arbre.

Comment dorment les Éthiopiens ?
- Côte à côte.

Pourquoi les Éthiopiens gardent nos capsules de bière ?
- Pour faire des moules à tarte.

Que peut-on lire sur la porte des hôpitaux éthiopiens ?
- Urgences. En cas d'absence, glisser le malade sous la porte.

Variante :
Qu'est-il écrit sur les portes des coiffeurs en Éthiopie ?
- En cas d'absence, passez sous la porte.

Que dit-on à un Éthiopien qui frappe à la porte ?
- Quel bon vent t'amène ?

Comment reconnaît-on un Éthiopien riche d'un Éthiopien pauvre ?
- Le riche a une Rolex autour de la taille…

Que fait un Éthiopien qui trouve un yaourt ?
- Il ouvre un supermarché.

Variante :
Que fait un Éthiopien quand il trouve une boîte de conserve de petits pois ?
- Il ouvre un restaurant.

Que dit-on de deux Éthiopiens qui font la course ?
- C'est une course de côtes.

Qu'est-ce qu'un Éthiopien qui fait caca ?
- Un miracle…

Les anti-Le Pen et les anti-racistes

Dans un bar, un gars arrive joyeux : - Moi j'ai un Q.I. de 180 !!
Un autre lui répond : - Moi j'ai un Q.I. de 179, et ils se mettent dans un coin pour discuter de fission nucléaire…

Un autre gars arrive : - Moi j'ai un Q.I. de 140 !!
Un autre lui répond : - Moi j'ai un Q.I. de 139.
Et ils se mettent dans un coin pour discuter de littérature...
Enfin, un excité hurle : - Moi j'ai un Q.I. de 35 !!
Un autre lui répond : - Moi j'ai un Q.I. de 34.
Et ils se mettent dans un coin et la discussion commence :
- Alors, toi aussi t'es au Front National...

Que dit-on à un skin qui se plaint d'un rhume de cerveau ?
- Prétentieux.

Qu'est-ce qu'un nazi avec un couteau dans le dos ?
- Je ne sais pas, mais ça a l'air bien !

Les anti-Arabes

Quelle est la première langue étrangère parlée à Marseille ?
- Le français.

Une femme maghrébine est sur le point d'accoucher et tombe dans la rue.

Le commissariat de police est tout près, et les policiers interviennent rapidement. On installe la femme dans le commissariat en attendant une ambulance.

Mais l'accouchement est proche et la femme se tord de douleur, et en plus, elle explique aux policiers qu'elle va accoucher de jumeaux. On l'allonge et on aperçoit un bout de tête.

D'un seul coup, la tête rentre à nouveau et on entend dans le ventre de la mère :

- Eh! Mouloud, y a plein de flics ici, viens, on sort par derrière !!!

La famille Merkhaoui veut quitter l'Algérie pour vivre en France, parce que la France, c'est bien, et c'est génial, et tout et tout. Mais ils n'ont pas assez d'argent pour prendre le bateau.

Alors le père décide qu'ils doivent tous nager jusqu'à la France en traversant la Méditerranée. Toute la famille se lance (Mourad, Karim, Ouardia, Farida, Eksétéra…) et nage, et nage jusqu'à s'épuiser vers les côtes françaises.

Le père, le plus solide, arrive en premier et monte sur la berge. Il est content et dit, plein de satisfaction :

- Ça y est! Je suis en France, je suis Français !!Sa femme, encore dans l'eau lui tend la main :

- Aide-moi, maintenant…

- Ah non, moi, je donne pas la main aux Arabes !

Deux Algériens décident de quitter le bled et de venir tenter leur chance en France, à Paris. Se jouant des contrôles aux frontières, ils arrivent à rejoindre la capitale et se séparent, chacun souhaitant bonne chance à l'autre.

Trois semaines plus tard, ils se croisent par hasard. Le premier a plutôt le look Emmaüs, alors que le second est sapé comme un roi, pompes en croco et compagnie :

- Salut ! Alors, ça marche pour toi ?

- Pas du tout, c'est la grosse galère, je trouve pas de boulot, c'est la grosse dêche. Par contre, ça a l'air d'aller pour toi…

- Pas mal, merci. Je viens de m'acheter une voiture, et c'est tous les soirs resto, boîte, filles, etc.

- Putain, je le crois pas ! Comment tu fais ?

- C'est ultra simple, je fais la manche dans le métro, et ça marche du feu d'Allah.

Nouvelle rencontre trois semaines plus tard. Le premier est encore plus dans la dêche, le deuxième roule encore plus sur l'or :

- Ça marche zéro, la manche dans le métro ! Je suis fauché comme les blés !

- Étonnant, moi ça marche de mieux en mieux. Mais tu t'y prends comment ?

- Ben, classique, j'ai un carton où j'ai écrit : « J'ai une femme, cinq enfants à la rue, on a rien à bouffer, filez-moi cent balles. »

- Alors là, t'es con ! Moi, sur mon carton, j'ai écrit : « Je voudrais rentrer dans mon pays mais il me manque 500 F pour le billet retour. »

Les anti-Noirs

Où les femmes sont-elles le plus frisées ?

- En Afrique.

Un jeune Noir demande à Dieu le père :

- Dites mon Dieu, pourquoi ai-je les cheveux crépus ?

Dieu :

- C'est pour que lorsque tu cours dans la savane, tes cheveux épais ne s'accrochent pas aux branches et ne ralentissent donc pas ta course.

Le jeune :

- Bien, mais encore, pourquoi ai-je la peau noire ?

Dieu :

- C'est pour que lorsque tu cours dans la savane avec le soleil qui tape très fort sur ta peau, tu ne t'affaiblisses pas, car ta peau foncée et épaisse ne craint ni la chaleur ni les coups de soleil, et ta course ne pourra être perturbée.

Le jeune :

- Certes, mais encore, pourquoi mon corps est-il aussi musclé ?

Dieu :

- C'est pour pouvoir courir très vite au cas où tu serais poursuivi par un fauve, et ça te permet de courir après les gazelles pour te nourrir.

Le jeune :

- D'accord, O.K., O.K,. tout colle, mais… pourquoi alors suis-je né à Saint-Denis ??? !!!!

Quand je suis né, j'étais noir.
Quand j'ai grandi, j'étais noir.
Quand j'ai peur, je suis noir.
Quand je vais au soleil, je suis noir.
Quand je suis malade, je suis noir.

Tandis que toi « homme blanc »,
Quand tu es né, tu étais rose.
Quand tu as grandi, tu est devenu blanc.
Quand tu vas au soleil, tu deviens rouge.
Quand tu as froid, tu deviens bleu.
Quand tu as peur, tu deviens vert.
Quand tu es malade, tu deviens jaune.
Et après ça, tu as le toupet de m'appeler « homme de couleur » ?

Un Noir veut épouser la fille d'un milliardaire américain blanc qui n'est pas très enchanté de la chose. Avec une certaine mauvaise foi, il dit :

- Ma fille a été élevée dans un milieu très intellectuel, je ne veux pas qu'elle épouse un illettré.
- J'ai fait Harvard.
- Ma fille a été élevée dans le luxe, alors vous devez pouvoir lui offrir un train de vie correcte.
- Pas de problème, j'ai 10 millions de dollars sur mon compte.
- Je veux que ma fille ait une vie sexuelle épanouie, il faut donc que vous ayez une queue de 30 cm.
- Bon, je vais me la faire raccourcir.

En Afrique, dans une tribu de gens qui vivent nus, un enfant dit à son père :

- Papa ! Papa ! Je peux jouer avec ta bistouquette ?
- Oui mon fils, mais t'éloigne pas trop.

Comment un Noir fait-il pour avoir une bite de 30 cm ??
- Il la plie en deux.

Quelle est la différence entre les seins d'une jeune femme blanche, et ceux d'une jeune femme noire ?

- Ceux de la blanche, on peut les voir dans *Play Boy*, et ceux de la noire dans *Géo*.

C'est trois Noirs qui sortent de prison. Un journaliste leur demande ce qui leur est arrivé :

Le premier : - Ben, je traversais à un passage piéton, quand une automobile me fonce dessus et me renverse; je suis passé à travers le pare-brise.

Le second : - Ben, je traversais à un passage piéton, quand une automobile me fonce dessus et me renverse; je suis passé à travers le pare-brise et le conducteur m'a planté un couteau dans le ventre !

Le troisième : - Ben, je traversais à un passage piéton, quand une automobile me fonce dessus et me renverse; je suis passé à travers le pare-brise et le conducteur m'a planté un couteau dans le ventre, mais il allait tellement vite que je suis repassé par la vitre arrière et que j'ai roulé par terre !!!

Surpris, le journaliste leur demande alors pourquoi ils sont allés en prison pour ça !

Le premier : - J'ai pris trois ans fermes pour violation de domicile.

Le second : - J'ai pris six ans fermes pour violation de domicile et port d'arme illégal.

Le troisième : - J'ai pris dix ans fermes pour violation de domicile, port d'arme illégal et délit de fuite !

C'est l'histoire d'un Noir qui est en voiture; et le voilà qui crève un pneu. Il s'arrête donc sur le bas-côté, sort son cric et commence à démonter sa roue pour la remplacer par la roue de secours.

Un autre Noir en voiture qui voit ça s'arrête également, sort de sa voiture et commence à casser les vitres de la voiture du premier.

- Mais qu'est-ce que tu fais ? Arrête !!! dit le mec en panne.
- Fais pas chier ! Toi tu gaules bien les roues, moi je gaule l'autoradio !

Deux policiers font une ronde à Brooklyn, quand ils remarquent une forme entre deux poubelles :

- T'as vu, c'est un Black !
- Eh, mais il est mort !
- Regarde, il a au moins 30 marques de coup de couteau dans le dos !
- Oh là là, c'est le suicide le plus horrible que j'aie jamais vu !

Blagues sur le paradis, les religieuses, les curés, Jésus et ses apôtres

Les blagues du paradis

Un type tombe dans un précipice. Il réussit à s'accrocher à une branche et reste coincé dans le vide.

Il crie : - Au secours ! Au secours ! Il y a quelqu'un ?

Alors le ciel se déchire, une immense lumière inonde la terre et une voix très puissante fait :

- Oui, Je suis là ! N'aie pas peur ! Lâche cette branche et laisse-toi tomber, et tu monteras avec moi au paradis !!!

Alors le type crie : - Il y a quelqu'un… d'autre ???

Moïse demande à Dieu :

- Pour vous, que représentent 10 millions d'années ?
- Pour moi, c'est une seconde.

Moïse, un peu excité, reprend : - Et 10 millions de dollars ?

- Eh bien, un dollar.

Moïse, de plus en plus excité :

- Dans ces conditions, pourriez-vous me prêter 10 millions de dollars ?
- Pas de problème… juste une seconde !

Les présidents Bill Clinton, Boris Eltsine et Jacques Chirac ont obtenu une audience avec Dieu. Dieu leur permet de poser une seule question pour eux trois.

Les trois présidents se décident à demander quand leur propre pays pourra devenir un pays pacifique et indemne de tout extrémisme ou nationalisme.

Quand Clinton pose la question, Dieu, après quelques secondes de réflexion, répond :

- Cela prendra bien 50 ans.

Alors Clinton se retire en pleurant, car il ne pourra pas voir cela.

Lorsque c'est le tour d'Eltsine, Dieu lui répond qu'il faut bien attendre 100 ans pour son pays.

Et Eltsine se retire en pleurant, car il ne lui sera pas possible de voir cela.

Enfin, lorsque Chirac pose la question pour la France et les Français, il y a d'abord un silence très pesant... Et puis Dieu se retire en pleurant...

Ce sont deux copains, amateurs de foot au point qu'il ne s'est pas passé un seul dimanche depuis plusieurs années, sans qu'il ne jouent un match avec leur équipe locale.

Ces deux copains footballeurs se demandent souvent si, au paradis, il leur sera possible de continuer à jouer au foot.

Un jour, le destin frappe un des deux copains (un banal accident de voiture). Quelques temps après, le mort réapparaît à son ami encore vivant sous l'apparence d'un fantôme.

Le vivant s'apprête à lui demander si effectivement le foot se joue aussi au paradis. Mais le fantôme parle le premier et lui dit :

- J'ai deux nouvelles pour toi, une bonne et une mauvaise. La bonne, c'est que oui, on joue au foot au paradis. La mauvaise, c'est que tu joues cet après-midi.

Adam est dans le jardin d'Éden. Dieu, qui l'observe depuis un bon moment, remarque que son petit protégé s'ennuie.

Dieu : - Adam, qu'est-ce qui ne va pas mon enfant ?

Adam répond :

- Oh rien, mon Dieu... C'est juste que je m'ennuie un peu.

Alors Dieu se perd en réflexions, puis après quelques minutes de temps divin trouve la solution :

- Adam, et si je te créais un compagnon ? Ce serait quelqu'un avec qui tu pourrais parler quand tu t'ennuies, quelqu'un qui serait attentionné pour toi, qui irait chercher à manger et qui cuisinerait pour toi, qui pourrait même t'apporter de la bière et te la servir à la bonne température, bref, quelqu'un qui ferait tout pour toi...

Adam répond : - Hé, Mon Dieu, ça semble génial ! Mais qu'est-ce que ça me coûterait ?

Dieu réfléchit à nouveau et dit : - Hum, c'est une très grande faveur et ça doit bien valoir disons, un bras, ou une jambe... ?

Adam réfléchit à son tour et dit : - Et qu'est-ce que je pourrais avoir avec une côte ?

Au ciel, on organise le match annuel entre l'équipe du paradis et celle de l'enfer. Jésus, en tant qu'entraîneur de l'équipe du paradis, sélectionne ses joueurs. Saint Pierre s'approche et demande :

- Dis, Jésus, je pourrais jouer ? Je suis un bon attaquant.

Jésus lui répond : - C'est hors de question. Avec ton sale caractère tu vas encore te faire expulser dès le début du match, comme l'année dernière où tu as cassé la jambe de Belzébuth et empoigné l'arbitre !

Saint Pierre insiste, et finalement Jésus cède et accepte qu'il joue, mais à la condition absolue que, au moindre écart de conduite, il soit immédiatement renvoyé à son rôle deconcierge du paradis.

Le match commence. Jésus, trop occupé par son travail, écoute le match à la radio depuis son nuage.

Tout à coup, on entend : - Saint Pierre expulsé!

Saint Pierre apparaît immédiatement devant Jésus qui, furibond, lui demande ce qui s'est passé. Saint Pierre lui raconte, encore tout essoufflé :

- Excuse-moi Jésus, voilà se qui s'est passé : je venais de récupérer la balle devant notre goal et je commençait à courir vers l'avant... Je passe la balle à l'archange Gabriel, je dépasse deux défenseurs des diables, je reçois de nouveau la balle (il s'excite de plus en plus en racontant), je dribble encore deux défenseurs, je passe la balle vers saint Paul...

La tension devient épouvantable, même Jésus est pris par le suspens...

- Continue...

- Saint Paul me renvoie la balle, je suis à la limite du hors-jeu, je suis seul devant le gardien, je le dribble, et je tiiiiiire...

- Et... ????

- Et je rate !!!!
- Nom de Dieu !!! s'écrie Jésus.
- Eh bien, c'est exactement ce que j'ai dit !

Un clochard arrive au paradis, mais saint Pierre lui donne une chance de revenir sur terre sous la forme d'un objet.

Après quelques instants de réflexion, il se décide pour être réincarné en casserole.

- Casserole ??? Mais pourquoi donc ? demande saint Pierre.
- Eh bien, j'ai toujours rêvé d'avoir le ventre plein, le cul au chaud, et la queue dans les mains d'une femme !

À l'époque où les humains étaient dans le jardin d'Éden, Adam va voir Dieu pour lui poser quelques questions qui le chicotaient depuis longtemps :

- Dieu, est-ce que je peux te poser un question ?
- Oui, bien sûr, Adam. Vas-y !
- Dieu, j'aimerais bien savoir pourquoi tu as fait Ève aussi belle, aussi désirable ?
- Ben, c'est facile Adam : pour que tu puisses l'aimer !
- Ah oui ? Alors, pourquoi l'as-tu faite aussi stupide ?
- Facile : pour qu'elle puisse t'aimer !

C'est l'histoire d'un curé et d'un chauffeur de bus qui se retrouvent devant saint Pierre. Le curé est irréprochable, alors que le chauffeur roulait si mal qu'il a causé un nombre incalculable d'accidents.

Saint Pierre envoie le chauffeur tout de suite au paradis, mais refuse le curé.

Le curé proteste :

- Voici un très mauvais conducteur qui n'est même pas chrétien. Moi, homme de Dieu, à son service pendant toute ma vie, je n'ai pas le droit au paradis alors qu'un chauffard y a droit. C'est pas juste !

Saint Pierre répond :

- Pendant que vous disiez une messe, tout le monde dormait. Alors que le chauffeur conduisait si mal que tout le monde priait.

C'est un gars très bête et très méchant, [nom du mec haï], qui arrive en enfer. À son arrivée, Satan l'accueille et lui dit :

- Maintenant, tu vas devoir choisir la chambre dans laquelle tu resteras pour l'éternité.

Et Satan lui montre trois portes.

[Nom du mec haï] passe la première porte. Il entre dans une vaste pièce dans laquelle les gens sont tous, sans exception, en équilibre sur leur tête, sur du carrelage.

Le gars [nom du mec haï] se dit en voyant ça :

- Aïe aïe aïe, ce sol me semble un peu dur pour ma tête. Je vais essayer une autre porte.

Alors il essaie la deuxième porte et se retrouve dans une autre vaste pièce, dans laquelle le sol est cette fois en parquet. Là encore, tout le monde est sur la tête, en équilibre. Le gars [nom du mec haï] se dit :

- C'est pas encore terrible, si on tombe, on doit attraper plein d'échardes à la tête; essayons la troisième porte.

Cette fois, la pièce est remplie de personnes assises sur des chaises, tout le monde est dans la merde jusqu'aux genoux, mais les gens sont en train de boire le café et de manger des biscuits.

Le gars [nom du mec haï] se dit :

- Hmmm, passer l'éternité sur une chaise, même si on a les genoux dans la merde, c'est toujours mieux que de la passer sur la tête, surtout quand on a à boire et à manger.

Alors le gars [nom du mec haï] va voir Satan, qui l'attendait, et lui fait part de sa décision de choisir la troisième porte.

- Très bien, dit Satan, tu passeras donc l'éternité dans la troisième pièce.

Et il accompagne [nom du mec haï] jusqu'à la porte. Lorsque la porte s'ouvre, il entend une grosse voix à l'intérieur qui hurle :

- Allez là dedans, la pause café est terminée... Tout le monde sur la tête !!

Le pape meurt et arrive au paradis. Il frappe à la porte et se retrouve nez à nez avec un ange à la mine patibulaire.

- Euh, bonjour, je suis le pape, je voudrais entrer au paradis...

- C'est qu'on n'entre pas comme ça! Et puis d'abord qu'est-ce que c'est, un pape ?

- Ben, je suis le successeur de saint Pierre, quoi ! D'ailleurs ce ne serait pas vous, saint Pierre ?

- Moi, pas du tout, je suis Gabriel.

- Bon… Mais vous connaissez sûrement les chrétiens, quoi, l'Église ? Eh bien moi, je suis le chef de l'Église.

- Vous pouvez être chef de ce que vous voulez, ça ne change rien ici.

- Mais enfin, demandez au moins à votre patron, Il doit sûrement être au courant, Lui.

L'ange va voir le patron et lui expose la situation.

- Comment tu dis ? Le pape ? Non, ça ne me dit rien.

- Il a dit aussi qu'il était le chef des chrétiens.

- Attends, oui, ça me rappelle bien un truc. Ah, oui ! C'est le fan club que le fiston a fondé il y a 2000 ans. Ça marche toujours ?

Au commencement, Dieu créa Adam. Adam était donc assis et regardait autour de lui : la lune, les étoiles, le ciel, les lacs, les rivières, les animaux, les oiseaux, les abeilles et toutes les merveilleuses créations de Dieu.

Au bout d'un certain temps, Dieu pensa qu'Adam avait besoin d'un compagnon, et tout naturellement, il créa Ève en se disant que c'était un bon système pour maintenir l'espèce.

Lorsque Ève fût créée, Dieu se dit qu'Adam trouverait bien la combine pour l'aborder, mais rien !

Adam et Ève se regardaient dans une totale indifférence…

Un beau jour, alors que Ève était un peu à l'écart, Dieu appelle Adam et lui dit :

- Adam, pourquoi ne pas aller voir Ève et lui donner un baiser ?

Adam répond :

- Dieu, qu'est-ce qu'un baiser ?

Après la divine explication, Adam va retrouver Ève et lui donne un baiser. Adam revient avec un sourire jusqu'à ses oreilles.

Du coup Dieu dit à Adam :

- Adam, maintenant, pourquoi n'irais-tu pas voir Ève pour lui faire un petit câlin ?

Adam répond :

- Dieu, qu'est-ce que c'est un petit câlin ?

Après la divine explication, Adam retrouve Ève et lui fait un petit câlin, et il revient avec un sourire jusqu'à ses oreilles.

Du coup Dieu dit à Adam (on progresse) :
- Adam, maintenant, pourquoi n'irais-tu pas voir Ève pour conclure, enfin, pour lui faire l'amour ?

Adam répond : - Dieu, qu'est-ce que c'est faire l'amour ?

Après la divine explication, Adam retrouve Ève...

Mais cette fois-ci il revient l'air un peu déboussolé. Dieu lui demande alors ce qui ne va pas, et Adam répond :
- Dieu, qu'est-ce que c'est la migraine ?

Les blagues au couvent et blagues de religieuses

Quelle est la différence entre la Suède et le Vatican ?
- En Suède, ils ont du fer et ils savent pas quoi en foutre. Alors qu'au Vatican...

Une femme n'ayant connu que des problèmes dans la vie décide d'entrer dans les ordres. Elle rejoint un couvent où la règle la plus dure est de ne pouvoir dire que deux mots tous les dix ans.

Dix ans passent... La femme va un beau jour voir la mère supérieure et dit :
- Nourriture froide.

Dix nouvelles années plus tard, elle dit à la mère supérieure :
- Matelas durs.

Encore dix années, et là, la femme retrouve la mère supérieure pour lui dire :
- Vous quitte.

Et la mère supérieure répond alors :
- Tant mieux ! De toutes façons, vous n'avez pas cessé de vous plaindre !

Ce sont deux nonnes écossaises qui viennent juste d'arriver aux USA par bateau. La première dit à la seconde :

- J'ai entendu dire que les Américains avaient l'habitude de manger du chien (N.D.L.R. : hot-dog)

- C'est curieux, répond la seconde, mais si nous devons vivre dans ce pays, nous ferions mieux de suivre les coutumes des habitants.

Plus tard, les deux sœurs remarquent justement un vendeur de hot-dogs…

- Deux hot-dogs, demandent-elles.

Le vendeur leur enveloppe leur hot-dog dans un papier alimentaire et leur donne.

Les nonnes sont assez excitées de savoir à quoi ça ressemble. Elles déballent leur hot-dog.

La première, en voyant ce que le pain contient, s'arrête un moment puis demande à la seconde :

- Quelle partie du chien avez-vous eue ?

Au petit collège, sœur Marguerite demande à ses élèves quelle profession elles désirent exercer en étant plus grandes :

La petite Isabelle dit :

- Quand je serai grande, je serai prostituée !

Sœur Marguerite ouvre de grands yeux injectés de sang et rugit :

- Qu'est-ce que tu viens de dire ????

- Une prostituée, reprend d'une voix toute tremblante la petite Isabelle.

Sœur Marguerite porte la main à sa poitrine en poussant un gros soupir, et elle dit :

- Dieu merci ! J'ai cru que tu avais dit « protestante ».

Au réfectoire du couvent de bonnes sœurs :

- Mes sœurs, aujourd'hui, carottes…

Toute la salle : - Haaaaaaa !

- …râpées !

Toute la salle : - Ooooooh …

C'est la tempête de neige. Un curé et une religieuse qui faisaient la route en Renault 4 (ah, vous n'avez pas connu ça au Québec !) décident d'arrêter de rouler et de passer la nuit à l'hôtel. Naturellement, le seul hôtel de la région a été pris d'assaut par les voyageurs.

Le réceptionniste de l'hôtel dit alors au prêtre :

- Je vais vous donner la dernière chambre qui me reste. Je ne peux pas faire mieux : il vous faudra la partager avec la sœur.

Le prêtre accepte, et il accompagne la religieuse dans la chambre.

Tous deux décident de partager le grand lit puisque la chambre ne comporte pas de canapé. Cependant, il se produit une coupure d'électricité (la tempête de neige...), et l'éclairage ainsi que le chauffage s'éteignent. Heureusement, il y a quelques couvertures dans l'armoire.

Très vite, la nonne dit : - Mon père, j'ai froid.

Alors le prêtre se lève et va chercher une couverture qu'il déplie du côté de la religieuse.

Un peu plus tard, la religieuse renchérit :

- Mon père, j'ai froid, voudriez-vous aller chercher une autre couverture ?

Du coup le prêtre se dévoue encore.

Encore un peu plus tard, la nonne veut une autre couverture. Cette fois, le prêtre répond :

- Je pense que pour avoir chaud, il nous faut agir comme le font maris et femmes !

La nonne est très étonnée et se demande si vraiment... Mais enfin, comme il est le prêtre, elle dit :

- D'accord, mon Père. Si vous êtes sûr que cela restera dans les principes que nous devons respecter.

Et alors le prêtre lui répond :

- Alors! Va la chercher toi-même, cette sacrée couverture !

La mère supérieure :

- Sœur Marie, vous êtes dans la rue, la nuit, et vous vous faites accoster par un homme aux mauvaises intentions, que faites-vous ?

Sœur Marie : - J'enlève mon habit de religieuse, ma Mère.

La mère supérieure (outrée) : - Et que faites-vous après ?

Sœur Marie : - Je lui dis de baisser son pantalon.

La mère supérieure (encore plus outrée) : - Et ensuite ?

Sœur Marie : - Je m'enfuis en courant. Je courrai beaucoup plus vite sans mon habit de religieuse que lui avec son pantalon baissé.

C'est un type qui rentre dans une pharmacie, à Neuilly, et qui dit :

- Bonjour, je voudrais des préservatifs, s'il vous plaît.

La pharmacienne lui dit à voix basse :

- Excusez-moi, Monsieur, mais vu notre clientèle assez conservatrice, nous employons un code pour désigner certains produits. En l'occurrence, celui que vous demandez est nommé « ticket de métro ».

- À ce moment, une bonne sœur entre dans la pharmacie et capte la conversation en route… (cette phrase est importante)

Et le type reprend :

- Bon alors, s'il vous plaît, je voudrais un « ticket de métro ».

La pharmacienne lui donne un petit sachet et le type s'en va.

La bonne sœur demande de l'aspirine et s'en va elle aussi. Puis elle descend dans le métro et voit qu'il y a beaucoup de monde au guichet. Comme elle n'a pas de ticket, elle se dit - pas conne :

- Tiens, vu qu'ils en vendent à la pharmacie, je vais y aller, au moins il n'y a personne.

Elle y retourne et demande :

- Rebonjour Mademoiselle, je voudrais un ticket de métro, s'il vous plaît.

- Enfin, ma sœur, pas à vous, je n'oserai pas…

- Mais si, vous me rendriez un grand service, car si vous saviez la queue qui m'attend en bas…

C'est une religieuse qui rentre dans un magasin d'alimentation. Elle va prendre une bouteille de gin dans un des rayons, puis passe à la caisse.

Le gars à la caisse, la voyant avec sa bouteille de gin, la regarde d'une drôle de manière.

Se sentant dévisagée, la religieuse lui dit :

- J'achète cette bouteille de gin pour soigner la constipation de la mère supérieure.

Le caissier hausse les épaules, et oublie vite cette excentrique de religieuse.

Une heure plus tard, alors qu'il vient de fermer le magasin, il croise la religieuse dans la rue, assise sur un banc, avec la bouteille vide à côté d'elle. La religieuse a l'air aussi bourrée que le métro aux heures de pointe.

Le caissier, en la voyant dans cet état, est outré et lui dit :

- Mais enfin, ma sœur ! Vous m'aviez dit que cette bouteille était pour soigner la constipation de la mère supérieure !

- Mais c'est la vérité ! répond la nonne en ricanant, ça va vraiment la faire chier lorsqu'elle me verra dans cet état !

Dans un dispensaire, les religieuses ont décidé, après en avoir parlé entre elles, de quitter le médecin-chef s'il osait encore leur raconter des histoires grivoises comme à son habitude...

Quelques jours après, le docteur arrive, les yeux brillants et dit :

- Bonjour, mes sœurs ! Figurez-vous que je reviens du port où j'ai dû examiner tous les marins d'un bateau chinois à cause d'une épidémie... Vous savez, ils sont marrants ces Chinois ! Ils ont des tout petits yeux, de toutes petites mains, ils sont hauts comme trois pommes, mais alors ils ont d'énormes...

À ce moment, les sœurs scandalisées sortent en courant pour ne pas entendre la suite ; alors le médecin-chef leur crie :

- Hé là ! Pas si vite, ce bateau est encore là toute la semaine !

Une nonne arrive en courant dans la cuisine du couvent pour y retrouver la mère supérieure. Elle crie :

- J'ai été violée ! J'ai été violée !

La mère supérieure lui répond :

- Calmez-vous mon enfant, et asseyez-vous... Je vais m'occuper de vous.

La mère supérieure va chercher du citron, du vinaigre, des cornichons et des oignons, puis elle commence à préparer une mixture avec ces ingrédients. Elle tend la mixture à la nonne en lui disant de boire cul sec !

La nonne demande avant de goûter :

- Et vous pensez qu'avec ça, je serai 'purifiée', ma mère ?

La mère supérieure :

- Pas sûr, mais au moins, ça vous enlèvera le sourire que vous avez sur les lèvres !!

La mère supérieure convoque en catastrophe toutes les religieuses du couvent :

- Mes sœurs, notre figuier n'a jamais donné autant de fruits. Je ne sais vraiment pas comment nous allons pouvoir les utiliser tous avant qu'ils ne soient pourris ! Auriez-vous des idées pour éviter ce gâchis ?
- Faisons des tartes, ma mère.
- Quelle bonne idée, sœur Marie. Mais ça ne suffira jamais…
- Et des confitures aussi.
- Oui, sœur Odile, très bonne idée ! Mais nous n'aurons pas assez de bocaux pour tous ces fruits…
- Faisons de la compote !
- De la compote, sœur Jeanne ? Mais comment ?
- Avec une lime, ma mère.
- Une lime ? Expliquez-nous
- Oh, quand j'étais enfant, j'ai une fois entendu, par la porte entrouverte, ma mère dire à mon père : « Arrête de limer, j'ai la figue en compote ! »

Trois touristes visitent le désert accompagné d'un guide. Sur le chemin, ils voient un bâtiment. Le guide leur dit que c'est un couvent de bonnes sœurs, mais qu'il ne faut pas y aller, c'est dangereux, elles n'acceptent pas les hommes.

Ils continuent leur chemin quand une tempête de sable surgit.

Le guide s'enfuit, laissant les trois hommes seuls dans le désert, assoiffés et affamés.

Bien que les deux autres essaient de l'en dissuader, le premier va frapper au couvent pour avoir à boire. Il supplie la sœur de le laisser entrer. La sœur le prévient :
- Nous n'acceptons pas les hommes ici.
- M'en fous, j'ai trop soif, qu'il lui répond.

Il entre, et les deux autres entendent un grand cri.

Le deuxième homme craque et se dirige vers le couvent. Il frappe, et même scénario, le grand cri.

Enfin, le troisième, n'ayant plus le choix, va frapper au couvent. Avant d'entrer, il demande à la sœur de lui dire ce qui est arrivé aux autres. Elle lui dit :
- Le premier était boucher, on les lui a coupées. Le deuxième était vigneron, on les lui a pressées.

À ce moment, le troisième se met à rire et dit :
- Moi, je suis marchand de sucettes.

Les blagues de confession

Quelle est la différence entre un curé et un sapin de Noël ?
- Aucune : dans les deux cas les boules servent uniquement à décorer.

Ou bien :
- Les boules du sapin servent au moins une fois dans l'année !

Le curé reçoit quatre jeunes filles très dissipées pour leur confession. Il leur dit :

- Je veux de l'ordre, ici. Mettez-vous en ligne et chacune à son tour.

La première commence. Quand elle ressort, les trois autres la pressent de questions : - Alors, raconte !

- Ben, voilà. Il m'a demandé de lui dire mes péchés. Je lui ai avoué qu'une fois, j'avais regardé le sexe d'un homme.
- Et alors ?
- Il m'a infligé d'aller me laver les yeux dans le bénitier.

Passe la seconde. Mêmes questions à la sortie :

- Je lui ai avoué avoir un jour tenu le sexe d'un garçon dans ma main et il m'a infligé d'aller laver ma main dans le bénitier.

Sur ce, le curé appelle la troisième. Mais la quatrième la bouscule et la devance.

- Voyons, du calme, j'ai demandé de l'ordre !!! Laisse-lui son tour.
- Je veux bien, Monsieur le Curé, mais il n'est pas question que je me rince la bouche après qu'elle se soit lavé le cul !

L'action se déroule dans un village de campagne. Le curé, vieux et malade, se fait remplacer par un jeune débutant.

Sa première journée démarre par l'acte laborieux et intimiste qu'est la confession… Enfermé dans le confessionnal, il s'entretient avec une femme :

Elle : - Mon père, j'ai péché…

Lui : - Je vous écoute ma fille…

Elle (après un long silence) : - … Voila, j'ai trompé mon mari…

Lui (fouillant dans son carnet pour connaître la sentence) :

- Voyons, pour l'adultère, je vous donne… heu… Deux Pater et trois Ave Maria !

Elle :

- Ce n'est pas tout mon Père…(très long silence)… Je lui ai fait une fellation…

Lui (pris de panique car il ne trouve pas la pénitence pour une fellation…) :

- Euh, je vous demande quelques instants…

Le jeune curé court sur la pointe des pieds vers les enfants de chœur qui se trouvent à la sacristie. Lui (essoufflé) :

- Dites les enfants, qu'est-ce qu'il donne le curé pour une fellation ?

Eux (en chœur) :

- Un Bounty !!!

Les blagues sur Jésus et ses apôtres

1996, Jésus redescend sur terre… Hé oui… Il convoque la presse pour une conférence et un journaliste lui demande de prouver son identité.

- Aucun problème, dit Jésus, qu'est-ce qui vous ferait plaisir ?

Le journaliste lui répond qu'il pourrait, par exemple, marcher sur l'eau. Alors Jésus se dirige vers la mer et commence à marcher sur l'eau : 5 mètres, aucun problème, 10 mètres, aucun problème, 20 mètres, Jésus a de l'eau jusqu'au chevilles et fait demi-tour, 15 mètres, il commence à nager pour retrouver la terre ferme. Le journaliste stupéfait lui demande pourquoi jusqu'à 10 mètres ça allait mais qu'après il a commencé à s'enfoncer…Jésus lui répond :

- Tu as déjà essayé de marcher sur l'eau avec des trous dans les pieds ?

Alors Jésus, voyant Pierre sur le lac de Tibériade pêcher, pêcher, pêcher, lui demande :

- Pierre, tu n'es pas fatigué à force ?

Et Pierre, complètement au bout du rouleau :

- Oh oui, j'suis complètement naze.

Et Jésus, perplexe, lui répond au bout d'un moment :

- Ben, euh… Si t'es naze, arrête.

Jésus joue au golf. Il se prépare à prendre son premier départ. Il frappe la balle, mais manque complètement son coup. La balle traverse le parcours dans le mauvais sens, rebondit sur un arbre, repasse et heurte une pierre qui la fait partir à la verticale. Elle est alors déviée par un Boeing qui passe, elle revient, heurte sur la route voisine un camion qui l'envoie contre un mur de ferme, et finalement elle arrive sur le green, roule un peu et tombe dans le trou. Alors Jésus lève les yeux au ciel et fait :

- Papa ! Laisse-moi jouer...

En l'an 33, Rome a affronté Israël en match amical de football, et, hélas, Israël a perdu. Pourquoi ?

- Parce que Jésus était suspendu.

Jésus dit : - En vérité, Pierre, je te le dis, $y = ax^2 + bx + c$

Pierre : - Heu... oui Jésus, mais ça veut dire quoi ?

Jésus : - Tu peux pas comprendre, c'est une parabole.

Marie entre dans la chambre de Jésus : c'est un bordel noir ! Marie est furieuse !

- Je t'avertis que si tu ne ranges pas ta chambre immédiatement, tu peux faire une croix sur tes vacances de Pâques !

C'est Jésus-Christ, sur la croix :

- Un clou, vite, vite, je glisse...

Et que lui a répondu le soldat ?

- Croise les pieds j'en ai plus qu'un !

Une fois accroché sur la croix... Jésus tourne la tête à droite, et interpelle le voleur crucifié un peu plus loin

- Hep ! Hep ! Tu veux pas venir à côté de moi ? Là, juste à côté ?

- Ben non, Jésus, je peux pas, je suis cloué, comme toi.

Jésus se tourne à gauche et demande à l'autre voleur :

- Hep ! Hep ! Et toi ? Tu veux pas venir à côté de moi ?
- J'suis cloué, Jésus, je peux pas non plus…
Jésus, très déçu, répondit alors :
- C'est pas grave les gars, vous serez pas sur la photo !

C'est Jésus qui est sur la croix. Il dit à Marie :
- Pierre ! Je veux voir Pierre !
Marie accourt vers Pierre et lui dit que Jésus veut le voir immédiatement. Pierre commence à traverser la foule, quand un garde romain le voit.
Le garde dit à Pierre :
- Je te reconnais toi ! Tu es l'ami de Jésus !
Le Romain lui coupe alors un bras et le laisse repartir.
Jésus crie toujours :
- Pierre ! Pierre, viens ici !
Pierre continue à avancer vers Jésus. Un deuxième Romain le voit et lui dit :
- Hé, hé, hé ! Je te reconnais toi ! Tu es l'ami du gars sur la croix !
Le Romain lui coupe alors l'autre bras et le laisse repartir.
Jésus hurle : - Pierre ! Pierre !
Pierre continue à avancer vers Jésus. Un troisième Romain le voit et lui dit :
- Hé ! Toi là ! Je te reconnais toi ! Tu es l'ami de ce gars-là !
Le Romain lui coupe alors une jambe et le laisse repartir.
Pierre continue à avancer par terre en se traînant avec sa seule jambe. Il arrive devant Jésus et lui demande :
- Maître ! Que voulez-vous Maître ? Je suis là !
Jésus lui dit : - Pierre ! Je vois ta maison d'ici !

Les autres blagues de curé

Un gars se rend au Vatican pour entendre le pape. Il arrive à 10 h. Il y a déjà 5 000 personnes sur le parterre de la pelouse. Il voit le pape sortir sur son balcon, il le voit gesticuler (de la même façon que le

Seigneur ouvrait les bras pour prononcer la bonne parole) mais n'entend rien.

Le lendemain, il revient vers 8 h. Mais il y a déjà 1000 personnes devant lui. À 10 h, le pape sort. Il le revoit gesticuler, mais il est encore trop loin et entend seulement un faible marmonnement.

Alors, le surlendemain, il revient vers 6 h, le pape sort encore. Cette fois, il est suffisamment près pour entendre clairement le pape dire (toujours en gesticulant les bras dans les airs) :

- Ôtez-vous de sur ma pelouse, Allez-vous en de mon parterre !

Les Américains considèrent que 666 est le nombre de la Bête (l'Antéchrist donc); alors d'après cela :

670 - est le nombre approximatif de la Bête.

DCLXVI - est le nombre en chiffre romains de la Bête.

666 0000 - est le nombre très précis de la Bête.

0.666 - est le nombre de mégaBête.

/ 666 - est le dénominateur commun de la Bête.

666 ^ (-1) - est le nombre imaginaire de la Bête.

1010011010 - est le nombre binaire de la Bête.

6, euh... Quel était ce nombre déjà ? - est le nombre de la Bête Blonde.

66, euh... De quoi parlait-on déjà ? - est le nombre de la Bête avec la maladie d'Alzeihmer.

668 - est le nombre du voisin de la Bête.

665 - est le nombre de l'autre voisin de la Bête.

999 - est le nombre de la Bête dyslexique (ou celui de la petite amie de la Bête).

666A - est le numéro de chambre de la Bête.

666DD - est la taille du soutien-gorge de la Bête.

666 - est le nombre de Bêtes nécessaires pour changer une ampoule électrique.

333 - est le nombre de la demi Bête.

665.997342 - est le nombre de la Bête, trouvé sur un Pentium.

29A - est le nombre hexadécimal de la Bête.

666E - est le nombre de la Bête, trouvé par Jean-Louis Debré.

66.6 FM - La radio F.M. de la Bête.

TWA666 - Le numéro de vol de la Bête.

Windows 666 - L'Operating System de la Bête.

599.4 ≤ Bête < 732.6 - est le nombre de la Bête, plus ou moins 10%.
P(x = 666) - est la Probabilité de la Bête.
F(x) = 666 - est la Fonction de la Bête.
666 Jr. - est le fils de la Bête.
666kb - est la mémoire de Base de la Bête.
6.66V - est le voltage de la Bête.
666 Hell.com - est l'adresse e-mail de la Bête.
http ://www/underworld/hell/666.html - est la Homepage de la Bête.
6-0, 6-0, 6-0 - est le résultat du match de tennis de la Bête.
666 W - est la consommation électrique de la Bête.
66 66 66 66 66 - est le numéro de téléphone de la Bête.
66 666 - est le code postal de la Bête.
36 70 66 66 : la Bête en direct ! Les pactes passés sans aucun témoin ! Appelez maintenant ! Seulement 6,66 F/minute.
Shell 666 - Le carburant de la Bête.
D666 - La route pour aller chez la Bête
6.66 % - Le Plan Épargne Logement de la Bête.
BILLGATES3 - Le vrai nom de la Bête (convertir chaque lettre en valeur ASCII, ajouter : obtenir 666)

Un missionnaire en plein désert se retrouve nez à nez avec un lion affamé. Il se met à genoux et commence à prier :

- Mon Dieu, bénissez-moi et faites que ce lion épargne votre fidèle serviteur.

À ce moment-là, le lion se met lui aussi à genoux et dit :

- Mon Dieu, bénissez ma nourriture.

Après le mariage, le marié s'adresse au curé et dit :

- Combien vous dois-je ?
- Ça dépend. C'est fonction de la beauté de votre femme.

Le marié réfléchit une minute, donne 10 F et dit au curé : - Tenez.

Le curé regarde la femme, puis dit au marié : - Voilà votre monnaie…

Un prêtre sans scrupule et qui jure souvent comme un charretier a besoin d'argent pour refaire le clocher de son église. Malheureusement, les fidèles sont de moins en moins nombreux, et ne donnent pas beaucoup à la quête.

Un soir à la télé, il voit un illusionniste faire une démonstration d'hypnotisme sur une foule. Il se dit alors qu'il va essayer cette méthode sur ses ouailles, le dimanche suivant.

Le jour de la messe, alors qu'il est en chaire, il se met à balancer une montre en or au vu de l'assemblée déjà en demi-sommeil. Pendant le balancement, il ajoute :

- Mettez chacun 20 F lors de la quête.

À la fin de la messe, en faisant ses comptes, le curé se rend compte que la méthode a fonctionné.

Aussi, le dimanche suivant, il reproduit l'expérience, et cette fois-ci en demandant 50 F. De la même manière que la première fois, le curé obtient une quête incroyable.

Le dimanche d'après, le curé est en chaire et balance sa montre pour endormir son public en se demandant ce qu'il va bien pouvoir réclamer cette fois...Lorsque, distrait par la cupidité, il laisse tomber sa montre et lâche un « Chier! »

Ça lui a pris une semaine pour tout nettoyer.

Néron a décidé de fêter son anniversaire en faisant crucifier 20000 chrétiens le long de la Via Appia. Il donne donc quelques ordres dans ce sens, et, le jour de son anniversaire, il se paye un gros plaisir en paradant sur son char doré entre les milliers de crucifiés.

Tout à coup, au km 35, il entend un des punaisés qui murmure un truc inaudible. Il arrête son char et lui demande de parler plus fort. Le type a tellement de sang dans la bouche que sa voix se noie dans un gargouillis affreux. Il demande donc qu'on lui amène une échelle, car il veut vraiment entendre ce que le mec a à dire. On lui amène donc l'échelle, il la pose contre la croix et il monte.

Une fois son oreille tout près de la bouche du supplicié, il lui ordonne :

- Allez, répète. Et le mec de chantonner à moitié mourant :

- Joyeux anniversaire, joyeux anniversaire...

Blagues diverses à caractère sexuel

C'est un type qui part chasser dans une région reculée. On lui a appris qu'il y avait des ours là-bas. Alors, fusil sous le bras, il s'enfonce dans la forêt. Au bout d'un moment, il tombe sur un super grizzly !! Il se planque dans les fourrés, le vise soigneusement et tire ! Ça fait un gros nuage de fumée, et quand il se dissipe, il voit un ours, en train de se frotter les ongles sur sa fourrure, appuyé contre un arbre…

- Euh, dis donc toi, dit l'ours, je sais pas si t'es au courant mais ici quand on a foiré son tir, ben on le paie…

- ?????

- Ben ouais, alors tu baisses ton froc et tu te fous à quatre pattes…

Évidemment le type n'est pas content du tout, mais le grizzly est vraiment énorme et entre ça ou se faire décapiter, hein…

Le type rentre au village du coin, pas jouasse et se précipite dans la première armurerie.

- Alors là, je voudrais un fusil mitrailleur !! Un gros avec plein de munitions ! Je vais lui péter la gueule à c't'ours !!

Il repart aussi sec en forêt, traque l'ours pendant deux jours et finalement le repère. Le chasseur s'aplatit dans les fougères et quand l'ours est à côté, l'arrose avec le fusil mitrailleur… 320 balles partent, ça fait un boucan du tonnerre, pulvérise trente fougères et trois troncs d'arbres, et quand la fumée se dissipe… il voit l'ours, assis, zen, sur les restes d'une souche…

- Ah ben, je te reconnais toi ! Bon, tu connais le tarif, c'est pas la peine que je te fasse un dessin…

Et de deux… Le chasseur, un peu à bout de nerf, retourne à l'armurerie et balance toutes ses cartes de crédit sur la table.

- Vous me donnez un char ! Un Leclerc, le plus gros !!

Et le mec repart en forêt.… Retombe sur l'ours.

Il prend son temps, l'ajuste et lui balance un obus… Ça vaporise 300 mètres cubes de la colline, un camp de scouts, des arbres, ça fait un nuage gros comme le Nebraska… Et quand la poussière est retombée, il voit l'ours…, assis au milieu du cratère.

Alors l'ours le regarde, se gratte la tête et lui dit :

- Euh, dis donc toi… tu serais pas un peu pédé, des fois… ?

La secrétaire : - Chef, j'ai une bonne et une mauvaise nouvelle.

Le chef : - Eh bien, donnez-moi la bonne !

La secrétaire : - Vous n'êtes pas stérile !

Pourquoi les femmes doivent-elles masser les testicules lorsqu'elles font une fellation ?

- Pour éviter les grumeaux.

Savez-vous pourquoi les hommes aiment la fellation ?

- À cause des quinze minutes de silence qui l'accompagnent…

Le téléphone sonne. Le majordome répond.

- Oui ?
- Jefferson, dites à Madame que ce soir je ne rentre pas dormir.
- Très bien, Monsieur, de la part de qui ?

Ma femme et moi on a atteint un parfaite compatibilité sexuelle : hier on a eu tous les deux mal à la tête.

- J'ai finalement réussi à ce que mon copain, avec qui je sors depuis six ans, me parle de mariage.
- Ah oui ? Et qu'est-ce qu'il t'a dit ?
- Qu'elle s'appelle Rose et qu'ils ont eu trois enfants.

Trois jeunes couples sont partis en vacances ensemble à l'hôtel. Le premier matin au p'tit déj, la discussion entre les trois mecs sans leurs nanas porte sur leurs performances nocturnes…

Le premier : - Ah! Les gars, cette nuit, j'ai tiré trois fois…

Le second : - Moi pareil.

Le troisième : - Moi aussi, trois coups dans la nuit.

Le maître d'hôtel s'approche d'eux et leur dit :

- Excusez-moi Messieurs, mais ici nous avons une clientèle très variée, il y a des personnes qui pourraient être choquées. Soyez gentils d'être un peu plus discrets, s'il vous plaît.

Les trois compères décident donc d'adopter un code. Le matin, chaque croissant commandé correspondra à un coup tiré dans la nuit.

Le lendemain matin, le premier arrive et annonce assez fier :

- Je prendrai quatre croissants.

Le second :

- Pour ma part, ce sera également quatre croissants, record égalé.

Enfin le dernier :

- Moi ce sera seulement trois croissants, mais avec deux pains au chocolat…

C'est à Dakar que ça se passe, sur une plage de nudistes. Deux minettes européennes se bronzent à poil sur la plage et un éphèbe noir se baigne sous leurs regards hagards. Elles n'attendent qu'une chose : que le beau mâle sorte, histoire de voir si la légende qui veut que les Noirs sont bien membrés est fondée.

Alors le Noir finit par sortir. Il a de l'eau jusqu'à la taille. Les deux filles matent à s'en arracher les yeux. Au fur et à mesure que le Noir sort de l'eau, son sexe apparaît. Il a de l'eau jusqu'à mi-cuisse et on ne voit toujours pas l'extrémité du rouleau à pâtisserie. Les filles sont béates d'admiration.

Quand le Noir a de l'eau jusqu'aux genoux et que l'extrémité de sa colonne n'apparaît toujours pas, les minettes ont une pensée émue pour sa pauvre compagne. Et quand il a de l'eau jusqu'aux chevilles sans que le gland ait paru, là, elles sont carrément hilares.

Remarquant cela, le bel éphèbe leur lance :

- Eh ben quoi, c'est normal qu'elle soit toute petite, avec cette eau froide…

Dans un avion ayant atteint son altitude de croisière, le commandant de bord branche le micro et annonce aux passagers :

- Mesdames et Messieurs, nous avons atteint notre altitude de croisière qui est de 12000 m d'altitude. La température extérieure est de - 60 degrés, et notre vitesse est de Mach 1.

Puis, malencontreusement, il oublie de déconnecter le micro, et dit au copilote :

- Continue tout seul à piloter l'engin. Moi, je vais aller pisser un coup, et après je vais me sauter la petite hôtesse qui vient d'arriver dans notre compagnie…

Rouge de confusion, l'hôtesse ayant entendu ce monologue depuis la cabine du fond, remonte le couloir de l'avion pour aller avertir le commandant de la grosse bourde. Puis, en plein milieu de la carlingue, une vieille dame arrête notre hôtesse et lui dit :

- Doucement, vous avez le temps ma petite, il a dit qu'il allait d'abord aux toilettes !

Entendu sur un répondeur téléphonique :

- Ma femme et moi ne pouvons pas répondre pour le moment, mais si vous nous laissez vos coordonnées, nous vous rappellerons dès que nous aurons fini.

C'est deux amis qui sont ensemble, et le premier présente sa superbe poupée gonflable-secrétaire à son pote :

- C'est trop génial, cette poupée peut tout faire, la prise de note, l'écriture de lettres, etc. et niveau sexe, elle est excellente.

Le deuxième répond :

- Attend, il faut que j'essaie, je te l'emprunte et te la ramène de suite.

Le mec part dans la pièce à côté, un moment se passe et on entend un horrible cri de douleur. Le premier dit :

- Au fait, la bouche fait taille-crayon !

Pourquoi les hommes portent des cravates ?

- Pour indiquer où se trouve le terrain de jeu.

Ce sont deux strip-teaseuses qui se parlent après une dure soirée (et nuit) de travail.

L'une demande à l'autre :

- Que fais-tu durant tes pauses.

La seconde répond :

- Je m'allume une cigarette tout en prenant un bon café dans la loge derrière (tout ce qu'il y a de plus normal !). Et toi, que fais-tu ?

La première lui répond :

- Moi, je m'assois dans le sel.

La deuxième :

- Dans le sel !!!!!!!!!!!!!!! Comment ça ?

La première :

- Ben, le boss m'a dit que ça désinfecte et que ça fait boire les clients.

C'est deux spermatozoïdes qui discutent :

- Dis, c'est encore loin les ovaires ?
- Tu parles, on en est qu'aux amygdales !

C'est un petit spermatozoïde boiteux qui n'a jamais pu sortir à temps quand venait le moment : il est trop lent…

Il demande alors aux autres :

- Bon, les copains, la prochaine fois je me mets devant et vous me poussez ; comme ça je suis sûr de passer, cette fois.
- Ouais, ouais, on t'aidera, font les autres.

Arrive le moment tant attendu ; notre petit spermatozoïde est prêt à bondir.

- Ça y est, les gars ! c'est mon tour ! Allez-y, poussez… poussez… encore… Noooooon ! Stop. Poussez plus : on est dans la merde !

Deux vieux copains discutent. L'un d'eux est un coureur de jupons notoire, l'autre est beaucoup plus timide. Ce dernier est tout pensif, il s'est marié il y a peu de temps. Il dit à son ami :

- Tu vois, moi, je n'avais jamais fait l'amour avec ma femme avant notre mariage… Et toi ?
- J'en sais rien ! Elle s'appelle comment, ta femme ?

Deux jeunes femmes en quête de sensations décident un jour de faire l'amour avec deux nains car, paraît-il, ce sont des supers coups.

Dans une discothèque, l'occasion se présente et nos deux nanas commencent à draguer deux nains qui sont en train de danser sur la piste. Tout se passe bien et, après une bonne soirée en boîte, nos amis se décident de finir la nuit à l'hôtel.

Les deux couples prennent chacun une chambre et se souhaitent une bonne nuit.

Dans la première chambre, tout se passe à merveille. Notre jeune femme et le nain passent une heure à faire l'amour et puis, fatigués par tant de dépense d'énergie, décident de dormir. Enfin, ils essaient de dormir, car dans la chambre d'à côté, ils entendent des cris toutes les trente secondes.

- Yeeeehhhhaaaa ! Yeeeehhhhaaaa !

- Eh bien, ils tiennent la forme à côté ! pensent-ils.

- Yeeeehhhhaaaa !

- Mon amie a tiré le bon numéro, elle passe une nuit d'amour d'enfer, se dit la première.

Le lendemain, les deux amies se retrouvent dans le hall de l'hôtel.

- Ah moi, j'ai passé une nuit formidable, et toi ça a dû être super, vu les cris qu'on entendait dans votre chambre ?

- Tu parles, fait l'autre, toute la nuit, il l'a passée à essayer de grimper sur le lit !!

Nous sommes en 2015. Les astronautes sont enfin parvenus sur Mars. Pendant leur exploration, un des astronautes rencontre une Martienne fabuleusement belle (!) (oui, sur Mars ! Et oui, c'est une humanoïde. Non mais dites donc, c'est moi qui raconte, hein…). Comme notre astronaute s'aperçoit que la Martienne parle très bien le terrien (langue officielle des expéditions dans l'espace), ils en viennent à parler de sexe.

Ça ne leur prend pas longtemps pour comparer leurs deux modes de reproduction :

La Martienne lui apprend que sur Mars, pour procréer, ils entassent une bonne dose de produits chimiques dans un récipient, ils crachent dedans, mélangent un bon coup et hop!, un nouveau petit martien apparaît.

Notre astronaute lui répond que sur la Terre, il en va tout autrement; et il lui propose de lui faire une démonstration, selon le principe « une bonne démo vaut mieux qu'une prise de tête ».

Alors l'astronaute repart avec la Martienne dans le vaisseau et s'emploie du mieux qu'il peut à expliquer toutes les finesses du mode de reproduction en usage sur la Terre.

Après quelques heures d'explications, le souffle court, la Martienne dit :

- C'est incroyable ! C'est la chose la plus fantastique que j'aie jamais faite ! Mais... où se trouve le bébé ?

Notre astronaute répond alors :

- Oh, le bébé ? Il ne se montrera pas avant neuf mois...

Alors la martienne : - Alors pourquoi t'arrêtes-tu de remuer ?

Trois femmes discutent, lorsqu'une demande à sa voisine comment elle préfère les pruneaux. Alors, elle lui répond :

- En compote, pourquoi ? Et toi ?

- Oh, moi, c'est en confiture que je les préfère, mais c'était juste une question comme ça...

Alors elles se tournent vers la troisième et lui posent la question. La troisième répond :

- Moi, personnellement, c'est lorsqu'ils me tapent au cul que je les préfère...

C'est un couple très amoureux, et dont la femme est assez portée sur la chose. Le mari doit partir en voyage d'affaires pour plusieurs semaines. Connaissant sa femme, il se dit qu'il faut qu'il lui trouve un *dildo* (c'est le mot anglais pour godemichet) vraiment spécial pour qu'elle n'aille pas se chercher un mec pendant qu'il est parti. Donc, il se rend au sex-shop du coin.

Il expose son problème au type qui tient le sex-shop. Le type est un peu emmerdé.

- J'ai bien un engin spécial, mais vraiment, j'ose pas vous le montrer.

Le type insiste :

- Allez, faites voir.

Alors le type sort de dessous le comptoir une superbe boîte en bois précieux avec des gravures superbes. Il ouvre la boîte, et, à l'intérieur, y a un *dildo* qui ressemble à n'importe quel autre *dildo*.

Le mari est déçu évidemment :

- Mais il n'a rien de spécial votre truc ! qu'il dit.

- Ah si, attention, ce *dildo*, il est spécial. Il fait tout ce qu'on lui dit de faire.

Et hop! démonstration :

- voodoo dick, la serrure.

Et voodoo dick se précipite sur la serrure et se met à l'œuvre frénétiquement.

- Pour l'arrêter, il suffit de lui dire : « voodoo dick la boîte ». Et hop voodoo dick retourne sagement dans sa boîte.

Le mari est bouche bée.

- Je le prends ! dit-il.

Il rentre chez lui et explique à sa femme le fonctionnement de ce jouet, et qu'elle peut l'utiliser quand elle est en manque d'affection. Le lendemain le mari s'en va.

Une semaine passe, la femme n'a pas envie de forniquer. Puis enfin durant la semaine suivante, elle commence à penser de plus en plus au sexe. Alors elle se souvient du cadeau de son mari et va le chercher.

Elle se déshabille, se met au lit, ouvre la boîte et dit :

- Voodoo dick, ma chatte !

Tac, l'engin se précipite dans le vagin de la dame et s'agite, s'agite. La femme commence à prendre son pied, a un orgasme, deux orgasmes, mais voodoo dick ne fatigue pas et continue de s'agiter dans le trou. La femme commence à fatiguer, essaie de retirer voodoo dick, mais rien à faire. Elle ne sait pas quoi faire et a un nouvel orgasme. Elle commence à paniquer.

- Y a plus qu'une chose à faire, aller à l'hôpital, se dit-elle.

Donc elle se rhabille, aussi bien qu'elle peut. Prend sa voiture, a du mal à conduire. Quand elle sent un nouvel orgasme se pointer, sa conduite est un peu erratique… Un flic repère alors cette conductrice qui semble avoir trop bu et l'arrête. La femme lui explique :

- J'ai un voodoo dick coincé dans ma chatte, j'arrive pas à la retirer.

Le flic

- Mais qu'est-ce que c'est que cette connerie ?

- Si, si c'est vrai, c'est un voodoo dick dans ma chatte.

Alors le flic il dit :

- Voodoo dick, mon cul !

Quelle différence y a-t-il entre un homme qui VA faire l'amour et un homme qui A fait l'amour ?...

- Un homme qui VA faire l'amour a le sang qui bout...

... Un homme qui A fait l'amour a le bout qui sent...

Qu'est-ce qui se trouve entre le vagin et l'anus d'une femme ????

- Le cochonnet, car c'est là où tapent les boules.

Trois jeunes secrétaires discutent, à la pause, des tours qu'elles ont déjà joués à leur patron.

- Moi, dit la première, j'ai découpé toutes les photos dans son *Playboy*, il n'a jamais trouvé qui avait fait le coup...

- Ha ! Ha ! Ha ! Moi, dit la deuxième, j'ai trouvé des condoms dans son tiroir, et je les ai tous percés avec une épingle...

La troisième, elle, s'est évanouie !

Dans une rue de la capitale, une superbe blonde, très court vêtue, découvre largement ses cuisses tandis qu'elle pénètre dans un autobus. Une passante indignée dit à son mari :

- Tu ne trouves pas cela honteux, cette façon qu'ont les hommes de regarder le derrière de cette fille qui monte dans le bus ?

- Quel bus ?

Un homme se plaint à un ami :

- J'avais tout : de l'argent, une maison magnifique, un coupé Mercedes, l'amour d'une femme splendide... Et, Paf* ! Tout a disparu !

- Qu'est-ce qui s'est passé ? demande l'ami.

- Ma femme l'a découvert...

*rien à voir avec le chien, qui n'était pas dans le secteur ce jour-là.

Quelle est la différence entre la séduction et le viol ?

- La patience.

Ce sont deux jeunes adolescents amoureux, un samedi soir dans une voiture…

Le jeune garçon, pas trop dégourdi, est en train de masser tout doucement le ventre de sa copine en lui disant :

- Je t'aime. Je t'aime. Je t'aime… Je t'aime.

Après quelques minutes sans la moindre évolution, la copine lui dit à l'oreille :

- Plus bas !

Et alors le garçon reprend son manège, mais cette fois-ci en murmurant :

- Je t'aime. Je t'aime. Je t'aime… Je t'aime.

(elle est mieux oralement qu'écrite, évidemment…).

Trois copines discutent.

La première :

- Le soir, je rentre chez moi, je suis crevée. J'ai travaillé toute la journée comme une dingue, je n'ai plus de dossiers en suspens. Je peux dire que j'ai passé une bonne journée.

La deuxième :

- Une bonne journée pour moi, c'est une journée de travail cool et le soir, dîner au resto et boîte de nuit jusqu'aux petites heures du matin.

La troisième :

- Moi, c'est simple, je rentre chez moi le soir, j'enlève ma petite culotte et je la balance contre un mur. Si elle reste collée, alors la j'ai passé une bonne journée.

C'est un mec super bien qui rentre dans un night-club; il s'attend évidemment à ce que toutes les filles l'abordent. Pas de chance, il a beau faire le Mickey sur la piste, montrer sa toison, rien à faire, toutes les supers nanas sont autour d'un laideron accoudé au bar.

Le mec commence à craquer et, finalement, il demande au barman pourquoi cette horreur arrive à avoir toutes les filles. Le barman, sans se démonter lui demande alors de jeter un coup d'œil sur le gugusse. Et le super macho voit alors l'affreux se lécher délicatement les sourcils.

Un jour, un petit garçon de douze ans rentre dans une maison close en tenant dans ses bras une grenouille morte. Il s'adresse à la mère maquerelle ;

- Je veux une de vos filles.

Et il pose un billet de 500 F sur le comptoir.

La tenancière le regarde de haut en bas et lui dit :

- Tu ne penses pas que tu es un peu trop jeune pour ça ?

Alors le garçon ressort un autre billet de 500 F de sa poche, et reprend :

- Je veux une de vos filles. Maintenant !

La tenancière lui répond : - Très bien, prends un siège et patiente un peu, elle sera là dans une vingtaine de minutes.

Mais le jeune garçon reprend alors 500 F dans sa poche, les pose sur le comptoir et demande :

- Elle devra être en pleine crise d'herpès (N.D.L.R. : génital, bien sûr, pas buccal).

La mère maquerelle est interloquée et lui demande pourquoi, mais le jeune garçon ressort encore 500 F et insiste :

- En pleine crise d'herpès !

Alors la maquerelle répond :

- D'accord. Assieds-toi, ça ne prendra que 10 minutes.

Dix minutes plus tard, une femme arrive, ils montent tous les deux et le petit y va de sa partie de rentre dedans…

Lorsqu'il descend et repasse devant la tenancière, celle-ci lui demande :

- Allez, maintenant tu peux me le dire. Pourquoi voulais-tu une fille en pleine crise d'herpès ?

Le garçon répond :

- Maintenant, je vais rentrer chez moi et je baiserai la baby-sitter. Ce soir, Papa reconduira la baby-sitter chez elle et la baisera dans la voiture. Quand Papa rentrera, lui et Maman feront l'amour… Et demain matin, quand Papa partira au boulot, Maman baisera avec le laitier… Et là j'aurai enfin le bâtard qui a roulé sur ma grenouille !

Un belle jeune fille arriviste de 23 ans avait envie de devenir riche très vite. Elle décide d'épouser un homme de 73 ans, milliardaire, en se promettant de le baiser à mort dès la nuit de noces. La cérémonie est grandiose, avec tout le gratin, naturellement. Puis vient la première nuit.

La jeune fille se déshabille et attend son mari de 73 ans sur le lit, nue.

Lorsque le mari sort de la salle de bains, il est nu lui aussi et la mariée découvre avec stupéfaction que son mari est en érection, que sa bite fait bien 25 cm de long*, et qu'il l'a déjà coiffée d'un préservatif.

En plus de ce tableau incroyable, elle constate que son mari a dans les mains des boules Quiès et un pince-nez. Évidemment, elle lui demande :

- Chéri, qu'est-ce que tu vas faire avec ça ?

Et le mari répond :

- Il y a deux choses que je ne peux pas supporter dans la vie : le bruit d'une femme qui hurle, et l'odeur du caoutchouc brûlé.

*Ça doit être le papa de Rocco Siffredi.

C'est un gars qui entre dans une fruiterie, et à sa grande surprise il n'y a que des pommes, des pommes et encore des pommes. S'approchant du premier étalage, il y voit une pancarte où est écrit : « pommes à saveur de cerises ». Puis un peu plus loin : « pommes à saveur de pamplemousse »; et encore plus loin : « pommes à saveur de fraises » ; etc.

Le vendeur, s'approchant du gars, lui dit que ces pommes sont le résultat de transformation en laboratoire et qu'il est désormais possible de créer une multitude de saveurs à partir de la pomme.

Le gars n'en croit pas ses yeux et ses oreilles, et se met à déguster les différentes saveurs.

- Mais c'est vrai, ça a vraiment le goût !!!

Alors le vendeur, voyant que le gars a l'air très intéressé par ses produits, l'invite à l'arrière du magasin.

- J'ai quelque chose de spécial pour vous mon cher Monsieur ! Une pomme à saveur de « femme » !!!

- Impossible, dit le gars ; mais il y goûte quand même.

- Ppppoooooouuuuuuaaaaaaaahhhhhh.

Le gars crache par terre !

- C'est dégueulasse, ça a le goût de merde !!!

- Eh, tu t'es trompé de côté !!! dit le vendeur…

Deux types en pleine conversation au sujet de leurs femmes :

- Au fait, t'as une photo de ta femme à poil ?

- Non !

- T'en veux une ?

Au moment où le train démarre, un homme se penche à la fenêtre et salue un copain resté sur le quai en criant :

- Salut, Georges ! Et merci pour ce superbe week-end. Ta femme est vraiment une sacrée baiseuse !

- Excusez-moi, lui demande un passager. J'ai du mal à y croire. Vous avez réellement dit à cet homme que sa femme était une sacrée baiseuse ?

- Oui, j'ai dit ça, répond l'homme. Mais en fait, ce n'est pas vrai du tout. C'était juste pour ne pas lui faire de peine.

Deux copains parlent jardinage. L'un d'eux dit à l'autre :

- Quel est ton secret pour obtenir les énorme tomates que j'ai vues dans ton jardin hier.

- Hum, je ne sais si je dois le dire, car tu ne me croiras pas.

Mais il insiste.

- Eh bien, tous les soirs, je prends ma douche, j'enfile ma robe de chambre et je vais au jardin. Je me mets devant mes plants et j'ouvre ma robe de chambre toute grande pendant cinq minutes, c'est tout.

Le lendemain, il s'exécute selon les instructions de son ami, et ainsi de suite les jours suivants. En peu de temps, il voit ses tomates grossir à vue d'œil. Il en est très satisfait.

Sa jolie voisine, ayant remarqué ses énormes tomates, veut connaître son secret. Un peu embarrassé, il tente d'éluder la requête, mais elle insiste au nom du bon voisinage. Un peu rouge, il lui confie sa méthode.

- Très bien, lui dit-elle, je vais l'essayer.

Après deux semaines, n'ayant pas eu de nouvelle de sa jolie voisine, il va aux nouvelles :

- Alors ces tomates, elle sont à votre goût ?

- Bof, lui répondit-elle, elles sont toujours petites, mais vous devriez voir mes concombres, il sont énormes…

- Ah… oui… continue… oohh… chéri…

- C'est bon, hein…

- Oooh oui… mais enlève ta bague, elle me fait mal…

- C'est pas ma bague, c'est ma montre…

Quelle est la différence entre une moule et une huître ???
- Une vingtaine d'années…

Quelle est l'espérance de vie d'une moule ???
- Une douzaine d'années, après il y pousse des poils, et on appelle ça une chatte…

C'est la nuit de noces. Le jeune marié très pieux après être passé par la salle de bains, entre dans la chambre et trouve sa toute jeune femme couchée langoureusement, nue sur le lit.

- Je pensais te trouver à genoux sur la descente de lit, dit-il.

Et elle lui répond :

- Comme tu voudras, mais ça me donne le hoquet tu sais.

C'est une femme qui monte dans un autobus bondé. Elle s'approche d'un monsieur assis et lui dit :

- Pourriez-vous me laisser votre place, s'il vous plaît, je suis enceinte ?

L'homme répond : - Oui, bien sûr.

Il se lève et lui laisse sa place, puis demande :

- Mais ça ne se voit pas du tout. Ça fait combien de temps ?

Et elle répond : - Dix minutes. Mais ça m'a coupé les jambes !

Un père de famille a trois filles. Un soir, il monte voir ses filles dans leur chambre. Arrivé à la porte de la première il entend :

- Oh oui, oh oui, continue !!!!

Ne se posant aucune question, il va voir la seconde, où il entend :

- Hiiiiiii tu me chatouilles !!

Arrivé à la troisième, il n'entend rien du tout.

Le lendemain matin, au petit déjeuner, le père demande à la première de ses filles pourquoi elle disait : « Oh oui, Oh oui continue !!!!».

Sa fille lui répond que l'homme avec qui elle était lui faisait quelque chose de bien, et qu'elle voulait qu'il continue.

Puis le père demande à la deuxième pourquoi elle disait : « Hiiiiiii tu me chatouilles !! ». Sa fille lui répond qu'on la lui chatouillait.

Enfin, il demande à la dernière pourquoi elle ne disait rien. Un peu timide, elle lui dit qu'on lui avait appris à ne jamais parler la bouche pleine.

C'est deux amis qui discutent :

- Dis, le clitoris chez une femme, c'est devant ou derrière ?
- Ben, devant.
- Et merde, j'ai encore sucer une hémorroïde toute la nuit !!

C'est trois couples qui veulent adhérer à la grande secte des Décérébrés. Il y a un couple âgé d'environ 60 ans chacun, un couple âgé d'environ 40 ans et un couple entre 20 et 25 ans, fraîchement marié.

Tous sont convoqués devant le grand maître qui leur dit que pour être membre de la secte, il faut réussir à maintenir la chasteté dans le couple pendant une période d'un mois. Il donne rendez-vous aux trois couples pour dans un mois.

Un mois plus tard, les trois couples se représentent devant le grand maître. Il reçoit d'abord le couple de 60 ans et lui demande s'ils sont restés chastes :

- Oh, ça ne nous a posé aucun problème, jusqu'à la nuit dernière où j'avais vraiment envie, mais on a quand même réussi à tenir !

Le grand maître répond :

- Très bien, vous serez heureux dans notre secte !

Puis il se tourne vers le couple de 40 ans :

- Oh, les trois premières semaines, ça a été. La quatrième semaine a été dure, et les deux dernières nuits, j'ai dû dormir dans la chambre d'amis pour être sûr de ne pas faire l'amour à ma femme… Mais on a réussi à tenir !

Le grand maître répond :

- Très bien, vous serez heureux dans notre secte !

Puis le grand maître se tourne vers le couple de jeunes mariés, et le jeune homme répond :

- Les trois premiers jours, pas de problème. Mais le quatrième jour, ni moi, ni ma femme ne tenions déjà plus ! Et alors le cinquième jour, alors que ma femme se baissait pour prendre quelque chose dans le réfrigérateur, je n'ai plus su me contrôler et je l'ai prise, là, sur le frigo !

Le grand maître dit : - Hmmm, Je suis désolé pour vous deux mais vous n'êtes pas les bienvenus parmi les membres de la secte.

Le jeune homme répond : - Oh ça ne fait rien, déjà qu'on n'était plus les bienvenus au supermarché de ce fait-là…

C'est un jeune gars (le genre frimeur, en 4x4 Toyota surélevé, jantes larges) et sa copine, l'été, dans les Gorges du Verdon.

Il fait beau, le gars est plutôt émoustillé, et sa copine pareil. Donc ils se disent que ça serait bien de s'arrêter au bord de l'eau, à l'ombre, et de faire l'amour.

La copine qui a l'esprit pratique dit à son gars :

- On a qu'à prendre la couverture et aller faire ça sous le 4x4 (dont la garde au sol est surdimensionnée). Et c'est ce qu'ils font.

Quelques minutes plus tard, un garde-pêche arrive et leur dit :

- Eh dites donc, qu'est-ce que vous faites là ?

Alors le jeune gars en pleine copulation répond :

- Je répare les fixations de mon pot d'échappement.

Le garde-pêche lui répond alors : - Ben mon gars, t'aurais mieux fait de réparer ton frein à main, parce que ton 4x4, il est dans l'eau.

Un homme est sur un terrain de golf. Il en est au 17e trou. En arrivant près de sa balle, il aperçoit une grenouille et soudain, la grenouille lui parle !!! Elle lui dit : - Prends un fer numéro 2 pour ce trou.

L'homme répond : - Un fer numéro 2 ! Jamais je ne pourrai faire ce trou avec un fer 2.

- Crois-moi, répond la grenouille.

Alors l'homme prend son fer numéro 2, il swingue… et la balle vient s'arrêter à quelques centimètres du trou.

L'homme n'a plus qu'à putter pour conclure le 17e trou en deux coups alors que c'était un par 4.

Du coup, l'homme s'en va chercher sa grenouille qui parle (une grenouille qui parle, c'est trop cool), et il l'emmène au 18e trou. La grenouille lui dit alors : - Prends un fer numéro 7.

Le gars trouve ça un peu débile, mais il s'exécute :

- Et paf ! Il fait un birdy au 18e trou !

Après le golf, le gars ne dit rien à personne, il embarque sa grenouille et va au casino. Il se poste à la roulette, et là la grenouille lui dit :

- Mets tout ce que tu as sur le 17.

Le gars met 1000 F sur le 17… et le 17 sort. Voilà notre gars qui récolte 17 fois sa mise !!! À ce moment-là, il se dit qu'il ne veut plus avoir d'émotions pour cette journée et il décide de rentrer à l'hôtel (naturellement en emmenant sa grenouille). Dans la chambre, il place la grenouille sur le lit et dit :

- Je vais appeler le room-service et demander des mouches pour toi. Quel genre de mouches veux-tu ? Je veux exaucer tous tes désirs.

La grenouille lui répond : - Dans ce cas, avant de me commander des mouches, il faut que tu me donnes un baiser.

- Un baiser ? ! dit le gars un peu dégoûté. Bon d'accord, c'est bien le moins que je puisse faire pour toi !

Alors le gars se lève et embrasse la grenouille… et d'un seul coup, la grenouille se transforme en une magnifique jeune fille d'à peine 15 ans !

- Votre honneur, je jure que c'est de cette façon que cette fille a atterri dans ma chambre d'hôtel !

Un avion s'écrase sur une île déserte, et laisse deux survivants : un homme et Cindy Crawford. N'ayant pas d'autres possibilités, notre couple s'entend donc pour avoir des relations sexuelles.

Six mois plus tard, l'homme un peu gêné demande à Cindy, si, en souvenir de son meilleur ami, elle ne veut pas pour le temps d'une soirée mettre une fausse moustache et se faire appeler Roger.

Ce n'est qu'après mûre réflexion qu'elle accepte. Elle s'approche donc de notre homme avec sa fausse moustache. Celui-ci de s'écrier :

- Salut Roger. Tu ne devineras jamais qui je saute depuis six mois !

C'est un mec qui a l'habitude de frimer devant ses collègues et qui raconte son week-end de chasse :

- Le dernier canard que j'ai eu, il était tellement gros que j'ai dû le couper en deux, et j'ai mis une cuisse dans ma poche gauche et l'autre dans ma poche droite…

À ce moment, il y a le téléphone qui sonne, le type répond, parle un moment et raccroche : - J'en étais où ?

- Ben, t'avais une cuisse ici et une autre là, lui répond un de ses collègues en lui montrant ses poches.

- Ah oui ! Alors je l'ai baisée jusqu'à la glotte !…

C'est une femme qui va chez le docteur parce qu'elle en a marre. Ça fait dix ans que son mari est impuissant : dix ans qu'ils n'ont pas fait l'amour et maintenant, ça suffit.

Le docteur prescrit à la dame des pilules pour son mari. La posologie à respecter est : une pilule par semaine, pas plus ! Le docteur lui dit en outre de repasser le voir dans un mois pour constater l'évolution.

La femme rentre chez elle après être passée par la pharmacie. Elle met une pilule dans le repas du mari, et le soir, elle attend : rien.

Le lendemain, toujours rien. Du coup (elle en a vraiment marre) elle décide ne pas respecter la posologie : le surlendemain, elle donne une autre pilule à son mari. Mais à la fin de la semaine, toujours rien. Alors la semaine suivante, elle donne tout le reste du flacon à son mari au cours du même repas.

Deux mois passent. La femme ne s'étant toujours pas représentée chez le docteur, et celui-ci passant devant la maison de la dame, il décide de s'arrêter pour prendre des nouvelles.

Comme il rentre dans le jardin, il croise le jeune fils de la maison :

- Alors, comment va la famille ? demande le médecin

- Oh… eh ben, Maman est morte, ma sœur est enceinte, j'ai mal au cul et mon père court après le chat en disant « minou, ici minou ».

Une jeune femme (blonde peut-être ?) rencontre une de ses amies d'enfance, qu'elle n'avait pas revue depuis les classes primaires…

- Alors, qu'es-tu devenue, lui demande-t-elle.

- Eh bien, après le C.E.P. j'ai eu mon B.E.P.C et ensuite mon B.A.C. Entrée en I.U.T j'en suis sortie avec un D.U.T qui m'a permis d'entrer à la FAC ou j'ai obtenu un DEUG. Ayant pris goût aux études, j'ai fait un M.B.A. et maintenant je suis P.D.G d'une P.M.E ! Je crois que je peux dire que j'ai réussi. Et toi que deviens-tu ?

- Moi ? J'ai pas mal réussi aussi, mais seulement avec mon C.U.L.

C'est l'histoire d'un gars qui, après plusieurs années de mariage, n'arrive plus à avoir aucune érection. Il va voir le médecin qui lui prescrit plusieurs traitements dont aucun ne fonctionne.

Après six mois de ces différents essais, le médecin lui dit :
- Tout est dans votre tête, il vous faut consulter un psychiatre.
Mais après six mois de psychanalyse, aucune amélioration ne semble s'annoncer et le pauvre monsieur reste tout ce qu'il y a de mou.
Du coup, le psy lui conseille :
- J'y perd mon latin. Franchement, je ne vois pas ce qui cloche avec votre libido... En désespoir de cause, je vais vous donner l'adresse d'une rebouteuse. Peut-être pourra-t-elle quelque chose pour vous.

La rebouteuse, une fois que le gars lui a expliqué sa maladie, lui dit :
- J'ai ce qu'il vous faut !
Et pour appuyer ses dires, elle va chercher dans un bocal de son arrière-boutique une poudre qu'elle place dans un petit sachet. Puis elle ajoute :
- Il vous suffit d'ingérer cette poudre et de prononcer les mots « Un-deux-trois ». Alors, dans les secondes qui suivront, vous aurez un sexe turgescent aussi beau et aussi dur qu'un concombre... Mais attention, cela ne marchera qu'une fois par an. Je suis désolé, mais je n'ai que ça à vous proposer.
Le gars espérait mieux, mais comme ça fait déjà plus d'un an qu'il fait ceinture, il est quand même satisfait.
Il demande alors : - Comment est-ce que ça s'arrête ?
La rebouteuse lui répond :
- Pour arrêter de faire « bite en bois », il faut prononcer à nouveau « 1-2-3 » et le charme se rompt, pour une année...
Alors le gars rentre chez lui, et le soir, il ingère la poudre.
Et une fois dans le lit à côté de sa femme il dit « 1-2-3 » et aussi sec, le voilà avec un braquemart gigantesque. Le gars sourit jusqu'à ses oreilles, se tourne vers sa femme... et au même moment, sa femme dit :
- Pourquoi viens-tu de dire « 1-2-3 » ?

Ça se passe sur une petite route de campagne en été.
Au moment où le conducteur de camion arrive en haut de la côte, il se rend compte qu'un couple est en train de faire l'amour au beau milieu de la route.
Alors le camionneur appuie frénétiquement sur son klaxon et freine du mieux qu'il peut en même temps. Pendant ce temps-là, le couple n'arrête pas sa fornication.

Alors le camion parvient à s'immobiliser à 20 cm des deux inconscients, et le chauffeur descend de son véhicule complètement furibard.

- Vous êtes fou ? J'ai failli vous rouler dessus !

À ce moment-là, l'homme se relève, regarde le chauffeur et lui dit :

- Ben, c'est que, j'allais venir, elle allait venir, et vous alliez venir… Mais vous étiez le seul à avoir des freins.

C'est un jeune couple trop timide qui va chez le sexologue pour que les choses du sexe leur soient plus familières, et en particulier, pour qu'ils apprennent le langage du corps.

Après la première séances, les jeunes époux rentrent à la maison et s'apprêtent à passer à la pratique :

Le mari dit à sa femme :

- Bon alors maintenant, quand je voudrai faire l'amour, je te caresserai le sein droit… Et quand je ne voudrai pas faire l'amour, je te caresserai le sein gauche.

Sa femme lui répond :

- D'accord. Et moi, comment je procède ?

Le mari répond :

- C'est simple : si tu veux faire l'amour, tu caresses mon pénis une fois… Et si tu ne veux pas faire l'amour, tu le caresses deux cents fois.

Blagues sur les vieux

Deux petites vieilles toutes ridées discutent :

- Tu te souviens, quand nous étions jeunes ? Nous voulions ressembler à Brigitte Bardot.

- Oui, je me rappelle…

- Eh bien, maintenant ça y est…

Au coin du village, dans une rue calme, quelqu'un déboutonne sa braguette pour un besoin pressant au coin d'une porte. Le monsieur commence enfin à se soulager quand une vieille dame revenant de ses courses passe par là. N'étant pas encore tout à fait aveugle, elle remarque que le monsieur a les mains prises (oui les deux).

Elle s'avance alors et entame le dialogue :

- Excusez-moi, mais voudriez-vous me rendre un service ?

Un peu surpris, le monsieur, gêné, répond tout de même :

- Euh ? Quoi au juste ?

- Ça fait tellement longtemps que je n'ai plus tenu un sexe dans mes mains… Est-ce que je pourrais toucher une de vos boules ? Juste une, s'il vous plaît ?

L'homme est très embarrassé, et refuse gentiment mais la vieille dame se montre tellement gentille et persuasive qu'à force de se lamenter, la vieille dame obtient satisfaction.

- Ah… ça fait si longtemps, s'il vous plaît, la deuxième, je peux ?

Cette fois-ci le monsieur se fait un peu moins prier, et la vieille dame obtient satisfaction. C'est lorsque la vieille dame a dans chacune de ses mains une des boules du monsieur, qu'elle se met à les frapper violemment l'une contre l'autre, en répétant comme une litanie :

- On-ne-fait-pas-pi-pi-sur-mon mûûûû-reuux…

C'est trois petits vieux dans une maison de vieux (avec les murs blancs, le sol qui glisse pas et tout) qui discutent.

Le premier dit : - Eh ben moi, quand je me lève, la première chose que je fais, c'est d'aller faire pipi.

Le deuxième : - Ben c'est marrant parce que moi, quand je me lève, la première chose que je fais, c'est de faire caca.

Naturellement ils se retournent vers le troisième qui dit :

- Eh ben moi, la première chose que je fais c'est que de faire pipi et caca. Ensuite, je me lève.

C'est l'histoire d'un couple de petits vieux qui sont en train de petit-déjeuner, un matin d'été dans leur véranda.

Ils sont torse nu, et la vieille dont les seins pendent jusqu'au nombril, et même plus bas, dit à son homme dont les couilles sont bien plus bas que le gland :

- Quand je te vois là torse nu, ça me fait tout chaud au cœur !!!

Le vieux lui répond :

- C'est normal, ton sein gauche trempe dans ton cacao !!!

Mamie est déjà au lit alors que Papi est encore dans la salle de bains :

- Et beeeh ! Qu'est-ce que tu fais, maintenant ?

- Eeeh ! je me lave les dents !

- Alors, lave les miennes, aussi.

Moi je voudrais mourir comme mon grand-père, il est mort pendant son sommeil, il n'a rien senti.

Ça c'est une belle mort ! Je ne voudrais pas surtout pas mourir en paniquant, en gesticulant et en criant comme tous les autres dans sa voiture…

Deux vieilles dames assises côte à côte dans un couloir d'hôpital, la première engage la conversation :

- Dites-moi, avez-vous passé de bonnes vacances ?

- Ah, ne m'en parlez pas, j'étais dans le coma.
- Ah ! Et vous avez eu beau temps ?

Trois petits vieux discutent sur un banc.

- Moi, dit le premier, quand je pète, eh ben, ça s'entend mais ça sent pas !

Dix minutes plus tard.

- Eh ben moi, dit le second, quand je pète, ça s'entend pas, mais ça sent.

Vingt minutes plus tard.

- Ben moi, dit le dernier, quand je pète, ça sent pas et ça s'entend pas.

Trente minutes plus tard.

- Ben alors, disent les deux autres, pourquoi tu pètes ?

Les trois petits vieux, le lendemain :

- Ben moi, quand j'avais 20 ans, j'arrivais même pas à plier mon sexe.
- Moi, à quarante, j'arrivais à le plier d'un quart.
- Et à soixante, je le pliais d'un tiers.
- Et hier, j'ai réussi à le plier d'un demi.

Et en chœur :

- C'est fou la force qu'on prend dans les bras avec l'âge…

Comme chaque année, le vieil Eugène et son épouse, Mauricette, vont faire un check-up chez le médecin.

- Comme d'habitude, il n'y a rien à signaler ! lance le docteur. Mais, comment faites-vous pour rester en forme, c'est incroyable.
- C'est que Dieu veille sur moi, répond Eugène. D'ailleurs, je vais vous faire une confidence : il me fait signe. Tenez, hier soir, je suis allé aux toilettes pour un besoin urgent et la lumière s'est allumée toute seule. Lorsque j'avais fini, elle s'est éteinte toute seule. C'est bien une manifestation divine, non ?
- Tout à fait, lui répond le docteur qui ne veut pas le contredire. Rhabillez-vous et allez attendre votre femme pendant que je l'ausculte.

Entre alors Mauricette.

- Bonjour Docteur !

- Bonjour Mauricette ! Dites-moi, votre Eugène, il n'a plus toute sa tête. L'autre soir, il m'a dit que la lumière des toilettes s'était allumée toute seule quand il s'y est rendu…

- Ah, le con ! coupe brutalement Mauricette. Il a encore pissé dans le frigo !

C'est un vieux monsieur qui épouse une toute jeune fille à peine sortie de l'adolescence.

Inutile de dire que la fille est en bonne santé côté sexe, aussi, le soir de la noce, elle demande :

- Alors, on va se prendre une bonne dose de sexe ce soir ? !

Le vieil homme répond en levant la main et en lui montrant ses cinq doigts tendus.

- Quoi ? Cinq fois ? demande la jeune fille incrédule…

- Non, répond le monsieur… Choisis un doigt.

La scène se passe à la campagne, deux vieilles filles regardent par la fenêtre, un coq est en train de poursuivre une poule qui court de son mieux, traverse la route et… se fait écraser par une voiture.

- Tu vois, dit une des vieilles filles à l'autre, elle a préféré mourir.

Un jeune garçon et son grand-père sont en train de pêcher. Le grand-père lance la discussion sur l'évolution de mœurs. Son petit-fils lui parle des problèmes actuels et des maladies liées au sexe. Il lui dit :

- Grand-père, vous n'aviez pas autant de problèmes de maladies liées au sexe de ton temps ?

Le grand-père répond :

- Non, mon garçon.

Et le petit-fils demande alors :

- Qu'est-ce que vous utilisiez pour le safe sex ?

Le grand-père répond alors : - L'anneau de mariage.

Un vieux monsieur de 80 ans va voir son médecin pour un check-up.

Le docteur lui demande pourquoi il désire faire ce check-up.

Le vieux monsieur lui répond alors qu'il va se marier avec une jeune fille de 20 ans.

Comme, en plus, le vieux monsieur dit à son médecin qu'il aimerait bien avoir un enfant de cette union, le docteur essaie poliment de le décourager mais rien n'y fait.

Alors, il termine en lui disant :

- Si vous voulez que votre mariage dure, je vous conseille de prendre une jeune fille au pair.

Et le vieux monsieur lui dit :

- Oui, finalement, ce n'est pas si bête que ça.

Un an plus tard, le vieux monsieur et le médecin se rencontrent dans la rue. Le vieux monsieur dit :

- Docteur, vous pouvez me féliciter, ma femme est enceinte.

- C'est une bonne nouvelle, dit le médecin. Je savais bien qu'une jeune fille au pair vous aiderait dans votre situation.

- Oh, dit le vieux monsieur, la jeune fille au pair est enceinte elle aussi…

Une dame de 80 ans vient d'épouser un homme de 85 ans. Après six mois de vie commune, la dame ressent des symptômes étranges. Elle va consulter son médecin qui, après examens et tests, lui dit :

- Mes félicitations, Madame. Aussi incroyable que ça puisse paraître, vous allez être maman.

- Allons, docteur, soyez sérieux, j'ai 80 ans.

- Je sais bien, dit le docteur, ce matin, je vous aurais bien dit que c'était impossible, mais maintenant, vous pouvez être sûre d'être un miracle médical.

La dame est très énervée par cette révélation, et elle décide d'appeler illico son mari par téléphone :

- Allô, espèce de sale fils de p… Je suis enceinte par ta faute !

À l'autre bout du fil, il y a d'abord un silence, puis le mari répond :

- Mais qui est à l'appareil ?

C'est un vieil homme assis dans un bus ; il rentre chez lui. Le bus s'arrête à un arrêt prévu, et monte alors dans le bus un jeune punk coiffé à l'iroquois, avec une crête multicolore, qui vient s'asseoir juste à côté du vieux monsieur.

Au bout d'un moment, le punk s'aperçoit que le vieil homme l'observe attentivement. Alors le punk s'adresse à lui et lui dit très agressif :

- Dis donc, tu peux me dire ce que tu regardes comme ça ??? Quand tu étais jeune, tu n'as pas fait des choses pour te rebeller contre la société et t'amuser sans craindre les préjugés ???

Le vieil homme répond :

- Oh si, bien sûr que si ! Un jour, j'ai enculé un perroquet… Et j'essayais de savoir si tu pouvais être mon fils !

C'est un vieux monsieur sourd qui va chez le médecin avec sa femme pour un examen général. Le médecin dit :

- Bien, on va vous faire un bilan de santé…

Le vieux monsieur n'a rien entendu (ben ouais, il est sourd) et fait répéter le médecin…

- On va vous faire un bilan, Monsieur. Il me faut un prélèvement d'urine, un prélèvement d'excréments et un de sperme…

- Comment ???? crie le vieux.

Sa femme lui dit alors :

- Le docteur dit qu'il veut ton slip !

Quelle est la différence entre un vieil homme et un pénis ?

- Quand vous tenez un pénis à la main, les rides disparaissent.

Vous savez que vous devenez vieux quand vous avez passé toute la nuit avec une fille, et que la seule chose qui a jailli, c'est la lumière du jour.

Un vieux monsieur va consulter au cabinet médical.

Le docteur le fait rentrer, lui dit de se préparer, puis ressort pour discuter avec sa secrétaire. Lorsqu'il revient, le vieux monsieur est assis sur la table de consultation, il tend le majeur et tire la langue.

Le docteur lui dit : - Excusez-moi, mais qu'est-ce que vous faites ?

Le vieux monsieur lui répond : - Mais Docteur, vous m'avez dit que vous alliez examiner mes organes sexuels !

C'est une infirmière dans une maison de retraite. Une nuit, elle remarque qu'un de ses pensionnaires mâle sort de la chambre d'une des pensionnaires.

Elle s'approche alors de lui et lui dit :

- Que faisiez-vous ici en pleine nuit ?

Le vieux monsieur répond :

- Ah…, vous savez ce que c'est. Je suis vieux, j'ai besoin d'être « soulagé » de temps en temps ! Et Mme Martin est très efficace pour ça !!

L'infirmière lui répond alors :

- Vous savez bien que nous sommes aussi formées pour cela. Ce n'est pas la peine d'aller embêter les pensionnaires la nuit.

Alors le vieux monsieur :

- Ah oui, peut-être, mais Mme Martin, elle a la maladie de Parkinson.

C'est un vieux bonhomme qui est atteint de la maladie de Parkinson.

Il entre dans une maison très particulière, et demande à la mère maquerelle :

- Bonjour, je voudrais cinq filles, siouplait.

- Quoi ? Cinq d'un coup, non mais ça va pas ??

Et le pépé aligne alors les billets et reste planté devant la dame :

- Cinq, hein ? Bon, c'est d'accord.

Le pépé monte donc avec les cinq filles. Il s'allonge sur le plumard de tout son long les bras et les jambes écartées, et il dit :

- Toi, tu m'tiens le pied gauche ! Toi, le pied droit ! Toi, le bras gauche ! Toi, le droit !… Et toi, tu montes là-dessus, là !! dit-il en désignant la partie la plus intime (quoique) de son anatomie.

Les filles s'exécutent, et le papy fait alors :

- C'est bon, maintenant : lâchez tooouuuuttt !

Deux pépés sur un banc voient passer une superbe minette, bien roulée, la belle plante quoi.

L'un dit :

- Celle-là, je la baiserais bien…

L'autre lui répond :

- Non, tu la baiserais « volontiers ».

Blagues xénophobes
(il y en a pour tout le monde... sauf les Belges)

Les anti-Suisses

C'est un Suisse qui va au domicile d'un de ses collègues de travail (Suisse lui aussi). Il tombe sur sa femme :

- Bonjour Martine, Serge est là ?

- Non, pas encore rentré, viens rentre Michel...

Et voilà Michel qui rentre.

- Oh, Martine, tu es très belle, montre-moi un sein, je te donne 100 F (ce sont des Suisses pauvres...).

- Quoi, mais tu es fou, 100 F, pour voir ?

Après une réflexion, elle se dit que finalement ça ne fera aucun mal et il n'y touchera pas, elle lui montre un sein.

- Hhhaaa haaaah, c'est très beau, merci Martine, tiens 100 F.

Au bout d'un moment :

- Martine, montre-moi les deux seins, je te donne 200 F, tiens regarde 200.

- Tu es fou..., tu ne toucheras pas ?

- Promis, je regarde de loin si tu veux.

- O.K.

Et elle lui montre les deux seins

- Woouuaaawww... C'est très très beau.

Au bout d'un moment, ça recommence, mais cette fois-ci il touche aux seins et il laisse 1000 F. Et puis finalement, la belle n'étant pas si farouche que ça, il lui propose la totale pour 2000 F (suisses, bien sûr).

- Non impossible, répond Martine, d'ailleurs tu n'a pas ces 2000 F.

- Tiens, voilà regarde, prends-les et accepte...

Et ça marche. À la fin il arrange sa tenue, et part très content…
Une heure après, Serge le mari arrive.
- Bonjour, chérie, ça va ?
- Oui, oui, chéri, ça va, merci (les hypocrites tout de même), et toi ?
- Alors il est venu Michel ?
- Michel, eh bien, …
- Alors il est venu oui ou non, pourquoi tu perds ton souffle comme ça. Bon Dieu ? Il t'a donné ma paye ou non ?

Ça se passe pendant la Révolution française. Trois prisonniers, un Français, un Belge, et un Suisse ont été jugés coupables de crimes abominables. Ce qui leur vaut à tous les trois la peine de mort.

Le jour de l'exécution, ils s'avancent chacun leur tour devant le gibet où ils seront décapités. Le Français est le premier à s'avancer…
- Rien à déclarer ? demande le bourreau.
- Non, répond le Français de toute sa hauteur… Dieu fera un miracle pour me sauver car il sait que je suis innocent.

Le bourreau, qui en a entendu d'autres, lui passe la tête dans la guillotine… abaisse le levier et… oh !! miracle, le couperet s'arrête à deux centimètres du cou du condamné. Étant donné qu'il s'agit d'un événement extraordinaire… ce dernier est gracié.

Vient le tour du Belge… Même question du bourreau :
- Rien à déclarer ?
- Non…, répond celui-ci, car je sais que pour moi aussi Dieu fera un miracle.

Le bourreau, qui commence sérieusement à douter de son choix de carrière lui glisse la tête dans la guillotine…, abaisse le levier… et le même scénario se produit…le couperet stoppe net à deux centimètres du cou du condamné, et à l'exemple du précédent, celui-ci est aussi gracié.

S'avance enfin le Suisse…
- Rien à déclarer ? lui demande le bourreau qui trouvait que sa journée allait vraiment mal.
- Eh bien, oui, répond le Suisse… je voulais juste vous dire qu'il y a un gros nœud dans la corde qui retient votre gros couperet.

Blagues anti-Fribourgeois

C'est Ouin-Ouin (sorte d'antihéros suisse romand, originaire de Vaud ou de Fribourg, c'est selon) qui tourne comme un lion en cage dans la salle d'attente de la maternité : sa femme est en train d'accoucher.

Après quatre heures de solitude angoissée (et huit paquets de clopes), un autre bonhomme, M. Milliquet, entre. Il est dans le même état.

Il se passe à nouveau quatre heures horribles, puis l'infirmière vient, s'approche de Milliquet et lui dit :

- Félicitations ! Vous êtes père d'un joli garçon !

Et Ouin-Ouin d'intervenir :

- Excusez-voir, Mademoiselle, mais j'étais là avant !

C'est l'histoire d'un citadin (disons un Genevois pour fixer les idées) qui décide de prendre le permis de chasse. Le premier week-end après l'obtention dudit permis, il part chasser à la campagne (disons à la vallée de Joux pour fixer les idées).

Alors il est là, dans la forêt, à l'affût de son premier gibier. Tout d'un coup s'envole un faisan. Pan ! le chasseur tue l'animal qui tombe sur le toit d'une ferme. Le type s'approche de la ferme avec l'intention de récupérer sa première proie. Devant la ferme, notre chasseur tombe nez à nez avec le paysan propriétaire des lieux.

- Qu'esse tu veux ? demande le paysan.

- Hé bien, je viens de Genève pour chasser, j'ai tué un faisan qui est tombé sur le toit de votre ferme et j'aimerais bien le récupérer.

- Haa encore un de ces pique-meurons (c'est ainsi qu'on nomme le Genevois à la vallée de Joux !). Rien à faire ! Cette ferme est à moi, le faisan est sur le toit de MA ferme, donc il est à moi !

- Voyons Monsieur, soyez gentil, c'est le premier gibier que je tue, s'il vous plaît, rendez-le-moi.

Le paysan réfléchit et dit :

- D'accord p'tit gars, si tu veux récupérer ton faisan, on va se le jouer au coup de pied dans les couilles.

- Comment cela ! ?
- Eh bien, on va se donner de coups de pied dans les couilles, chacun son tour ; le premier qui abandonne a perdu et l'autre peut récupérer le faisan. Comme je suis chez moi, c'est moi qui commence.

Le chasseur est un peu perplexe, mais comme il veut absolument récupérer son faisan, il accepte, et il se met en position, les jambes écartées.

Le paysan prend son élan… et vlan ! avec ses gros souliers dans les couilles du chasseur.

Celui-ci s'écroule par terre en se tordant de douleur. Après dix minutes, lorsqu'il a enfin récupéré, le paysan lui dit :

- Allez c'est bon, t'a gagné, j'abandonne, tu peux récupérer ton faisan !

Un mari suisse arrive à l'improviste chez lui. Il trouve sa femme, haletante, nue sur le lit. Furieux, il fonce vers la salle de bains et se trouve nez à nez avec un homme, cachant tant bien que mal ses attributs avec une serviette.

Le mari furieux, s'écrie :

- Immonde dégueulasse, c'est la serviette pour les mains !

Pourquoi la Suisse n'est-elle pas communiste ?

- Parce que c'est un trop petit pays pour un si grand malheur.

Il est donc désespérément Suisse, ce parachutiste suisse ! Pourtant, on lui avait bien dit :

- Vous sautez de l'avion. Vous comptez jusqu'à trois. Alors, vous tirez sur la manette et le parachute s'ouvre.

Ben… effectivement il saute de l'avion… mais son parachute ne s'ouvre pas et il s'écrabouille sur le sol. Splash !

Une ambulance arrive à fond la caisse pour venir le ramasser, et un infirmier s'approche du pauvre malheureux. Il entend alors une p'tite voix qui gémit :

- Trois…

C'est Ouin-Ouin qui va chercher sa femme à la gare de Neuchâtel. Ils reviennent tous les deux sur l'avenue de la Gare avec leurs valises à la main. Ils marchent depuis 500 m, quand soudain !...

Ouin-Ouin fait un petit écart et piétine quelque chose.
- Pourquoi tu t'es arrêté, lui demande sa femme.
- Rien ! J'ai écrasé un escargot !
- Pourquoi ?? Qu'est-ce qu'il t'avait fait ??
- Il m'énervait !... Il nous suivait depuis la gare !

L'histoire se passe lors de la création du monde, lors de la distribution des terrains. Tous les peuples de la terre font la queue dans le bureau de Dieu pour un lopin de terre.

L'Australien reçoit une île qu'il va appeler l'Australie, le Japonais pareil, les Égyptiens demandent une grande plage de sable fin pour y bronzer tranquille, les Canadiens demandent un terrain pour faire du ski de fond, bref c'est la distribution et tout le monde repart content.

Arrive le tour du Suisse.
- Alors, dit Dieu, toi, tu seras le Suisse. Que désires-tu ?
- J'aimerais de belles montagnes pour skier.
- D'accord, c'est facile.

Et Paf, euh Pouf, Dieu crée les Alpes avec de superbes stations de ski.
- Tu désires autre chose ?
- Oui, de beaux pâturages, avec des vaches qui donnent du bon lait !
- Pas de problème...

Et re-Pouf, Dieu crée des beaux pâturages, avec des vaches brunes, noires, tachetées, violettes avec écrit Milka dessus... Le Suisse va voir une vache, prend un seau, tire un verre de lait du pis de la vache et goûte.
- Hmmmm...
- Alors, il est bon le lait ? demande Dieu.
- Excellent. Vous voulez goûter ?
- Je veux bien.

Dieu prend un verre de lait et goûte.
- En effet, c'est très bon. Désires-tu autre chose ?
- Oui, 1,20 F pour le lait...

Les anti-Français

C'est un Belge qui raconte à un autre Belge l'histoire de la création du monde…

Le premier jour, Dieu a créé l'univers, une fois.

Le deuxième jour, Dieu créa le Soleil et la Terre.

Le troisième jour, Dieu a mis autour de cette Terre un brol qui tourne là autour, et il l'a appelé la Lune.

Le quatrième jour, Dieu créa sur cette planète, des océans et des étendues de terre sèche mais avec quelques flaques çà et là.

Le cinquième jour, Dieu créa les pays, certains avaient plus de chance que d'autres. Voyez ici, la Belgique, toute petite, avec seulement 50 km de plage, il drache tout le temps, et c'est le platteland (plat pays) à perte de vue. Voyez là, la France, avec la mer Méditerranée, les Alpes pour faire du ski, des vignes partout pour produire du bon vin, et sur les arbres des fruits juteux et qui goûtent bon…

Le sixième jour, Dieu créa l'homme.

Et quand il a une fois bien regardé son travail, il s'est dit dans son soi-même :

«Ça est pas juste, hein, regardez-moi ce travail, là dans ce petit pays, ils sont tout le temps en train de se chamailler les Wallons contre les Flamands, il n'y a rien que de la pluie et du mauvais temps. Et plus au sud, il y a ce merveilleux pays, où la nature donne tout ce qu'il y a de plus agréable ».

Alors, pour rétablir l'équilibre, Dieu créa les Français.

Et le septième jour, fier de son travail, Dieu se reposa, une fois.

Vous savez comment les Belges font fortune ?

- Ils achètent des Français au prix qu'ils valent et les revendent… au prix auquel ces mêmes Français s'estiment !!!!!!

Pourquoi on enterre jamais les Français sur le dos ?

- Parce qu'il n'y aurait pas assez de terre pour remplir leur grande gueule !

Comment reconnaît-on un Belge dans un combat de coqs ?
- C'est celui qui amène un canard.
Comment reconnaît-on un Français dans un combat de coqs ?
- C'est celui qui parie sur le canard !!!

Une jeune (et mégabonne) touriste américaine tombe en panne au beau milieu de la cambrousse française... Heureusement pour elle, elle est secourue par deux fermiers, qui l'hébergent pendant que sa voiture est au garage...

Ne sachant comment les remercier, elle décide d'utiliser le seul talent que la nature ait bien daigné lui offrir (elle est Américaine, ne l'oublions pas !), et leur propose donc une petite partie de jambes en l'air...

Les deux paysans acceptent donc, mais avant de commencer, elle leur donne à chacun un préservatif.
- Qu'est-ce que c'est ? Demandent-ils en cœur ?...
- C'est pour éviter que j'aie un enfant, leur répond-elle.
Ils enveloppent donc leur matériel, et se mettent au travail...
Suite à cela, la fille repart vers l'autre côté de l'Atlantique.
Trois mois plus tard, les deux paysans songent encore à leur nymphe américaine : - Elle était jolie, hein ?
- Bien sûr ! Mais j'en ai marre ! Enfant ou pas enfant, je vais l'enlever son préservatif.

(La blague est souvent racontée avec des Newfies plutôt que des Français...)

Pourquoi les Français ont-ils choisi le coq comme emblème ?
- C'est le seul animal capable de chanter les pieds dans la merde.

Un Français demande à un Belge :
- Qu'elle est la différence entre un Belge et un miroir ?
- Euh, sais pas, répond le Belge.

- Le miroir, il réfléchit !
- Et tu connais la différence entre un Français et un miroir ? relance alors le Belge.
- Euh, non, dit le Français.
- Le miroir, il est poli…

Pourquoi les Françaises ont-elles de gros tétons et de petits seins ?
- Parce que les Français ont de grandes gueules et des petites mains.

Comment fait un Français pour se suicider ?
- Il se tire une balle à 15 centimètres au-dessus de la tête… en plein dans son complexe de supériorité !

Combien faut-il de Français pour dévisser une ampoule ?
- Un seul, pour tenir l'ampoule : il croit que le monde tourne autour de lui !

Pourquoi les autoroutes françaises ne sont pas éclairées ?
- Parce que les Français se prennent tous pour des lumières !!!!!!

Incendie à la maternité internationale. On sauve trois nouveau-nés non encore identifiés ; on convoque trois pères cherchant leur bébé pour venir reconnaître leur enfant. Il y a un Belge, un Français et un Zaïrois. Par tirage au sort, le Belge passe le premier. Il choisit le bébé noir, sans hésiter.

Le médecin :
- Vous êtes sûr ?
Le Belge :
- Oui oui, c'est bien mon fils.
Le médecin :
- Tout de même, il est noir et un des autres pères est Zaïrois…
Le Belge :
- Oui, mais au moins je suis sûr de ne pas choisir le Français !

Trois gars sont sur le pont d'un bateau qui coule : un Français, un Américain et un Anglais.

L'Anglais crie : - *Save women and children first!*

L'Américain réplique : - *Fuck the women.*

Le Français, très surpris, regarde l'Américain et lui dit :

- Tu crois qu'on a le temps ??

Comment les Américains voient les Français et les Québécois…

Comment savoir si vous avez été cambriolé par un Français ?

- Votre poubelle a été reléchée et votre chienne est enceinte.

Comment savoir si c'était un Québécois ?

- Comme pour le Français, sauf que la chienne a été reléchée elle aussi.

Vous connaissez la différence entre un chien français et un chien belge ?

- Le chien belge a le trou-du-cul au bout de sa queue et le chien français a le trou-du-cul au bout de la laisse…

Pourquoi en France, dit-on « aller aux toilettes », alors qu'en Belgique, nos amis disent : « je vais à la toilette » ??

- Parce que dans notre beau pays français, nous en visitons plusieurs avant d'en trouver une propre !!

Pourquoi est-ce que les Français racontent des histoires belges ?

- Ce sont les seules qu'ils comprennent !

Un Français débarque dans une gare suisse. À la sortie de celle-ci, il voit « café de la marine ». Il rentre aussitôt dans la gare et demande au préposé :

- Comment se fait-il que vous ayez un café de la marine alors que vous n'avez pas de mer, ni d'océan ?

- Et alors en France vous avez bien une maison de la culture !!!

Un groupe de trois animaux autour d'une table... parlant des vacances à venir. Ce groupe se compose d'un ours, d'un dauphin et d'un crocodile.

L'ours dit : - Vu que toute ma famille possède une bonne fourrure, nous avons décidé de partir dans un pays froid et ça sera le pôle nord...

Le dauphin lui : - Vu que Dieu nous a donné des nageoires, nous avons opté pour les vacances au grand large dans l'océan Atlantique...

Le crocodile quant à lui : - Ma femme a une grande gueule, mes enfants ont une grande gueule, en ce qui concerne la mienne, n'en parlons pas, elle est encore plus grande. C'est pour cela qu'on a décidé de passer nos vacances en France.

Variante :

Un groupe de trois animaux autour d'une table... parlant des vacances à venir.

Ce groupe ce compose d'un ours, d'un dauphin et d'un hippopotame.

L'ours dit : - Vu que toute ma famille possède une bonne fourrure, nous avons décidé de partir dans un pays froid comme le pôle nord.

Le dauphin lui : - Vu que Dieu nous a donné des nageoires, nous avons opté pour les vacances au grand large dans l'océan Atlantique.

Et l'hippopotame dit : - Je suis gros, je suis moche, je suis con, j'aime vivre dans la boue... j'irais passer mes vacances à Deauville !

C'est trois occidentaux au temps où ils allaient en Afrique pour soidisant nous apporter la civilisation.

Bon bref, il y avait un Français, un Anglais et un Espagnol.

Leur expédition tomba sur une tribu cannibale et le chef de la tribu leur donna une chance de ne pas être bouffés à condition qu'à tous les trois la somme des tailles de leurs sexes fassent au moins 20 cm.

L'Espagnol sort son sexe, après mesure il fait 8 cm.

À son tour l'Anglais fait 7 cm.

En dernier lieu le Français sort sa queue et, ô stupeur, il réussit à faire 5 cm et donc nos vaillants explorateurs sont sauvés.

Et là, le Français tout content se retourne vers ses collègues et leur dit :

- Putain, heureusement que j'ai eu une érection sinon on y serait tous passés.

Un type arrive devant saint Pierre et se voit dire par celui-ci :

- Pour toi le paradis c'est non, et le purgatoire faut pas y compter non plus, te reste l'enfer…

Le type qui savait ce qu'il avait fait ne discute pas trop, mais fait quand même remarquer à saint Pierre que jamais personne il n'avait tué, jamais aucune femme il n'avait violée, etc… et demande donc une réduction de peine.

Accordée par saint Pierre qui lui laisse le choix entre l'enfer allemand et l'enfer français ;

Œil rond du type qui demande plus ample explication à saint Pierre.

- O.K., dit saint Pierre, dans l'enfer allemand tu es dans de la merde jusqu'au cou, et des diablotins te piquent avec de petites fourches pour que tu t'y enfonces bien…

- Pas terrible, dit le type en ajoutant, quid de l'enfer français ?

- Ah, l'enfer français, dit saint Pierre, c'est simple… dans l'enfer français tu es dans de la merde jusqu'au cou, et des diablotins te piquent avec de petites fourches pour que tu t'y enfonces bien…

Œil hagard du type qui fait remarquer à saint Pierre que se moquer de lui dans cette situation est tout à la fois facile et lâche puisqu'il ne lui laisse pas le choix.

- Effectivement, lui dit saint Pierre, les structures sont identiques, mais à ta place, je choisirais l'enfer français car un jour les diablotins sont en grève, un jour la merde est en rupture de stock, un jour l'aiguiseur de fourche a oublié de venir…

Pourquoi tant de haine ? Pourquoi donner des Français une image de saleté qu'ils ne méritent nullement. Des preuves ?

1) Tous les Français se lavent le premier dimanche du mois, même quand il n'y en a pas besoin.

2) Les Français sont tellement maniaques de propreté qu'ils blanchissent même l'argent sale.

3) Depuis qu'il existe un chewing-gum « comme si vous vous laviez les dents », j'en acheté un paquet tout les jours et je m'en frictionne tout le corps.

4) La France fabrique des savons que le monde entier nous envie. À tel point qu'une fois les exportations faites il n'en reste plus pour nous.

Comment on fait sortir un Français de sa baignoire ??
- Suffit de mettre de l'eau dedans.

Deux Français représentants en farce et attrapes passent la nuit dans un p'tit hôtel de Belgique. Le premier a versé incognito une bouteille de bière dans le vase de nuit de la chambre de son copain.

Dix minutes plus tard, l'autre l'appelle :
- C'est dégueu ! Viens voir ce que j'ai trouvé dans le vase ! Ils ne l'avaient même pas vidé !
Son pote s'amène, prend le vase d'un geste plein d'assurance et boit tout d'un trait.
- Ça alors ! fait l'autre. Si j'avais su que c'était si bon, j'aurais pas pissé d'dans !

Les anti-Corses

Deux Corses sont couchés en train de faire la sieste sur un banc (chacun son banc, hein !).
L'un d'eux, ayant un œil ouvert par mégarde, aperçoit un billet de 500 F sur le sol. Il dit à l'autre :
- Oh, dis donc, regarde ça : un coup de vent et on était riche !

Deux Corses font une petite sieste sous un olivier :
- Oh, dis-moi, t'as déjà vu une olive avec des pattes, toi ?
- Eh, dis, non ! Ça a pas de pattes !!!
- Ah… j'ai avalé un cafard alors…

Deux Corses sont dans une superbe voiture américaine décapotable, l'un d'eux fume un cigare énooorme et se tourne vers le conducteur :
- Eh,… passe un peu dans un trou pour faire tomber la cendre !!

C'est un riche corse sur son lit de mort qui appelle ses fils pour savoir qui va hériter. Par tradition, c'est le plus fainéant qui l'emportera.

- Dominique, monte, je dois te poser une question.

Le fils monte :

- Dominique, imagine que dans la rue tu vois un billet de 500 F par terre, qu'est-ce que tu fais ?
- Je le ramasse pas, trop fatiguant.
- C'est bien, mon fils.
- Paulo, monte, toi aussi.

Le fils monte.

- Paulo, tu vois une fille superbe nue sur ton lit qui te tend les bras, qu'est-ce que tu fais ? ? ?
- Je lui fais rien, trop fatiguant.
- C'est bien, mon fils.
- Antonio, monte.
- Hé non, descends plutôt, toi.

Deux touristes parisiens se promènent dans le maquis corse. Et ils aperçoivent dans un champ un autochtone en train de faire la sieste couché à l'ombre d'un taureau. L'un des deux s'approche et demande l'heure.

Alors le Corse soulève les couilles du taureau (faire un geste significatif) et répond :

- Deux heures moins le quart.

Bien entendu lorsque nos deux parigots raconte cela une fois rentrés à l'hôtel, on ne les croit pas.

Le lendemain, ils sont donc accompagnés de deux amis qui veulent en avoir le cœur net. Donc, même affaire le Corse fait la sieste couché à l'ombre de son taureau. Et un des touristes va lui demander l'heure. Une fois de plus le Corse soupèse les couilles du taureau et répond :

- Une heure et demi.

Un des touristes, à qui on ne la fait pas, veut savoir le fin mot de l'histoire et va donc voir le Corse :

- Excusez-moi, mais est-ce que vous pourriez m'apprendre comment vous faites pour connaître l'heure en soupesant les couilles d'un taureau ?

- C'est simple je soulève les couilles du taureau car elles me cachent le clocher de l'église !!!

Deux Corses à l'apéro :
- Dis, est-ce que ma braguette est ouverte ?
- Non.
- Tant pis, j'irai pisser demain.

Variante :
- Hé, Manu
- Oui ?
- Dis, j'ai la braguette ouverte ?
- Non.
- Haaa tant pis, je pisse quand même.

C'est un Corse qui dit à son vieux père :
- Té, demain je pars travailler sur le continent.
Le père lui répond :
- Tu verras, mon fils, là-bas, il y a de l'argent partout, il suffit de se baisser pour le ramasser.

Le lendemain, le fils prend le bateau, et arrive sur le port de Marseille. Il débarque et aperçoit sur un trottoir un billet de 500 F. Alors il se dit :
- Oh, hé puis non, je commencerai demain…

Ce sont des touristes britanniques qui ont décidé de revenir en Corse passer leurs vacances. Les Britanniques sont vaccinés contre les attentats, ayant affaire depuis quelques décennies aux artificiers irlandais.

Ils débarquent dans ce joli village de pêcheur mais en arrivant déception : l'agence immobilière a explosé, le village de vacances a fait boum, le bureau de poste est parti en poussière, la banque a sauté, le restaurant du port a pris un coup de gîte et le complexe immobilier où ils auraient pu éventuellement louer un appartement a fait place à un grand trou.

Heureusement, il reste une pizzeria toute neuve. Aussi, avant de repartir, ils décident de se restaurer. Ils s'installent en terrasse.

Le serveur s'approche d'eux et l'Anglais dit au garçon :

- Hao, dites donc vos indépendantistes ils sont encore plus forts que nos Irlandais.

Le serveur lui répond :

- Vous n'y êtes pas du tout, je ne devrais pas vous le dire, mais comme vous êtes Anglais, c'est comme si je me confiais à une tombe, aucun de ces attentats n'est le fait des indépendantistes.

- Et à qui donc alors ? demande l'Anglais.

- D'abord, il y a le restaurant du port : d'habitude, il prenait bien soin d'acheter son poisson à parts égales à nos deux pêcheurs, mais voilà la semaine dernière, le Dominique mariait sa fille et n'est donc pas parti en mer. Le patron du restaurant du port a donc acheté tout son poisson à l'autre pêcheur. On pense que cela à du faire un jaloux…

- Je vois, dit le touriste. Mais le complexe immobilier ?

- Là, répond le serveur, il semblerait que le promoteur lorsqu'il a distribué les enveloppes aux élus se soit trompé.

- Comment ça ?

- Il aurait mis dans les enveloppes de vrais billets de la Banque de France. Les élus se sont vexés, car ils ne veulent pas passer pour des caves, d'où on suppose l'explosion.

- Mais la Banque ? dit l'Anglais.

- Toute cette histoire était la faute de la banque qui avait fourni les billets. D'habitude ce sont les élus qui vont directement échanger leurs faux billets contre des vrais à la Banque, Question de prestige. On croit savoir que le promoteur s'est vengé.

- Parlez-nous du village de vacances, dit l'Anglais.

- Oh ! C'est une histoire stupide, un quiproquo pour tout dire : à l'occasion de l'inauguration, des cartons d'invitation sont restés coincés dans la boîte aux lettres de la Poste de sorte que beaucoup croyaient ne pas avoir été invités. Alors vous voyez, le nombre de suspects est vaste.

- Mais la Poste…

- La Poste a explosé peu après quand les cartons qui étaient restés coincés ont été retrouvés par le receveur et qu'ils sont parvenus avec retard à leurs destinataires : c'était une manière d'excuse à l'égard du propriétaire du village de vacances : une explosion due au sens du savoir vivre de nos concitoyens !!

- Vous ne nous avez pas parlé de l'agence immobilière…, dit l'Anglais. En général ce sont les indépendantistes qui s'attaquent à ce genre d'activité...

- Oh ! le pauvre! Celui-ci, il ne risquait rien, en 40 ans, il n'avait vendu que des terrains fantômes à des gars du continent ou à des touristes comme vous, et jamais il ne se serait risqué à aliéner une seule parcelle de notre île.

- Mais comment a-t-il pu exercer pendant quarante ans dans ces conditions ?

- Par la transaction : quand l'acheteur s'apercevait que son terrain n'existait pas, il préférait le revendre à bas prix plutôt que de faire un esclandre qui aurait pu tourner mal. Et Tino se faisait un devoir de toujours racheter les terrains fantômes qu'il avait vendus et, notez le bien, jamais en-dessous du quart de la valeur... Un honnête homme !

- Alors l'agence pourquoi a-t-elle sauté ?

- Eh bien le Tino se voyant vieillir a voulu s'offrir une concession au cimetière. Et il l'a acheté du côté du clan de sa femme plutôt que du côté de son clan.

- Et alors ?

- Tino n'aurait jamais dû acheter un terrain pour de vrai, c'était pas sa spécialité : il a fallu l'enterrer sous le portail d'entrée, pour froisser personne !!!

- Bon, dit l'Anglais, je comprends mieux, je vois bien que nous avions tort de nous inquiéter car en définitive, il ne s'agit que de questions de politesse et les touristes comme nous ne sont pas menacés. Aussi, maintenant vous allez nous servir quatre bonnes pizzas...

- Malheureusement je ne peux pas, dit le serveur, l'établissement n'est pas encore inauguré...

- Et qu'attendez-vous pour le faire ?

- Nous ne savons pas à qui servir la première pizza sans vexer personne... il faut attendre la fin des conciliabules..

Ça se passe en Corse au bord de la mer.

Un gars se promène sur un petit quai en bois, dans une petite crique. Au bout de ce quai, un pêcheur est visiblement en train de somnoler sans s'occuper de sa canne à pêche.

À ce moment précis, la ligne est agitée de tremblements caractéristiques du poisson qui vient de se faire prendre.

Le gars qui se promène voit ça et crie : - Eh ! ça mord !

Le pêcheur répond : - Eh... vous pourriez pas tirer la ligne pour moi ?

Le gars est surpris (ces Corses tout de même !) mais il s'exécute.

Il tire la ligne et décroche le poisson. Le pêcheur reprend :

- Très bien… Maintenant, empalez un nouveau ver sur l'hameçon, et relancez la ligne.

Le gars fait ce que le Corse lui demande. Puis, plein de hardiesse, il dit au pêcheur :

- Dites donc ! Ça m'étonne que quelqu'un d'aussi fainéant que vous n'amène pas son fils avec lui pour faire ce travail.

Le pêcheur corse lui répond :

- Eh… J'y ai pensé aussi. T'as pas une idée où je pourrais trouver une femme enceinte ?

Les anti-Portugais

Comment détermine-t-on le futur métier d'un bébé portugais ?

- On le lance contre un mur, s'il reste collé il sera plâtrier, et s'il tombe il sera carreleur…

Comment fait-on pour avoir une bonne récolte de melons ?

- En secouant un échafaudage.

À quelle époque de l'année vend-on le plus de rasoirs au Portugal ?

- À la fête des mères !

Comment appelle-t-on un Portugais qui fait un saut périlleux arrière ?

- Un saltos.

Quel est le nom du dernier Disney au Portugal ?

- Tos Story.

Et celui d'avant ?

- Pocahontos.

Et le prochain ? Notre-Dash de Pariche !

M. et Mme Bonyakdetos ont une fille…
- Alice, car À Lisbonne il y a qu'des tos !

Comment appelle-t-on un Portugais qui va dans l'espace ???
- Un tosmonaute…

Pourquoi tous les Portugais s'appellent Manuel ?
- Parce qu'intellectuel, c'est pas un prénom…

Qu'est qu'un cochon qui rit ?
- Un porc tout gai.

Les anti-Russes-communistes

Dans la petite ville d'un petit pays de l'est, on discutait tous les mercredi de problèmes fondamentaux.

De l'avenir de l'humanité et du communisme en général, de la ville en particulier. À la fin de la séance, le camarade-président se lève, et dit :

- Camarades, y a-t-il des questions ?

Une main se lève.

- Je t'écoute, camarade Popov, dit le camarade-président.

- Camarade-président, j'ai deux questions. Pourquoi les automobiles sont-elles si chères, et pourquoi ne trouve-t-on plus de beurre ?

- Camarade Popov, tes deux questions sont fondamentales, le comité va y réfléchir, et t'apportera une réponse mercredi prochain.

Le mercredi suivant, on discute de problèmes fondamentaux. De l'avenir de l'humanité et du communisme en général, de la ville en particulier. À la fin de la séance, le camarade-président se lève, et dit :

- Camarades, y a-t-il des questions ?

Une main se lève.

- Je t'écoute, camarade Souslov, dit le camarade-président.
- Camarade-président, j'ai trois questions. Pourquoi les automobiles sont-elles si chères, pourquoi ne trouve-t-on plus de beurre, et où est passé le camarade Popov ?

Sur un banc à Moscou, un vieux est assis et lit. Un milicien passe par là et lui dit :

- Eh toi ! Qu'est-ce que tu lis ?
- Eh bien, tu vois, c'est un livre pour apprendre l'hébreu.
- Mais à quoi ça te sert d'apprendre l'hébreu ? Tu connais quelqu'un qui parle hébreu par ici ?
- Non, mais peut-être un jour j'aurai mon visa pour émigrer en Israël, et alors je pourrai parler hébreu.
- Mais tu rêves ! Jamais on te le donnera, ton visa ! Tu vas rester ici avec nous !
- Bon, alors quand je mourrai, peut-être au paradis je rencontrerai quelqu'un qui parlera hébreu.
- Et si tu vas en enfer, alors ?
- Pas de problème, le russe, je le parle déjà !

Trois Russes au goulag :

- Moi, je suis arrivé avec 5 minutes de retard, alors on m'a accusé de sabotage.
- Moi, j'avais 5 minutes d'avance, alors on m'a accusé d'espionnage.
- Moi, j'étais à l'heure, alors on m'a accusé d'avoir acheté ma montre à l'Ouest.

Quatre chiens, un français, un allemand, un polonais et un russe discutent.

Soudain le chien français a faim. Il aboie, et son maître lui apporte une écuelle de viande.

Le chien allemand est très surpris : - Alors comme ça, tu aboies et on t'apporte de la viande ? Moi, je n'ai mes repas qu'à heures fixes.

Et le chien polonais dit : - Qu'est-ce que c'est, de la viande ?

Et le chien russe dit : - Qu'est-ce que c'est, aboyer ?

Un train imaginaire qui transporte Lénine, Staline et Brejnev, traverse l'URSS, et soudain il est bloqué par une congère.

Lénine descend, constate les dégâts, fait descendre tout le monde.

- Retroussons nos manches, et dégageons la voie.

Et le train repart. Plus tard, le train stoppe à nouveau. Staline descend, constate, fait arrêter un passager sur dix. Les prisonniers dégagent la voie, puis on les fusille. Le train repart.

Lorsqu'il s'arrête à nouveau, Brejnev descend, constate. Il fait fermer tous les rideaux, et secouer les wagons de temps en temps, pour faire croire que le train roule toujours.

C'est Eltsine (remplacez par qui vous voulez Mao, Chirac...) qui visite une école.

Il interroge un élève.

- Pour toi mon petit, l'union Soviétique (la Chine, la France...) c'est quoi ?

- C'est un fier navire qui, bravant la tempête, résiste vaillamment aux flots déchaînés et qui atteindra bientôt le port, havre de paix et de quiétude retrouvée.

- C'est bien, mon petit. Et le président, c'est ?

- C'est le fier capitaine qui tenant la barre fermement conduit le vaisseau vers des jours meilleurs.

- Ah bien, très bien ! Et le peuple ?

- Il est au fond de la cale et il dégueule.

Staline est mort, et arrive dans l'autre monde, où il rencontre Pierre le Grand. Celui-ci lui demande :

- Alors, qu'as-tu fait de ma Russie ??

- Je l'ai rendue plus forte que jamais !

- Très bien ! Il y a toujours l'armée ? Et la police secrète ??

- Bien sûr que oui !

- Les compagnies de cosaques ?

- Bien sur !

- Les tours du Kremlin ?

- Toujours ! Et en parfait état !

- Bien ! Et la Vodka, toujours à 38 degrés ??
- Non, quarante !

Alors étonné, Pierre le Grand regarde Staline, et lui fait :

- Deux degrés de différence ?! Et c'est juste pour deux malheureux degrés que vous avez foutu tout ce bordel ! ?

En 1968, à Prague, les soldats soviétiques allaient trois par trois. Pourquoi ?

- Parce que le premier était celui qui savait lire, le second était celui qui savait écrire, et le troisième surveillait ces deux dangereux intellectuels.

Pourquoi est-il interdit d'arroser les plantes en URSS ?

- Parce que ça fait rouiller les micros.

Qu'est-ce qu'un sandwich au jambon russe ?

- Un ticket de jambon entre deux tickets de pain.

Pourquoi est-ce un crime de cracher par terre en URSS ?

- Parce qu'il est interdit d'afficher son opinion politique.

Pourquoi les Russes n'arrivent pas à coller les timbres ?

- Parce qu'ils sont à l'effigie de Brejnev, les gens crachent toujours du mauvais côté.

C'est Georges Marchais dans un avion. Il va sauter en parachute. Le gars lui explique :

- Alors voilà ! T'as deux parachutes : un dans le dos, et un sur le ventre. Tu sautes, et quand t'arrives à une certaine hauteur, t'ouvres le parachute que t'as dans l'dos. Si le parachute que t'as dans l'dos s'ouvre pas, t'ouvres le parachute que t'as sur le ventre… Et si le parachute que t'as sur le ventre, il s'ouvre pas… ben… tu l'as dans l'cul !

Arrive donc le grand moment. Georges saute ! Il tire la languette du parachute qu'il a dans le dos… le parachute s'ouvre pas !

- Merde ! Comment j'vais faire ! (Parlez avec l'accent Marchais !!) Ah ! Oui !

Il tire la manette parachute qu'il a sur le ventre… Pas d'bol, le parachute ne s'ouvre pas non plus !!

- Hum… C'est trop con c't'histoire ! J'vais quand même pas m'éclater la tronche en bas !

À ce moment-là, un ange apparaît et dit :

- Je veux bien vous sauver… mais il faut crier très fort « Vive l'impérialisme américain » !

- Non mais attends, ça va pas la tête ou quoi ? J'vais pas crier ça tout haut ! Non, non, je ne crierai pas, je ne crierai pas !!!!

- Comme vous voudrez... Et paf ! L'ange disparaît !

Georges voit peu à peu le sol se rapprocher de lui…

- Merde ! J'vais quand même pas m'écraser ! C'est pas possible !

Il réessaie donc les parachutes… Rien à faire, ils ne s'ouvrent pas !

L'ange réapparaît et dit :

- Alors, vous êtes prêts à crier : « Vive l'impérialisme américain » ?!

- Non ! J'peux pas crier ça ! Je ne crierai pas, je ne cr…(Il regarde le sol qui approche)… Bon, d'accord, mais c'est la première et la dernière fois !…Vive l'impérialisme américain !!! Vive l'impérialisme américain !

Et là, son copain Fitterman, qu'est à côté de lui, lui donne un coup de coude et dit :

- Non seulement, tu dors pendant les réunions, mais en plus tu trouves le moyen de dire des conneries !!

Du temps de la guerre froide, Marchais reçoit un coup de fil :

- Camarade Marchais, ici le camarade Brejnev. Je suis à Paris pour la journée ; puis-je vous rendre visite ?

- Bien sûr camarade Brejnev, c'est un grand honneur.

Il raccroche, et son perroquet se met aussitôt à entonner une litanie : « À mort Brejnev » et il n'arrête pas.

On sonne à la porte et le perroquet n'arrête toujours pas. Alors Marchais le cache dans le premier endroit insonorisé qui lui vient à l'esprit : le congélateur.

Brejnev entre et Marchais lui propose une vodka.

- Bonne vodka, camarade Marchais. Mais nous autres, Soviétiques, la buvons plus fraîche. Ne bougez pas, je vais chercher de la glace.

- Non !

Trop tard, Brejnev a ouvert le congélateur et se retrouve nez à nez avec un perroquet grelottant. Il le prend dans ses bras et le caresse en disant :

- Pauvre petite bête.

Marchais est bien ennuyé et doit lui expliquer toute l'histoire. À ce moment-là, le perroquet se met à crier « Vive Brejnev ».

Et Brejnev de dire :

- Tu vois, camarade Marchais, le goulag, ça a du bon...

En 1989, les troupes russes quittent l'Afghanistan. Tous les soldats sont fous de joie de rentrer chez eux, sauf un : le deuxième classe Ivan Popov, qui se porte volontaire pour rester à Kaboul.

- Voilà un véritable héros du peuple ! s'exclame son général. Convoquez-le dans mon bureau.

Cinq minutes plus tard, le soldat Popov est au garde-à-vous devant son général.

- Alors tu es volontaire pour rester en Afghanistan ?

- Da, camarade général.

- Tu veux lutter contre l'impérialisme américain et soutenir le combat révolutionnaire de nos frères afghans ?

- Euh... Da, camarade général.

- Bravo ! Tu seras décoré ! Ça fera plaisir aux gens de ton village !...

Au fait, d'où es-tu originaire, Popov ?

- De Tchernobyl, camarade général.

C'est donc Brejnev et Nixon qui font une course à vélo, et c'est Nixon qui gagne. *La Pravda* titre en gros le lendemain :

«Notre camarade Brejnev brillant deuxième, Nixon avant-dernier. »

Du temps de la guerre froide...

Lors d'un congrès médical, la discussion s'engage entre un chirurgien français, un chirurgien anglais et un chirurgien soviétique :

- Quel est le dernier cri du progrès chez vous, demande le Soviétique ?
Le Français répond :
- Chez nous, c'est la greffe du cœur et des poumons.
L'Anglais :
- Chez nous, c'est la greffe du foie
Alors le Russe répond :
- Eh bien chez nous, c'est l'opération des amygdales !
Le Français :
- L'opération des amygdales ?????
Le Russe :
- Eh oui ! Chez nous, on a pas le droit d'ouvrir sa gueule, alors il faut opérer par derrière…

Les anti-Polonais

Une femme polonaise à son mari :
- Si j'avais du lard, je t'aurais fait une omelette au lard, mais malheureusement j'ai pas d'œuf…

C'est l'histoire d'un Polonais qui a demandé l'asile politique en France, à une époque où la Pologne était aussi penchée vers la démocratie que mon percepteur vers le mécénat.

Comme il est plutôt connu, une foule de journalistes l'attendent en bas de l'avion.

- Alors ? Monsieur Daissentaski, que pouvez-vous nous dire des droits de l'homme en Pologne ?
- Lai droa de l'homme ? Of, on ne peut pas se plaindre.
- Ah ? Bon. Et la dureté de la vie quotidienne ? Dites-nous quelques mots sur la dureté de la vie quotidienne.
- La vy cotidiane. Baf, non, on ne peut pas se plaindre.
- !! Mais alors, parlez-nous de la répression politique !
- La raipraition politisky ? Non, la non plus, on ne peut pas se plaindre.

- Ben alors, pourquoi avoir demander l'asile politique ?
- ... Ben, justement, c'est qu'en France on peut se plaindre !

Devinette polonaise :
Les Russes sont-ils des amis ou des frères ?
- Ce sont des frères, parce que les amis, on les choisit.

Combien de Polonais sont nécessaires pour prendre un bain ??
- Cinq : un pour s'asseoir dans la baignoire et quatre pour lui cracher dessus.

Un Polonais se promène dans Gdansk.

Au détour d'une rue, il aperçoit de nombreuses personnes en train de faire la queue. Sans plus réfléchir, il se colle derrière et attend...

Une heures plus tard, alors que la queue n'a toujours pas avancé du moindre millimètre, il questionne la dame devant lui :

- Excusez-moi, Madame, mais pour quoi faisons-nous la queue ici ?
- Ah, ça ! Je ne sais pas moi. J'ai juste aperçu des gens qui faisaient la queue, alors je me suis mise derrière.

Alors il ajoute : - Demandez donc à la personne qui est devant vous pourquoi nous faisons la queue !

La dame demande, mais la personne répond : - Je ne sais pas. J'ai juste aperçu des gens qui faisaient la queue, alors j'y suis allée...

Et ainsi, de proche en proche, on remonte jusqu'à la deuxième personne de la queue qui demande à la première pourquoi elle fait la queue.

La première personne répond alors :

- Ah, mais moi, je me promenais dans la rue, et je me suis arrêté pour refaire mon lacet. Lorsque je me suis relevé, il y avait un monsieur qui attendait derrière moi. Je me suis dit : « C'est le coup de chance ! Pour une fois que je suis le premier à faire la queue, je reste ! »

Vous avez entendu à la radio ? Les Polonais ont procédé à leur premier tir de lanceur de satellite...

La fusée a parcouru 1 000 km et elle est tombée en panne de charbon.

Les anti-Écossais

Deux Écossais avant la messe parient à celui qui mettra moins que l'autre à la quête. Arrive le moment où la brave bigote avance son panier.

Le premier met une pièce de 1¢.

Le deuxième s'avance et dit : - C'est pour nous deux.

Un Écossais et sa femme font une promenade en mer, lorsque sa femme tombe à l'eau et son corps disparaît… Il rentre chez lui éploré et inconsolable d'avoir perdu une épouse aussi économe.

Quelques jours plus tard, il reçoit un télégramme lui disant :

« Avons retrouvé votre femme - stop - à moitié dévorée par langoustes - stop - que faisons nous ? - stop. »

Et lui de renvoyer illico ce télégramme

« Envoyez langoustes - stop - réappatez - stop. »

C'est un Écossais qui va chez le dentiste avec sa femme. Lorsqu'ils arrivent dans la salle d'attente, le mari dit à sa femme qu'il passera avant elle, car il n'en a pas pour très longtemps. Lorsque son tour arrive, il entre dans le cabinet, s'installe et demande tout de suite au dentiste :

- Combien ça coûte pour faire enlever une molaire avec une anesthésie complète ?

Le dentiste lui répond : - Dans les 100 £.

L'Écossais répond :

- C'est trop cher ! Et si c'est avec une anesthésie locale ?

- Dans ce cas, c'est 50 livres.

L'Écossais répond :

- C'est déjà mieux, mais c'est encore plus que je ne peux payer. Et si vous ne faites aucun anesthésie et que vous n'utilisez que les pinces ?

- Dans ce cas, ça fera 40 livres, répond le dentiste blasé.

Alors l'Écossais répond :

- On va faire comme ça alors.

Et il se lève du fauteuil, ouvre la porte de la salle d'attente et dit à sa femme :

- Tu peux venir chérie, moi j'ai fini. Maintenant c'est ton tour.

Mac Allister et Mac Farman sont des joueurs invétérés. Ils passent tous les samedis chez les bookmakers à parier sur n'importe quoi. C'est justement samedi soir, et ils quittent le pub pour rentrer chez eux à pied.

Il y a du brouillard et, manque de chance, une voiture sort de la route et vient faucher le pauvre Mac Allister. Son camarade se dirige alors vers son domicile pour annoncer la triste nouvelle à sa femme :

- Je suis bien chez Madame veuve Mac Allister ?
- Vous êtes bien chez Madame Mac Allister, mais pas veuve...
- Combien vous pariez ????

MacDonald rencontre MacIntosh dans la rue, ils discutent de tout et de rien, puis MacIntosh dit :

- Tiens, tu sais que Mackinnon est mort ?
- Quand ça ?
- Il y a trois jours.

MacDonald paraît très affecté, ne dit rien pendant une bonne minute, puis :

- Mais enfin ! Qu'est-ce que ça a bien pu lui rapporter ?

Pourquoi les Écossais portent des kilts ?

- Pour que les moutons n'entendent pas la fermeture éclair.

Un taxi est rentré dans un mur à Edinbourg. Heureusement aucun piéton n'a été touché. On a quand même dénombré 14 morts...

Les anti-Irlandais

Quelle est la différence entre un mariage irlandais et un enterrement irlandais ?

- À l'enterrement il y en a un de moins de bourré.

Comment sait-on qu'un Irlandais a de la classe ?

- Les mots de ses tatouages ne contiennent pas de fautes d'orthographe.

Qu'est-ce qui a 5 km de long et un Q.I. de 40 ?

- La parade de la Saint-Patrick à New York.

C'est un Irlandais qui s'appelle Shawn. Il va bientôt mourir. Sur son lit de mort, il reçoit la visite de ses deux compagnons de beuverie, Pat et John. Shawn demande à ses deux amis s'ils veulent bien exaucer son dernier souhait. Pat répond :

- Tout ce que tu veux Shawn, tu n'as qu'à le dire et on le fera !

Alors Shawn leur demande, une fois qu'il sera mort, d'aller verser une bouteille de leur wiskey favori sur sa tombe.

- Bien sûr. Nous le ferons pour toi Shawn, répond Pat et il ajoute : mais voudrais-tu nous accorder une faveur, toi aussi ?

- Qu'est-ce que cela peut-être ? demande Shawn.

Et Pat répond :

- Ça t'embêterait si on faisait filtrer d'abord cet excellent wiskey par nos reins avant d'en arroser ta tombe avec ?

Les anti-Anglais

Deux époux anglais sont dans leur salon. La femme tricote pendant que son mari lit le Times.

La femme demande : - Dites-moi, très cher…

- Oui, très chère ?

- Avons-nous des relations sexuelles ?

- Oui, très chère !

Ensuite, plus rien pendant des heures, la femme tricote, l'homme lit son journal, et la pendule du salon fait son éternel tic-tac.

Au bout d'un moment, la femme s'adresse à nouveau à son mari :

- Il faudrait les inviter plus souvent…

C'est un Québécois et un Anglais sur un lac à la pêche. Après un bon moment, le Russe sort une bouteille de vodka, en boit un grand coup et jette le reste de la bouteille à l'eau en disant :

- Chez nous, on a tellement de vodka que l'on ne sait plus quoi en faire.

L'Anglais sort une bonne bouteille de whisky, en prend une bonne gorgée et il la jette à l'eau en disant :

- Chez nous, on en a tellement que l'on sait plus quoi en faire.

Le Québécois prend un moment de réflexion et prend l'Anglais par le collet, le jette à l'eau et dit :

- Chez nous, il y a tellement d'Anglais qu'on ne sait plus quoi en faire (C'est pas des vrais Anglais, mais bon...)

Qu'est-ce qui est long, dur et qui débouche sur 60 millions de trous-du-cul ???

- Le tunnel sous la manche (à noter qu'elle est à double sens).

Au tribunal le juge s'adresse à l'accusé :

- J'ai vu dans ma vie d'horribles personnages, mais des comme vous, j'en avais jamais vu.

Vous vous rendez compte de ce que vous avez fait ?... Violer une morte, c'est épouvantable.

- Ah, mais je savais pas qu'elle était morte, votre Honneur... Je croyais que c'était une Anglaise.

Deux ladies (donc anglaises) cinquantenaires prennent le thé.

Gladys : - Je suis ennuyée. Je ne sais pas quoi offrir à mon mari pour notre anniversaire de mariage.

Maggie : - Offrez-lui une Rolls.

Gladys : - No, il en a déjà huit.

Maggie : - Offrez-lui une maison.

Gladys : - No, nous avons déjà onze châteaux.

Maggie : - Eh bien faites-lui une branlette !

Gladys : - What ?

Maggie : - Une branlette, vous savez, avec votre main et son pénis ? Si vous ne vous souvenez pas comment faire, entraînez-vous sur une bouteille de ketchup.

Le soir, le mari de Gladys vient se coucher. Gladys lui demande de baisser son pantalon, lui prend la bite et paf ! paf ! paf ! (geste consistant à taper au cul de la bouteille de ketchup)

Les autres nationalités

Comment fait on rentrer cinquante Vietnamiens dans une cabine téléphonique ?

- On leur dit qu'elle flotte.

Au paradis :

Les policiers sont Anglais, les garagistes sont Allemands, les cuisiniers sont Français, les amants sont Italiens et tout est organisé par les Suisses.

En enfer :

Les policiers sont Allemands, les garagistes sont Français, les cuisiniers sont Anglais, les amants sont Suisses et tout est organisé par les Italiens.

Quelle est la différence entre un Américain et un pot de yaourt ?

- Contrairement à l'Américain, le yaourt, au bout d'un certain temps, finit par développer une certaine culture.

Qu'est-ce qu'on appelle un homme cultivé aux États-Unis ?

- Un touriste

Comment met-on trente-six Hollandais dans une Daf ?

- On jette un kwartje à l'intérieur (= 1/4 florin).

Deux amis japonais se rencontrent un matin dans les rues de Tokyo. L'un d'eux vient tout juste de rentrer de ses vacances en Europe.

L'autre lui demande :

- Alors, comment s'est passé ton séjour ?

- Je ne sais pas, je n'ai pas encore développé les photos...

Bill et Hillary se promènent en voiture, peinards, lorsque le chauffeur s'arrête pour prendre de l'essence.

Le pompiste se pointe et commence à faire le plein. Soudain Hillary sort de la voiture et crie :

- Bobby !! Tu me reconnais !

- Oh Hillary ! Ça fait combien d'années !

Et les voilà partis à se raconter leurs souvenirs d'adolescents... 30 minutes plus tard, Hillary fait la bise à son vieux copain, remonte dans la voiture et repart avec Bill.

Bill, un peu jaloux, demande :

- C'est un vieux copain ?

- Oui, c'est Bobby !

- Tu te rends compte que si tu l'avais épousé tu serais une femme de pompiste !

- Je ne crois pas, non ! Si je l'avais épousé, il serait président des USA !

Pour un comité des Nations Unies, on envoie des représentants de différents pays en réunion aux Philippines. Chacun des pays représentés a envoyé deux hommes et une femme.

Mais l'avion dans lequel ils ont tous pris place se crashe dans l'océan. Par bonheur, c'est tout près d'une île déserte et il y a quelques survivants. Parmi ces survivants, on retrouve des Anglais, Allemands, Américains, Français et, bien sûr, les Luxembourgeois, qui sont de vrais Onusiens.

Devant la situation et au bout de plusieurs jours sans l'ombre d'un secours, la nature humaine étant ce qu'elle est, on essaie de trouver un moyen d'assouvir ses instincts.

Les Allemands se battent à mort et le gagnant se retrouve seul avec sa collègue.

Les Américains concluent un marché : les trois premiers jours pour l'un, les trois suivants pour l'autre et Madame choisira selon la performance de l'un ou de l'autre pour le celui qui fera le septième jour.

Les Anglais délaissent Madame et s'arrangent tout seul.

Les Français s'accordent pour faire ça à trois à chaque fois.

Quant aux Onusiens luxembourgeois, ils envoient un mémo dans une bouteille à leur supérieur et ils attendent des directives !!!

Une anti-Canadien anglophone :

Un type déambule tranquillement le long du fleuve Saint-Laurent. Il voit tout à coup un homme en train de remplir sa gourde d'eau du fleuve.

- Eh, arrête ! Tu es fou, ne bois pas ça, tu vas t'empoisonner ! C'est plein de microbes cette eau-là !

Et l'autre de répondre :

- *Excuse-me, I don't speak French.*

- Ah, heu, *drink it slowly, it's very cold at this time of year !*

Extraits de bêtisiers
des lettres reçues à la Sécu et dans les sociétés d'assurances

La Sécu

« Mon mari souffre d'un abcès sédentaire. »

« Quand mon petit a eu cinq ans, la caisse m'en a coupé la moitié. »

« Orphelin depuis l'âge de 13 ans, j'ai vécu de droite et de gauche, mais toujours dans le droit chemin. »

« Mon mari, pour le moment, est décédé et jusqu'au 20, la quinzaine c'est loin. »

« Je suis resté malade à cheval sur deux mois. »

« Mon mari est au creventorium, on lui fait un plumeau au thorax. »

« Mon mari est mort depuis deux mois. Que dois-je faire pour le sortir de la caisse ? »

« Il y a cinq mois que je suis enceinte et je n'ai pourtant rien touché. »

« Avoir des enfants n'est pas à la portée de toutes les bourses. »

« Depuis que le médecin a dit à mon mari de prendre de la courtisane, il va beaucoup mieux. »

« Je nourris mon enfant au sein sans arriver à joindre les deux bouts. »

« Ma femme étant tombée malade, j'en ai pris une autre pour la remplacer ; comme c'est une jeune fille, dites-moi ce que je dois faire. »

« Je me suis marié il y a huit jours, dites-moi comment couvrir ma femme. »

« Mon enfant n'a pas une bonne glande tyrolienne. »

« Je me suis soigné avec les feuilles de maladie. »

« J'ai été victime d'un accident de la circulation, provoqué par un chien en bicyclette. »

« Fille-mère, je me suis mariée après coup. »

« Je vis seule avec une tierce personne. »

Les sociétés d'assurance

« C'était un virage tout rond, vous voyez à peu près ce que je veux dire, alors à la fin on perd le contrôle. »

« Je ne suis pas responsable du refus de priorité puisque j'avais pas vu venir la voiture, vous pensez bien que si je l'avais en vue je m'aurais arrêté. Je ne comprends pas bien qu'on me reproche une faute que j'ai pas commise. »

« L'accident est arrivé pendant mes congés, je suis resté trois jours allongé ce qui m'a fait perdre trois jours de repos. »

« Moi je vous dis que la demoiselle a rien, ses bas sont même pas filés alors elle a pas à se plaindre de ses jambes. D'ailleurs j'ai bien vu quand on faisait les pourparlers que ses jambes ne l'empêcheraient pas de marcher. »

« Il y a 40 ans que j'ai mon permis, aussi en tant qu'usagé de la route, je vous fais remarquer… »

« Je vous serais obligé de m'adresser le courrier concernant mon accident avec un de mes amis, Monsieur X… rue… à… car, pour ma passagère, ma femme n'est pas au courant et il vaut mieux pas. Je compte sur votre compréhension pour ne pas déshonorer un honnête père de famille. »

« Ma voiture était en travers mais l'adversaire avait diverses possibilités de m'éviter qu'il n'a pas songé à utiliser. »

« Les papiers, j'en ai pas, j'ai eu les soins sans croire que ça allait servir et je les ai jetés, j'ai aussi jeté votre chèque par inobservance il m'en faudrait un autre pareil et cette fois je les mettrai de coté. Comptez sur moi pour observer vos consignes. »

« La prime c'est moi qui la paie et vous remboursez les dégâts à l'autre. Tout ça c'est des fumisteries. »

« J'ai bien reçu la fiche pour mon épouse, je ne manquerai pas de vous renvoyer cette dernière dûment remplie par mes soins. »

« Le monsieur que vous me dites de témoigner changeait tout le temps de coté c'est bien forcé que ça finisse mal. »

« Monsieur, j'ai été vu lundi par votre médecin-expert qui m'a examiné, il m'a demandé si j'avais des antécédents, personnellement je n'en suis pas en possession, je pense que c'est à vous de les lui envoyer au plus vite. »

« Je n'avais pas vu la voiture arriver et quand je l'ai vue, je n'ai plus rien vu. »

« Pour les blessures de ma femme, je vous envoi ci-joint le certificat que j'ai put arrivé a avoir par mon docteur, je les met donc sous réserves en attendant que vous m'écrivié combien elles peuvent me rapporter environ. »

« La déclaration de mon adversaire (c'est une femme) est tout à fait fausse je vous l'envoi cependant par souci d'exactitude. »

« Ayant accroché ses sacoches de vélo au derrière d'une jeune personne qui marchait devant moi je n'ai rien pu obtenir d'elle car elle prétendait qu'elle n'avait pas le nécessaire, je n'y vois que mauvais vouloir de sa part. »

« Monsieur, est-ce qu'on peut couper une Nationale ?

C'est pour savoir car l'accident me coupe mon travail le rendant ainsi très ingrat. »

« Après l'accident j'ai du être transporté à l'hôpital Laennec pour me faire penser, ces soins n'ont pas été donnés par le professeur Laennec lui-même, mais seulement par un interné, le professeur me verra demain. »

« Votre agent m'a fait savoir que vu qu'il y avait procès mon dossier était parti au siège pour être mis entre les mains du service consciencieux. »

« Je débouchais d'un chemin à une vitesse à proximatrice de 100 et voilà que je heurte un arbre. L'arbre m'a injecté de ma voiture alors la voiture a continué toute seule avec la jeune fille que j'étais sorti avec. »

« J'abordais le quarrefour sans penser à rien quand un individu survenant sur ma gauche m'a carrément coupé tout le devant sans se préoccuper des conséquences. »

« Monsieur, j'ai l'honneur de vous déclarer que je viens de faire mon 5e accident de l'année.

Vous pouvez dire que je suis dans la poisse.

Mais vous noterez que pour le 3e, je n'étais pas en tort. »

« Ils m'ont trouvé 2,10 g. d'alcool dans le sang et ils vont me condamner. Sur 6 à 8 litres de sang qu'on a dans le corps, vous avouerez que c'est pas tellement (personnellement j'aurais cru que j'en aurais eu plus). »

« Monsieur, vous avez sûrement vu au journal l'accident qui s'est passé au lieu-dit le Harnel, vous m'avez sûrement reconnu, c'est moi qui a la dauphine bleue que vous assurez depuis 1965.

Il y a eu des dégâts de matériel comme c'est marqué au journal, la demoiselle qui a été emmenée à l'hôpital, ça va, y a rien. Vous serez bien aimable d'arranger cette affaire parce que je peux pas avoir d'histoire. Je vous affirme mon fidèle devouman. »

« Il y avait sur la route une dame qui ramassait du crottin, je me suis arrêté le temps qu'elle dégage, mais ne voulant pas en perdre elle s'attardait c'est alors qu'un véhicule a passe en renversant tout. »

« Je témoigne que j'ai tout vu. À mon avis je ne pourrai pas donner raison à Monsieur Reysse qui a tort, c'est pourquoi je vous laisse juge. »

« Pour vous dire tous les détails que vous m'avez demandés au téléphone, le point d'un pact sur ma voiture se trouve juste à l'endroit que le choc s'est produit. »

« Monsieur, veuillez être informé qu'ils veulent m'ôter mon permis pour effraction. Pourtant j'élève mes cinq enfants et jamais de mots avec la police. »

« Quand surgit la voiture incriminée, j'étais sur le trottoir, un monsieur genre bourgeois huppé était au volant et sa (ou une) dame était avec. Au moment que le choc s'est produit cette personne l'a injuriée de façon déplacée si bien qu'elle l'a giflée et avec tout ça l'autre, qui avait eu le choc, ne pouvait pas avoir son constat signé. À mon avis, la dame a tort. »

« On était parti en vacance pour se reposé et l'accident s'est produit à 500 mètres de l'arrivée. Si près du but, c'est la Fatalité (on en était au dernier tournant). »

« Voulez-vous bien noter mon adresse qui est maintenant dans la rue juste à coté de celle d'avant. »

« Monsieur, mon assurance étant terminée et devant partir sous les drapeaux, j'ai intérêt à s'achever d'elle même. »

« Je vous témoigne mon grand mécontentement. Vous mettez tellement de temps à me remboursé mon accident que c'est toujours avec celui d'avant que je paie les dégas de celui d'après, alors n'est-ce pas ça n'a pas de fin et ça n'est pas sérieux de votre part. »

Extraits de lettres reçues par l'UAP

« Dans un virage à gravillons mon derrière a chassé dans une bouche de pompier. »

« J'étais bien à droite et en me croisant, l'adversaire qui prenait son virage complètement à gauche m'a heurté et maintenant il profite de ce que j'avais bu pour me donner tous les torts. Honnêtement est-ce qu'il vaut mieux être saoul à droite ou chauffard à gauche ? Il faut tout de même raisonner... »

« Je suivais la voiture qui me précédait qui après que je l'ai dépassé m'a suivie. C'est alors, qu'elle m'a choqué en plein derrière et m'a forcé par la choquer mais aussi le derrière de celle qui était devant. »

« Je ne vois pas pourquoi je suis amputé de toute responsabilité, puisque l'autre ne savait pas conduire non plus. »

« Je suis entré en collision avec un brave homme dont les moyens intellectuels m'ont paru terriblement limités. J'ai donc eu la chance de parvenir à lui faire signer un constat qui m'est particulièrement favorable. Je pense que vous m'en saurez gré. »

« Messieurs, je tiens à vous préciser que la blessée, Mlle Dulongu,e est bien ma femme, mais pour ce qui est de sa panne corporelle je ne donnerais aucune suite. Je ne prends donc intérêt qu'en ce qui concerne la réparation de ma voiture, que j'ai besoin journellement. »

« Au carrefour j'ai ralenti, j'ai laissé passer absolument toutes les voitures venant à ma droite que d'ailleurs il n'y en avait pas, j'ai avancé, j'avais été heurté par une 4 L qui venait justement de ma droite par un moyen que j'ignore.

J'ai heureusement eu le temps de freiner et c'est là que le choc s'est montré sans réticence. »

« Excusez pour le gribouille de ma déclaration : mon crayon marchait pas, j'avais pas de stylobille car, n'est-ce pas, quand on part on ne pense jamais d'avoir un accident sans ça on prendrait ce qui faut. »

« Je ne m'explique pas la brutale parution de ce cycliste sur ma droite faite donc le nécessaire pour éclaircir ma situation. »

« Je vous écris comme suite à votre lettre qui m'est survenue hier, consistant mon accident. Vous dites que je suis responsable pour la priorité, mais j'ai lu les lois et voilà ce qui en dérive :

« Quand il y a un croisement entre deux routes dont l'une ne traverse pas l'autre, celle qui est la plus petite doit s'arrêter la première ».

Donc il n'y a pas de priorité qui tienne. C'est la loi qui est la plus forte. »

«Vous seriez bien aimable de réviser vos conclusions pour me remettre dans mon bon droit, lequel je me trouve déjà par ailleurs. »

« Je me trouvais environ en 2e vitesse quand ma voiture fit un tetaqueu et partit en marche arrière tout droit dans le ravin que j'avais l'intention d'éviter. Cet accident, malgré ce que vous dites, je ne suis nullement responsable, souligner que je ne suis pas sans ignorer parfaitement le code de la route. »

« Depuis que je m'ai rencontré au carrefour avec Monsieur Hiret, j'ai attrapé un trop matisse dans les cuisses antérieures, je peux vous dire que ça ne s'arrange pas. »

« Voulant virer j'ai comme il est d'usage empreinter l'axe médian pour sortir de la droite. »

« C'est trop facile de dire qu'il n'y a pas de preuve : vous n'avez qu'a en constituer, je vous paye pour cela. »

« Je peut pas vous envoyé la facture acquitté pour la réparation de ma Renault parce que la voiture, personne veut y touché sous peine que ça tienne pas. J'en ai fait illusion à l'expere qui l'a aussitôt réduite en épave. »

« La citroën avait priorité c'est un fait, mais je ne l'ai pas vu, d'ailleurs à la façon qu'il conduisait on voyait bien que la priorité il savait pas ce que c'était. La preuve que si ça aurait été le contraire (une auto qu'aurait venu par la gauche) il emboutissait pareil. Donc il n'y a pas de motif à s'arrêter à cette question de priorité à laquelle vous donnez tant d'importance. »

« J'ai signé le constat mais ça ne conte pas, j'avais pas mes lunettes j'ai rien vu de ce qui était dessus. »

« Je ne m'explique pas la brutale parution de ce cycliste sur ma droite faite donc le nécessaire pour éclaircir la situation. »

Phrases véridiques relevées dans les correspondances entre la caisse d'allocations et allocataires-bénéficiaires

---

« J'ai une femme à l'état de grosse et je désire l'inscrire à la prénatation. »

« Certificat prénatal pour mon enfant que je mets dans une lettre pour arranger mon dossier. »

« Je vis maternellement avec ma concubine. »

« Je croyais que j'ai le droit à toucher pour le travail de mon cubain. »

« Mon mari est pour le moment décédé. »

« Habitant sur un derrière et ne m'y trouvant pas bien, je voudrais obtenir un prêt pour améliorer mon habitat. »

« Je ne possède que quelques pieds de vigne que mon fils fait marcher. »

« N'étant pas chômeur secouru, je me suis mis à ramasser un peu de tôle pour faire manger mes enfants. »

« Faites des efforts, mon enfant va naître. »

« Je voudrais mon argent aussitôt que vous pourrez me l'envoyer, j'ai été au lit avec le docteur pendant une semaine et il ne semble m'avoir fait aucun bien. Il faudra que je me procure un autre docteur. »

« Selon vos instructions, j'ai donné le jour à deux jumeaux dans une enveloppe ci-jointe... »

« Vous avez changé mon petit garçon en petite fille, est-ce que cela a une différence ? »

« Le bébé a besoin de lait et le père ne peut lui en donner. »

« Je vous envoie un certificat de mariage et deux enfants, l'un est une erreur comme vous pouvez le constater. »

« Ma femme est enceinte, je vous envoie mes petites affaires dans ce paquet. »

« Suite au passage du contrôleur, veuillez m'envoyer un carnet de maternité. »

« Au guichet, on m'a fait attendre une heure toute seule en file indienne. »

« On a coupé les bourses de mon fils, et depuis il ne va plus à l'école. »

« Comme mon mari doit partir chez les fous, je l'envoie à votre bureau. »

« Mes dents sont tellement mauvaises que je ne peux mâcher que des potages. »

« Veuillez me faire connaître la marche à suivre pour une naissance. »

« Je suis restée malade à cheval sur deux mois. »

« J'espère que vous aurez pitié d'un pauvre homme qui a sept enfants à manger ainsi que sa femme et sa belle-mère. »

« Je suis devenue veuve après la mort de mon mari. »

« Je suis enceinte de cinq mois et je n'ai rien fait. »

« Ma rue a changé d'adresse. »

« Le chien de ma sœur a bouffé l'une de mes chaussures et son assureur m'a dédommagé ; mais il refuse de me rendre mes chaussures. Où vont-elles donc aller ? »

« J'ai reçu une branche sur la tête alors que je faisais une sieste au soleil, pendant la pause. Pensez-vous qu'il s'agisse d'un accident de travail ? »

Par téléphone : « Et vous faites ceci, vous et votre apprenti... »
Réponse. « Je suis électricien et je mets mon apprenti au courant. »

« Je roulais entre 120 et 140 km/h et j'ai pris la bretelle (...) Ma cendre était tombée sur ma main ; j'ai essayé de l'éteindre.

Elle s'est glissée sous mes fesses, j'ai levé mon derrière... puis un choc, je suis rentré dans l'arrière de Mme Maria K. Le choc m'a étourdi et j'ai piqué une crise de nerf. »

« Je vous fais remarquer que ce croisement est très dangereux vu qu'il y a deux routes qui se croisent juste à partir de cette place-là. »

Une adresse d'un assuré arabe laisse perplexe un courtier :
« Totel Bo Monni 1060 à Chananjel. »
Renseignements pris, il s'agissait de la rue Hôtel des Monnaies à Saint-Gilles.

« Je suis entré en collision avec un camion arrêté qui venait en sens inverse. »

« Je m'approchais du croisement quand subitement est apparu un poteau d'arrêt là où il n'y en avait jamais eu auparavant. »

« En tentant de tuer un moustique, j'ai heurté un poteau téléphonique. »

« J'étais sûr que le vieil homme n'atteindrait pas l'autre bord de la rue quand je l'ai heurté. »

« L'homme prenait toute la rue. J'ai dû faire plusieurs crochets avant de le renverser. »

« Lorsque la police est arrivée sur les lieux, l'arbre percuté s'est avéré être une personne. »

« Afin d'éviter le pare-chocs de l'auto qui me précédait, j'ai renversé le piéton. »

« Le piéton ne savait pas quelle direction prendre, alors je l'ai écrasé. »

« J'ai vu le vieil homme et son visage triste lorsqu'il a rebondi sur mon capot. »

« Sitôt l'accident le témoin a été mangé ce qui explique qu'il n'a pas signé. »

« Je croyais que ma fenêtre était baissée mais je me suis aperçue du contraire lorsque ma tête est passée au travers. »

« Une auto invisible est sortie de nulle part, elle a heurté la mienne, et a disparu. »

« J'ai été éjecté de ma voiture (....) Des vaches égarées m'ont retrouvé plus tard dans le fossé. »

« Je conduisais ma voiture depuis quarante ans lorsque je me suis endormi au volant. »

« Pour l'instant, je n'ai aucune assurance chez vous, sinon celle de votre considération distinguée. »

« Vous me dites que l'accident ne rentre pas dans le champ de la garantie, mais, en tous cas, la voiture de mon voisin est rentrée dans mon champ. »

« La déclaration de mon adversaire (c'est une femme) est tout à fait fausse, je vous l'envoie cependant par souci d'exactitude. »

« Ayant prononcé quelques invectives à l'encontre de cette conductrice, celle-ci m'a semblée froissée, mais moins pourtant que la tôle de ma voiture. »

« Vous m'avez conseillé d'assurer ma voiture pour l'usage promenade, mais j'ai oublié de vous préciser que tous les dimanches, j'allais raccompagner ma belle-mère qui vient déjeuner à la maison. Puis-je, en toute honnêteté, considérer ce déplacement comme promenade. »

« Je m'interroge au sujet de mon assurance-vie : ai-je intérêt à décider tout de suite ou dois-je attendre l'âge de la retraite ? »

« Mon épouse ne cuisine pas plus mal qu'une autre, mais je serais plus tranquille si vous ajoutiez au contrat d'assurance de la maison une garantie contre les intoxications alimentaires. »

« Ma femme s'entête à vouloir conduire à nouveau la voiture quand elle sera à la retraite. Je lui ai dit que vous nous feriez payer plus cher parce qu'elle n'a pas conduit depuis dix ans et que vous aviez dit qu'elle était novice, mais ça lui fait plaisir. Pas de payer plus cher, mais d'être encore novice à son âge. »

« J'ai été heurté de plein fouet par un poteau électrique. »

« J'avoue que je n'aurais pas dû faire demi-tour sur l'autoroute avec ma caravane, mais j'avais oublié ma femme à la station-service. »

« Il est exact que mon chien a mordu le petit garçon alors qu'ils jouaient ensemble gentiment, mais je n'étais pas assez près pour savoir lequel des deux a commencé à mordre l'autre. »

« Vous refusez de régler mon incendie sous prétexte que je n'ai pas payé ma prime. Je vous rappelle pourtant que, l'année dernière, j'avais payé ma prime sans avoir d'incendie. Où est la justice là-dedans ? »

« Préférez-vous que je vous règle mon assurance incendie avec un mois de retard ou que je vous adresse un chèque sans provision ? »

« Un camion a reculé dans mon pare-brise et dans le visage de ma femme. »

« Le poteau de téléphone s'approchait rapidement, j'ai essayé de l'éviter mais il a frappé l'avant de ma voiture. »

« J'étais certain que le vieil homme ne se rendrait jamais de l'autre côté de la route, alors je l'ai frappé. »

« Je viens d'acheter un camion en remplacement de mon ancien qui est décédé sur la table d'opération de mon garage local. La cause est un cancer généralisé qui s'était développé dans la transmission, l'embrayage et les freins.

Il est mort à l'âge respectable de 11 ans et 338 424 km parcourus (sans accidents) et laisse dans le deuil, outre son propriétaire, les nombreux clients qui n'ont pas été livrés à temps (sic !). La dépouille sera exposée en arrière du magasin pour environ une semaine ; après quoi, elle sera écrasée. »

« L'automobile a freiné devant moi. J'ai ralenti. Il a stoppé. J'ai freiné. Il est reparti. J'ai redémarré. Il a freiné de nouveau. J'ai levé le pied aussitôt. Il regardait à droite. Je regardais devant moi. Tout ça pour vous dire que j'ai fini par le heurter à l'arrière. »

« Depuis mon accident, j'étais le patient le plus patient de mon médecin traitant, mais si vous tardez à m'envoyer un chèque, je serai le plus impatient de vos clients. »

« Je vous adresse sous pli la facture que vous m'avez réclamée. Si vous ne la recevez pas, vous voudrez bien me le faire savoir. »

« Jusqu'à présent, nous étions fait pour nous entendre : je vous payais mes primes, vous me remboursiez mes accidents. Mais si, maintenant, vous me cherchez des noises pour une quittance réglée avec retard, où allons-nous ? »

« Ma fausse sceptique a débordé occasionnant des dégâts. Je m'interroge sur la compétence du maçon qui a réalisé les travaux. »

« J'ai été verbalisé sous prétexte que le certificat d'assurance apposé sur mon pare-brise était périmé. La marée chaussée m'agresse, les portes de votre agence sont closes le lundi matin ; quant à moi je suis saisi d'un doute : être ou ne pas être assuré ! »

« En vous remerciant par avance, je reste dans la tente (sic) de votre chèque de règlement. »

« Je viens, par la présente, vous déclarer un accident qui, pour être banal, n'en est pas moins inhabituel. »

« L'incendie a pris dans la cuisine, mais, lorsque les pompiers sont arrivés, le feu était déjà circoncis (sic). »

« J'ai pris contact avec votre répondeur et celui-ci m'a aimablement conseillé de vous écrire. »

« Mon assurance incendie couvre mon mobilier pour une somme illimitée, mais je m'aperçois que la cotisation est également sans limite. »

« En décembre 1992, j'avais cassé mon pare-brise et vous aviez gelé mon bonus ; je viens d'avoir un autre accident à la fin d'août : est-ce que le gel marche aussi pendant l'été ? »

« En repoussant un chien tenu en laisse par son maître, je me suis fait mordre par ce dernier. »

« Mon mari s'est toujours bercé au même endroit et il a perforé le tapis. »

« À la suite d'une querelle, une de mes femmes de chambre s'est fait arracher un sein (elle avait omis de nous dire qu'elle portait une prothèse). »

« J'ai un bris de pare-brise, mais je connais le coupable: le garagiste l'a fracturé lorsqu'il a enlevé toutes les vitres de mon auto pour la repeindre. »

« Mon fils va prendre des cours pour piloter un petit avion. Je voudrais savoir si les assurances que j'ai chez vous le garantissent contre le vol ? »

« J'ai bien compris que je devais vous déclarer le sinistre dans les cinq jours, mais était-ce cinq jours avant ou cinq jours après ? »

« Revenant de l'enterrement de ma pauvre femme, je roulais allégrement… »

« Il y a déjà un mois que j'ai embouti trois voitures à l'arrêt et je n'ai encore rien touché. Est-ce normal ? »

Table des matières

Au catalogue

Vie Quotidienne

Loisirs - Sports

ABC de la calligraphie (L'),
A. Terrier 5325 M5
ABC de la chasse (L'),
C. Pessey 5331 M5
ABC de la photo,
N. Ngoc Rao 5316 M9
Camescope : 500 trucs pour filmer comme un pro,
P. Bourgault 5322 M4
150 tests d'échecs,
F. Lohéac-Ammoun 5303 M9
50 tours de cartes,
P. Romano 5327 M4
Dessin (Guide Marabout du),
R.-M. de Prémont 5319 M7
Dico-jeux,
M. Weil 5338 M7
Dictionnaire des mots croisés - T.1,
L. et M. Noël 5306 M9
Dictionnaire des mots croisés - T. 2,
L. et M. Noël 5307 M9
Echecs (Guide Marabout des),
F. Van Seters 5313 M7
Grand Dictionnaire Maraboutdes mots croisés,
L. et M. Noël ....HC 99 FF
Grand guide Marabout du scrabble,
M. Charlemagne ....HC 99 FF
Guide des règles sportives,
D. Lamboley 5328 M5
Guide du CD-ROM,
M. Barbin ....HC 85 FF
Guide du VTT (Le),
M. Barbin 5318 M6

Guide 1997 du Compact Disc Classiquc,
M. Barbin ....HC 99 FF

Guide 1997 du Compact Disc Variétés,
M. Barbin ....HC 99 FF

J'apprends l'aquarelle,
M. Suret-Canale (avril) ....5334 N

J'apprends la peinture à l'huile,
M. Suret-Canale (avril) ....5335 N

J'apprends le dessin,
R. Petit (avril) ....5333 N

Jeux d'intérieur (Guide Marabout des),
M. Basset-Clidière 5320 M9

Jeux de plein air (Guide Marabout des),
M. Basset-Clidière 5321 M9

Jeux improvisés à table,
P. Romano 5332 M5

Mots croisés en 1000 astuces (Les),
R. Mayeur (mai) ....5337 N

Pêche facile (La),
M. Donzenac 5309 M7

Photographie (Guide Marabout de la),
M. Biderbost 5310 M7

Plus beaux tours de magie (Les),
P. Romano 5329 M5

Premiers pas aux échecs,
F. Lohéac (avril) ....5330 N

Remue-méninges,
L Dubois 5336 M7

Scrabble (Guide Marabout du),
M. Charlcmagne 5312 M9

Tous les jeux de cartes,
F. Gerver 5311 M9

IMPRIMÉ EN FRANCE PAR BRODARD ET TAUPIN
1039S-5 - Usine de La Flèche (Sarthe), le 25-04-1997

pour le compte des
Nouvelles Éditions Marabout
D.L. mai 1997/0099/200
ISBN : 2-501-02903-8